全国高等职业教育“十二五”规划教材·经济管理基础课

管理学基础（第2版）

——“理论·案例·实训”一体化教程

叶 萍 主 编
赵媛媛 王 涛 副主编

電子工業出版社
Publishing House of Electronics Industry
北京·BEIJING

内 容 简 介

本书结合高等职业教育特点，融合作者多年的教学实践经验，在第一版教材的基础上编撰而成，具有更强的创新性、针对性与实操性，体现出“引导、感悟、训练”一体化的特色。在总体设计上，本书精心设置内容，按“管理导航—项目感悟—综合训练”这一循序渐进、前后贯通的思路，形成了系统的学习体系；内容分为六大学习领域，包括走进管理、计划实务、组织实务、领导实务、控制实务和综合学习，知识性内容简明、易懂、适度，突出技能培养。

本书既可作为高等职业院校、高等专科院校、成人高校及本科院校举办的二级职业技术学院的经管类专业通用教材，也可作为社会相关在职人员的学习提高用书，以及培训用书。

本书配有免费的教学参考资料包（包括电子课件、习题解答、案例库、试题库），详见前言。

图书在版编目（CIP）数据

管理学基础 / 叶萍主编. —2 版. —北京：电子工业出版社，2013.11
全国高等职业教育“十二五”规划教材. 经济管理基础课. “理论 • 案例 • 实训”一体化教程
ISBN 978-7-121-11922-4

Ⅰ. ①管… Ⅱ. ①叶… Ⅲ. ①管理学－高等职业教育－教材 Ⅳ. ①C93

中国版本图书馆 CIP 数据核字（2012）第 259677 号

策划编辑：刘元婷
责任编辑：郝黎明 特约编辑：张 彬
印 刷：北京盛通印刷股份有限公司
装 订：北京盛通印刷股份有限公司
出版发行：电子工业出版社
北京市海淀区万寿路 173 信箱 邮编 100036
开 本：787×1 092 1/16 印张：20 字数：512 千字
版 次：2007 年 6 月第 1 版
2013 年 11 月第 2 版
印 次：2019 年 7 月第 9 次印刷
定 价：39.80 元

凡所购买电子工业出版社图书有缺损问题，请向购买书店调换。若书店售缺，请与本社发行部联系，联系及邮购电话：（010）88254888，88258888。

质量投诉请发邮件至 zlts@phei.com.cn，盗版侵权举报请发邮件至 dbqq@phei.com.cn。

本书咨询联系方式：（010）88254573，zgz@phei.com.cn。

出 版 说 明

高等职业教育是我国高等教育和职业教育的重要组成部分，在我国现代化建设中具有重要的战略地位。近年来，我国高等职业教育发展迅速，为社会培养了大批高等应用型专门人才，满足了社会和经济发展的需要。

为了适应我国职业教育改革的要求，满足高等职业院校对新型教材的需要，电子工业出版社于 2005 年 8 月出版了高等职业教育“市场营销专业”主干教材和“经济管理基础课”教材共 17 种，并自 2008 年起对部分教材进行了改版修订。由于这两套教材的主编多是所在院校的领导和业务骨干，其中不乏国家级和省、市级科研或教研项目的负责人和参与者，全国性或地区性专业学会会员以及既有丰富教学经验又有丰富实践经验的“双师型”教师，且全部教材均配备了方便教学的教学资源，因此这两套教材一经推出，就受到了相关院校师生的欢迎，其中多种教材被评为“普通高等教育‘十一五’国家级规划教材”、“普通高等教育‘十二五’国家级规划教材”。

为了反映近年来我国高等职业教育改革的成果和经验，电子工业出版社于 2012 年再次对“经济管理基础课”教材进行新一轮的改版修订工作。本次修订以服务为宗旨，以就业为导向，以提高学生的实践能力、创造能力、就业能力和创业能力为目标，对旧版教材进行全面修订，充实资格认证、案例教学和技能训练等方面的内容。与旧版教材相比，新版教材主要具有以下特点。

（1）教材内容和体系突出教学过程的实践性、开放性和职业性，强化对高职学生职业能力的培养。

（2）教材内容兼顾学历课程与职业资格应试要求，融“教、学、做”为一体，以“工学交替”、“任务驱动”、“项目导向”的形式，按岗位工作流程和需要进行编写，以便有职业资格证书需求的毕业生在毕业时顺利取得“双证书”。

（3）教材中适当引用与教材内容贴切的实际案例，通过案例教学和实训操作，缩短学生校内学习与实际工作的距离，提升高职学生的岗位竞争能力。

（4）教材配有丰富的教学资源，为高职师生的教和学提供方便和帮助。教学资源主要包括教学所必需的电子教案、课程教学建议和习题参考答案等。利用教学资源，可为课程教学安排提出指导性意见，减轻教师的备课负担，解决教师在组织教学资料方面遇到的困难；精美、形象的电子教案也有利于学生更好地理解教材内容，提高学生的学习兴趣。

我们相信，修订教材的出版对于高等职业教育的改革与发展以及高等职业专业人才的培养将起到积极的推动作用。对于教材中所存在的不尽如人意之处，将通过今后的教学实践不断修订、完善和充实，以便我们更好地服务于高等职业教育事业。

电子工业出版社　高职教育分社

2013 年 10 月

前　言

管理学是一门系统地研究管理活动的基本规律和一般方法的科学。管理活动无处不在，管理规律与方法往往来自于实践。因此，管理学是一门科学性与艺术性有机结合的实用性较强的学科。

本书是在第 1 版《管理学基础》的基础上修订编撰而成的，与第 1 版教材相比，具有更强的创新性、针对性与实操性，体现出“理论、案例、实训”一体化的特色。

全书分为六大学习领域共 11 个项目。学习领域一是走进管理，包括“项目 1 管理活动”和“项目 2 管理发展”两个项目，引导学生走进精彩的管理世界，展开对管理活动和管理发展的认识；学习领域二～学习领域五则以四大管理职能蕴涵的基本理论和技能点进行编排，包括 8 个项目，其中学习领域二是计划实务，包括“项目 3 科学决策”和“项目 4 科学计划”；学习领域三是组织实务，包括“项目 5 组织设计”和“项目 6 组织运行”；学习领域四是领导实务，包括“项目 7 科学领导”、“项目 8 有效激励”和“项目 9 有效沟通”；学习领域五是控制实务，包括“项目 10 有效控制”，通过对学习领域二～学习领域五的学习，引导学生正确认识管理职能，有效地运用四大管理职能；学习领域六是综合实训，包括“项目 11 综合学习”，通过综合测试、综合案例和综合实践三个学习任务，有效地整合并巩固管理理论与知识，培养综合运用管理知识分析问题和解决问题的能力，培养良好的团队协作精神与能力以及良好的管理素养与求实的工作作风。

本次第 2 版修订突出了以下两大特色。

（1）注重技能培养。教材知识性内容简明、易懂、适度；突出技能的培养，以足够的篇幅设置了技能实训与知识测试，通过大量测试与训练来检验和实践，强化技能培养。

（2）形成系统的学习体系。教材结合高等职业教育的特点，融合作者多年的教学实践经验，在内容与体例等方面力求创新。在总体设计上，打破以往的单一叙述式编写形式，按“管理导航—项目感悟—综合训练”这一循序渐进、前后贯通的思路进行编排，符合教学规律；在各项目的体例设计上，以任务引领、过程导向作为逻辑框架，形成完整的教与学的循环。

- 知识目标——指明学习内容，提高学习的针对性。
- 能力目标——促进学习能力的提升。
- 关键概念——提供重点概念指引，提高学习的针对性。
- 知识体系——构建项目的知识框架，有助于学生掌握知识体系的关联性。
- 任务导入——包括任务描述与任务分析，通过任务引导，激发学习的管理思考能力和浓厚的探索兴趣。
- 管理思考、管理智库——按任务要求介绍管理知识的同时，引导学生思考，拓展学生的管理视野，支持和完善管理知识。
- 拓展阅读——提供相关的阅读材料，帮助学生激活、补充相关背景知识，开阔管理视野、增长管理知识，增加趣味性和可读性。
- 管理定律——通过学习经典管理定律，加强管理感悟，提高管理意识和境界。
- 项目总结——以简短的文字对项目知识进行总结提炼，强化学生记忆。
- 技能实训——在每个任务之后提供了管理测试和管理实践项目进行训练，以便学生更好地进行自我认知和自我评测，强化管理技能。

- 知识测试——每一个项目附有判断题、单选题、多选题、简答题、论述题和案例分析题等多种类型的测试题供学生练习，便于学生对所学知识进行练习、巩固和自我评测。

为方便教师教学，本书还配有免费的电子课件、习题解答、案例库、试题库，请有需要的教师登录华信教育资源网（www.hxedu.com.cn）免费注册后进行下载。

本书由广州民航职业技术学院叶萍老师担任主编，广州科技贸易职业学院赵媛媛老师和广州民航职业技术学院王涛老师担任副主编，齐齐哈尔大学李辉作老师、唐山职业技术学院杨国军老师、辽宁商贸职业学院王菲老师、吉林农业科技学院代海涛老师、广东工业大学石冬冬老师和广东工业大学叶伟老师参与编写。具体分工为：项目 1 由杨国军、叶伟执笔；项目 2 由李辉作、赵媛媛执笔；项目 3、项目 4 由王菲、王涛执笔；项目 5 由王涛执笔；项目 6 由赵媛媛执笔；项目 7 由叶伟执笔；项目 8、项目 9、项目 11 由叶萍执笔；项目 10 由代海涛、叶伟执笔；课后习题由叶萍、石冬冬执笔。全书由叶萍负责策划及统稿。

本书既可作为高等职业院校、高等专科院校、成人高校及本科院校举办的二级职业技术学院的经管类专业通用教材，也可作为社会相关在职人员的学习提高用书和培训用书。

在本书编写过程中，编者引用和借鉴了大量的相关著作、教材、案例、习题资料及国内外的研究成果，谨在此向这些作者、译者表示由衷的感谢。同时，对于电子工业出版社的领导和编辑的鼎力支持和精心指导一并表示衷心的感谢！

由于编者水平有限，不足和错误之处在所难免，敬请采用本教材的同行、学生和读者们批评指正，不吝赐教。

编　者

2013 年 10 月

目　录

学习领域一

走进管理

➤管理导航◀

管理活动起源于人类的协作劳动，自古有之。人类为了战胜大自然，需要共同劳动、共同合作，实现共同目标，就需要协调群体中成员间的行动，因而，就产生了管理活动。现实生活中，大到一个国家、小到一个家庭，管理时刻存在于我们的社会生活中。管理是神奇的，学习管理，会让你学到很多道理。对于管理者而言，正确认识管理，准确把握管理活动的性质与发展规律，对于管理工作的开展至关重要。

项目1 管理活动

学习目标

知识目标

1. 理解管理的定义及其重要性与必要性
2. 掌握管理的基本职能和属性
3. 掌握管理者的层次、角色和技能

能力目标

1. 能够运用管理的二重性原理认识和分析管理活动和管理行为
2. 能够运用管理原理认识和分析管理实践中的具体活动和行为
3. 能够正确认识管理者的角色定位和角色转换
4. 掌握管理者的技能要求

关键概念

管理、管理者、概念技能、人际技能、技术技能

知识体系

项目1 管理活动

任务1.1 认识管理

1 管理的定义
2 管理的职能
3 管理的属性
4 管理的对象

任务1.2 认识管理者

1 管理者的层次
2 管理者的角色
3 管理者的技能

任务1.1 认识管理

任务导入

管理者一日

日本某劳动密集型企业有员工500多人，效益良好，员工工作积极性很高。董事长和总经理由一人兼任。我国一位考察专家真实地记录了这位老板一天的工作。

（1）早上7:00，准时到达工厂，进办公室批阅昨天一天放在他桌子上的文件。

（2）7:30，出现在厂门口，迎接上班的员工。

（3）8:00，上班时间到，自己一个人在全厂到处转一下。

（4）8:30，开车出厂，车的后备箱中有钓鱼竿，去钓鱼。

（5）11:30，钓鱼回厂，把鱼送到厂内自办食堂，回到自己的办公室看报（有人会在10:00准时将报纸、杂志等外部资料送到他的办公桌上）。

（6）12:00，到厂内食堂与员工一起吃工作餐。

（7）12:15，到办公室休息。

（8）13:00，上班时间到，又自己一个人在全厂转。

（9）13:30，开车出厂，请朋友或客户喝茶。

（10）16:00，回厂将办公室订购的当天员工的生日蛋糕（16:00准时送到厂门口）装上车出厂（将所有的生日蛋糕一一送到员工的家中，同时走访了三家计划走访员工的家；另外临时到今天早上观察到情绪不正常的两个员工家中去看了一下）。

（11）17:00，回厂，站在厂门口欢送员工下班。

（12）17:30，开车回家。

资料来源：http://www.mypm.net/bbs/article.asp?titleid=39480&ntypeid=5006

【任务分析】

这个案例涵盖了管理者、管理对象、管理活动和过程等基本管理要素。请结合案例，分析该老板在这一日内的管理活动有哪些。

管理活动是与人类社会的生产和生活相伴而生的，随着生产力和社会的发展，它已经成为人们社会生活的重要组成部分。在原始社会，社会分工的产生、经济的发展和社会公共生活的要求，使得人类社会产生了简单的管理活动。随着生产力的发展和社会的进步，劳动和社会分工逐步细化，其协作程度也不断加深，社会、经济、政治结构日益复杂化，从而使得生产和社会管理的要求不断提高，管理活动逐渐与其他社会活动相分离，成为专门的社会活动。到了资本主义阶段，科学技术和生产力得到迅猛发展，社会分工和生产的社会化达到空前规模，社会、经济、政治结构高度分化。在此背景下，管理活动趋于专业化、科学化、高效化和民主化，并广泛渗透到社会生活的各个领域和各个方面。特别是人类社会进入21世纪以来，管理活动和管理理论在全球化、国际化大潮的冲击下，面临着前所未有的机遇和挑战，必须适应社会变革和内外部环境的变化，不断创新和发展。

1.1.1 管理的定义

管理学界对管理的定义可谓多种多样，至今仍未得到公认。多年来，西方许多管理学者从不同的研究角度对管理的概念做出了不同阐述。

科学管理之父弗雷德里克·泰勒认为，管理就是“确切地知道你要别人去干什么，并使他用最好的方法去干”。法国古典管理学家亨利·法约尔将管理定义为一种协调性的活动。法约尔认为，管理是所有的人类组织（不论是家庭、企业或政府）都有的一种活动，这种活动由五项要素组成，即计划、组织、指挥、控制和协调。经验学派代表人物、管理学大师彼得·德鲁克对管理进行的定义是“管理是一种工作，它有自己的技巧、工具和方法；管理是一种器官，是赋予了生命的、能动的、动态的器官；管理是一门学科，一种系统化的并到处适用的知识；同时管理也是一种文化。”

20 世纪 50 年代以来，随着社会生产的不断发展，人们对管理的认识又进一步拓展。美国管理学家赫伯特·西蒙认为，管理就是决策。管理学大师斯蒂芬·罗宾斯对于管理的定义是，管理是指同别人一起或通过别人使活动完成得更加有效的过程。当代管理过程学派的代表、美国管理学家哈罗德·孔茨把管理定义为，管理就是设计和保持一种良好的环境，使人在群体里高效率地完成既定目标的过程。

上述仅摘录了部分管理学家关于管理的概念的观点。虽然不同学者确定的管理含义千差万别，但都从不同侧面描述了管理的基本内涵。综合前人的研究，我们可以对管理的概念做如下的表述：“管理是在特定的环境和条件下，对组织资源进行计划、组织、领导和控制，实现组织目标的社会实践活动和过程。”

这一表述包含以下几层含义。

（1）管理是为实现组织目标服务的，是一个有意识、有目的地进行的过程。

（2）管理工作的过程是由一系列相互关联、连续进行的活动所构成的。这些活动包括计划、组织、领导、控制等，它们是管理的基本职能。

（3）管理的对象是组织的各种资源，管理的有效性集中体现在对组织资源的投入、产出的比较上。所以，管理者必须把提高效益作为管理目标。

（4）管理工作是在一定的环境条件下开展的，管理的环境和条件是相当复杂的，环境既提供了机会，也构成了威胁。管理活动必须适应特定的管理环境和条件的要求，采用不同的管理方法和手段，审时度势，灵活应变。

1.1.2 管理的职能

管理活动是由具体职能来承担和实现的。在管理实践中，一般把管理的基本职能划分为计划、组织、领导和控制四个方面。作为基本职能，它们集中体现了管理的基本活动和功能，并且涵盖了管理其他方面的职能。

1. 计划职能

计划职能是对未来活动要达到的目的和结果所进行的事先筹划或安排。具体而言，计划职能就是明确管理的总体目标和各个分支目标，并围绕这些目标对未来活动的具体行动任务、行动路线、行动方式、行动规则等方案进行规划、选择、筹谋的活动。计划职能是管理活动的首要职能，它是管理活动的起点，是确定管理目标的首要步骤，也是实现管理目标的必经途径。计划职能对于管理活动具有至关重要的作用。

2. 组织职能

组织职能是管理者按照组织的特点和原则，通过组织设计，构建有效的组织结构，合理配置各种管理资源并使之有效运行，以实现管理目标的活动。组织是管理的载体和基本途径，是其他一切管理活动的保证和依托，对管理具有基础性和工具性意义。

3. 领导职能

领导职能是管理者按照管理目标和任务的要求，运用法定的管理权力，影响他人行为和引导员工，为了管理目标的实现而贡献力量和积极行动的活动。领导职能是管理过程的活的灵魂，集中体现了管理者的素质、能力和管理艺术，是实现管理效能的关键。领导职能常被视做管理活动的核心环节。

4. 控制职能

控制职能是按照既定的目标和标准，对组织的管理活动和管理过程进行衡量校验，发现偏差并分析原因，采取有效措施纠正偏差，保证组织目标实现的过程。控制职能是管理过程的监视器和调节器，它对于管理过程的顺利进行具有重要的保证作用。同时，控制职能既是一次管理过程循环的终点，又是新一轮管理循环的起点，可保证计划得以实现，推动组织按照既定目标顺利发展。

上述职能不是截然分开的，而是相互交叉、渗透，融为了一个有机的整体。随着人类管理活动范围的扩大，管理手段的不断发展，管理的职能也会不断地丰富和完善。

1.1.3 管理的属性

管理的属性是由管理活动的自身性质和特点产生和形成的。一般来说，管理活动具有如下基本特性。

1. 管理的二重性

管理的二重性是管理的本质属性，是社会化生产过程中生产力和生产关系共同作用的结果。管理的二重性包括管理的自然属性和社会属性。

（1）管理的自然属性。管理的自然属性是指管理与生产力、社会化大生产相联系的属性。管理的自然属性表明了在共同劳动条件下管理的必要性，它取决于生产力发展水平和劳动社会化程度，是管理的一般属性。这种自然属性，使管理普遍存在于一切生产过程中，因而具有自身的一般规律性。

（2）管理的社会属性。管理的社会属性是指管理与生产关系、社会制度相联系的属性。作为一种社会活动，管理是在特定的社会、经济、政治关系中进行的，是由不同社会中占统治地位的社会、经济、政治关系所决定的。不同的社会制度类型、不同的社会历史发展阶段、不同的社会意识形态和社会文化结构，都使管理呈现出一定的差异，从而使管理更具特殊性和个性。

深刻认识管理的二重性，对于我们正确认识管理的地位和作用，全面把握管理的性质和要求，正确地批判与继承、学习与创新世界各国的管理经验和管理成果，都具有重要的现实意义。

2. 管理的科学性和艺术性

管理不仅是一门学科，还是一门艺术，是科学性与艺术性的统一。

（1）管理的科学性。管理作为一个活动过程，其间存在着一系列基本客观规律。管理的科学性是指管理系统化的理论知识体系，是由一系列概念、原理、原则和方法构成的科学体系。这些规律与方法是人们经过长期实践的失败和成功总结出来的。这就要求在管理过程中，必须遵循管理的规律，运用科学的管理理论和方法来指导实践，只有这样，才能使管理活动更为有效。

（2）管理的艺术性。管理的艺术性是指管理的实践性、创造性和灵活性，是把已经科学化的管理理论知识具体化为要操作的管理方法、管理技巧和管理手段。它强调管理活动除了要掌握一定的理论和方法外，还要有灵活运用这些知识和技能的技巧和诀窍。这就要求管理工作者以管理的理论原则和基本方法为基础，结合实际，对具体情况进行具体分析，以求得问题的解决，从而实现组织的目标。从这个角度来看，管理就是利用系统化的知识并根据实际情况发挥创造性的艺术。

管理的科学性与艺术性并不互相排斥，它们是互相补充的，是管理活动中不可分割的两个方面。管理科学性是管理艺术性的基础，揭示管理的本质和理性；管理艺术性是管理科学性的升华，揭示管理的现象和感性。在管理过程中，应实现科学性和艺术性的有机统一。离开管理的科学性，艺术性就会变成简单的感觉和经验，很难实现有效的管理；离开管理的艺术性，科学性就会变成僵化的教条，难以发挥其作用。

管理思考 1.1

国王的画像

古时候，一个小国国王一腿跛、一眼瞎，一日酒足饭饱之余，性情所致，唤宫中画师为其作画。第一位画师按写实技法如法炮制，结果换来一顿暴打，又唤第二位画师。第二位画师借以前车之鉴，将皇帝着意美化，国王一看这是“俺”吗，结果更惨。国王余怒未消，放下狠话：隔日再画，如若粗制滥造，小心性命之忧。两位画师惶恐地回到画室，苦思冥想，及至天明也没主张。适一青年才俊登门造访，见状问其故，两位画师道以原委。青年才俊深思后，附耳告以良策。两位画师听罢大喜，次日合力完成画作，国王看后龙颜大悦，并施以重赏。原来，画面是国王的狩猎场景，只见国王跛腿蹬乱石，手持猎枪，瞎眼紧闭作瞄准状，一幅生龙活虎的场景跃然纸上，国王还是那个国王，身体瑕疵被天衣无缝地掩盖，国王不乐才怪。

思考：结合管理的科学性与艺术性，说说由此故事你得到了什么启迪。

管理启迪：绘画是一种可以通过学习、积累掌握的技法，具有科学性层面，但在实践中生搬硬套，不创造性地运用，就无法体现它的艺术层面，也达不到绘画的境界。管理无疑是一门科学，管理科学是把管理的规律性揭示出来，形成原则、程序和方法，对管理活动予以普遍性指导，使管理成为理论指导下的规范化的理性行为。但与其他科学相比，管理有其自身的显著特点，是一门实践性很强的科学，具有很强的创造性，而艺术的特质就是创造，因此，艺术性的管理，就需要在实践中赋予人格魅力、灵感与创新。在复杂的社会活动中，管理的艺术不存在固定不变的管理模式，仅有管理理论知识还不能保证实践的成功，只有审时度势，灵活运用管理理论才能达到管理的效果，死搬书本知识，硬套他人模式则往往遭到失败。

1.1.4 管理的对象

管理对象也称为管理的客体，是指管理者实施管理活动的对象，包括人、财、物、时间、信息五要素。

1. 人

人是管理对象中的核心要素，包括被管理的生产人员、技术人员及下属管理人员等，所有管理要素都是以人为中心而存在和发挥作用的。对人的管理主要涉及人员分配、人员调用、工作评价、奖惩、人力开发等。高效能的人员管理应该使人尽其才，才尽其用，用人所长。

2. 财

财指经济和财务，是一个组织在一定时期内所掌握和支配的物质资料的价值表现。对财的管理主要涉及财务管理、预算控制、成本控制、资金使用、效益分析等，应该按经济规律进行有效管理，使资金的使用保证管理计划的完成。

3. 物

物指组织中的设备、材料、仪器、能源及物资等。物资设备是社会组织开展职能活动、实现目标的物质条件与保证。物资设备管理主要涉及资源的利用，物料的采购、存储与使用，设备的保养与更新，办公条件和办公设施等。科学的物资设备管理，应物尽其用，提高利用率。

4. 时间

时间是物质存在的一种客观形式，表现为速度和效率，由过去、现在、将来构成连绵不断的系统。对时间的管理主要是如何合理安排工作时间并提高工作效率，在最短的时间内达到组织目标等。高效能的时间管理应树立“时间就是金钱”的意识，科学地运用时间，提高工作效率。

5. 信息

信息是具有新内容、新知识的消息。信息既是组织运行、实施管理的必要手段，又是一种能带来效益的资源。对信息的管理主要涉及对组织外部与内部信息的快速收集、传递、反馈、处理与利用，对发展趋势的准确预测等。在信息社会的今天，管理者必须高度重视信息，并科学地管理好信息。

拓展阅读 1.1

管理基本概念比喻集结

1. “两个车轮”——管理与技术。
2. “工业工程”——连接这两只车轮之间的车轴。
3. “放之四海而皆准”的管理方法不存在。
4. “一技之长”“才重一技”“隔行如隔山”“不熟不做”——管理人员的技术技能。
5. “一根筷子折不断”“众人摇桨划大船”——协调的作用，会产生 1+1>2 的效果。
6. “借力”——管理工作。
7. “管理即管人的工作”——管理的艺术性。
8. “急流险滩”——环境的不确定性与动态性，所以管理者的工作是一种不断经受干扰的过程。

资料来源：周毕文，余俊生．管理分册．上海：复旦大学出版社，2003.

任务 1.2 认识管理者

任务导入

管理者的工作是什么?

蒋华是某新华书店邮购部经理。该邮购部每天要处理大量的邮购业务，在一般情况下，登记订单、按单备货、发送货物等都是由部门中的业务人员承担的。但在前一段时间，接连发生了多起A要的书发给了B，B要的书却发给了A之类的事，引起了顾客极大的不满。今天又有一大批书要发送，蒋华不想让这种事情再次发生。

【任务分析】

1. 邮购部经理的职责是什么?
2. 邮购部经理是否应该亲自核对这批书?
3. 管理者与被管理者的区别是什么?
4. 一名称职的管理者应具备什么管理技能?

任何管理活动都是通过人来进行的，人是进行管理活动的主体。管理者是履行管理职能，对实现组织目标负有领导责任和影响力的人。一般来说，管理者要指挥、监督和协调某项工作。在管理过程中，管理者肩负着特定的任务和职能，他不但要制定组织的目标、筹划工作的开展，而且还要控制管理过程的运行、激发组织成员的潜能，以达到管理工作的目标。由此可见，管理者是组织的核心和灵魂，他们对组织的生存和发展起着至关重要的作用。

1.2.1 管理者的层次

根据管理者在组织中所处的层次不同，通常把管理者分为高层管理者、中层管理者和基层管理者，同时，整个组织层次还包括基层作业人员。组织人员层次图如图1.1所示。

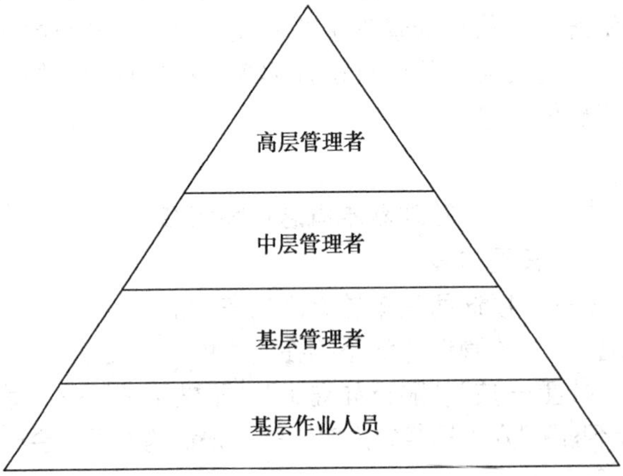

图1.1 组织人员层次图

1. 基层管理者

基层管理者（First-level manager），也叫一线管理者（First-line manager），是组织中对他人工作进行管理的最低一层。他们的主要职责是直接指挥和监督现场作业人员，保证完成上级下达的各项计划和指令。他们最关心的是具体任务的完成。

2. 中层管理者

中层管理者（Middle manager）是处于高层管理者和基层管理者之间的承上启下的一个或若干个中间层次的管理人员。他们的主要职责是贯彻执行高层管理者制定的决策，指挥、监督和协调基层管理者的活动。他们更注重日常的管理事务。

3. 高层管理者

高层管理者（Top manager）处于组织的最高层，是对整个组织的管理负有全面责任的人。他们的主要职责是制定组织的大政方针、掌握组织的大政方针、评价组织的绩效、作为组织的代表沟通组织与外界的交往联系。在西方，企业中的高层管理者一般是指CEO（首席执行官）、COO（首席运营官）及CFO（首席财务官）等。在我国企业中，董事长、总经理等都属于高层管理者。

管理智库 1.1

事必躬亲的诸葛亮

在大多数人的眼里，三国时蜀国的宰相诸葛亮是智慧的化身，并且非常勤政，连他自己都说“鞠躬尽瘁，死而后矣”。但是他也有一个缺点，就是事必躬亲，不相信别人，比如对待李严。李严在刘备眼里，其才能仅次于诸葛亮，刘备临终时说：“严与诸葛亮并受遗诏辅少主，以严为中都护，统内外军事，留镇永安”，目的很明确，刘备是让诸葛亮在成都辅刘禅主政务，让李严屯永安拒吴并主军务，诸葛亮秉政后，本应充分发挥好李严等人的作用，然而他仍是事无巨细，都要亲自过问，惹得李严老大不高兴，矛盾日渐加深。后来诸葛亮以第五次北伐为借口削了李严的兵权，调汉中负责后勤工作。后来又因运粮事件，“废严为民，徙梓潼郡”，自己亲自担任运粮官，结果导致五丈原对峙旷久，军心涣散。司马懿闻后断言：“亮将死矣”。果如其言，不久诸葛亮就被活活累死了。

资料来源：http://www.chinavalue.net/Management/Blog/2008-3-28/51419.aspx

1.2.2 管理者的角色

管理者的角色是指特定的管理行为类型和范畴。20 世纪 70 年代，管理学家亨利·明茨伯格的研究表明，管理者扮演着十种不同但却高度相关的角色，这十种角色可以进一步合成三个方面：人际关系方面的角色、信息传递方面的角色、决策制定方面的角色。明茨伯格的管理者角色理论如表 1.1 所示。

表 1.1 明茨伯格的管理者角色理论

角　色	描　述	特 征 活 动
人际关系方面		
① 挂名首脑	象征性的首脑	必须履行许多法律性的或社会性的例行义务，迎接来访者，签署法律文件
② 领导者	负责激励和动员下属，负责人员配备、培训和交往	实际上从事所有的有下级参与的活动
③ 联络者等角色	维护自行发展起来的外部接触和联系网络，向人们提供恩惠和信息	发感谢信，从事外部委员会工作，从事其他有外部人员参加的活动

续表

角　色	描　述	特征活动
信息传递方面		
① 监听者	寻求和获取各种特定的信息（其中许多是即时的），以便透彻地了解组织与环境；作为组织内部和外部信息的神经中枢	阅读期刊和报告，保持私人接触
② 传播者	将从外部人员和下级那里获得的信息传递给组织的其他成员——有些是关于事实的信息，有些是解释和综合组织的有影响的人物的各种价值观点	举行信息交流会，用打电话的方式传达信息
③ 发言人	向外界发布有关组织的计划、政策、行动、结果等信息，作为组织所在产业方面的专家	举行董事会议，向媒体发布信息
决策制定方面		
① 企业家	寻求组织和环境中的机会，制定“改进方案”以发起变革，监督某些方案的策划	制定战略，检查会议决议执行情况，开发新项目
② 混乱驾驭者	当组织面临重大的、意外的动乱时，负责采取补救行动	制定战略，检查陷入混乱和危机的时期
③ 资源分配者	负责分配组织的各种资源——事实上是批准所有重要的组织决策	调度、询问、授权，从事涉及预算的各种活动和安排下级的工作
④ 谈判者	在主要的谈判中作为组织的代表	参与工会进行合同谈判

资料来源：斯蒂芬·罗宾斯. 管理学（第7版）. 北京：中国人民大学出版社，2004.

管理智库 1.2

跟屁虫的悲哀

有一种名叫列队虫的小昆虫，它就是我们常说的跟屁虫，它之所以有这么个难听的名字，是因为它有一种独特的爬行方式。当很多列队虫在一起走的时候，它们会一只只地首尾相接，成一行前进。带头的那只列队虫就负责找桑树叶——它们最主要的食物。不管这只虫爬向哪里，后面那些一定会跟着。

有位科学家以一组列队虫做了一次有趣的试验，将它们绕成一个圆圈，让带头者和最后一只首尾相接。这样一来就没有领导者和跟随者之分了。在圆圈的中央，他放上一盘桑叶。这位科学家想知道，这种没有领导者和跟随者之分的情景能维持多久。他认为，等它们饿得厉害时，这个圆圈一定会解散，大家会抢着去吃桑叶。但结果却大出他的预料。这些列队虫最后饿得奄奄一息，仍然首尾相接形成一个圆圈，食物虽然就在中间，离它们仅几英寸（1英寸≈2.54厘米）远，但它们仍然只知道一只跟着一只爬行，不知道自己应该去寻找食物。

这个试验的启迪是，组织中的每个成员处在不同的地位中，扮演着不同的角色。这就好比演戏一样，如果大家都扮演一样的角色，这个戏就没法演。管理者的角色同样如此。

资料来源：http://www.chinavalue.net/Management/Blog/2008-3-28/51419.aspx

1.2.3 管理者的技能

不管什么类型的组织中的管理者，也不管他处于哪个管理层次，所有的管理者都需要有一定的管理技能。综合来说，管理者需要具备的管理技能主要有概念技能、人际技能、技术技能三大方面。

1．概念技能

概念技能是管理者对复杂情况进行抽象和概括的能力。概念技能体现的是管理者的抽象思维能力，主要是对组织的战略性问题进行分析、判断和决策的能力，具体地说是指洞察组织与环境相互影响因素的能力、确定与协调各方面关系的能力，以及权衡不同方案的优劣和内在风险的能力。概念技能与一个人的知识、经验和胆略有关，它所需要的知识基础相当广泛，而不仅仅限于专业知识。一般来说，管理者所处的层次越高，其面临的问题越复杂、越无先例可循，就越需要概念技能。

2．人际技能

人际技能是指与处理与人际关系有关的技能，或者说是理解、激励他人并与他人打交道的能力。人际技能包括沟通、领导和激励三个方面的能力。实践证明，人际技能是一种非常重要的技能，对于高、中、低层管理者激励、引导和鼓舞员工的工作热情和信心，最大限度地调动员工的积极性和创造性，都具有重要的意义。

3．技术技能

技术技能是指使用某一专业领域内有关的工作程序、技术和知识，完成组织任务的能力。对于管理者来说，虽然没有必要使自己成为精通某一领域技能的专家，但也要掌握一定的技术技能，否则就很难与自己所主管的专业技术人员进行有效的沟通，从而也就无法对自己所管辖的各项业务工作进行具体的指导。

上述三种技能是各个层次管理者都需要具备的，但不同的管理层要求的重点又不相同。对于基层管理者来说，技术技能十分重要；对于高层管理者来说，概念技能要求更高一些。图 1.2 清晰地说明了管理层次与管理者技能之间的关系。

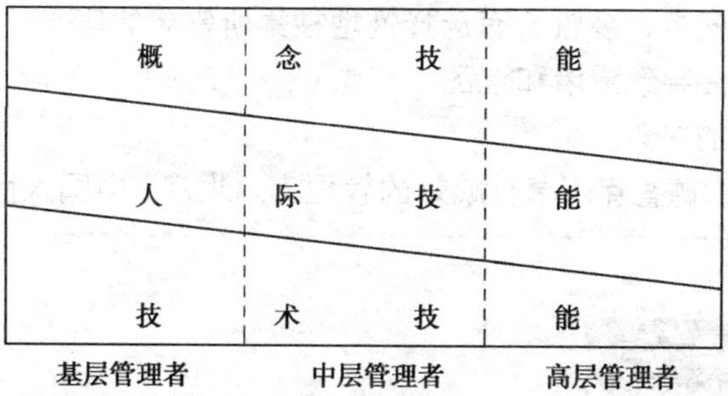

图 1.2　管理层次与管理者技能之间的关系示意图

管理智库 1.3

不听工匠言

《吕代春秋·别类》中有以下论述：宋国大夫高阳要建造一所住宅，买了一堆木料。工匠对他说："木料没有干，现在还不能动工。在没干的木料上盖起来的房，当时看起来挺好，过后一定会倒塌的。"高阳因急于住进新房，反驳道："根据你说的道理，房子是倒塌不了的。因为木料和泥巴都一天比一天干燥，木料越干越硬，泥巴越干越轻，拿越来越硬的木料去承受越来越轻的泥巴，房子怎么会塌呢？"工匠被他反驳得无言以对。可高阳的房子刚盖好时看上去不错，后来果然倒塌了。

技术技能是指从事自己管理范围内的工作所需要的技术和方法，具备了这种技能便被称为“内行”，否则就是“外行”。过去关于外行能不能领导内行的问题引起过争论，现在看来，在知识经济时代，外行领导内行确实存在很多困难。

资料来源：http://www.chinavalue.net/Management/Blog/2008-3-28/51419.aspx

拓展阅读 1.2

卓有成效的管理者

彼得·德鲁克在《卓有成效的管理者》一书中指出，对组织负有责任，能影响组织经营成果的人，就是管理者。管理者应卓有成效。一位卓有成效的管理者，一般具有以下六个特征。

（1）重视目标和绩效；只做正确的事情。

（2）一次只做一件事情，并只做最重要的事情；极为审慎地设定自己的优先顺序，随时进行必要的检讨，毅然决然地抛弃那些过时的任务，或者推迟做那些次要的任务；知道时间是自己最为珍贵的资源，必须极为仔细地使用它。

（3）作为一名知识工作者，知道自己所能做出的贡献在于创造新思想、远景和理念；原则是自己能做哪些贡献，为了达成整体目标，如何激励他人做出自己的贡献；目标在于提高整体的绩效。

（4）在选用高层管理者时，注重出色的绩效和正直的品格，能敏锐地感觉到为一个关键职务选用人才，是一项非常艰巨的任务；知道还没有人能永无过失；知道人无完人，即使是最有能力的人也有弱点；关心一个人能做什么，而不是不能做什么；致力于充分集中人员的知识和技能，利用这些优势达成组织的目标。

（5）知道增进沟通的重要性；有选择性地搜集所需要的信息；知道有些事物不能被量化，而过多的信息会导致混淆和混乱。

（6）只进行有效的决策。

资料来源：彼得·德鲁克. 卓有成效的管理者. 北京：中国人民大学出版社，2004.

管理定律

经典管理定律之一

1．蝴蝶效应

20 世纪 70 年代，美国一位名叫洛伦兹的气象学家在解释空气系统理论时说，亚马逊雨林一只蝴蝶翅膀偶尔的震动，也许两周后就会引起美国得克萨斯州的一场龙卷风。

蝴蝶效应说的是，初始条件十分微小的变化经过不断放大，会对其未来状态造成极其巨大的差别。有些小事可以糊涂，但有些小事如经系统放大，则对一个组织、一个国家来说是很重要的，就不能糊涂。

2．青蛙现象

把一只青蛙直接放进热水锅里，由于它对不良环境的反应十分敏感，就会迅速跳到锅外。如果把一只青蛙放进冷水锅里，慢慢地加温，青蛙并不会立即跳到锅外。水温逐渐提高的最终结局是青蛙被煮死了，因为等水温高到青蛙无法忍受时，它已经来不及或者说是没有能力跳到锅外了。

青蛙现象告诉我们，一些突变事件，往往容易引起人们的警觉，而易置人于死地的却是在自我感觉良好的情况下，对实际情况的逐渐恶化，没有清醒的察觉。

3．手表定律

手表定律是指一个人有一只表时，可以知道现在是几点钟，而当他同时拥有两只时却无法确定。两只表并不能告诉一个人更准确的时间，反而会使看表的人失去对准确时间的信心。

手表定律在企业管理方面给我们一种非常直观的启发，就是对同一个人或同一个组织不能同时采用两种不同的方法，不能同时设置两个不同的目标，甚至每一个人不能由两个人来同时指挥，否则将使这个企业或个人无所适从。

4．二八法则（巴莱多定律）

19 世纪末 20 世纪初意大利的经济学家巴莱多认为，在任何一组东西中，最重要的只占其中一小部分，约 20%，其余 80%尽管是多数，却是次要的。社会约 80%的财富集中在 20%的人手里，而 80%的人只拥有 20%的社会财富。这种统计的不平衡性在社会、经济及生活中无处不在，这就是二八法则。

二八法则告诉我们，不要平均地分析、处理和看待问题，企业经营和管理中要抓住关键的少数；要找出那些能给企业带来 80%利润、总量却仅占 20%的关键客户，加强服务，达到事半功倍的效果；企业领导人要对工作认真分类、分析，要把主要精力花在解决主要问题、抓主要项目上。

5．华盛顿合作规律

华盛顿合作规律说的是，一个人敷衍了事，两个人互相推诿，三个人则永无成事之日。多少有点类似于“三个和尚”的故事。

管理的主要目的不是让每个人做到最好，而是避免内耗过多。

6．马太效应

马太效应：凡是少的，就连是他的所有也要夺过来。凡是多的，还要给他，叫他多多益善。穷者越穷，富者越富，这是个赢家通吃的社会。

对企业经营发展而言，马太效应则告诉我们，要想在某一个领域保持优势，就必须在此领域迅速做大。当你成为某个领域的领头羊时，即使投资回报率相同，你也能更轻易地获得比弱小的同行更大的收益。而若没有实力迅速在某个领域做大，就要不停地寻找新的发展领域，才能保证获得较好的回报。

7．酒与污水定律

酒与污水定律是指，如果把一匙酒倒进一桶污水中，你得到的是一桶污水；如果把一匙污水倒进一桶酒中，你得到的还是一桶污水。

几乎在任何组织里，都存在几个难弄的人物，他们存在的目的似乎就是把事情搞糟。他们到处搬弄是非，传播流言，破坏组织内部的和谐。一个正直能干的人进入一个混乱的部门可能会被吞没，而一个无德无才者能很快将一个高效的部门变成一盘散沙。组织系统往往是脆弱的，是建立在相互理解、妥协和容忍的基础上的，它很容易被侵害、被毒化。

破坏者“能力非凡”的另一个重要原因在于，破坏总比建设容易。一个能工巧匠花费时日精心制作的陶瓷器，一头驴子一秒钟就能毁坏掉。

8．木桶法则

木桶法则的意思是，一只沿口不齐的木桶，它盛水的多少，不在于木桶上那块最长的木板，而在于木桶上最短的那块木板。要想使木桶多盛水——提高水桶的整体效应，不是去增加最长的那块木板长度，而是下工夫依次补齐木桶上最短的木板。

木桶法则告诉管理者：在管理过程中要下工夫狠抓单位的薄弱环节，否则，单位的整体工作就会受到影响，人们常说“取长补短”，即取长的目的是为了补短，只取长而不补短，就很难提高工作的整体效应。现在木桶理论有了新的解释，木桶的盛水量不只决定于最短的木板，还在于每块木板之间是否紧密联结，团队的力量取决于每个成员是否能够紧密的合作。

“水桶法则”与“酒与污水定律”不同，后者讨论的是组织中的破坏力量，而“最短的木板”却是组织中有用的一个部分，只不过比其他部分差一些。强弱只是相对而言的，无法消除。问题在于你容忍这种弱点到什么程度。如果它严重到成为阻碍工作的瓶颈，就不得不有所动作。如果你在一个组织中，你应该：确保你不是最薄弱的部分；避免或减少这一薄弱环节对你成功的影响；如果不幸，你正处在这一环节中，你还可以采取有效的方法改进，或者转职去谋另一份工作。

9．蘑菇管理

蘑菇管理是许多组织对待初出茅庐者的一种管理方法，初学者被置于阴暗的角落（不受重视的部门，或打杂跑腿的工作），浇上一头大粪（无端的批评、指责、代人受过），任其自生自灭（得不到必要的指导和提携）。相信很多人都有这样一段“蘑菇”的经历，但这不一定是什么坏事，尤其是当一切都刚刚开始的时候，当上几天“蘑菇”，能够消除我们很多不切实际的幻想，让我们更加接近现实，看问题也更加实际。

10．奥卡姆剃刀定律

事情总是朝着复杂的方向发展，复杂会造成浪费，而效能则来自于单纯。在你做过的事情中可能绝大部分是毫无意义的，真正有效的活动只是其中的一小部分，而它们通常隐含于繁杂的事物中。

奥卡姆剃刀定律在企业管理中可进一步深化为简单与复杂定律：把事情变复杂很简单，把事情变简单很复杂。

项目总结

（1）管理是在特定的环境和条件下，对组织资源进行计划、组织、领导和控制，实现组织目标的社会实践活动和过程。管理具有计划、组织、领导和控制四项基本职能。

（2）管理具有自然属性和社会属性，是科学性和艺术性的统一。

（3）管理者是履行管理职能，对实现组织目标负有领导责任和影响力的人。通常把管理者分为高层管理者、中层管理者和基层管理者三个层次。管理者扮演着人际关系方面的角色、信息传递方面的角色、决策制定方面的角色。

（4）管理者应该具备以概念技能、人际技能、技术技能为主体的管理技能。

技能实训

【管理测试】 测试你的三大管理技能

1．测试说明

对下列问题按照如下标准进行打分：

5 分——我总是这样

4 分——我常常这样

3 分——我有时这样

2 分——我很少这样

1 分——我从不这样

2．测试题目

（1）当我需要做许多工作或作业时，我先设定重点，并按照截止日期进行组织。（C）

（2）多数人认为我是一个优秀的倾听者。（H）

（3）当我为自己决定行动方案时（如追求的爱好、要学习的语言、要从事的工作、想要参与的项目等），我一般都会考虑做出这种选择之后的长期（一年或更长）影响。（C）

（4）与包括文学、心理学或社会学的课程相比，我更喜欢包括技术或定量的课程。（T）

（5）当我与其他人存在分歧时，我坚持与他人交流，直到完全克服为止。（H）

（6）当我完成一个项目或任务时，我考虑的是细节，而不是问题的概况。（*C）

（7）与和其他人一起度过许多时间进行比较，我更愿意一个人坐在计算机前面。（T）

（8）我努力把他人纳入活动中来，或者在谈论问题时邀请其他人参与。（H）

（9）当我选择一门课程时，我会把刚学到的知识与以前学过的课程或概念联系起来。（C）

（10）当有人犯错误时，我会去纠正，并让他知道正确的答案或方法。（*H）

（11）我认为，在与他人谈话时，讲究效率比较好，而不是考虑他人的需求，便能解决自己的实际问题。（T）

（12）我制订了自己的长期职业远景、家庭远景和其他活动远景，并已经认真考虑过。（C）

（13）当解决问题时，我更喜欢分析一些数据或统计资料，而不愿意与许多人一起讨论。（T）

（14）当我为一个集体项目工作时，有人并不竭尽全力，我很可能向朋友抱怨，而不是去面对这个懒鬼。（*H）

（15）与他人讨论思想或概念可以使我感到兴奋。（C）

（16）本书所使用的管理活动类型简直是在浪费时间。（T）

（17）我认为，礼貌待人，不伤害他人的感情为好。（*H）

（18）我对数据和事情要比他人更感兴趣。（T）

评分说明：

对上述问题按照下列的分类进行分值加总。注意加“*”的项目是反向打分的，即

1 分——我总是这样

2 分——我常常这样

3 分——我有时这样

4 分——我很少这样

5 分——我从不这样

（1）、（3）、（6）、（9）、（12）、（15）概念技能（ConceptualSkills）总分：______________

（2）、（5）、（8）、（10）、（14）、（17）人际技能（HumanSkills）总分：______________

（4）、（7）、（11）、（13）、（16）、（18）技术技能（TechnicalSkills）总分：______________

3．测试结果分析

上述技能表明要成为一名好的管理者必须具有的三种基本能力。比较理想的情况是，管理者在上述三种技能方面都具有强大的优势（虽然在每种技能方面的优势不必相等），缺乏任何一类技能的人都应采取行动，逐渐提高这种技能，同时，根据三种技能的得分比例判断自己更倾向于哪个层次的管理者。

【管理实践】

按表 1.2 完成管理实践。

表 1.2　管理实践要求

实训项目	谁是最有魅力的管理精英
实训目标	1. 使学生结合实际，加深对管理者的职责与能力的认识。 2. 初步培养认知与自觉养成现代管理者素质的能力
实训内容及组织	1. 利用课余时间，通过访谈或文献调查的方式对一名管理精英进行调查与访问。 2. 调研的主要内容可参考以下几个方面。 （1）该管理精英的个人简介（姓名、性别、年龄、任职企业及经历等）； （2）该管理精英的管理职位、主要工作职责、胜任该职务所必需的管理技能等； （3）该管理精英所采用的管理措施、管理手段及管理成效等情况； （4）说说从该管理精英的身上得到的管理启迪
活动考核	1. 组织一次课堂交流与讨论，每个人分别向其他人介绍所调查的管理精英。 2. 以小组为单位，评价出最有魅力的管理精英，并说明原因。 3. 由教师根据各成员的调研情况及交流表现给予评估打分

知识测试

一、判断题

1．概念技能是组织高层管理者所具备的最重要的一种技能。（　　）

2．人是管理对象的核心要素。（　　）

3．大部分时间都花在自己身上的人不能称为管理人员。（　　）

4．基层第一线管理人员大部分时间是在对工人进行直接的监督管理。（　　）

5．高层管理人员必须对组织活动的各个方面都有所了解。（　　）

6．管理的基本活动对任何组织都有着普遍性，但营利性组织比非营利性组织更需要加强管理。（　　）

7．中级管理人员往往处理现场管理、指导操作等技术性工作较多。（　　）

8．所有组织成员都是管理者。(　　)

9．管理者在小型组织和大型组织中从事基本相同的工作。(　　)

10．低水平的管理绝大多数是无效率和无效果的。(　　)

11．从本书给“管理”所下的定义中，可以得出这样的结论，管理的对象就是组织及各种资源。(　　)

12．管理是随着人类社会的发展而产生的，在原始社会是不存在管理的。(　　)

13．技术技能是指沟通、领导、激励下属的能力。(　　)

14．有效的管理者应该既懂理论，又具备管理技巧与管理工具的运用能力。(　　)

二、单选题

1．中层管理人员的主要工作是（　　）。

A．管理　　B．现场管理

C．开拓创新　　D．组织协调

2．没有受过正规管理教育的管理人员为了取得事业的成功主要依靠的是（　　）。

A．专业经验　　B．技术经验

C．多方面经验　　D．行政管理经验

3．企业的基层领导要成为一个内行的领导，必须具备下列哪些知识与技能？（　　）

A．管理知识与能力　　B．技术知识与能力

C．战略知识与能力　　D．领导知识与能力

4．在做出是否收购其他企业的决策时，管理者必须从多个角度出发，全面分析拟购企业的目前状况及可能发展余地等情况，这时管理人员需要的技能是（　　）。

A．诊断技能　　B．人际关系技能

C．概念技能　　D．技术技能

5．管理的二重性是指（　　）。

A．科学性与艺术性　　B．自然属性与科学属性

C．自然属性与社会属性　　D．社会属性与科学属性

6．管理人员与一般工作人员的根本区别在于（　　）。

A．需要与他人配合完成组织目标

B．需要从事具体的文件签发审阅工作

C．需要对自己的工作成果负责

D．需要协调他人的努力以实现组织目标

7．某技术专家，原来从事专业工作，业务专精，绩效显著，近来被提拔到所在科室负责人的岗位。随着工作性质的转变，他今后应当注意把自己的工作重点调整到（　　）。

A．放弃技术工作，全力以赴抓好管理和领导工作

B．重点仍以技术工作为主，以自身为榜样带动下级

C．以抓管理工作为主，同时参与部分技术工作，以增强与下级的沟通和理解

D．在抓好技术工作的同时，做好管理工作

8．从发生的时间顺序来看，下列四种管理职能的排列方式，哪一种更符合逻辑？（　　）

A．计划、控制、组织、领导　　B．计划、领导、组织、控制

C．计划、组织、控制、领导　　　　　　D．计划、组织、领导、控制

9．对于管理人员来说，一般需要具备多种技能，如概念技能、人际技能、技术技能等。越是处于高层的管理人员，其对于概念技能、人际技能、技术技能的需要，就越是按以下顺序排列。（　　）。

A．首先是概念技能，其次是技术技能，最后是人际技能

B．首先是技术技能，其次是概念技能，最后是人际技能

C．首先是概念技能，其次是人际技能，最后是技术技能

D．首先是人际技能，其次是技术技能，最后是概念技能

10．管理活动既具有科学性又具有艺术性。随着时间的推移，管理研究的不断深化，管理理论的不断繁荣，以及环境变化速度的日趋加快，管理活动最有可能发生的变化是（　　）。

A．随着科学性的不断增强，其艺术性将呈下降趋势

B．其科学性和艺术性都将会不断增强

C．随着艺术性的不断增强，其科学性将呈下降趋势

D．科学性不断增强，而其艺术性绝不会降低

11．在以下几项管理业务中，哪一项该由企业总经理亲自处理和拍板？（　　）

A．关于公司各部门办公计算机的分配方案

B．对一位客户投诉的例行处理

C．对一家主要竞争对手突然大幅削价做出反应

D．对一位公司内部违纪职工按规章进行处理

12．领班属于下述（　　）管理人员。

A．基层　　B．中层　　C．高层　　D．以上均不是

13．管理者在作为组织的官方代表对外联络时，他扮演的角色是（　　）。

A．信息情报方面　　B．决策方面　　C．人际关系方面　　D．业务经营方面

14．中层管理人员的主要工作是（　　）。

A．战略管理　　B．现场管理　　C．组织协调　　D．开拓创新

15．20 世纪 80 年代，日本企业管理模式一度引起各国企业的关注和借鉴。然而，东南亚金融风暴的出现，反映了日本经济脆弱的一面。此时，许多人又下结论，日本企业管理模式已经过时，美国企业管理模式更加有效。对于这种情况，你赞同以下哪种说法？（　　）

A．对管理模式的评价必须随世界经济的发展而变

B．每种管理模式都有其自身的环境适应性与局限性

C．美国的管理模式长期以来都比日本的优秀

D．日本的管理模式不适应知识经济时代的需要

16．“组织共同劳动而产生，反映了社会协作劳动本身的要求，力求用先进的科学方法合理地组织生产力，以保证生产过程的顺利进行。”这是指管理的（　　）。

A．科学性　　　　B．艺术性

C．自然属性　　　　D．社会属性

17．“由社会生产关系决定，反映一定社会形态中统治阶级的要求，受到生产关系或经

济基础的影响和制约，按统治阶级意志调整人们之间的相互关系，维持和完善生产关系。”这是指管理的（　　）。

A．科学性　　B．艺术性
C．自然属性　　D．社会属性

18．在现代管理中，（　　）是管理的主体。

A．人　　B．财　　C．物　　D．信息

19．企业在销售产品时，需要预估货款回收的可能性。为此，信用审核部门力图以一种低成本的方式处理有关客户资信的材料，但因为处理速度太慢，使许多客户另求他处购货。该项信用审核工作可以说是（　　）。

A．重效率、轻效果　　B．效率和效果都重视
C．重效果、轻效率　　D．效率和效果都不重视

20．大众天天是一个公司制企业，总经理田利先生的职责被界定为执行董事会制定的各项政策。田利作为该公司的总经理，下列哪种说法最恰当地描述了他的管理职能？（　　）

A．田利只负责操作性的作业工作，不做任何决策
B．田利将负责公司所有经营管理问题的决策，但职工思想政治工作除外
C．田利主要负责管理决策
D．田利肯定不持有公司的股票

三、多选题

1．管理者在管理过程中承担的职能有（　　）。

A．计划　　B．组织　　C．领导　　D．控制

2．管理的性质有（　　）。

A．科学性　　B．实践性　　C．艺术性　　D．创造性

3．管理的特征包括（　　）。

A．管理是一种社会现象　　B．管理是一种文化现象
C．管理的“载体”是组织　　D．管理的核心是处理各种人际关系
E．管理既是一门科学又是一门艺术

4．管理人员按其所处的层次可分为（　　）。

A．高层管理人员　　B．中层管理人员
C．基层管理人员　　D．综合管理人员

5．以下属于高层管理者的有（　　）。

A．项目经理　　B．车间主任　　C．首席财务官　　D．总经理

6．关于高层、中层和基层管理者三者之间的关系，可以描述为（　　）。

A．他们所履行的管理职能是相同的
B．高层管理者花在计划职能上的时间要比基层管理者多
C．高层管理者花在控制职能上的时间要比基层管理者少
D．高层管理者花在领导职能上的时间要比基层管理者少

7．根据管理二重性的原理，管理具有与（　　）相联系的自然属性。

A．生产力　　B．生产关系　　C．社会化大生产　　D．社会制度

8．管理者在行使各种管理职能、扮演三类管理角色时，必须具备（　　）。

A．信息技能　　B．技术技能　　C．人际技能　　D. 概念技能

四、简答题

1．管理者应具备哪些技能？不同层次的管理者所要求的技能有何不同？

2．有效的管理者一定是成功的管理者吗？说明理由。

3．怎样理解管理的含义？

4．请比较分析大学校长与企业董事长的管理行为有何相同点和不同点。

五、论述题

谈谈如何正确理解管理既是一门科学又是一门艺术。在实践工作中如何运用这一基本原理？

六、案例分析题

多面手

老郑是一位有名的多面手，深圳一家公司高薪聘请他，但是他没有去，他表示要为家乡建设做出贡献。1995 年，老郑被调往规模和档次都较低的县委招待所担任一把手。上任伊始，他从加强管理出发，本着“宾客至上、服务第一”的宗旨，将原来的县委招待所改造成为拥有床位 320 个、大小餐厅 17 家、服务和娱乐设施齐全的“后乐园宾馆”，执当地娱乐服务行业的牛耳，一跃成为涉外二星级宾馆。1996 年年底，他又被调到当地医院担任院长。虽然他没有学过医，但是，他很快就使一个二甲级老医院焕发了青春。不到半年的时间，就扭亏为盈。该医院目前各项工作有了新的起色，博得了社会各界的一致好评。有人问他：“郑院长，你是学管理的，又不是学医的。怎么调到医院也搞得这么好，有什么诀窍呢？”他回答得既干脆又简单：“靠科学管理。”他一来到这家医院，就到各个科室去坐班，了解情况。待基本掌握医院的情况后，他又率领院内有关人员到各地考察，学习外地医院的好经验，然后按照现代管理理论，结合本院的具体实际情况，因地制宜地制订了各种有效的可操作的激励机制和制约机制，建立了各类人员的岗位责任制，把任务落实到人。针对医院经济亏损的基本原因是制度不严、漏洞较多，医院增设了审计室，实行三方（药房、收费处、审计室）共同制约的制度后，经费收入逐月增加。过去医院内卫生与花卉等没有明确的专人负责，医院环境卫生不好还被媒体曝了光。自从各项工作责任到人，并有严格的检查、监督机制后，情况就变了样，医院环境卫生得到了病患和领导的一致赞扬。

问题：

1．为什么说老郑是一位“多面手”？他成为“多面手”的条件和基础是什么？

2．人们常说“外行不能领导内行”。作为外行的老郑在当地医院的管理的成功经验说明了什么？

3．结合本案例，联系你的大学生活，谈谈如果今后要成为一名优秀管理者，作为大学生应该提高自身的什么素质，如何提高？

项目2　管理发展

学习目标

知识目标

1. 了解中外早期具有代表性的管理实践及管理思想
2. 明晰管理理论发展的基本脉络和管理理论体系
3. 掌握古典管理理论的代表人物、主要观点及贡献
4. 掌握行为管理理论的形成过程、主要观点及贡献
5. 熟悉现代管理理论各理论学派的发展特点及趋势特征
6. 掌握各种管理理论在现代管理实践中的借鉴意义

能力目标

1. 具备管理思维能力
2. 能够运用管理理论分析身边的管理案例
3. 能够将管理理论应用到日常的管理工作实践中

关键概念

科学管理理论、一般管理理论、行政组织理论、霍桑试验、人际关系学说、管理理论丛林、战略管理、企业文化、企业再造、学习型组织

知识体系

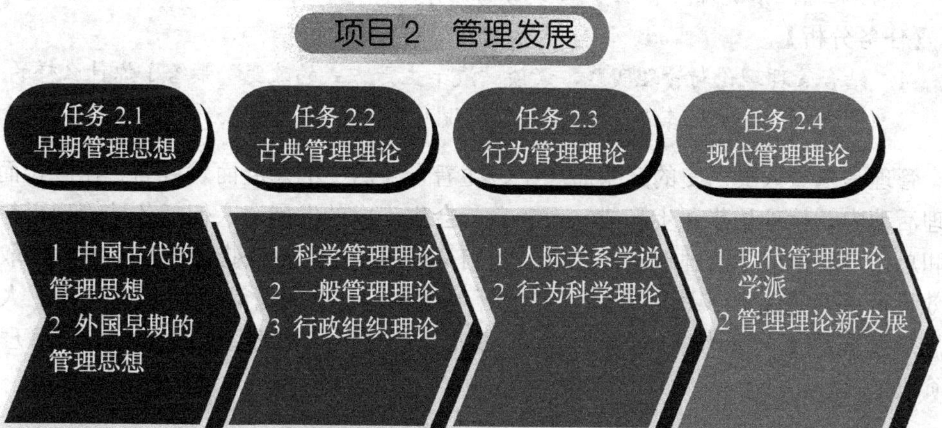

任务 2.1 早期管理思想

任务导入

汽车生产方式的改变

汽车生产被称为“工业中的工业”。百年来，汽车工业主要经历了单件生产方式、大量生产方式和精益生产方式三个阶段。

在 1900 年以前，工人组成生产小组相互协作，把各种零部件用手工的方式组装成汽车。这种小批量生产是非常昂贵的，组装一辆汽车需要花费大量的时间和精力，工人们一天只能够生产很少量的汽车。

1913 年，亨利·福特（Henry Ford）使整个汽车行业发生了革命性的变化。福特与他的生产管理团队开创了大批量生产系统，使得小批量生产系统在一夜之间变得陈旧过时。在大批量生产系统下，传送带将汽车传送到工人面前，流水线旁的每个工人负责完成一项特定的工作任务。

20 世纪 60 年代，丰田汽车公司的生产工程师大野耐在参观了美国三家汽车生产厂家后，开创了准时制生产（Just-In-Time）方式，成为管理思想的一大变革。

准时制生产背后的管理哲学，是通过在生产过程中连续地寻找、发现能够提高效率的方法来降低成本、提高质量，以及减少汽车装配时间。

到 20 世纪 70 年代，日本管理者已成功高效地应用了这种新的生产系统，与美国竞争对手相比，他们生产的汽车质量更高、成本更低。到 20 世纪 80 年代，日本汽车企业已称雄世界汽车市场。

为了与日本同行竞争，美国三大汽车公司的管理者访问了日本以学习准时制生产方法。福特公司和克莱斯勒公司成为学习并应用这一新的生产哲学以提高质量、降低成本的成功者。

事实上，到 1995 年，美国汽车企业的生产成本已经与日本汽车企业基本持平。尤其是福特公司，还极大地提高了其汽车质量。但是，尽管取得了进步，美国汽车公司的产品在质量方面还是不能与丰田汽车公司相比。

资料来源：张晓谦. 管理学基础教程. 青岛：中国海洋大学出版社，2011.

【任务分析】

1. 结合管理理论与管理实践，谈谈“汽车生产方式的改变”带给了你什么样的启迪。
2. 请分析，全球汽车生产方式的改变说明了什么。

管理是随着人类历史的产生而产生、随着人类历史的发展而发展的。在漫长而重复的管理活动中，管理思想逐步形成。而随着社会生产力的发展，人们把各种管理思想加以归纳和总结，就形成了管理理论；同时，人们又运用管理理论去指导管理实践，以取得预期的效果，并且在管理实践中补充和完善管理理论，这就是管理学的形成过程。人类的管理思想发展历史可分为早期管理思想、古典管理理论、行为管理理论和现代管理理论四个阶段。

2.1.1 中国古代的管理思想

中国古代的管理思想源远流长，且内容丰富。从中国管理思想的历史轨迹来看，中国古代管理思想产生于先秦时期，最早的管理思想在《尚书》、《周易》中就有所反映，系统的管理思想在战国时期开始出现和形成。这些思想不仅对历代的社会经济发展起到了促进作用，而且对现代企业的经营管理实践也具有十分有益的借鉴价值。

1. 系统管理思想

中国古代的系统管理思想十分丰富。古代的应用辩证思想，是把事物的各种因素联系起来作为整体进行系统的分析，从而取得了一系列辉煌的成就。我国古代许多工程技术中都体现了系统管理的思想，如都江堰水利工程、北宋“一举三得”的皇宫修复工程等都是中国古代劳动人民运用系统管理思想的典范。

管理智库 2.1

都江堰水利工程

都江堰水利工程是由战国时期秦国的太守李冰父子主持与修造的。都江堰由“鱼嘴”岷江分洪工程、“飞沙堰”分洪排沙工程、“宝瓶口”引水工程这三大主体工程和120个附属渠堰工程巧妙地组合成一个有机整体，整个工程兼有防洪、灌溉、漂木、行舟等多种功能，它分导了汹涌澎湃的岷江，使它驯服而有节制地灌溉成都平原14个县500余万亩（1亩≈667平方米）农田，还建立了控制和维修制度。都江堰水利工程作为一项伟大的水利工程，至今仍然发挥着作用，它使经常发生水旱灾害的四川地区变成了一个粮食年年丰收的天府之国。在公元2000年，它被联合国收入《世界文化遗产名录》。用现代系统论的眼光来看，无论其构思或实际设计、施工和管理的科学水平与创见，与现代系统方法的若干原则都不谋而合。

管理智库 2.2

北宋皇宫修复工程

宋真宗年间，皇宫失火，一夜之间，大片宫室楼台、殿阁亭榭变成了废墟。宋真宗让大臣丁渭主持修复皇宫工程。丁渭运筹规划，制定了高明的施工方案。他首先下令“凿通衢取土”，因为远道取土麻烦，因而就下令在交通要道上挖土，从施工现场向外挖了若干条大深沟，挖出的土作为施工用土。这样一来，取土问题就地解决了。第二步，把汴河的水引入新挖的深沟中，“引诸道竹木筏排及船运杂材，尽自堑中入至宫门”。这样，又解决了大批木材、石料的运输问题。最后，等宫殿修复完毕后，再排除堑水，把废弃的垃圾和用剩的土回填到沟中，又恢复了大道。这一施工方案，收到了“一举而三役济，计省费以亿万计”的最佳效果。这种“一举三得”的皇宫修复工程堪称运用系统管理、统筹规划的范例。

2. 信息管理思想

我国古代著名的军事家孙武十分重视信息和情报的作用，《孙子兵法》载：“知己知彼，百战不殆；不知彼而知己，一胜一负；不知彼不知己，每战必败。”古代人不仅在军事上运用信息管理手段，在经济管理上也运用信息管理手段。

管理智库 2.3

驿道快马信息传递

唐代刘晏以朝廷用驿道快马传递公文的办法，设置知院官，收集各种庄稼的好坏、市场价格的变动、四方物资的余缺等情报交给招募来的"驶足"，由他们一站接一站地传递。数日内可将全国各地的信息迅速传递到刘晏处，再由刘晏等人综合各地信息，做出决策。由于信息灵活，渠道多，市场长年保持稳定，使国家掌握了足够的资金。所以，虽经数十年战乱，唐代仍保证了国富民安。

管理智库 2.4

万里长城的信息传递

万里长城的修筑，主要目的是防御敌人的进犯。所以，及时传递信息、掌握敌情是十分重要的。长城上的信息传播技术、方法都令人叹服，古人在长城上修筑的烽火台就起着"信息源"的作用，白日以烟、夜晚以火作为传递信息的媒介，在很短的时间之内就能把军情准确地传递至千里之外的指挥机关。可见，信息管理对国家政治、经济和军事的发展都能起到重要作用。

3．对策和决策管理思想

对策和决策思想早在战国时期就大放异彩，其丰富经验对于今天的决策科学化很有参考价值。"凡事预则立，不预则废"、"人无远虑，必有近忧"、"先谋后事者昌，先事后谋者亡"，这些都告诉我们无论做什么事情都要先谋而后动，只有谋划充分、合理、科学，才能在执行过程中游刃有余，才能做到"不动声色，而措天下于泰山之安"，做事情才能成功而不失败。宋代文学家苏轼说："为国有万世之计，有一时之计，有不终月之计"、"不谋万世，不足谋一时；不谋全局，不足以谋一域"，是说做事应该有战略决策和战术决策、长远规划与短期计划之别，根据形势情况的变化按照既定目标相对而动，有助于管理成功。《孙子·谋攻》中的著名论断"不战而屈人之兵，善之善者也"，体现了《孙子兵法》中以智取胜的思想，"不战而屈人之兵"既是谋攻的最高原则，也是战略的最高目标。《孙子兵法》的辩证战略思想不仅在军事上，在管理和其他方面对于我们今天的工作也有重要的参考价值。

管理智库 2.5

田忌赛马

战国时孙膑的对策思想在"田忌赛马"的故事中得到生动的反映。当时，齐将田忌与齐威王赛马，田忌屡赛屡败。后来，田忌听从孙膑计策，用自己的上、中、下等马，分别与齐王进行中、下、上等马比赛，结果以2∶1获胜。这是一种"整体优化"的对策。

4．用人管理思想

中国古代很早就提出了选才用人的管理思想，认识到了"知人善任，礼贤下士"的重要性。墨子提出要"察其所能而慎予官"。荀子告诫执政者"无私人以官职事业"，切不可任人唯亲，而主张任人唯贤，唯才是举。管子认为，"国家选贤任能，要举拔有德者给予爵位，举拔有才者就任为官"，把德行置于功劳之上，主张国家用人要德才兼备，德能并举，"德"与"能"不可偏废；选贤还应做到"不以年伤"，即选用人才不应受年龄的限制，从而否定了资历主义；管子强调考核官员的内容主要有三：一是德望与其地位是否相称，二是功绩与其俸禄是否相称，三是能力与其官职是否相称。孔子主张治国要“为政以德”，用道德和礼教来治理国家，实行“礼治”或“德治”，把德礼施之于民，是治理国家的理想方案。在具体方法上，他提出要重教化，要“富而后教”。

管理智库 2.6

刘邦成功的启迪

汉高祖刘邦在总结自己能够成功登基时说道：“夫运筹帷幄之中，决胜千里之外，吾不如子房。镇国家，扶百姓，给馈饷，吾不如萧何。连百万大军，战必胜，功必取，吾不如韩信。此三者，皆人杰也，吾能用之，此吾所以取天下也。”这些观点体现了刘邦善于用人所长的领导思想。而对于现代企业管理来说，最关键的问题则是领导者如何发挥团队的集体作用，以达到管理组织的最终目标。

5. 行为管理思想

“以人为本”的思想在中国古代管理思想中始终占主导地位，认为人是构成国家整体的第一要素，要求把人作为管理的重心，提倡“爱人贵民”。韩非曰：“天有大命，人有大命。”即天有天的规律，人有人的规律。孙子也提出：“人情之理，不可不察。”就是说对于人的心理活动应该进行研究，不研究是不行的。在激励和奖惩方面，孙子提出：“合军聚众，务在激气。”主张“文武兼施”，“恩威并重”。诸葛亮指出：“赏以兴功，罚以禁奸，赏不可不平，罚不可不均。”“诛罚不避亲戚，赏赐不避仇怨。”应做到“无党无偏”。对于管理者品行修养的研究，中国古代也十分重视。只有做到赏罚分明，才能对良善功将有所激励发扬，对奸恶无功有所畏惧，以确保管理组织的正常科学运转。

6. 艺术管理思想

古人极重视管理的艺术性，孔子在《论语·为政篇》中指出：“君子不器”，即领导者应主要从事管理工作，而不应自己一味“冲锋陷阵”。孙子指出：“兵无常势，水无常形，能因之就化而取胜者，谓之神。”并强调战略战术上的“奇正相生”和灵活运用的重要性。《三十六计》，旨在应付千差万别、千变万化的复杂局面，要“审时度势”、“时变境迁”、“运用之妙，存乎一心”。诸葛亮东和孙权，北拒曹操，西抚蛮夷，这种根据时间、地点、条件而采取不同方法的做法，是中国古代“权变”思想的萌芽。

综上所述，中国古代管理思想虽未形成独立的理论体系，也很少有专门的研究，但是毕竟是我们先人深入思考的结果，其价值极高，对现代管理科学的发展做出了不可估量的贡献。中国古代管理思想及管理实践都是十分丰富的。

2.1.2 外国早期的管理思想

外国的管理实践和思想同样有着悠久的历史。在早期西方社会，管理实践和管理思想主要体现在指挥军队作战、治国施政和管理教会等活动之中。

1. 行政管理思想

行政管理思想是人类管理史上发展最早也最全面的成果之一。在这方面，公元前2000多年前的古巴比伦王国，即有了较为成熟的管理形式，具体表现就是制定了有名的《汉谟拉比法典》——人类历史上第一部成文法典。它共有282条，内容涉及贸易、人的行为、工资、惩罚及社会生活的许多方面，甚至对最低工资、会计和收据的处理都做出了规定。

古代埃及在行政管理方面的主要贡献是设立宰相职务，从而把神权和世俗权力区分开来。据《旧约全书》记载，其中一个有名的宰相就是约瑟。《圣经》中还提到许多有关管理的思想，如处于萌芽状态的管理咨询制度、例外原则、授权等。

古代印度的行政管理思想也有较大成就。孔雀王朝的大臣查纳卡雅·考底里耶（约公元前 332—公元前 298 年）曾著有《政事论》一书，论述了如何维护经济、社会和政治秩序，论述行政管理人员应具备的条件及选人、用人的方法等。《政事论》成为印度公共行政管理的奠基之作。

2. 生产管理思想

古代生产管理思想可以从 15 世纪和 16 世纪时威尼斯造船厂的管理中体现出来。该船厂占有 60 英亩（1 英亩≈4 047 平方米）水陆面积，雇用一两千名工人。其任务有三个方面：制造军舰、武器和装备；储存这些产品；装备和修理。工厂内部划分为若干个职能部门，各有工头负责，一切依计划进行。装配战船，是以流水作业形式完成的。一条战船从海道一端进来，走到尽头，从武器、用具到食物、人员都配备完善，效率极高。

古希腊也留下了宝贵的生产管理思想。在公元前 370 年，希腊学者色诺芬曾对劳动分工做了如下论述：在制鞋工厂中，一个人只以缝鞋底为业，另一个人进行剪裁，还有一个人制造鞋帮，再由一个人专门把各种部件组装起来。这里所遵循的原则是，一个从事高度专业化工作的人一定能工作得最好。

3. 教会管理思想

欧洲中世纪的教会管理思想最有代表性。罗马天主教会也许是西方文明史上最持久而有效的正式组织。它之所以能经久不衰，除了其追求的目标具有诱人的魅力外，其组织之严密，管理技术之高超，无疑也是重要原因。它所实行的既分级又分领地而且分部门的一套管理体制，使它能够控制地球各地几亿教徒的几乎全部生活，其中央机构——罗马教廷，几乎就是一个复杂的政府组织。无怪乎美国通用汽车公司和兰德公司的两名管理人员经过研究得出结论："可以说，罗马教廷作为一个高效率的部门化和行动协调的典范，也许在整个组织的领域内是无与伦比的。"

总之，古代的管理思想是适应当时的社会需要，在人们不断总结实践经验的基础上产生的。随着人类社会实践活动的广泛、深入开展和社会文明的进步，人类的管理也达到了相当高的高度。但由于当时生产力水平较低，还谈不上生产的社会化程度，人们对管理经验的总结更多地停留在就事论事的基础上，所以得出的结论只能是一个孤立、分散的理论，不可能形成体系。

拓展阅读 2.1

管理基本概念比喻集结

在国外古代管理思想中，最具有代表性的管理思想是古巴比伦的管理思想、古埃及的管理思想、古希腊的管理思想、古罗马的管理思想。

1. 古巴比伦的管理思想

古巴比伦在汉谟拉比（Hammurabi）的统治下，强大的中央集权国家建立起来了。为了治理国家，从中央到地方设立了一系列法庭，设置官吏管辖行政、税收和水利灌溉，国王总揽国家的全部司法、行政和军事权力。在汉谟拉比统治时期，为了巩固其统治，汉谟拉比编制了《汉谟拉比法典》，作为国民行为的准绳。法典共分为三部分，即引言、条文和结语。《汉谟拉比法典》条文共 282 条，内容涉及财产、借贷、租赁、转让、抵押、遗产、奴隶等各个方面，对各种职业、各个层面上人员的责、权、利关系给予了明确的规定。在《汉谟拉比法典》中，有 20%的法律条文与商业有关。从现代管理的角度来看这部法典的话，似乎还可以看到后人在管理中运用到的一些管理理念的雏形。

2. 古埃及的管理思想

在古埃及，值得称道的管理实例就是其金字塔式的管理机构，在法老之下设置了各级官吏，最高为宰相，辅助法老处理全国政务，总管王室农庄、司法、国家档案，监督公共工程的兴建。宰相之下设有一批大臣，分别管理财政、水利建设及各地方事务。上自宰相，下至书吏、监工各有专职，形成了以法老为最高统治者的金字塔式的管理机构。为了强化法老专制政权的统治，埃及法老为自己修建了被后世称为世界七大奇观之一的“金字塔”。其工程之浩大、技术之复杂，至今仍被视为难以想象的奇迹，从而被蒙上许多神秘的色彩。仅从管理角度来看，成千上万人的共同劳动，就需要严密的组织和管理。埃及人是首先意识到“管理跨度”的实践者。人们从考古中发现，在法老的陪葬品中，奴仆的雕像特别令人感兴趣，每个监督者大约管理 10 名奴仆。后来的希伯来人在《圣经》里提出的以 10 为限的管理思想即源于此。

3. 古希腊的管理思想

古希腊是欧洲文明的摇篮。虽然古希腊的记载并没有留下多少关于管理原理方面的见解，但雅典城邦及其议会、人民法庭、执政官的存在本身就表明那时已意识到了管理职能。古希腊的改革家、思想家，最先产生在那些工商业最发达，自由民的内部斗争最激烈，而且又最易接触其他先进文化影响的地方。这些地方的生产力开始有了发展，人们为了发展工商业开始一些有组织的生产，从而促进了对自然的进一步认识。在他们之中有很出色的：苏格拉底（Socrates）曾提出管理的普遍性，认为管理技能在公共事务和私人事务之间是相通的；色诺芬（Xenophon）写成《家庭管理》（又称《经济论》）一书，这也是古希腊流传下来的专门论述经济问题的第一部著作；柏拉图（Plato）主要通过研究国家范围内的分工，来体现其独特的管理思想；亚里士多德（Aristotle）不仅指出了管理一个家庭和管理一个国家的相似之处，还研究了国家制度的问题，提出了国家制度的各种形式，以及采取各种形式的国家制度原则，描绘了以奴隶制为基础的“理想城邦”的轮廓。这些人的思想，无论从哪个层面来讲，对后人的影响都很大。

4. 古罗马的管理思想

古罗马在征服了希腊后，经过连年征战和吞并，逐渐成为一个庞大的帝国，管理这样一个庞大的帝国，本身就需要高超的管理方法和技能。罗马共和时期，在管理体制上，已体现了行政、立法和司法的分离。古罗马人最有效的管理实例，是当时统治者戴克里先（Diocletianus）在公元 284 年对罗马帝国的重组。他上台以后，看到帝国组织庞大、事务繁杂，但人浮于事。针对这一情况，他重新设计了帝国的组织结构，把军队和政府分为不同的权力层次，对每一层次都规定了严明的纪律以保证组织职能的发挥。他把帝国分为 100 个“郡”，归为 13 个“省”，进一步把“省”组成 4 个“道”，从而建立起了专制的组织结构。古罗马对人类的其他贡献主要在法律和治国施政方面，也是其对秩序感到关切的具体表现。罗马的法律成为后来社会文明的范例，而罗马的立法和司法分权制则为后来立宪政府的制约和平衡体制树立了一个典范。

任务 2.2 古典管理理论

任务导入

改革内部分配制度

某高校为了调动工作人员的积极性，提高教学质量，对内部分配体制做了重大改革。

（1）实行“底薪工资”制。除了保留职称和工龄工资的差别外，全校员工的月工资、奖金收入与教学质量、工作考核情况挂钩。

（2）教学质量分档次。每学年对教学分四个档次进行评比，按质量的高低定工资的多少。由对学生的调查和发表文章的刊物级别评出四个档次。三年后实行淘汰制，一直被评为四档的课程将取消，教师校内转岗，再给半年时间准备新课程。如无新课程，校内另行分配二线工作，如二线部门不接收，自动下岗或校外谋职。

（3）分配与教学质量及发表文章数量挂钩。

此举增强了全校人员的凝聚力和集体观念。改革给该校带来了巨大活力，教学质量位居前列。但在推行该项改革的过程中，遇到了标准不客观、如何科学合理地换算不同级别的刊物文章、如何处理异常情况等方面的难题。

【任务分析】

请总结本案例体现了什么原理，对管理工作带来何种启迪？

古典管理理论形成于 19 世纪末 20 世纪初。经过产业革命后，先进资本主义国家的生产力发展已经到达一定的高度，科学技术也有了较大的发展，许多新发明开始出现，但是管理仍处于师傅带徒弟的阶段，经验和主观臆断盛行，缺乏科学的依据。随着资本主义自由竞争向垄断过渡，传统的经验管理越来越不适应管理实践的需要。为了进一步发展生产，必须在管理方面有一个较大的突破，而以往管理经验的积累、管理思想的种种萌芽，也为创建新的管理方法和管理理论提供了有利条件。管理理论正是在这种情况下，在管理实践的基础上建立起来的。19 世纪末 20 世纪初创建的管理理论，被人们称为古典管理理论，主要由泰勒的科学管理理论、法约尔的一般管理理论和韦伯的行政组织体系理论构成。古典管理理论奠定了现代管理学的理论基础。

2.2.1 科学管理理论

弗雷德里克·泰勒（Frederick Winslow Taylor，1856—1915）是美国古典管理学家，科学管理的创始人。泰勒于 1856 年出生在美国费城的一个富裕家庭里；19 岁时因故停学进入一家小机械厂当徒工；22 岁进入费城米德维尔厂当机工并在夜校学习，获得工程学位后提升为总工程师；1898 年进入伯利恒钢铁公司继续从事管理方面的研究。他不断在工厂进行实地试验，系统地研究和分析工人的操作方法和动作所花费的时间，逐渐形成其管理体系——科学管理。泰勒的主要著作有《科学管理原理》（1911）等，书中提出的理论奠定了科学管理的理论基础，标志着科学管理思想的正式形成。

1. 科学管理理论的内容

泰勒及其合作者、追随者所奠基的“科学管理”有三个基本出发点：一是明确科学管理的中心问题是提高效率；二是用科学管理代替旧的传统的管理以提高工作效率；三是要求管理人员和工人双方实行重大的精神变革。泰勒科学管理的内容概括起来主要有六方面。

（1）工作定额。泰勒认为，科学管理的中心问题是提高劳动生产率。为发掘工人劳动生产率的潜力，他采用时间研究（就是研究工人在工作期间各种活动的时间构成）和动作研究（就是研究工人干活时动作的合理性）的方法，制定出所谓标准的作业方法，并按照标准的作业方法和合理的组织与安排，确定工人一天必须完成的标准工作量。他把传统的知识和技艺，归纳成规则、规律、公式，建立起一种科学，以代替过去单凭工人经验进行作业的方法。

（2）能力与工作相适应。泰勒认为，为了提高劳动生产率，必须为工作挑选一流的工人。对一流的工人的判断包括两个方面，一方面是该工人的能力最适合做这种工作；另一方面是该工人必须愿意做这种工作。因为人的天赋与才能不同，所适宜的工作也就不同。一流的工人是适宜其作业而又努力工作的人，身强力壮的人干体力活可能是一流的，而心灵手巧的人干精细活也可能是一流的，所以要根据人的能力和天赋把他们分配到相应的工作岗位上去，而且还要对他们进行培训，教会他们科学的工作方法，激发他们的劳动热情。

（3）实行标准化。标准化是指工人在工作时要采用标准的操作方法，而且工人所使用的工具、机器、材料等都应该标准化，以利于提高劳动生产率。在此之前，工人的操作方法和使用的工具只能根据经验来确定，工人的劳动和休息时间，以及机器设备的使用等也由管理人员根据自己的判断或过去的记录来确定，没有科学的依据。泰勒认为，必须用科学的方法对工人的操作方法、工具、劳动和休息时间进行搭配，对机器的安排和作业环境的布置进行分析等，消除各种不合理的因素，把各种最好的因素结合起来，形成一种最好的方法。这就是所谓的标准化原理。

（4）按差别计件付酬制。泰勒认为原有的付酬制度不合理，于是提出了自己全新的看法。他认为，要在科学地制订劳动定额的前提下，采用差别计件工资制来鼓励工人完成或超额完成定额。如果工人可超额完成定额，按比正常单价高出 25%计酬（不仅超额部分，而且定额内的部分计酬也按此单价计酬）；如果工人完不成定额，则按比正常单价低 20%计酬。泰勒指出，这种付酬制度会大大提高工人们的劳动积极性，从而大大提高劳动生产率。

（5）计划职能与执行职能相分离。泰勒认为，应该用科学的工作方法取代经验工作方法。所谓经验工作方法，是指每个工人采用什么操作方法、使用什么工具等，都是根据个人经验来决定的。工人工作效率的高低取决于他们的操作方法和使用的工具是否合理，以及个人的熟练程度和努力程度。为了采用科学的工作方法，泰勒主张把计划职能同执行职能分开，由专门的计划部门来承担计划职能工作，由所有的工人和部分工长来承担执行职能工作。

（6）例外原则。泰勒将管理工作分成两类，即一般事务管理和例外事务管理。企业的高级主管人员应把处理一般事务的权限下放给下级管理人员，自己只负责对下级管理人员的监督和处理例外事务。这在当时集权化管理的背景下，是非常有远见的。这种以例外原则为依据的管理控制原理，以后将发展成为管理上的分权化原则和实行事业部制等管理体制。

泰勒认为科学管理的关键是工人和雇主都必须进行一场精神革命，要相互协作，努力提高生产效率。雇主关心的是降低成本，工人关心的是提高工资，关键是要使双方认识到提高劳动生产率对双方都是有利的。泰勒对此有这样的论述：劳资双方在科学管理中所发生的精神革命是，双方都不把盈余的分配看成头等大事，而把注意力转移到增加盈余的量上来，直到盈余大到这样的程度，以至不必为如何分配而进行争吵……他们共同努力所创造的盈余，足够给工人大幅度增加工资，并同样给雇主大幅度增加利润。这就是泰勒所说的精神革命。

2．对科学管理理论的评价

（1）泰勒科学管理的贡献。泰勒的科学管理理论的最大贡献是提倡用科学的管理方法来代替传统的管理方法。科学管理的精髓是用调查研究和科学知识来替代个人的判断、意见和经验，在理论上开创了对管理进行科学研究的先河，使管理从经验上升到科学，标志着管理学作为一门学科开始形成。科学管理理论提出了通过管理科学化来提高劳动效率，从而增加利润的方法，体现了科学的巨大进步。弗雷德里克·泰勒等人创造和发展了一系列有助于提高生产效率的技术和方法，如时间与动作研究和差别计件工资制等，以其独到的实用性和实践性，曾得到广泛的传播和应用。这些技术和方法不仅是过去合理组织生产的基础，甚至直至今天，它在管理理论和管理实践中仍有十分广泛的影响。

（2）泰勒科学管理的弊端。泰勒对工人的看法是错误的。他把人看成"经济人"，认为工人的主要动机是经济，工人最关心的是提高自己的金钱收入。他还认为工人只有单独劳动才能好好干，集体的鼓励通常是无效的。泰勒的科学管理只重视技术因素，不重视人群、社会的因素。他所主张的专业分工，管理与执行分离、作业科学化和严格的监督等，加剧了体力劳动与脑力劳动的分离，加剧了劳资之间及管理人员和工人之间的矛盾。此外，泰勒科学管理仅解决了个别具体工作的作业效率问题，而没有解决企业作为一个整体如何经营和管理的问题。

管理智库 2.7

擦玻璃的学问

小王在日本留学期间在一家清扫公司打工，上班第一天，老板问他会不会擦玻璃。小王心想：真是小看人，我从小学到中学，每次周六大扫除都要擦玻璃。于是回答：会。老板说那你把这个窗户的玻璃擦给我看。小王用了半个小时把这个窗户的玻璃擦干净了。老板说，你再看我给你擦玻璃。她只用了十分钟就把另一个窗户的玻璃擦干净了。原来擦玻璃的方法不同。小王是把抹布洗干净捏成一团去擦玻璃，抹布脏了就到桶里洗，中间洗了七八次抹布，最后桶里的水都脏了，抹布也干净不到哪去，好不容易才把玻璃擦干净。而老板只洗了两次抹布：第一次洗干净后将抹布叠成手掌大的一块，这面擦了再擦另一面，然后再把抹布重新叠一下，再用干净的一面去擦，直到所有玻璃都擦干净了，再洗一次抹布。老板说，以后就这样擦。后来小王发现，这里的很多工作都有一套固定的模式，是不可以随便更改的，而按着这些模式去干，确实可以节省时间。

擦玻璃的故事说明，很多发达国家早已推行了"科学管理之父"泰勒的科学管理方法。泰勒进行了工时和动作的研究，制定了标准化的工作方法，从而提高了劳动生产率。

2.2.2 一般管理理论

泰勒的科学管理开创了西方古典管理理论的先河。在其正被传播之时，欧洲也出现了一批古典管理的代表人物及其理论，其中影响最大的首属法国的亨利·法约尔及其一般管理理论。法约尔与泰勒一样，都致力于探讨管理的科学性，并建立了一套系统的管理理论。但不同的是，泰勒的研究是从工场或车间的现场管理开始的，主要是技术方面和作业方面的管理；而法约尔则把整个企业组织作为研究对象，他研究的是整个企业的经营管理问题，因此他的理论被称为一般管理理论。

亨利·法约尔（Henri Fayol，1841—1925）出生在法国一个富裕的资产阶级家庭，1860 年毕业于法国里昂的圣艾蒂安国家矿业学院，然后进入法国一家矿业公司的卡斯维尔冶金采矿公司担任工程师，6 年后升任经理，并在 1888—1918 年一直担任该公司总裁。法约尔长期从事全局性的管理工作，他的研究是从企业生产经营的全局出发，以企业整体作为研究对象，包括生产技术、供应销售、财务会计等各个方面。根据 50 多年的管理实践，法约尔于 1916 年发表了《工业管理和一般管理》一书，提出了适用于一切组织的五大职能和有效管理的 14 条原则。泰勒的研究是从"车床前的工人"开始的，重点内容是企业内部具体工作的效率。法约尔的研究则是从"办公桌前的总经理"出发的，以企业整体作为研究对象。他认为，管理理论是指"有关管理的、得到普遍承认的理论，是经过普遍经验检验并得到论证的一套有关原则、标准、方法、程式等内容的完整体系"；有关管理的理论和方法不仅适用于公私企业，也适用于军政机关和社会团体。这正是其一般管理理论的基石。一般管理理论的主要内容如下。

1．从企业经营活动中提炼出了管理活动

法约尔区别了经营和管理，认为这是两个不同的概念，且管理包括在经营之中。他认为每种企业的"经营"共有 6 项活动：技术活动、商业活动、财务活动、安全活动、会计活动和管理活动。

2．明确了管理的五大基本职能

法约尔认为管理活动有 5 项职能，即把管理活动分为计划、组织、指挥、协调和控制五大管理职能，揭示了管理的本质，并对这五大职能进行了详细的分析。他认为，"计划就是探索未来和制定行动方案；组织主要是建立执行工作任务和权力的结构，确定完成任务所需的机器、物资和人力的恰当结合；指挥是使每个人都履行其所负的职责，从而使整个组织运转起来；协调是统一和调和企业各部门及各个职工的活动，指导他们走向一个共同的目标；控制是核实情况的发展是否同既定的计划、规章、下达的命令相符合，以便及时发现错误，采取措施，加以纠正"。他对管理五大职能的分析，为管理学科提供了一套科学的理论构架，后来成为管理过程学派的理论基础，也是以后各种管理理论和管理实践的重要依据。

3．归纳了管理的 14 项原则

第一是分工。在技术工作和管理工作中进行专业化分工可以提高效率。

第二是权力与责任。权力是指挥和要求别人服从的力量。在行使权力的同时，必须承担相应的责任，不能出现有权无责和有责无权的情况。

第三是纪律。任何组织都要有效地工作，必须有统一的纪律来规范人的行为。要发展企业，纪律是绝对必要的，没有纪律，任何组织都不能兴旺发达，纪律的实质是对协定的尊重。

第四是统一指挥。组织内的每一个人只能服从一个上级并接受他的命令。违背了这个原则，就会使权力和纪律受到严重的破坏。

第五是统一领导。凡目标相同的活动，只能有一个领导、一个计划。统一领导来自于健全的组织，它对行动的统一、力量的协调和精力的集中都是非常重要的。

第六是个人利益服从集体利益。集体的目标必须包含员工个人的目标，但个人和小集体的利益都不能超越组织的利益。当两者矛盾时，优先考虑集体利益。

第七是报酬合理。报酬制度应当公平，对工作成绩和工作效率优良者给予奖励，但奖励应有一个限度。法约尔认为，“任何优良的报酬制度都无法取代优良的管理”。

第八是集权与分权。提高下属重要性的做法是分权，降低这种重要性的做法是集权。要根据企业的性质、条件、环境、人员的素质来恰当地确定集权和分权的程度。

第九是等级链。等级链是指“从最高的权威者到最低层管理人员的等级系列”。它表明权力等级的顺序和信息传递的途径。为了保证命令的统一，不能轻易违背等级链，请示要逐级进行，指令也要逐级下达。

第十是秩序。秩序是指“有地方放置每件东西，而每件东西都放在该放置的地方；有职位安排每个人，而每个人都安排在应安排的职位上”。

第十一是公平。在待人上，管理者必须做到“善意与公道结合”，应当和蔼、亲切、公正地对待下级，使其有心理上的安全感。

第十二是人员稳定。人员的高流动率会造成工作的低效率，要努力做到有秩序地安排人员并补充人力资源。特别是管理人员的经常变动，对企业很不利。

第十三是首创精神。首创精神是创立和推行一项计划的动力。领导者不仅本人要有首创精神，还要鼓励全体成员发挥他们的首创精神。鼓励员工提出合理化建议，调动员工积极性。

第十四是团结精神。在组织内部要形成团结、和谐和协作的气氛。职工的融洽、团结可以使企业产生巨大的力量。此外，还应加强企业内部的交流。

法约尔的一般管理理论是西方古典管理思想的重要代表，后来成为管理过程学派的理论基础，也是以后各种管理理论和管理实践的重要依据。管理五大职能的分析为管理学科提供了一套科学的理论构架，对管理理论的发展和企业管理的历程均有着极为深刻的影响。因此，继泰勒的科学管理之后，法约尔的一般管理理论被誉为管理史上的“第二座丰碑”。

2.2.3 行政组织理论

马克斯·韦伯（Max Weber，1864—1920）是同泰勒和法约尔处于同一历史时期，并且对西方古典管理理论的确立做出杰出贡献的德国著名社会学家和哲学家，是西方古典管理理论的三位先驱之一。1864 年，韦伯出生在德国爱尔福特的一个中产阶级家庭，1882 年进入海德堡大学攻读经济学和法律，之后又就读于柏林大学。在此期间，他还曾入军队服役，1888 年参与波森的军事演习，因而对德国的军事生活和组织制度有相当的了解，这对他后来建立组织理论有相当的影响。韦伯的主要著作有《新教伦理与资本主义精神》、《一般经济史》、《社会和经济组织的理论》等，其中官僚组织模式（Bureaucratic Model）的理论（即行政组织理论），对后世产生了最为深远的影响。作为现代社会学的奠基人之一的韦伯在组织管理方面有关行政组织的观点对社会学家和政治学家都有着深远的影响。他不仅考察了组织的行政管理，而且广泛地分析了社会、经济和政治结构，深入地研究了工业化对组织结构的影响。他提出了所谓理想的行政组织体系理论，其核心是组织活动要通过职务或职位而不是通过个人或世袭地位来管理。他的理论是对泰勒和法约尔理论的一种补充，对后世的管理学家，尤其是组织理论学家有重大影响，因而在管理思想发展史上被人们称为“组织理论之父”。

韦伯认为，任何组织都必须以某种形式的权力作为基础，韦伯将社会所接受的权力分为三种：法定权力、传统权力和神授权力。它们应该建立在以下基础上。

合理基础——它是以一种对正规规则形式的“法律性”，以及对那些升上掌权地位者根据这些条例发布命令的权力的信任作为基础的（法定权力）。

传统基础——它是以一种对古老传统的神圣不可侵犯性，以及对根据这些传统行使权力者的地位合法性的既定信念作为基础的（传统权力）。

神授基础——它是以对某一个人的特殊的、超凡的神圣性、英雄行为或典范品格的信仰，以及对这个人所启示或发布的规范榜样或命令的信仰作为基础的（神授权力）。

韦伯认为，“任何组织都必须以某种形式的权力作为基础，没有某种形式的权力，任何组织都不能达到自己的目标。”人类社会存在三种为社会所接受的权力，即传统权力、神授权力和法定权力。他认为官僚集权组织是理想的组织形式，这种组织形式以“合理—合法”的权力为基础。所谓“合理—合法”的权力，就是根据组织目标、管理职能所明确规定的各个不同管理层次的相应权力，由被下属信任的领导人行使。

有了适于官僚组织体系的权力基础，韦伯勾画出理想的官僚组织模式，具有下列特征。

1．实现劳动分工

明确规定每一个成员的权力和责任，并且把这些权力和责任作为正式职责而使之合法化。

2．强调等级严密

各个职位都按照职权的等级原则组织起来，形成一个指挥体系。这是一种按照职位高低层层控制、井然有序、权责分明的组织体系。各级领导不仅要为自己的行动对上级负责，而且要对自己下级的行动负责。

3．加强法规与规章的约束力

组织是根据明文规定的法规和规章组成的，法规和规章不变更，组织结构也固定不变。组织的任何一个成员都受法规和规章的控制。他们的工作必须遵循固定的程序，按照规定行使权力。

4．强调人员关系非人格化

组织成员之间的关系，只是一种职位关系，不受个人情感的影响，成员间只有对事的关系而无对人的关系。

5．成员的选用与保障

每一职位均根据其资格限制（资历或学历），按自由契约原则，经公开考试合格予以使用，务求人尽其才。

6．实行管理权与所有权分离

管理者是职业化的官员而不是所管理单位的所有者，他们领取固定的工资并在组织中追求他们职业生涯的成就。

拓展阅读 2.2

帕金森定律

英国著名历史学家诺斯古德·帕金森通过长期调查研究，写出一本名叫《帕金森定律》的书。他在书中阐述了机构人员膨胀的原因及后果：一个不称职的官员，可能有三条出路，第一是申请退职，把位子让给能干的人；第二是让一位能干的人来协助自己工作；第三是任用两个水平比自己更低的人当助手。这第一条路是万万走不得的，因为那样会丧失许多权力；第二条路也不能走，因为那个能干的人会成为自己的对手；看来只有第三条路最适宜。于是，两个平庸的助手分担了他的工作，他自己则高高在上发号施令，他们不会对自己的权力构成威胁。两个无能助手上行下效，再为自己找两个更加无能的助手。

至上而下，一级比一级庸人多，从而产生出机构臃肿的庞大管理机构。由于对于一个组织而言，管理人员或多或少是注定要增长的。那么这个帕金森定律，注定要起作用。也就是有这样一个公式：$X=[100(2KM+L)/YN]100\%$。其中 K 表示一个要求派助手从而达到个人目的的人。从这个人被任命一直到他退休，这期间的年龄差别用 L 来表示。M 是部门内部行文通气而耗费的劳动时数。N 是被管理的单位。用这个公式求出的 X 就是每年需要补充的新职工人数。数学家们当然懂得，要找出百分比只要用 X 乘 100，再除以去年的总数 Y 就可以了。不论工作量有无变化，用这个公式求出来的得数总是处在 5.17%～6.56%。

显然，如此类推，就形成了一个机构重叠、人浮于事、互相扯皮、效率低下的领导体系。而且这个定律不仅在官场中出现，在很多组织中都会出现。权力的危机感，是产生帕金森现象的根源。

任务 2.3 行为管理理论

任务导入

如何进行管理？

在一个管理经验交流会上，有两个厂的厂长分别论述了他们各自对如何进行有效管理的看法。

A 厂长认为，“企业首要的资产是员工，只有员工们都把企业当成自己的家，都把个人的命运与企业的命运紧密联系在一起，才能充分发挥他们的智慧和力量为企业服务。”为此，管理者有什么问题，都应该与员工们商量解决；平时要十分注重对员工需求的分析，有针对性地给员工们提供学习、娱乐的机会和条件；每月的黑板报上应公布当月过生日的员工姓名，并祝他们生日快乐；如果哪位员工生儿育女了，厂里应派车接送，厂长应亲自送上贺礼。在 A 厂，员工们都普遍把企业当成自己的家，全心全意地为企业服务，工厂日益兴旺发达。

B 厂长则认为，“只有实行严格的管理，才能保证实现企业目标所必需的各项活动顺利进行。”为此，企业要制定严格的规章制度和岗位责任制，建立严密的控制体系；注重上岗培训；实行计件工资制等。在 B 厂，员工们都非常注意遵守规章制度，努力工作以完成任务，工厂发展迅速。

【任务分析】

哪个厂长的观点正确，为什么？

行为管理理论早期被称为人群关系学说，诞生于 20 世纪 30 年代。行为管理理论对工人在生产中的行为及这些行为产生的原因进行分析研究，目的是解释、预测、控制人的行为，使之有利于达成组织预期的目标，同时使个人获得成长和发展。行为管理理论的诞生是西方管理理论与实践发展的必然结果。20 世纪初期，泰勒科学管理制逐渐行之无效，工人的组织化程度与谈判地位都已提高，罢工、怠工现象时有发生，提高劳动生产率问题又成为一大难题。这促使管理学家重新审视科学管理理论，研究新的管理理论，行为科学和行为管理理论应运而生。

2.3.1 人际关系学说

1. 霍桑试验

对行为科学进行专门、系统的研究，进而形成一种较为完整的全新的管理理论，始于20世纪20年代美国哈佛大学心理学家梅奥等人所继续进行的著名的霍桑试验。

乔治·埃尔顿·梅奥（George Elton Mayo，1880—1949）是原籍澳大利亚的美国管理学家，是早期的行为科学——人际关系学说的创始人。他是澳大利亚人，后移居美国。1926年起，他应聘于哈佛大学，任工业研究副教授。其著作有《工业文明的社会问题》和《工业文明的人类问题》等。梅奥是一位在管理思想发展史中有着特殊地位的管理学家。他亲自参与并指导了霍桑试验，总结了几个试验的初步成果，出版了他的代表作《工业文明的人类问题》。在此书中，他阐述了人际关系学说的主要思想，从而为提高生产效率开辟了新途径。为此，他的名字同他的著作一起载入了管理发展史册。

霍桑试验是从1924—1932年在美国芝加哥郊外的西方电气公司的霍桑工厂中进行的。霍桑工厂具有较完善的娱乐设施、医疗制度和养老金制度，但是工人们仍然有很强的不满情绪，生产效率很低。为探究原因，1924年11月，美国国家研究委员会组织了一个包括多方面专家的研究小组进驻霍桑工厂，开始进行试验，以判定照明和其他一些条件对工人和生产率的影响。结果他们发现，对试验小组的照明，无论是增强还是减弱，生产率都有提高。在研究人员为此打算宣布整个试验归于失败之际，哈佛大学的梅奥却发现某些不寻常的东西，于是在1927—1932年，便和罗特利伯格及其他一些人继续进行研究，包括福利试验、群体试验、访谈试验。研究小组研究了各方面的因素，提出人际关系学说。

2. 梅奥人际关系学说的主要内容

根据霍桑试验，梅奥于1933年出版了《工业文明的人类问题》一书，奠定了人际关系理论的基础。在书中，他提出了一些与古典管理理论不同的新见解。

（1）工人是“社会人”而不是“经济人”。以泰勒为代表的科学管理的基础是把人当成“经济人”，认为金钱是刺激人们工作积极性的唯一动力。梅奥认为，工人是“社会人”，影响人们生产积极性的因素，除了物质方面的因素以外，还有社会和心理方面因素的影响。

（2）企业中存在着非正式组织。正式组织是为了实现企业目标所规定的企业成员之间职责范围的一种结构。梅奥认为，人是社会的人，在企业的共同工作中，人们必然相互发生关系，由此就形成了一种非正式团体。在该团体中，人们形成共同的感情，进而构成一个体系，这就是非正式组织。

（3）生产率的提高主要取决于工人的工作态度，以及他和周围人的关系。梅奥认为提高生产率的主要途径是提高工人的满意度，即工人对社会因素，特别是人际关系的满足程度。如果满足程度高，工作积极性、主动性和协作精神就高，即士气高，生产效率就高。

2.3.2 行为科学理论

霍桑试验及梅奥的见解提出了管理中一个值得重视的新领域，即人际关系的整合。之后，大批受过专业社会科学训练的研究者，采用更系统的研究方法，从心理学、社会学、人类学和管理学的角度对人际关系进行综合研究，从而建立了关于人的行为及其调控的行为科学理论。行为科学产生于20世纪二三十年代，而正式被命名为行为科学，是在1949年美国芝加哥的一次跨学科的科学会议上。

1. 广义的行为科学

广义的行为科学是包括研究人的各种行为（以至于动物的行为）在内的多种学科，是一个学科群，而不单是一门学科，因而在英文中用复数形式来表示；是社会科学的同义语，是包括心理学、社会学、人类学在内的学科群。

2. 狭义的行为科学

狭义的行为科学是运用心理学、社会学、经济学等学科的理论和方法来研究工作环境中个人和群体的行为的一门综合性学科，而不是一个学科群。

拓展阅读 2.3

思维决定管理

禅宗大师弘一法师、著名艺术家李叔同先生圆寂后，他的好友丰子恺对其一生做了全面的回顾，做出了“人生三层楼”的禅学思考——“人生有三个境界：一是物质生活，二是精神生活，三是灵魂生活。物质生活就是衣食，精神生活就是学术文艺，灵魂生活就是宗教。人生就是这样的三层楼”。而管理也存在类似的三层楼，分别是管理中的“术”、“理”、“道”。

所谓“术”，就是方法、技术、技巧，说的是“应该怎么做”，是管理的第一层楼。现在市面上有很多介绍西方现代管理技术的书，如《管理者的管理工具》等。这些书中详细介绍了很多有效的管理工具，如PEST分析、SWOT分析、鱼骨图、时间管理、脑筋风暴、KPI、目标管理、平衡计分卡等。恰当地运用这些工具将大大助于管理者提高工作效率和管理水平，建立管理者的理性思维，改变大部分中国管理者习惯在决策时“拍脑袋”的非理性决策模式。中国的教育水平和企业治理一直以来相对落后，所以很多管理者都应在这一层刻苦学习管理之术。可悲的是现在中国企业的有些管理者连第一层楼的门都还没进就开始。“执掌大权”，又不屑于或不善于学习，可以想象出这样的管理者的管理如同无源之水、无本之木。企业里这样的管理者多了，还怎么谈得上基业常青呢？

所谓“理”，就是原理、道理、理论基础，说的是“为什么这么做”，是管理的第二层楼。大多数管理学者生活在这层楼上，而在实际管理岗位上从事具体管理工作的管理者能够到达这一层楼的已经为数不多了。这样的管理者在能够有效地运用各种管理工具的基础上，还能经常去思考：为什么别人能创造这样的管理工具而我不能？为什么这样的管理工具有效？我能否创造一个有效的管理工具？或者，我能否对现有的管理工具进行改进或完善？这样的管理者善于思考和学习，并且具有一种知其然还要知其所以然的钻研精神，比只求停留在第一层楼的管理者而言已有极大的飞跃。但这也只是真正想求得管理之“道”的管理者的必经之路，如果一直停留在这里，或许可以成为优秀的管理学家，但却难以进化为管理大师。

所谓“道”，老子早就告诉我们：“道可道，非常道”。但老子同时也告诉我们：“人法地，地法天，天法道，道法自然”，这就告诉了我们接近道、认识道、学习道、融于道的途径。管理是对人、财、物的管理，其中最难的却是最重要的工作就是对人的管理。人属于社会，更属于自然界，因此人的自然天性，也就是“人性”，才是最根本的管理基石。“道法自然”，也就是说：要想真正掌握管理之道，最终就要抛弃掉那些在“道”的层面上已经成为一种束缚的管理工具和管理理论，转而关注和研究“人性”，在管理中基于“人性”因势利导、无为而治方能有大成。当一个管理者对“人性”有了极其深刻的理解，但又不仅限于理解本身，还能够将这种理解和自身的管理行为高度融合的时候，这样的管理者就是“得道”的管理者。其实这样的管理者已经不能称之为管理者了，而是真正意义上的“领导者”，他自强不息、厚德载物，他能够一呼百应、运筹帷幄、成就大业！这是管理的第三层楼，也是最高境界。

这么说，并不是推崇“道”而鄙视“术”和“理”，也不意味着倡导所有的管理者都转而求“道”不问“术”。就像任何人不可能一步登天一样，任何管理者都不可能不经过管理的一、二楼而直接到达三楼。但“术”和“理”只是管理中的“有”，“道”则是管理中的“无”，从一个普通职员成长为一个著名的管理大师，一定需要经历一个从“无”到“有”，再从“有”到“无”的过程。虽然开始和结果都是“无”，但二者已大相径庭——前面的“无”是一无所知、一无所有，后面的“无”则是一种“无为而又无所不为”的最高境界！因此，有志于前往三楼的管理者如果迷恋一楼和二楼的“风景”，就永远无法到达三楼，此所谓“大道无术”。

《大学》中说“知止而后有定，定而后能静，静而后能安，安而后能虑，虑而后能得”。因此，管理者要想有“得”，先要知“止”。知道了目标和追求，认清了自己现在是在第几层楼，将有助于管理者摒除骄傲自大的心理和心浮气躁的情绪，静下心来思考管理中存在的问题，找到真正的解决办法。

只要明确目标、认清自我、不懈追求，相信任何一个管理者都能成为管理大师，正所谓“佛在灵山莫远求，灵山就在你心头”。

资料来源：业务员网（http://www.yewuyuan.com）

任务 2.4 现代管理理论

任务导入

新达公司的效率

新达批发公司的产品销往 6 个省市中的 500 多个零售商。批发业务的一个主要赢利因素就是尽快满足用户订单。零售商一旦发出订单，就希望能尽快到货，假如在交货中有任何耽搁，他们就会寻找其他批发商购货。

新达公司的经理黄胜在上个月刚完成了对公司的整改。第一，他对所有货品做了新安排，以便使那些需要快递的物品尽可能地安置在最靠近装货码头的那些仓库中；第二，他引入了新的库存控制制度，所有重要的原始记录都由计算机储存；第三，一些办公室做了新的安排，并配备了新办公设施；此外，在工作场所还播放些轻松悦耳的乐曲。

自从做了这些改变后，黄经理对公司的营运绩效十分关注。记录显示公司的交货期由原先的 4 天减少到 3 天，赢利率增加到 27%。当然，这种变革后的成效是暂时的还是长期的，目前还很难断言。但黄经理相信，绝大部分效率的提高应直接归功于他在工作环境中引入的变革。

【任务分析】

黄经理在这次变革中应用了哪些主要管理方法？是管理科学，一般科学，还是行为科学？

现代管理理论是指第二次世界大战后到现在的西方管理理论。第二次世界大战之后，科技的迅猛发展，生产社会化程度的日益提高，使人们对管理理论有了普遍认识。各派学者从不同的层面、角度，运用不同的方法和手段对现代管理过程中的问题进行研究。20 世纪 50 年代以来，出现了各种不同的管理分析方法和观点，形成了许多新的管理理论和学说，使得管理理论空前多样化，这种情况被称为“管理理论丛林”。各具代表性的学说和理论的产生和发展对现代管理的发展产生了重要的影响。

2.4.1 现代管理理论学派

现代管理理论是一个知识体系，是近代管理理论的综合，内容十分丰富。不同的现代管理理论学派有其学派的理论观点，各有所长。下面主要介绍下述几种现代管理理论和学派。

1. 管理过程学派

管理过程学派又称管理职能学派、经营管理学派。这个学派是在法约尔管理思想的基础上发展起来的、继古典管理理论学派和行为科学学派之后影响最大、历史最久的一个学派。该学派的代表人物有美国的哈罗德 • 孔茨（Harold Koonts）和西里尔 • 奥唐奈（Cyril O. Donnell），其代表作为他们两人合著的《管理学》。该学派视管理为一种程序和许多相互关联着的职能，并提供了一个分析研究管理的思想构架。同时，强调管理职能的共同性，尽管不同组织的性质不同，但所应履行的基本管理职能是相同的。

2. 社会系统学派

社会系统学派的创始人是美国的管理学家切斯特 • 巴纳德（C. I. Barnard，1886 —1961），他的代表作是 1937 年出版的《经理的职能》一书。这一学派以组织理论为研究重点，将组织看做一种人与人相互之间协作的一个系统，是一个社会系统，要受到社会环境各方面因素的影响。

3. 决策理论学派

决策理论是以社会系统论为基础，吸收行为科学和系统论的观点，运用计算机技术和统筹学的方法而发展起来的一种理论。这个学派的主要代表人物是西蒙。决策理论的主要观点是，管理就是决策，决策贯串于整个管理过程；决策过程包括情报活动、设计活动、抉择活动、审查活动四个阶段的工作；决策应遵循满意准则、程序化决策和非程序化决策。

4. 经验主义学派

经验主义学派以美国的德鲁克、戴尔等为代表，他们认为，有关企业管理的理论应该从企业管理的实际出发，特别是以大企业管理经验为主要研究对象，将其概括和理论化，然后传授给管理人员或向经理提出实际的建议。

5．权变理论学派

权变理论是一种较新的管理思想，它的代表人物是英国的伍德沃德（Joan Woodward）等人。伍德沃德的代表作是《工业组织：理论和实践》。权变理论学派认为，组织和组织成员的行为是复杂的，不断变化的，这是一种固有的性质。而环境的复杂性又给有效的管理带来困难，从而以前各种管理理论所适用的范围就十分有限，例外情况也越来越多。所以说，没有任何一种理论和方法适用于所有情况，管理方式或方法也应该随着情况的不同而改变。

6．系统管理学派

系统管理学派兴盛于 20 世纪 60 年代前后，其代表人物是美国管理学家卡斯特（F.E.Kast）、罗森茨韦克（J.E.Rosenzweig）等人。该学派的理论要点如下：组织是由人们建立起来的、相互联系并且共同工作着的要素所构成的系统，这一人造的开放系统同外部环境之间存在着动态的相互作用，并具有内部和外部的信息反馈网络，能够不断地自行调节，以适应环境和本身的需要；企业的组织结构是一个完整的系统，同时也是一个管理信息系统。

2.4.2 管理理论新发展

进入 20 世纪 90 年代以来，许多管理的新理论、新方法的产生掀起了管理的新思潮。这些新理论包括战略管理理论、企业文化理论、企业再造理论、“学习型组织”理论等。

1．战略管理理论

20 世纪 60 年代末到 70 年代初，美国经济内临石油危机，外遇崛起的日本及欧洲的挑战，科技竞争愈演愈烈。管理学界开始重点研究如何适应充满危机和动荡的国际经济环境的不断变化，谋求企业的生存发展，并获取竞争优势的课题。较为突出的是，来自于战争的词汇——“战略”开始被引入管理学界。安索夫（Ansoff）《公司战略》（1965）一书的问世，开创了战略规划的先河。1975 年，安索夫的《从战略规则到战略管理》出版，标志着现代战略管理理论体系的形成。该书将战略管理明确解释为“企业高层管理者为保证企业的持续生存和发展，通过对企业外部环境与内部条件的分析，对企业全部经营活动所进行的根本性和长远性的规划与指导”。他认为，战略管理与以往经营管理的不同之处在于面向未来，动态地、连续地完成从决策到实现的过程。而迈克尔·波特（M·E·Porter）的《竞争战略》（1980）可谓把战略管理的理论推向了顶峰，书中许多思想被视为战略管理理论的经典，比如五种竞争力（进入威胁、替代威胁、买方砍价能力、供方砍价能力和现有竞争对手的竞争）、三种基本战略（成本领先、标新立异和目标集聚）、价值链的分析等。通过对产业演进的说明和各种基本产业环境的分析，得出不同的战略决策。这一套理论与思想在全球范围内产生了深远的影响。

2．企业文化理论

企业文化是一个全新的企业管理理论，它发祥于日本，形成于美国，是继古典管理理论、行为科学管理理论、丛林学派管理理论之后，世界企业管理史上出现的第四个管理阶段的理论，被称为世界企业管理史上的“第四次管理革命”。20 世纪 80 年代初，日本经济持续多年的高速增长引起了全世界的瞩目，为了探究日本经济腾飞背后的因素，美国企业界开始研究日本企业的管理方式。企业文化理论就是这种研究的一项重大成果。最早提出企业文化概念的人是美国的管理学家威廉·大内。他于 1881 年出版了自己对日本企业的研究成果《Z理论——美国企业如何迎接日本的挑战》。在此书中，他指出：日本企业成功的关键因素是它们独特的企业文化。这一观点引起了管理学界的广泛重视，吸引了更多的人从事企业文化的研究。企业文化理论的基点是“以人为本”。它强调管理以人为中心，充分尊重员工的价值，重视人的需求的多样性，运用共同的价值观、信念、和谐的人际关系、积极进取的企业精神等文化观念，来营造整体的企业人生，使管理从技术上升为艺术。

管理智库 2.8

海尔文化

海尔集团是以企业文化为软系统的现代型企业，它每一次经营上的创新都来自于一次企业文化的革命。海尔集团的领导层认为，企业文化是企业管理中最持久的驱动力和约束力，高度融合了企业理念、经营哲学、价值观和个人的人生观，是一个企业的凝聚剂。

海尔的经营理念具有鲜明的个性——海尔特色，同时有较强的哲理性和实用性，具有普遍的推广作用。具体表现为海尔定律（斜坡球体论）：企业如同爬坡的一个球，受到来自市场竞争和内部职工惰性而形成的压力。如果没有一个止动力，它就会下滑，这个止动力就是基础管理。以这一理念为依据，海尔集团创造了“OEC”管理即海尔模式 80/20 原则，即管理人员与员工责任分配的 80/20 原则，“关键的少数制约次要的多数”。

海尔的市场观念：“市场唯一不变的法则就是永远在变”、“只有淡季的思想，没有淡季的市场”、“卖信誉不是卖产品”、“否定自我创造市场”。

创名牌战略：要么不干，要干就要争第一；国门之内无名牌。

质量观念：高标准、精细化、零缺陷；优秀的产品是优秀的人干出来的。

服务理念：带走用户的烦恼，烦恼到零；留下海尔的真诚，真诚到永远。

售后服务理念：用户永远是对的。

海尔发展方向：创中国的世界名牌。

3．企业再造理论

20 世纪 90 年代以来，经济全球化及信息技术突飞猛进的发展使企业的内外经营环境发生了深刻变化。这使得传统的经营理念、管理理论和管理方式面临着严峻的挑战，企业面临着过去一百多年来从未有过的巨大变革。企业再造理论的提出就是这种变革的产物。企业再造概念由美国麻省理工学院教授迈克尔·哈默（Michael Hammer）于 1990 年在《哈佛商业周刊》发表的一篇文章中首先提出。1993 年他与詹姆斯·钱皮（James A.Champy）共同出版《再造公司——工商管理革命宣言》一书，标志着企业再造理论的产生。所谓企业再造，是指“为了飞跃性地改善成本、质量、服务、速度等重大的现代企业的营运基准，对工作流程进行根本性的重新思考并进行彻底改革”，也就是说，“从头改变，重新设计”。为了能够适应新的世界竞争环境，提高企业竞争力，从业务流程上保证企业能以最小的成本、高质量的产品和优质的服务提供给企业客户，企业必须摒弃已成习惯的营运模式和工作方法，以工作流程为中心，从多角度重新审视其功能、作用、效率、成本、速度、可靠性、准确性，找出其不合理的因素，然后以效率和效益为中心对作业流程和服务进行重新构造，以达到业绩的飞跃和突破。

4. “学习型组织”理论

进入信息时代、知识时代以后，传统的管理模式越来越不能适应企业在科技迅速发展、市场瞬息万变的竞争中取胜的需要。企业家、经济学家和管理学家们都在探寻一种更有效的能顺应发展需要的管理模式，“学习型组织”理论正是在这样一个大背景下产生的。美国学者彼得·圣吉（Peter M. Senge）在《第五项修炼》（*The Fifth Discipline*）一书中提出“学习型组织”观念，其含义为“组织面临变化剧烈的外在环境，应力求精简、扁平化、终生学习、不断自我组织再造，以维持竞争力。”他认为要使组织变成一个“学习型组织”，必须具有系统思考、自我超越、改善心智模式、建立共同愿景、团队学习这五项修炼的求实基础。学习型组织有不同凡响的作用和意义，它的真谛在于两个方面：一方面，学习是为了保证企业的生存，使企业组织具有不断改革的能力，提高企业自制的竞争力；另一方面，学习更是为了实现个人与工作的真正融合，使人们在工作中体现生命的意义。

管理智库 2.9

现代管理发展趋势

管理是组织实现目标的关键因素，是社会进步的重要力量，随着时间的推移和社会的发展进步，其本身也在不断地变化和发展。归纳起来，现代管理有以下一些发展趋势。

1. 战略化趋势

随着社会化大生产的发展，社会生产日趋复杂，社会环境变幻莫测，组织与环境联系日益紧密，管理所涉及的因素日益增多、日趋复杂，组织（尤其是企业）间竞争日趋激烈，组织能否制定和实现正确的战略构想，关系到组织的兴亡。

就企业而言，过去的企业家往往追求企业战略的稳定性、长期性，期望对企业的发展施以长远的影响。但事实证明，多变的技术革新浪潮，意想不到的环境变化，往往使追求“稳定性”的企业措手不及。企业要适应全球市场的激烈竞争，必须对自己的发展有一个战略规划，要在彻底了解和准确把握企业内部条件和外部环境变化的同时，结合本企业的特点，制定出最佳的企业战略。企业如果没有科学的战略目标、长远打算，只顾眼前和一时的成就，便不可能持续发展，更不可能在竞争中取胜，企业唯有运筹帷幄，深谋远虑，才能战略制胜，才能不断壮大发展。

现代中国企业已进入了由面向计划的传统管理到面向市场的战略经营时代，制定战略已在企业的经营管理中越来越显示出其突出的地位和作用。战略经营要求管理者必须审时度势，及时做出反应。因此，具有迅速适应新变化的能力比周密的计划更加重要。而战略研究的成功与否，则取决于对客观事实的实际了解，分析能力和预测技术的发展使战略计划研究成为左右组织或企业成败的关键因素，因此从实际出发，注重长期计划和战略研究，必将成为管理中突出的热门课题。

2. 信息化趋势

随着以微型计算机、激光技术、生物工程和新能源开发为中心的新科技革命的兴起与发展，生产技术、社会需求及市场竞争等日新月异、瞬息万变，在这种情况下，信息进入重要资源的行列。丰富而准确的信息是正确而迅速决策的前提，一个企业能否在激烈的竞争中得以生存和发展，它的产品和服务能否跟上时代的要求，首先在于该企业能否及时掌握必要和准确的信息，能否正确地加工和处理信息，能否迅速地在员工之间传递和分享信息，特别是能否把信息融合到产品和生产服务过程之中，融合到企业的整个经营与管理工作之中。各级管理者在这个瞬息万变的时代，越来越重视信息的作用，把如何获取有效的信息作为自己的首要任务。企业管理者发挥各种职能作用，都要以掌握大量真实、准确、及时的信息为前提。在这种情况下，传统的企业管理已经不能适应现代的信息处理要求，也不能满足企业经营管理对信息的要求，企业管理面临着信息化的挑战，信息管理成为企业竞争制胜的重要法宝。

组织对信息管理的能力，将集中表现在不仅需要有强大的信息网络和信息收集能力，更为重要的是要有出色的信息分析、传递和利用的能力。对信息的管理就成了现代管理的一个突出特点。随着信息技术的推广应用和信息资源的不断开发利用，管理信息化正在往广度和深度发展，这导致信息管理在整个管理中地位的提升。信息管理渗透于和体现在各种管理，无论是政府管理还是企业管理的一切方面和全部过程。可以说，现代企业和组织若无信息管理，也就谈不上任何管理了。

3. 人性化趋势

在传统管理中，大生产以机器为中心，工人只是机器系统的配件，人被当做物，管理的中心是物。但是，随着信息时代的到来，组织中最缺乏的不是资金和机器，而是高素质的人才，组织中人的作用越来越重要。这就促使管理部门日益重视人的因素，管理工作的中心也从物转向人。传统管理和现代管理的一个重要区别，就是管理中心从物本管理到人本管理。

在任何管理中，人是决定性因素。管理的这一特征，要求管理理论研究也要坚持以人为中心，把对人的研究作为管理理论研究的重要内容。事实上，在管理理论的研究中，差不多所有的管理理论都建立在人性的假设理论基础之上。许多学派管理理论的不同，主要是出于对人的本性认识不同。20 世纪之初泰勒的科学管理基于的是"经济人"这一假设，20 世纪 30 年代梅奥等人的行为管理基于的是"社会人"这一假设，至 50 年代又有了基于"自我实现的人"假设的马斯洛的人性管理，80 年代以来出现的文化管理，强调实现自我的企业文化和企业现象。管理研究发展史表明，管理学理论明显地存在着以人为本的管理思想。

为此，管理都要以人为中心，把提高人的素质、处理人际关系、满足人的需求、调动人的主动性、积极性和创造性的工作放在首位。

4. 弹性化趋势

随着社会的发展，管理从固定的组织系统向富有弹性的组织系统发展。这是社会管理发展又一个重要趋势。

过去在组织管理中，一旦建立起一套完整的组织系统，便长期固定不变，显得僵硬。但现在，社会环境的不断变化，要求组织机构应该趋于灵活而富有弹性，以求信息畅通并行动敏捷，能够具有很强的对环境的适应能力。为了简化发号施令和相互沟通的渠道，组织管理者将缩小机构，减少层次。在企业各下属机构变小的同时，将赋予它们更大的自主权，实行经营权和管理权下放。这既有利于发挥下属人员的专长和创造精神，又有利于使企业领导把主要精力集中在高层战略决策问题上。

20 世纪 80 年代初，日本和美国的一些管理学者对日美几家著名企业的组织机构进行比较后指出，美国企业规模过大，组织机构过于复杂，企业内部各部门之间划分很细，部门间沟通少，管理集权程度高，灵活性差。而日本企业的组织结构相对简单，部门之间的横向联系多，各部门在经营上有很大的灵活性，许多企业可以根据生产和经营的需要，及时扩充或收缩某些业务部门，适应现代化生产。这种组织具有较强的应变能力，机动灵活而不僵化，形式多种多样，有较高的工作效率。这种富有弹性的组织是柔性组织。

社会正在发展的这种柔性组织是组织机构的一种发展趋势。虚拟公司就是其中的一种。这种正在发展中的新型公司由许多独立的公司、供给者、主顾，甚至从前的竞争对手，通过信息技术联系起来形成临时性网络。他们分享技术、分摊成本，互相进入共同的市场。它既没有组织机构，也没有领导层级，只是一种为利用某种特定的机遇而迅速联合起来的协作集团。一旦机遇来临，就采取行动；而一旦机遇不存在了，就解体。在一个虚拟公司内，取众家之长，各公司分摊费用、分享技术，共同来占领全球市场。

随着信息技术的不断进步，网络经济的不断发展，组织机构必然会越来越趋于随意和多样，相应于组织的管理，也必将日趋弹性化。

拓展阅读 2.4

现代六维管理

以文化管理为核心的六维管理是一些学者近年来独立研究和发展的新流派管理理论。六维管理理论是在扬弃西方现代管理理论的基础上，融入东方的管理经验和智慧，总结提炼当代管理的实践，用创新的观念和思维建立起来的一门区别于西方管理的全新管理学。现代的西方管理学以战略管理为核心，主要研究计划、组织、领导和控制的所谓组织管理的四大基本职能，主要是关于知识和策略的学问，而文化、信息、艺术、权变和执行的管理则被放在次要和忽略的位置，虽然现代的西方管理学也提出了知识管理之外的因素，但在西方的管理学框架里只点到为止。

在现代六维管理理论框架中，文化管理具有统驭性的核心管理职能。六维管理学从六个方面讨论现代组织的管理：文化管理讨论怎样判别事物的对错，找正确的事做，以求效果；信息管理讨论怎样确定事物的客观性、可靠性，以求做真实可靠的事；知识管理讨论怎样用理性的、正确的方法做事，以求效率；艺术管理讨论管理人的艺术，使管理具有奇效和美感；权变管理讨论管理怎样适用于时空和环境的变化，力求变通地做事；执行管理讨论管理的全面执行力，即文化、信息、知识、艺术和权变五个方面的执行力及其它们之间的相互关系。

为什么要用六维管理理论改造西方管理学？因为西方管理学具有很大的片面性。西方人崇尚理性和科学，他们把管理的核心主要归结为科学和战略，归结为做事的正确方法。我们知道，科学是抽象的学问，它只有在具有理性的、共性的和客观的地方才能使用，在非理性的、不具有共性和客观性的地方不宜使用。管理确实存在理性、共性和客观性，但更多的时候是非理性、特殊性和个性。所以管理在更多的情况下是文化、艺术、信息和权变的管理。管理中科学的部分可以适用于任何地方，但文化、艺术、信息和权变的部分只能因时、因地制宜，也就是说，科学和战略管理的作用受到文化、艺术、信息和环境的约束。只用正确的方法是做不好管理、办不好事情的，比用正确方法做事更重要的是事情本身的正确性和可靠性，同样，做事的权变性和艺术性也很重要。可以说，没有文化，知识有害；没有信息，知识为零；没有权变，知识僵化；没有艺术，知识丑陋；没有执行，纸上谈兵。所以，我们需要一个新的管理学的框架，它不仅包含管理的共性，而且能够融合和处理中西方的管理个性，以此来克服我们管理中的洋腔洋调、古香古色（或者说食洋不化和食古不化）和重战略轻文化的有害倾向。下面我们简要地讨论六维管理中每一个维度的精要及六维之间的关系。

文化管理：文化管理的核心是要为组织确立一套做人做事的行为价值标准，以此来判别事物的好坏对错、成功失败、美丑善恶；判别什么事情是正确的，什么事情是错误的；判别哪些事是应该做的，哪些事是不应该做的；判别哪些事是第一重要的，哪些事是第二、第三重要的。广义的文化指一切人为的东西，只要被人改造过的东西都叫文化。管理文化是狭义的文化，它指一个组织用来判断事物好坏对错的价值标准体系，这一价值标准体系的制度化和表达的具体形式，以及由这一价值标准体系产生的组织的意义、志向、动力、追求和激情。组织文化即组织的个性。

文化管理之所以是整个管理系统中最重要的职能，是因为它能保证一个组织去做正确的而不是错误的事情，能为组织提供动力系统、追求方向和激情源泉。组织的文化管理职能是一切其他管理职能的前提，没有这个前提，一切其他管理职能便会失去意义！下面的例子可以说明文化管理在企业管理中的核心作用：沃尔沃、奔驰和丰田三家汽车制造商的制造技术不相上下，但企业文化各不相同。沃尔沃的企业文化是“经济诚可贵，豪华价更高，若为安全故，二者皆可抛（安全第一，豪华第二，经济第三）”；奔驰的企业文化是“经济诚可贵，安全价更高，若为豪华故，二者皆可抛（豪华第一，安全第二，经济第三）”；丰田的企业文化是“豪华诚可贵，安全价更高，若为经济故，二者皆可抛（经济第一，安全第二，豪华第三）”。它们的不同文化确立了它们不同的追求和不同的资源优化配置排序，形成它们企业的不同个性和产品不同的核心竞争力。它们产品的垄断力或卖点来自文化个性而不是技术优势，因为它们各自的技术优势和产品个性是追求个性文化的结果而不是原因。没有个性，企业便不能生存。

信息管理：信息管理的核心是获得事物的确定性程度，力求做真实可靠的事情。事物确定性程度的信息是决策的依据，没有信息，用于决策的知识就失去了舞台，就像没有光线条件下的视力如同瞎子一样。没有关于事情确定性程度的信息，我们做事就是盲目的！盲目地做事，天大的本事也是白搭。完全信息叫做确定；完全没有信息叫做不确定；部分信息叫做风险。信息是科学决策的前提，有信息的条件下用科学进行决策，没有信息的条件下用非科学进行决策。

知识管理：知识管理强调如何用正确的方法做事，它以战略管理为核心。凡是做事的正确方法都是知识，知识告诉我们用正确的方法做事。科学、策略、制度、流程和技巧等管理手段都是知识管理的范畴。知识管理追求效率，它以文化和信息为前提，以理性、普遍性和客观性为基础。也就是说，在事情本身是错误的、不确定的、非普遍性的，以及决策者是非理性的和主观的情况下，知识管理（科学、策略、制度、流程和技巧等管理手段）没有用武之地。当代西方管理学主要是一套知识管理系统，它以计划管理为起点，以战略管理为核心，强调制度和流程管理在管理中的重要作用。因为知识具有普遍性、通用性和可学性，所以知识管理不可能保持长期垄断，知识管理创新是保持知识管理领先地位的唯一途径。没有创新，就是欺骗。

艺术管理：艺术管理的核心是如何用艺术而非科学的方法激励和领导不同的个人或团队以追求特效和美感。人性有理性和共性的一面，更有非理性和个性的一面，前者用科学管理有效，后者用艺术领导才有效。一旦管理失去对被管理者的非理性和个性的敏感，它就不能用特殊的方法激励和领导特殊的人群。艺术管理的境界是人性、自然、简单、和谐、特效和美感。例如，某学校要对穷人和富人子弟采取不同的学费收取标准，如果学校说它的学费是七万元，但富人子弟要收十万元，这学费就收不上来了；但如果学校改说它的学费是十万元，穷人子弟可补贴三万元，这学费就收上来了。这两种收费方法在科学上是等价的，但在艺术上不等价，后者是艺术的方法，取得奇效！如果人是完全理性的，这两种说法就应该带来同样的效果。由此可见没有艺术，科学可能是丑陋的，艺术与科学在管理中有着不同的效用。

权变管理：权变管理的核心是权衡环境的变化，在变化的环境下变通管理的方法，尤其是变通控制的方法，以达到管理的动态满意。文化、信息、知识和艺术都是随着时空和情境的变化而变化的。如果环境变化了而不知道变通，文化、信息、知识和艺术就会成为僵化无用的东西。《易经》、畅销书籍《谁动了我的奶酪》，尤其是《易经》，都告诉了我们怎样随环境的变化调整管理的目标和手段。当环境变的时候，文化价值观是会变的。过去正确的事情，现在可能是错误的，今天错误的事情明天可能是正确的，环境会改变文化，会改变人的价值判断。在 20 世纪 70 年代，投机倒把被认为是坏事，现在投机倒把是正常买卖。知识也是这样，知识是会随环境陈旧的。比如说牛顿的知识因为爱因斯坦提出的知识而变得相对陈旧。信息也会随环境变化，信息是环境的标志，环境变化，标志也就变了。环境也会改变艺术标准，唐朝以胖为美，现在以瘦为美。美的标准也是变化的。

执行力管理：执行力管理是通过对文化、信息、知识、艺术和权变五种执行力的协调管理以达到整体执行力的最大化。执行力是一个整体概念而非单维概念，五种单维执行力之间的关系类似于木桶效用（桶中水的多少由最低的那块木板的高度决定），其中任何一种执行力的缺失都可能导致整体执行力大打折扣甚至完全丧失。没有文化执行力意味着做错误的事情，这时其他四种执行力不再具有任何意义；没有信息执行力意味着对事情的确定性程度没有了解，其决策失去信息依据，此时知识执行力等于零，而文化、艺术和权变执行力则大打折扣；没有知识执行力意味着用错误的方法做事，它使其他的执行力失去效率基础；没有艺术执行力意味着不能因人而异地有效激励和领导人们积极努力工作，这时其他的执行力必会事倍功半；没有权变执行力意味着做事僵化教条不能变通，它会大大增加其他执行力失败的概率。可见，管理的整体执行力是五种执行力平衡协调发展的综合结果。

总之，在现代六维管理体系中，文化是统率，信息是前提，知识、艺术和权变是手段，执行力是结果。

资料来源: http://jpkc.ywu.cn/glxjc/manage/news_view.asp?newsid=465

管理定律

经典管理定律之二

1．南风法则

南风法则也称为温暖法则，源于法国作家拉封丹写过的一则寓言：北风和南风比威力，看谁能把行人身上的大衣脱掉。北风首先来了一个冷风凛冽寒冷刺骨，结果行人把大衣裹得紧紧的。南风则徐徐吹动，顿时风和日丽，行人因为觉得春意上身，始而解开纽扣，继而脱掉大衣，南风获得了胜利。寓言形象地说明了一个道理：温暖胜于严寒。领导者在管理中运用南风法则，就是要尊重和关心下属，以下属为本，多点人情味，使下属真正感觉到领导者给予的温暖，从而丢掉包袱，激发工作的积极性。

2．热炉法则

每个单位都有自己的“天条”及规章制度，单位中的任何人触犯了都要受到惩罚。

热炉法则形象地阐述了惩处原则。

（1）热炉火红，不用手去摸也知道炉子是热的，是会灼伤人的——警告性原则。领导者要经常对下属进行规章制度教育，以警告或劝诫下属不要触犯规章制度，否则会受到惩处。

（2）每当你碰到热炉，肯定会被灼伤。也就是说只要触犯单位的规章制度，就一定会受到惩处。

（3）当你碰到热炉时，立即就被灼伤——即时性原则。惩处必须在错误行为发生后立即进行，绝不拖泥带水，绝不能有时间差，以便达到及时改正错误行为的目的。

（4）不管谁碰到热炉，都会被灼伤——公平性原则。

3．刺猬法则

两只困倦的刺猬，由于寒冷而拥在一起。可因为各自身上都长着刺，于是它们离开了一段距离，但又冷得受不了，于是凑到一起。几经折腾，两只刺猬终于找到一个合适的距离：既能互相获得对方的温暖而又不至于被扎。刺猬法则就是人际交往中的“心理距离效应”。领导者要搞好工作，应该与下属保持亲密关系，这样做可以获得下属的尊重；与下属保持心理距离，避免在工作中丧失原则。

4．苛希纳定律

西方管理学中有一条著名的苛希纳定律：如果实际管理人员比最佳人数多两倍，工作时间就要多两倍，工作成本就要多4倍；如果实际管理人员比最佳人员多3倍，工作时间就要多3倍，工作成本就要多6倍。

5．250定律

美国著名推销员拉德在商战中总结出了250定律。他认为每一位顾客身后，大概有250名亲朋好友。如果您赢得了一位顾客的好感，就意味着赢得了250个人的好感；反之，如果你得罪了一位顾客，也就意味着得罪了250位顾客。这一定律有力地论证了“顾客就是上帝”的真谛。由此，我们可以得到如下启示：必须认真对待身边的每一个人，因为每一个人的身后，都有一个相对稳定的、数量不小的群体。善待一个人，就像拨亮一盏灯，会照亮一大片。

6. “翁格玛丽”效应

“翁格玛丽”效应，是教育心理学术语，意思是对受教育者进行心理暗示：你很行，你能做得更好，从而使受教育者认识自我，挖掘潜力，增强信心。

在被表彰和嘉奖的情况下，受表扬者自然会不断地追求进步，以更快地适应工作需要；而未受表扬者也会被给予心理暗示，只要你努力，机会肯定会降临。

7. 彼得原理（“向上爬”原理）

美国学者劳伦斯•彼得提出：每个组织都是由各种不同的职位、等级或阶层的排列所组成的，每个人都隶属于其中的某个等级。在各种组织中，雇员总是趋向于根据成就晋升到其不称职的地位，最终造成组织人浮于事、效率低下，影响企业经营发展。这就要求改变单纯的根据贡献决定企业员工晋升的晋升机制，不能因某人在某个岗位上干得很出色，就推断此人一定能够胜任更高一级的职务。将一名职工晋升到一个无法很好发挥才能的岗位，不仅不是对本人的奖励，反而使其无法很好地发挥才能，从而给企业带来损失。

8. 不值得定律

不值得定律最直观的表述是，不值得做的事情，就不值得做好。定律反映了人们的一种心理，一个人如果从事的是一份自认为不值得做的事情，往往会保持冷嘲热讽、敷衍了事的态度，不仅成功率低，而且即使成功，也不觉得有多大的成就感。因此，对个人来说，应在多种可供选择的奋斗目标及价值观中挑选一种，然后为之奋斗。选择你所爱的，爱你所选择的，才可能激发我们的斗志，也可以心安理得。而对一个企业或组织来说，则要很好地分析员工的性格特性，合理分配工作，如让成就欲较强的职工单独或牵头完成具有一定风险和难度的工作，并在其完成时，给予及时的肯定和赞扬；让依附欲较强的职工，更多地参加到某个团体中共同工作；让权力欲较强的职工，担任一个与之能力相适应的主管。同时要加强员工对企业目标的认同感，让员工感觉到自己所做的工作是值得的，这样才能激发职工的热情。

9. 鲇鱼效应

鲇鱼效应：挪威人喜欢吃沙丁鱼，尤其是活沙丁鱼。活沙丁鱼的市场价格要比死鱼高许多，所以渔民总是千方百计地让沙丁鱼活着回到渔港。可是虽然经过种种努力，绝大部分沙丁鱼还是在中途因窒息而死亡，但有一条渔船总能让大部分沙丁鱼活着回到渔港。船长严格保守着秘密。直到船长去世，谜底才被揭开。原来是船长在装满沙丁鱼的鱼槽里放进了一条以鱼为主要食物的鲇鱼。鲇鱼进入鱼槽后，由于环境陌生，便四处游动。沙丁鱼见了鲇鱼十分紧张，左冲右突，四处躲避，加速游动。这样一来，一条条沙丁鱼活蹦乱跳地回到了渔港。这告诉我们：企业经营时，必须不断地补充新鲜血液，引入生力军，激发群体内相互竞争；同时通过引进先进管理模式、先进技术、先进设备，提高自身市场竞争力。

10. 波特定理

当遭受批评时，下级往往只记住开头的一些，其余就不听了，因为他们忙于思索论据来反驳开头的批评。英国行为学家 L.W.波特提出这一理论：在很多时候，当下属犯了错误时，领导者都会严词批评一番，有时甚至将员工骂得狗血喷头。在这些领导者看来，似乎只有这样才会起到杀一儆百的作用，才能体现规章制度的严肃性，才能显示出领导者的威严。其实，有的时候过于关注员工的错误，尤其是一些非根本性错误的话，会大大挫伤员工的积极性和创造性，甚至产生对抗情绪，这样就会产生非常恶劣的结果。所以，在管理事务中，领导者要学会宽容下属的错误。但宽容并不等于是做"好好先生"，而是设身处地地替下属着想。在批评时应不忘肯定部下的功绩，以激励其进取心，并有效避免伤害其自尊和自信。一个懂得如何顾全部下面子的管理者不仅会使批评产生预期的效果，而且能得到部下的大力拥戴。

项目总结

（1）管理思想是管理理论的核心，是指从长期的管理实践活动中提炼、概括出来的指导人们在管理活动中所遵循的一般性原则、观念和方法，是人们对管理过程中发生的各种关系的认识的总和，它是由一系列观念或观点构成的知识体系。管理思想的正确与否，将直接关系到各项管理活动的效率和效益。一个现代的管理人员要进行有效的管理，就必须了解人类管理思想的发展过程。

（2）管理理论是由一系列管理原理、管理形式、管理方法和管理制度等组成的，它是对管理实践活动的理论概括和反映。最早形成的比较系统的管理理论是19世纪末到20世纪初，随着生产力的高度发展和科学技术的进步，在西方形成并蓬勃发展起来的古典管理理论。它包括以泰勒为代表的科学管理理论、以法约尔为代表的一般管理理论和以韦伯为代表的行政组织理论。

（3）以梅奥、赫茨伯格等为代表的行为科学理论抛弃了以物质为中心的管理思想，以人为中心进行管理理论的研究。梅奥的人际关系理论，使人们开始关注人的因素，为管理变革指明了方向，开辟了管理学研究的新领域。

（4）第二次世界大战以后，随着管理热潮的掀起，许多学者和管理学家从不同的角度提出了各自的理论和新学说，产生了多种现代管理理论，形成了"管理理论丛林"。随着科学技术的进步和知识经济时代的到来，管理的新思想不断涌现，管理理论充满了发展活力，主要包括管理过程学派、社会系统学派、决策理论学派、经验主义学派、权变理论学派、系统管理学派。

（5）随着信息革命、知识经济时代进程的加快，企业面临前所未有的竞争环境的变化，传统的组织模式和管理理念已越来越不适应现实环境，产生了许多管理的新理论、新方法，从而掀起管理理论的新思潮。其中，最突出的有企业战略管理、组织文化管理、学习型组织、企业再造等。

技能实训

【管理测试】 测试你的管理能力有多强

1. 测试说明

以下15道题，表示"肯定"的计1分，表示"否定"的计0分。做完后将总分与结果对照。

2. 测试题目

（1）习惯于行动之前制订计划？

（2）经常出于效率上的考虑而更改计划？

（3）能经常收集他人的各种反映？
（4）实现目标是解决问题的继续？
（5）临睡前思考和筹划明天要做的事情？
（6）事务上的联系、指令常常是一丝不苟？
（7）有经常记录自己行动的习惯？
（8）能严格制约自己的行动？
（9）无论何时何地，都能有目的地行动？
（10）能经常思考对策，扫除实现目标中的障碍？
（11）能每天检查自己当天的行动效率？
（12）经常严格查对预定目标和实际成绩？
（13）对工作的成果非常敏感？
（14）今天预先安排的工作绝不拖延到明天？
（15）习惯于在掌握有关信息的基础上制订目标和计划？

3．测试结果分析

0～5 分：管理能力很差。但你具有较高的艺术创造力，适合从事与艺术有关的具体工作。

6～9 分：管理能力较差。这可能与你言行自由，不服约束有关。

10～12 分：管理能力一般，对你的专业方面的事务性管理尚可。管理方法经常受到情绪的干扰是最大的遗憾。

13～14 分：管理能力较强。能稳重、扎实地做好工作，很少出现意外或有损组织发展的失误。

15 分：管理能力很强。擅长有计划地工作和学习，尤其适合管理大型组织。

【管理实践】

按表 2.1 完成管理实践。

表 2.1 管理实践要求

实训项目	分析中国古代管理思想及其对现代管理实践活动的启迪
实训目标	1．理论结合实际，加深对中国古代管理思想的认识与理解。 2．培养学生对管理思想的分析与应用能力。 3．培养学生的表达、合作、学习能力
实训内容及组织	1．由学生自愿组成小组，每组 6～8 人。通过多种渠道，搜集体现儒、道、法、兵家其中之一种管理思想的案例和资料。 2．分析内容如下。 （1）所分析的管理思想的主要观点、代表人物。 （2）所分析的管理思想对现代管理的启迪。 （3）所分析的管理思想在现代管理中的有效运用的个案分析。 3．把握分析材料的具体要领：先介绍管理思想及代表人物，然后重点分析、评价该管理思想对现代管理的启迪，列举一个与该管理思想相符的企业管理案例进行分析，注意联系管理实际，最后写出自己的体会
活动考核	1．每组提交一份分析报告。 2．制作 PPT，组织一次课堂交流与讨论。 3．以小组为单位，分别由组长和每个成员根据各成员在合作学习中的表现进行评估打分；再由教师根据各成员的分析报告与 PPT 汇报中的表现分别评估打分；最后将上述诸项评估得分综合为本次实训成绩

知识测试

一、判断题

1．自管理科学成为独立的学科以来，大体经历了三个发展阶段：古典管理理论阶段、行为科学理论阶段和现代管理理论阶段。（　　）

2．古典管理理论把人当成“经济人”，行为科学家提出了“社会人”的观点。（　　）

3．古典管理理论是以泰勒、法约尔、梅奥等人为代表的管理理论。（　　）

4．法约尔认为，管理就是计划、组织、指挥、协调和控制。（　　）

5．泰勒的科学管理理论既重视技术因素，也重视社会因素。（　　）

6．韦伯认为理想的组织形态是行政性组织。（　　）

7．梅奥等人的霍桑试验奠定了管理的行为科学的基础，其通过实验得出的结论构成了管理中的人际关系学说。（　　）

8．霍桑试验的研究发现，工作环境和物质条件直接影响着劳动生产率的提高。（　　）

9．“管理理论丛林”现象的存在，意味着管理理论的不成熟。（　　）

10．权变理论认为，组织和组织成员的行为是复杂的、不断变化的，这是一种固有的性质。（　　）

11．系统管理学派认为，组织是一个由相互联系的若干要素组成、为环境所影响并反过来影响环境的开放的社会技术系统。（　　）

12．经验学派主张通过分析经验来研究并传授管理学问题，被称为经验教学。（　　）

13．决策理论学派提出在决策过程中应遵循“最优化原则”。（　　）

14．人们通常所说的西方现代管理理论不是指一种管理理论，而是对各种不同管理学派理论的统称。（　　）

二、单选题

1．古典管理理论的主要特点是（　　）。

A．把管理的对象视为被动的受支配者和理性经济人、机器的附属物

B．认为管理中要关注人的本性问题，重视人的行为和社会的因素

C．主要集中研究个体行为、团体行为与组织的行为

D．在管理中重视被管理者不同的需要，激励被管理者工作的积极性

2．（　　）是科学管理理论的奠基人。

A．法约尔　　B．韦伯　　C．泰勒　　D．梅奥

3．泰勒的科学管理的中心问题是（　　）。

A．挑选一流的人员　　B．实行标准化管理

C．实行奖励性的报酬制度　　D．提高劳动生产率

4．（　　）是管理过程理论的创始人。

A．法约尔　　B．韦伯　　C．马斯洛　　D．梅奥

5．管理学的发展过程中，（　　）进入了行为科学研究阶段。

A．20 世纪 20 年代　　B．18 世纪末 19 世纪初

C．19 世纪末 20 世纪初　　D．19 世纪中叶

6．韦伯认为，组织必须以（　　）作为组织体系的基础。

A．法定的权力和权威　　B．传统的权力

C．超凡的权力　　D．神赋予的权力

7．霍桑试验是由美国行为科学家梅奥主持的，该试验最引人注目之处就是（　　）。

A．注重提高劳动生产率　　B．提出人是社会人的管理观点

C．提出“例外原则”　　D．实行标准化管理

8．1980年，（　　）认为现代管理学派林立，已形成了“管理理论丛林”。

A．赫茨伯格　　B．孔茨

C．奥尔德弗　　D．卢因

9．企业中存在着“非正式组织”的观点来源于（　　）。

A．现代管理理论　　B．管理过程理论

C．科学管理理论　　D．霍桑试验结论

10．按照（　　）的观点，现实中不存在一成不变、普遍适用的理想化管理理论和方法，管理应随机应变，即采用什么样的管理理论、方法及技术应取决于组织环境。

A．管理过程学派　　B．社会系统学派

C．经验主义学派　　D．权变理论学派

11．泰勒的科学管理理论出现在（　　）。

A．19世纪末20世纪初　　B．20世纪30年代

C．20世纪40年代　　D．20世纪60年代

12．决策学派的代表人物主要是（　　）。

A．孔茨　　B．赫茨伯格

C．西蒙　　D．伍德沃德

13．引起管理界的轰动，从此建立学习型组织并进行修炼，最终成为管理理论与实践的热点的是（　　）。

A．海默的《企业再造工程》

B．孔茨的《管理学》

C．德鲁克的《管理的实践》

D．圣吉的《第五项修炼》

14．梅奥等人通过霍桑试验得出结论：人们的生产效率不仅受到物理、生理因素的影响，还受到社会环境、社会心理因素的影响。由此创立了（　　）学说。

A．行为科学　　B．人文关系

C．社会关系　　D．人际关系

15．经验学派主张通过分析经验来研究管理学问题，被称为（　　）。

A．经验教学　　B．案例学派

C．案例教学　　D．经验学派

16．有一天，某公司总经理发现会议室的窗户很脏，好像很久没有打扫过，便打电话将这件事告诉了行政后勤部负责人，该负责人立刻打电话告诉事务科长，事务科长又打电话给公务班长，公务班长便派了两名员工，很快就将会议室的窗户擦干净了。过了一段时间，同样的情况再次出现。这表明该公司在管理方面存在着什么问题？（　　）

A．组织层次太多　　B．总经理越级指挥

C．各部门职责不清　　D．员工缺乏工作主动性

17．管理科学学派是（　　）的继续和发展。

A．泰勒的科学管理理论　　B．法约尔的一般管理理论

C．韦伯的理想行政组织体系理论　　D．梅奥的人际关系理论

18．否认管理理论的普遍价值，主张从“实例研究”、“比较研究”中导出通用规范，由经验研究来分析管理，这是（　　）的基本观点。

A．管理过程学派　　B．社会系统学派

C．经验主义学派　　D．权变理论学派

19．（　　）提出了重视管理中人的因素。

A．科学管理理论　　B．一般管理理论

C．行政组织理论　　D．行为管理理论

20．管理学形成的标志是（　　）。

A．泰勒科学管理理论　　B．法约尔管理过程理论

C．韦伯理想行政组织理论　　D．梅奥的霍桑试验结论

三、多选题

1．泰勒科学管理理论的理论要点包括（　　）。

A．工作定额原理　　B．贯彻“例外管理”

C．职能工长制　　D．设置计划层，实行职能制

E．实行新的奖励制度

2．法约尔一般管理理论的主要内容有（　　）。

A．概括了企业活动　　B．提出了工人是“社会人”的观点

C．提出了管理职能　　D．提出了管理的14项原则

E．提出“法约尔跳板”原理

3．法约尔的贡献在于（　　）。

A．关于动作和工时的研究　　B．激励理论的研究

C．组织管理的研究　　D．专业化和劳动分工的研究

E．管理组织和管理过程的职能划分理论

4．霍桑试验的结论是（　　）。

A．职工是“社会人”　　B．企业中存在着非正式组织

C．职工是“经济人”　　D．管理者应具备技术经济能力

E．新型领导能力在于提高职工的满意度

5．管理学形成之后，管理理论可以划分为（　　）三个阶段。

A．早期管理实践与管理思想阶段　　B．古典管理理论阶段

C．管理产生的萌芽阶段　　D．行为管理理论阶段

E．现代管理理论阶段

6．古典管理理论是指（　　）。

A．科学管理理论　　B．管理科学理论

C．管理过程理论　　D．一般管理理论

E．行政组织理论

7．人际关系理论要点包括（   ）。

A．企业中存在着非正式组织

B．管理应具有灵活性

C．组织内的信息交流

D．人有物质和金钱上的需求，还有精神和社会上的需求

E．企业管理者要树立新型的领导方式，注重提高职工的满足感

8．法约尔提出的管理的 14 条原则包括（   ）。

A．集权与分权　　B．等级链与跳板

C．统一指挥　　D．首创精神

E．报酬合理

四、简答题

1．简述科学管理理论的基本要点。

2．法约尔对管理的主要贡献是什么？

3．梅奥人际关系学说的主要思想是什么？

4．如何理解学习型组织？

五、论述题

试述西方管理史发展的主要线索及主要观点。

六、案例分析题

知难而上：克莱斯勒公司挑战 90 年代

在 20 世纪 80 年代，李·艾珂卡因拯救濒临破产边缘的美国汽车巨头公司之一克莱斯勒公司而声名鹊起。今天，克莱斯勒公司又面临另外一场战争：在过热的竞争和预测到的世界汽车产业生产能力过剩的环境中求生存。为了度过这场危机并在此成功地进行竞争，克莱斯勒不得不先解决以下问题。

首先，世界汽车产业的生产能力过剩，意味着所有汽车制造商都将竭尽全力保持或增加自己的市场份额，不仅美国的汽车公司要靠增加投资来提高效率，而且日本的汽车制造商也不断在美国见长，这就带来了问题。另外，欧洲和韩国的厂商也想增加他们在美国的市场份额。艾珂卡承认，需要对某些车型销价，为此，他运用全面打折和其他激励手段来吸引消费者进入科莱斯勒的汽车陈列室。

可是，艾珂卡和克莱斯勒也认为，价格是唯一得到更多买主的方法。事实上，那不是最好的方法，尤其从长期性来看。相反，克莱斯勒必须解决第二个问题：改进它所生产的汽车的质量和性能。

艾珂卡认为，他犯了个错误，因为他把注意力过分集中在市场份额和财务方面，而把产品开发拱手让给了其他厂家。此外，克莱斯勒还必须重视向消费者提供的售后服务的质量。产业分析家一致认为，优良的消费者服务在一种饱和市场中至关重要。

艾珂卡的第三个问题，是把美国汽车公司和克莱斯勒的运作结合起来。兼并美国汽车公司意味着克莱斯勒不得不解雇许多员工，既有蓝领工人又有白领阶层。剩余的员工对这些解雇工人的态度从愤怒到担心，这种局面给克莱斯勒的管理带来巨大的压力，难以和劳工方面密切合作，一边挥笔骚乱，一边要求提高汽车质量和劳动生产率。

为了生存，克莱斯勒承认，公司各级管理人员和员工必须通过协作，以团队的形式开发和制造与消费者的需要相匹配的质量产品。克莱斯勒的未来还要以提高效率为基础。今天，克莱斯勒一直注重降低成本、提高质量并靠团队合作的方式提高产品开发的速度，并发展与供应商和消费者更好的关系。在其他方面，艾珂卡要求供应商提供降低成本的建议——他已收到这样的提议。艾珂卡说，降低成本的关键是“让全部（1 万名）员工都谈降低成本”。

艾珂卡现在已经从克莱斯勒公司总裁的职位退休。有些分析家开始预见克莱斯勒的艰难时光。一位前管理人员说:“感受到克莱斯勒的时光确实一去不复返，艾珂卡与其说是一种资产不如说是一种负债。”但一位现任主管却反诘道：克莱斯勒有一项大优势，那就是它从前有过一次危机，却又度过了危机并生存了下来，所以，克莱斯勒能够向过去学到一些宝贵的东西。

问题：

1. 如何用当代管理学方法解决科莱斯勒面临的问题？
2. 如何用权变管理的思想解决科莱斯勒面临的问题？
3. 克莱斯勒在今天该怎么做？

学习领域二

计划实务

管理导航

计划职能是管理的首要职能，是管理活动的起点。计划是关于未来行动的蓝图。组织会面临不确定的环境，许多事情很难预料，从而使组织的经营带有很大的风险性，而计划工作正是减小风险性的一种手段。在竞争日益激烈的现代社会里，计划工作已经成为组织生存和发展的必备条件。科学的计划将使我们的工作事半功倍，相反，则会使我们的工作事倍功半，甚至一无所获。要使组织富有成效，就得制订良好的计划、做出正确的决策。科学的计划和有效的决策是增强组织竞争能力的重要途径和有力工具。

项目3 科学决策

学习目标

知识目标

1. 理解决策的概念及特性
2. 区分决策类型及应用条件
3. 掌握各种决策方法及应用特点

能力目标

1. 培养一定的科学决策能力
2. 掌握用常用的决策方法进行决策

关键概念

决策、战略决策、管理决策、程序化决策、非程序化决策、确定型决策、风险型决策、不确定型决策、定性决策法、定量决策法

知识体系

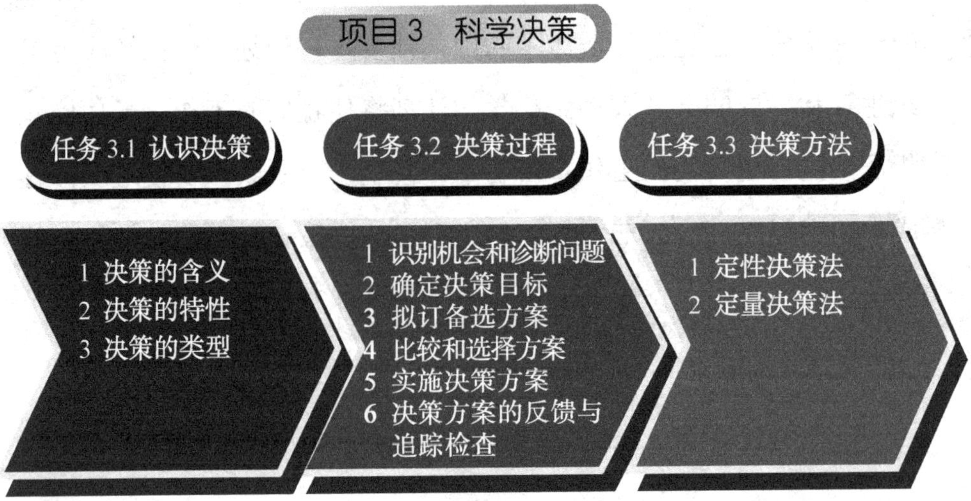

任务3.1 认识决策

任务导入

铱星的悲剧

2000年3月18日，两年前曾耗资50多亿美元建造66颗低轨卫星系统的美国铱星公司，背负着40多亿美元的债务宣告破产。铱星所创造的科技童话及其在移动通信领域的里程碑意义，使我们在惜别铱星的时刻猛然警醒：电信产业的巨额投资往往使某种技术成为赌注，技术的前沿性固然非常重要，但决定赌注胜负的关键却是市场。

铱星的悲剧告诉我们，技术不能代替市场，决策失误导致铱星陨落。

铱星代表了未来通信发展的方向，但仅凭技术的优势并不能保证市场的胜利。"他们在错误的时间，错误的市场，投入了错误的产品。"这是业界权威对铱星陨落的评价。

第一，技术选择失误。铱星系统技术上的先进性在目前的卫星通信系统中处于领先地位。但这一系统风险大，成本过高，维护成本相当高。

第二，市场定位错误。谁也不能否认铱星的高科技含量，但用66颗高技术卫星编织起来的世纪末科技童话在商用之初却把自己的位置定在了"贵族科技"上。铱星手机价格每部高达3 000美元，加上高昂的通话费用，使得通信公司运营最基础的前提——用户发展数目远低于它的预想。在开业的前两个季度，铱星在全球只发展了1万个用户，而根据铱星方面的预计，初期仅在中国市场就要达到10万个用户，这使得铱星公司前两个季度的亏损即达10亿美元。尽管铱星手机后来降低了收费，但仍未能扭转颓势。

第三，决策失误。有专家认为，铱星系统在1998年11月份投入商业服务的决定是"毁灭性的"。受投资方及签订的合约所限，在系统本身不完善的情况下，铱星系统迫于时间表的压力而匆匆投入商用，差劲的服务给用户留下的第一印象对于铱星公司来说是灾难性的。因此，到铱星公司宣布破产保护时为止，铱星公司的客户还只有2万多个，而该公司要实现赢利至少需要65万个用户，每年仅维护费就要几亿美元。

第四，销售渠道不畅。铱星系统投入商业运营时未能向零售商们供应铱星电话机；有需求而不能及时得到满足，这也损失了不少用户。

第五，作为一个全球性的个人卫星通信系统，理论上它应该是在全球通信市场开放的情况下，由一个经营者在全球统一负责经营，而事实上这是根本不现实的。

以上这些原因造成了铱星债务累累，入不敷出。

【任务分析】

结合铱星公司破产的案例，谈谈你对企业决策重要性的认识和体会。

决策是管理的主要职能之一，贯穿了管理活动的始终。各项管理职能的履行在本质上都是由决策活动支配的，"管理过程是决策的过程"，西蒙的这句话说明了决策与管理的关系。决策是管理者的主要任务，是领导者的一种管理艺术。决策的质量影响着组织的活力和组织的绩效。

3.1.1 决策的含义

决策的字面意思是在一系列方案中做出选择决定。决策有狭义和广义之分。狭义的决策是指决策的行动；广义的决策是指决策的过程。决策的过程十分复杂。例如，在决策过程中，决策者首先要确定决策的必要性并且找出各种可行的方案。因此，决策就是对组织未来实践的方向、目标、原则和方法做出决定的过程，包括认识现状、识别问题、分析问题、拟订方案、选择方案、使方案生效等一系列环节。在这里我们把决策这一概念定义为，组织或个人为了达到某一目标、目的或企图，在众多方案中选择一个最满意的方案或策略，并加以实施的过程。这一定义有三层含义：决策的目的是需要实现的一定目标；决策的对象是一系列可行的实施方案；决策要完成的是在诸多可行方案中择优的任务。

决策不同于决定，决策强调的是一个完整的过程，决定强调的是一个结果。与简单的随意做出的决定相比，通过完整的决策过程来做出决定，更能体现出管理的理性和创造性，更能反映管理宗旨的要求。对于一个企业管理者来讲，永远都有“问题”出现，只要有问题，就要做出决策。决策是否正确和及时，决定着企业的生死成败。决策贯穿在管理者的所有管理活动中，在计划、组织、领导、控制的管理职能中存在着一系列的决策。因此，人们常常将管理者称为“决策者”，甚至认为管理就是决策。

管理智库 3.1

美国国际商用机器公司的正确决策

美国国际商用机器公司为了从规模上占领市场，大胆决策购买股权：1982 年用 2.5 亿美元从美国英特尔公司手中买下了 12%的股权，从而足以对付国内外计算机界的挑战；另一次是 1983 年，以 2.28 亿美元收购了美国一家专门生产电信设备的企业罗姆公司 15%的股权，从而维持了办公室自动化设备方面的“霸王”地位。又如，早在 1956 年，美国的一家公司发明了盒式电视录像装置。可是美国公司只用它来生产一种非常昂贵的广播电台专用设备。而日本索尼的经营者通过分析论证，看到了电视录像装置一旦形成大批量生产，其价格势必降低，许多家庭可以购买得起此种录像装置。这样一来，家用电子产品这个市场就会扩大，如果马上开发研究家用电视录像装置，肯定会获得很好的经济效益和社会效益。由于这一决策的成功，家用电视录像装置的市场一度被日本占去了 90%，而美国则长期处于劣势。

此例说明，经营决策正确，可以使企业在风雨变幻的市场上独居领先地位，并可保持企业立于不败之地。

3.1.2 决策的特性

完整地理解决策的概念，必须把握决策的以下特性。

1. 过程性

不能把决策理解为决定采取哪个方案的一刹那的行动，而应理解为诊断活动→设计活动→选择活动→执行活动的整个过程，没有这个过程就很难有合理的决策。实际上，经过执行活动的反馈又进入下一轮的决策。因此，决策是一个循环过程，贯穿于整个管理活动。

2. 目的性

决策前必须明确所要达到的目标，而且必须将局部的目标置于组织的总体目标体系中，如果目标模糊或整个目标体系杂乱无章，那合理的决策就无从谈起了。

3. 择优性

决策需在多个方案中做出抉择。决策是在目标的引导下，对现有的多个行动方案进行评价和筛选，最后优选出一个特定方案的过程。择优性的特征排斥只有一个备选方案的决策。

4. 满意性

决策追求的是“满意”标准。人们做任何事，都不可能做到完美无缺。对于决策者而言，同样不能以最理想的方案作为目标，而只能以足够好地达到组织目标的方案作为准则，即在若干个可行方案中，进行比较和优选。但由于人的认知能力的局限，决策者只能得到一个适宜或满意的方案，而不可能得到最优的方案。

5. 未来性

未来性又称风险性，指未来行动的不确定性。决策是现在决定的未来行动，包含着风险和失败的可能性。信息的不完备性和决策者的有限理性决定着决策的风险性。但管理者的基本任务就是做出决策，缺少了决策，组织就不会进步，优秀的管理者都勇于接受自己做出的决定所带来的可能风险。

例如，柯达公司的高层经理们做出了若干个将会在未来数十年里影响企业的决策。比如，公司出售了一些化工和健康业务，在此过程中减少了70亿美元的债务；还开发了一款名为Advantix的新型高级相机和胶片产品线，在新兴技术上投入巨资，包括数字照相技术。但是分析家们认为，这些决策的效果至少要6年之后才能看得出来。

3.1.3 决策的类型

决策要解决的问题是多方面的，为了进行正确的决策，必须对决策进行科学分类。根据不同的标准，我们可以把决策分为不同的类型。

（1）按决策层次范围与性质的不同，可将决策分为战略决策、管理决策和业务决策。

① 战略决策，又称经营决策，是对事关组织未来生存发展的全局性、长期性、决定性的大政方针方面的决策。战略决策侧重于资本过程，往往与长期计划和重大问题相联系，是所有决策中最重要的，如经营目标、经营方针、新产品开发、企业上市、兼并企业等的决策。它的特点主要表现在以下几个方面：关系组织全局；实施时间较长，对组织起比较长远的指导作用；风险性较大，常常依赖于决策者的直觉、经验和判断能力。战略决策要求决策者抓住问题的关键，而不是注重细枝末节的面面俱到。

② 管理决策，又称战术决策，是对组织中人、财、物等有限资源进行调动或改变其结构的决策，是为了实现战略决策而做出的带有局部性的具体决策。管理决策侧重于价值过程，往往与中期计划相联系，如营销计划与营销策略组合、产品方案开发、机构重组、资金筹措与使用等。它直接关系着为实现战略决策所需要的资源的合理组织和利用，以提高经济效益和管理效能。管理决策的优劣将直接影响到组织战略的成败。

③ 业务决策，又称日常管理决策或作业决策，是组织在日常生产和业务活动中，为了提高工作效率而做出的决策，如每日产量、职工洗澡时间、食堂的就餐环境等。业务决策

具有琐碎性、短期性、常规性和局部性等特点，往往与作业控制结合起来处理一些细节问题，一般涉及范围较小。

（2）按照决策活动表现形式的规范性不同，可将决策分为程序化决策和非程序化决策。这是决策理论学派创始人西蒙对决策所做出的划分。

① 程序化决策，又称结构良好决策或常规决策，是指对经常重复出现的问题，运用一定的程序、模式及标准来处理的决策，如企业中财务和统计报表的定期编制与分析。这类决策可以规定出一定程序，建立决策模式，按规定的程序、方法和标准进行处理。程序化决策一般授权低层管理者来做，它能够提高组织的效率，因此管理工作应尽量程序化。随着电子计算机技术的发展，越来越多的此类决策由计算机进行处理，为决策者节约了精力和时间。例如，星巴克在采购新的咖啡豆、咖啡杯、餐巾纸时就采用程序化决策，星巴克的雇员都经过了制作咖啡的严格培训。

② 非程序化决策，是指不经常出现的偶然性决策或非重复出现的新决策，没有既定的程序及模式为依据。这类决策由于缺乏准确可靠的统计数据和资料，在很大程度上依赖于决策者的知识、经验、洞察力和创造性思维，其中知觉和经验是主要的决定因素。一般来说，高层管理者所做的决策如兼并、收购、接管及组织设计决策多属于此类决策，由于要求决策者具有很大的主观性，决策风险也较大，因此非程序化决策对管理者，特别是高层管理者提出了更高的素质要求。

（3）按决策所面临的条件不同，可将决策分为确定型决策、风险型决策和不确定型决策。

① 确定型决策，是指各种可选的方案和条件都是已知的和肯定的，而且各种方案未来的预期结果也是非常明确的。在这种情形下，决策者只要比较各个不同方案的结果，就可以做出选择。例如，某地区的少年儿童的人口年龄分布是确定的，少年儿童的入学需求也是确定的，于是创办什么样的学校，就是一种确定型决策。在现实管理工作中，严格意义上的确定型决策并不多。解决这类决策问题，一般可利用一些定量方法进行决策，如线性规划、动态规划、经济批量模型、盈亏平衡点分析等方法。

② 风险型决策，是指在不肯定情况下的决策，即各种备选方案都存在两种以上的自然状态，决策者不知道哪些自然状态会发生，但可以测定每种自然状态发生的概率。风险型决策是企业经营中大量碰到的决策问题，如新产品开发决策、建设新工厂的投资决策、企业兼并决策等。对于这种决策，由于决策者无法肯定未来的情况，无论选择哪种方案都有一定的风险。通常根据期望值对各个备选方案的优劣进行评价，一般可以利用决策树法、边际分析方法等来解决。

③ 不确定型决策，是指各种备选方案都存在两种以上的自然状态，决策者不知道哪些自然状态会发生，也不能测定各种自然状态发生的概率。对于此类决策，由于存在许多不可控的因素，不能肯定每种方案的执行结果，决策者主要凭自己的经验、感觉和估计做出决策。在组织中，大多数的重要决策和战略决策都属于此类决策。这种情况下的决策，关键在于尽量掌握相关的信息资料，根据决策者的直觉、经验和判断果断行事。

（4）按决策的起始点不同，可将决策分为初始决策和追踪决策。

① 初始决策，是指在对组织内外环境认识的基础上，从事某种活动或从事该种活动的方案所进行的初次选择。

② 追踪决策，是指由于环境的变化或组织对环境认识发生了变化，在初始决策的基础上，对组织活动方向、内容或方式的重新调整。组织中的大部分决策都属于追踪决策。

（5）按决策的目标不同，可将决策分为单目标决策和多目标决策。

① 单目标决策，是指只用一个目标来评价和选择方案的决策。由于组织所要求达到的目标只有一个，因此对决策方案的选择依据也只有一个。

② 多目标决策，是指达到的是一系列相互联系的多目标。因此在进行决策时，必须统筹考虑组织的各项要求。多目标决策有两个特点：一是所做出的决策不是一个，而是一组；二是这一组决策不仅是相关的，而且前一项决策会直接影响后一项决策的做出。

（6）按决策的依据不同，可将决策分为经验决策和科学决策。

① 经验决策，是指依靠过去的经验和对未来的直觉进行决策。经验决策的依据是过去出现的事将会重复出现，这样凭经验做出的决策具有合理性和可行性。所以，决策者的主观判断和个人价值观起到很大的作用。这种决策偏重于感性，理性分析较少，在瞬息万变的现代经济环境下，往往导致失误。但由于人们在日常生活、工作和管理中往往无法获得充分的信息，所以经验决策仍起着重要作用。

② 科学决策，是指在科学理论指导下，按科学程序，对重大科学研究和实验、重大工程项目和重大管理实践活动等，运用科学的方法做出具有科学依据的决定。科学决策有一套严密的程序：首先，进行大量的调查、分析和预测工作；其次，根据组织和行动目标制订各种备选方案；再次，权衡备选方案的利弊，进行多方面的分析和论证；最后，进行方案择优，执行选定方案，并及时收集反馈信息。

管理智库 3.2

错误的决策

《梦溪笔谈》记载：海州知府孙冕很有经济头脑，他听说发运司准备在海州设置三个盐场，便坚决反对，并提出了许多理由。后来发运使亲自来海州谈盐场设置之事，还是被孙冕顶了回去。当地百姓拦住孙冕的轿子，向他诉说设置盐场的好处，孙冕解释道："你们不懂得做长远打算。官家买盐虽然能获得眼前的利益，但如果盐太多卖不出去，三十年后就会自食恶果了。"然而，孙冕的警告并没有引起人们的重视。

他离任后，海州很快就建起了三个盐场，几十年后，当地刑事案件增多，流寇盗贼、徭役赋税等都比过去大大增多。由于运输、销售不通畅，囤积的盐日益增加，盐场亏损很多，许多人都破了产。这时，百姓才开始明白，在这里建盐场确实是个祸患。

一时的利益显而易见，人们往往趋利而不考虑后果。这种现象，古今皆然。看到什么行当赚钱，就一窝蜂而上，结果捷足先登者也许能获利，步人后尘者往往自食恶果。这样的例子可以说是数不胜数。

作为一个企业的经营者，在制订一个经营决策的时候，一定要综合考虑各方面的因素，而不能被一时的利益蒙蔽了眼睛。

一个团队的领导一定要学会发挥集体的力量，特别是做事关企业命运的决策的时候。万万不可因头脑一时发热，拍拍脑袋就制订出错误决策而毁掉自己经营一生的成果。

决策时拍脑袋，指挥时拍胸脯，失误时拍大腿，追查时拍屁股。这种"四拍"型领导需要反思了。

（7）按参加并制订决策的人员，可将决策分为集体决策和个人决策。

① 集体决策，是指多个人一起做出的决策。

② 个人决策，是指单个人做出的决策。

相对于个人决策，集体决策有以下优点：能更大范围地汇总信息；能拟订更多的备选方案；能得到更多的认同；能更好地沟通；能做出更好的决策等。但集体决策也有一些缺点，如花费较多的时间、产生“从众现象”及责任不明现象等。

管理智库 3.3

通用电气的全员决策

美国通用电气公司是一家集团公司，1981年杰克·韦尔奇接任总裁后，认为公司管得太多，而领导得太少，“工人们对自己的工作比老板清楚得多，经理们最好不要横加干涉”。为此，它实行了“全员决策”制度，使那些平时没有机会互相交流的职工、中层管理人员都能出席决策讨论会。“全员决策”的开展，打击了公司中官僚主义的弊端，减少了烦琐程序。

“全员决策”使公司在经济不景气的情况下取得巨大进展。杰克·韦尔奇被誉为全美最优秀的企业家之一。

杰克·韦尔奇的“全员决策”有利于避免企业中权力过分集中这一弊端。让每个员工都体会到自己也是企业的主人，从而真正为企业的发展着想，绝对是一个优秀企业家的妙招。

如果你希望部属全然支持你，你就必须让他们参与，而且越早越好。

资料来源：中国人力资源开发网（www.chinahrd.net）

拓展阅读 3.1

布里丹毛驴效应

“布里丹毛驴效应”指决策中犹豫不定、迟疑不决的现象，是任何战略决策的大忌！《聊斋志异》中有这样一则故事：两个牧童进深山，入狼窝，发现两只小狼崽。他俩各抱一只分别爬上大树，两树相距数十步，片刻老狼来寻子。一个牧童在树上掐小狼的耳朵，弄得小狼嗷叫连天，老狼闻声奔来，气急败坏地在树下乱抓乱咬。

此时，另一棵树上的牧童拧小狼的腿，这只小狼也连声嗷叫，老狼又闻声赶去。这样，老狼不停地奔波于两树之间，终于累得气绝身亡。

这只狼之所以累死，原因就在于它企图救回自己的两只狼崽，一只都不想放弃。实际上，只要它守住其中一棵树，用不了多久就能至少救回一只。

这只狼之所以累死，是因为它犯了一个错误，那就是布里丹毛驴效应。更为可悲的是，它不仅在实质上，而且在形式上也完整地再现了这一效应的形成过程。

法国哲学家布里丹养了一头小毛驴，他每天都向附近的农民买一堆草料来喂它。

这天，送草的农民出于对哲学家的景仰，额外送了一堆草料，放在旁边。这下，毛驴站在两堆数量、质量和与它的距离完全相等的干草之间，可是为难坏了。它虽然享有充分的选择自由，但由于两堆干草价值相等，客观上无法分辨优劣，于是它左看看，右瞅瞅，始终也无法分清究竟选择哪一堆好。

于是，这头可怜的毛驴就这样站在原地，一会儿考虑数量，一会儿考虑质量，一会儿分析颜色，一会儿分析新鲜度，犹犹豫豫，来来回回，在无所适从中活活地饿死了。

在我们的生活中也经常面临着种种抉择，如何选择对人生的成败得失关系极大，因而人们都希望得到最佳的抉择，常常在抉择之前反复权衡利弊，再三仔细斟酌，甚至犹豫不决，举棋不定。但是，在很多情况下，机会稍纵即逝，并不会留下足够的时间让我们去反复思考，反而要求我们当机立断，迅速决策。如果我们犹豫不决，就会两手空空，一无所获。

有人把决策过程中这种犹豫不定、迟疑不决的现象称为“布里丹毛驴效应”。我们没有理由说驴比狼愚蠢，如果说愚蠢，有时人比驴和狼都蠢。古人讲：“用兵之害，犹豫最大；三军之灾，生于狐疑。”

“布里丹毛驴效应”是决策之大忌。当我们面对两堆同样大小的干草时，或者“非理性地”选择其中的一堆干草，或者“理性地”等待下去，直至饿死。前者要求我们在已有知识、经验的基础上，运用直觉、想象力、创新思维，找出尽可能多的方案进行抉择，以“有限理性”求得“满意”结果。

任务3.2 决策过程

任务导入

政府决策

某城市的繁华地段有一个食品厂，因经营不善长期亏损，该市政府领导拟将其改造成一个副食品批发市场，这样既可以解决企业破产后下岗职工的安置问题，又方便了附近居民。为此，该市政府进行了一系列前期准备，包括项目审批、征地拆迁、建筑规划设计等。不承想，外地一个开发商已在离此地不远的地方率先投资兴建了一个综合市场，而综合市场中就有一个相当规模的副食品批发场区，足以满足附近居民和零售商的需求。

面对这种情况，市政府领导陷入了两难境地：如果继续进行副食品批发市场建设，必然亏损；如果就此停建，则前期投入将全部泡汤。在这种情况下，该市政府盲目做出决定，将该食品厂厂房所在地建成一个居民小区，由开发商进行开发，但对原食品厂职工没能做出有效的赔偿，使该厂职工陷入困境。该厂职工长期向上反映不能解决赔偿问题，对该市的稳定造成了隐患。

【任务分析】

1. 结合案例分析政府的决策为什么是失败的。
2. 要走出两难境地，政府的解决思路是什么？
3. 从案例中你得到了什么启示？

决策是一项非常复杂、非常重要的管理工作，有其自身的规律性。决策者要做出正确的决策，提高决策的有效性，需要遵循一定的科学决策程序。一般来说，一项决策的做出应经过以下过程，如图3.1所示。

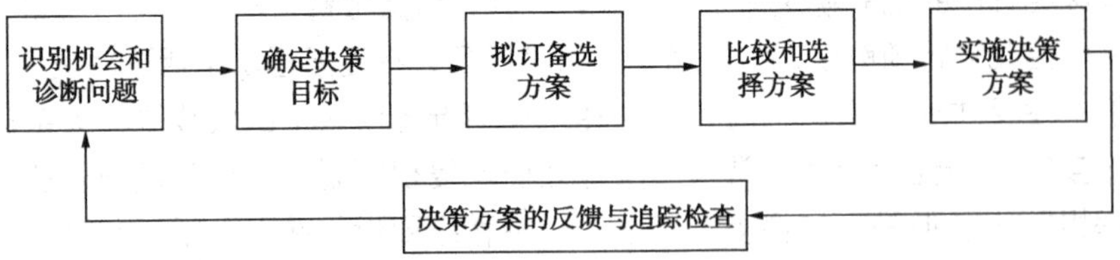

图 3.1　决策制订程序

3.2.1　识别机会和诊断问题

问题是决策的起点，决策是为了解决一定问题而制订的，这里讲的问题是指实际状况和应有期望的状况之间的差距或差异。决策的目的就是消除这种差距或差异，而实现组织内部活动及其目标与外部环境的动态平衡。因此，制订决策时首先要分析这种差距或差异是否已经存在，是什么性质的，它对组织的不利影响是否已经产生改变组织活动的必要。

分析组织活动中的问题，确定差距和差异的性质，把其作为决策的起点，是组织高层管理人员的职责。这不仅因为他们要对组织的活动效果负责，而且他们在组织中的地位使他们能够统观全局，易于找出问题的关键所在。

3.2.2　确定决策目标

目标是指管理者在特定的条件下所要达到的一定结果。确定目标是决策中的重要一环，目标一错，失之毫厘，谬以千里。明智的决策者有这样的体会：“目标一旦定好，决策问题已经解决一半”。确立目标要注意以下几个问题。

1. 目标应明确而具体

决策目标要明确，否则无法制订决策方案或做出正确的方案选择。决策目标还应具体，要有具体衡量实现程度的标准，要使目标有考核性，才能有效地去执行，充分发挥目标的作用。对于定性的指标，也要尽可能使之量化，或者转化为相关的数量指标来反映它的要求。

2. 目标要分清主次，具有系统性

在决策过程中，目标往往有多个，众多目标之间既有协调一致的时候，也会发生冲突和矛盾。在处理多目标问题时，一般要注意两个问题：一是要在满足决策需要的前提下尽量减少目标的个数；二是要分析各个目标的重要程度，分清主次，先集中力量实现必须达到的重要目标，以避免在决策实施中将组织的主要资源和精力投放到非主要目标的活动中去。

3. 要规定目标的约束条件

目标的约束条件既包括客观存在的约束条件（如人、财、力）的限制，也包括主观要求规定的约束条件，如企业除制订赢利目标外，还会附加一定的市场拓展目标等。

4. 决策目标既要先进又要合理

决策目标应该是经过努力可以实现的，有现实可行性，不能过高；但目标又不能过低，否则就失去了先进性。

管理智库 3.4

决策目标是决策的前提

1985 年，由马来西亚国营重工业公司和日本“三菱”汽车公司合资 2.8 亿美元生产的新款汽车“沙格型”隆重推出市场。马来西亚政府视之为马来西亚工业的“光荣产品”，产品在推出后，销售量很快跌至低潮。经济学家们经过研究，认为“沙格型”汽车的一切配件都从日本运来，由于日元升值使它的生产成本急涨，再加上马来西亚本身的经济不景气，所以汽车的销售量很少。此外，最重要的因素是政府在决定引进这种车型时，主要考虑到满足国内的需要，因此，技术上未达到先进国家的标准，无法出口。由于在目标市场决策中出现失误，“沙格型”汽车为马来西亚工业带来的好梦，只是昙花一现而已。

此例说明，科学经营决策的前提是确定决策目标。它作为评价和监测整个决策行动的准则，不断地影响、调整和控制着决策活动的过程，一旦目标错了，就会导致决策失败。

3.2.3 拟订备选方案

只有拟订一定数量和高质量的可行方案供对比和选择，决策才能做到合理。国外的决策人员常用这样的一句话提醒自己：“如果你感到似乎只有一条路可走，那很可能这条路走不通。”因此，在决策过程中，拟订可替代的方案要比从既定方案中选择重要得多。

决策的本质是选择。要进行正确的选择，就必须提供多种备选方案。备选方案是指为解决某一问题而设计出的多个可行的供决策者抉择的方案。备选方案至少需要有两个或两个以上，决策者才可能从中进行比较，然后选出最理想的方案。一旦机会或问题被正确地识别出来，管理者就要提出达到目标和解决问题的各种方案。这一步骤需要创造力和想象力，在提出备选方案时，管理者必须把其试图达到的目标牢记在心，而且要提出尽可能多的方案。可供选择的方案数量越多，被选方案的相对满意程度就越高，决策就越有可能完善。因此，在方案制订阶段，要广泛发动群众，充分利用组织内外的专家，通过他们献计献策，产生尽可能多的改变设想，制订尽可能多的可行方案。

管理智库 3.5

轮胎可以做什么?

如有人问：轮胎可以做什么？缺乏创造力的人会说用来做救生圈或者捆在树上做秋千，富有创造力的人会说诸如“当大象的眼镜架”或“机器人头上的光环”。富有创造力的人比缺乏创造力的人更加灵活。

美国明尼苏达采矿公司能产生新颖的思想并转换成赢利的产品，如玻璃纸袋、防刮材料、保护材料、有松紧的一次性尿布等；同样，英特尔公司在芯片微型化方面领先于所有的制造商，当时，386 和 486 芯片的开发成功，使该公司占有了与 IBM 兼容的个人计算机微处理器市场份额的 75%。以 50 亿美元的年销售收入作为支撑，该公司每年投入 12 亿美元用于厂房建设和设备更新，8 亿美元用于研究开发，从而保证有新的、更有力的产品源源不断地推出，使公司处于竞争的领先地位。

3.2.4 比较和选择方案

拟订出各种备选方案之后，就要根据已定目标的要求，对各个方案进行评价、比较和选择。方案的评价、比较和选择有以下三个标准。

（1）价值标准。方案的价值就是方案的作用、意义、效果等，用来衡量方案的好坏。

（2）满意标准。决策方案要好到什么样的程度才算符合要求？现代决策理论提出了一个现实的标准，认为“足够满意”即可。

（3）期望值标准。对于不确定条件下的决策，一个方案在执行时可能产生几种结果，在这种情况下，选择标准通常采用最大期望值标准。

根据上述比较，就能找出方案的差异，区分各方案的优劣。在此基础上进行的选择，不仅要有确定能够产生综合优势的实施方案，而且要准备好环境发生预料到的变化时可以启用的备用方案。确定备用方案的目的是对可预测到的未来变化准备充分的必要措施，以避免临时应变可能造成的混乱。

管理思考 3.1

选择越多越好吗?

有选择好，选择越多越好，这几乎成了人们生活中的常识。但是最近由美国哥伦比亚大学、斯坦福大学共同进行的研究表明：选项多反而可能形成负面结果。科学家们曾经做了一系列实验，其中一个实验是让一组被测试者在 6 种巧克力中选择自己想买的，另外一组是被测试者在 30 种巧克力中选择。结果，后一组中有更多的人感到所选择的巧克力不大好吃，对自己的选择有点后悔。

另一个实验是在加州斯坦福大学附近的一个以食品种类繁多而闻名的超市进行的。工作人员在超市里设置了两个吃摊，一个有 6 种口味，另一个有 24 种口味。结果显示，有 24 种口味的摊位吸引的顾客较多：242 位经过的客人中，60%会停下试吃；而 260 位经过 6 种摊位的客人中停下试吃的只有 40%。不过最终的结果是出乎意料的：在有 6 种口味的摊位前停下的顾客中，30%都至少买了一瓶果酱，而在有 24 种口味的摊位前的试吃者中，只有 3%的人购买东西。

思考：这两个实验给予了你什么启迪？

管理启迪：太多的东西容易让人犹豫不定，拿不准主意。同理，对于管理者，太多的意见也会混淆视听。不要以为很多人给出很多意见是好事，其实往往适得其反，由于每个人看问题的角度不同，给出意见的动机也不尽相同，所以太注重听取别人的意见很容易让自己拿不定主意。在征求意见之前，我们必须有一个属于自己的坚定信念，要明确最终的目的是什么，这样才能在众多的声音中保持清醒的头脑，找出最适合企业发展的金玉良言。

资料来源：刘汴生. 管理学. 北京：科学出版社，2006.

3.2.5 实施决策方案

决策的正确与否及其效果如何，要以执行结果来验证。决策执行结果，不仅取决于决策方案的选择，而且取决于执行过程中的工作质量。因此，实施过程中通常要注意做好以下工作。

（1）制订相应的具体措施，保证方案的正确实施。

（2）确保与方案有关的各种指令能被所有有关人员充分接受和彻底了解。

（3）应用目标管理方法把决策目标层层分解，落实到每一个执行单位和个人。

（4）建立重要的工作报告制度，以便及时了解方案进展情况，及时进行调整。

管理思考 3.2

决策执行的控制与调整

1962 年，英、法航空公司开始合作研制“协和”式超音速民航客机，其特点是快速、豪华、舒适。经过十多年的研制，耗资上亿英镑，终于在 1975 年研制成功。十几年时间的流逝，情况发生了很大变化：能源危机、生态危机威胁着西方世界，乘客和许多航空公司都因此而改变了对在航客机的要求。乘客的要求是票价不要太贵，航空公司的要求是节省能源、多载乘客、噪声小。但“协和”式飞机却不能满足这些要求。首先是噪声大，飞行时会产生极大的声响，有时甚至会震碎建筑物上的玻璃。还有就是由于燃料价格增长快，运行费用也相应大大提高。这些情况表明，消费者对这种飞机的需求量不会很大。因此，不应大批量投入生产。但是，由于公司没有决策运行控制计划，也没有重新进行评审，而且，飞机是由两国合作研制的，雇用了大量人员参与这项工作，如果中途下马，就要大量解雇人员。上述情况使得飞机的研制生产决策不易中断，后来两国对是否要继续协作研制生产这种飞机发生了争论，但由于缺乏决策运行控制机制，只能勉强将决策继续实施下去。结果，飞机生产出来后卖不出去，原来的宠儿变成了弃儿。

思考：这个故事给予了你什么启迪？

管理启迪：企业决策运行控制与企业的命运息息相关。一项决策在确定后，能否最后取得成功，除了决策本身性质的优劣外，还要依靠对决策运行的控制与调整，包括在决策执行过程中的控制，以及在决策确定过程中各个阶段的控制。

3.2.6 决策方案的反馈与追踪检查

即使是一个优化方案，在执行过程中，由于主、客观情况的变化，发生这样那样与目标偏离的情况也是常有的。因此，反馈和追踪检查也是决策实施过程中的一个重要环节。这个环节的任务，就是要准确、及时地把方案实施过程中出现的问题、执行情况的信息输送到决策机构，以进行追踪检查。

在贯彻实施方案中，遇到的问题大致可归纳为三种情况：一是执行人员没有按规定完成任务；二是执行中遇到实际困难，发现方案中有不妥当的问题；三是已经按方案执行了，但未达到预定目标。对发生的问题要做具体分析，第一种是一个教育和落实的问题；第二种是需要修正方案，使其更加切合实际、日臻完善的问题；第三种，如果已危及决策目标的实现，需要对决策进行根本性的修正，甚至要改变决策目标，这就需要进行追踪决策。如果证明原决策是完全错误的，那就不属于追踪决策的问题，而是要推倒重来的问题了。

拓展阅读 3.2

领导者有效决策十五律

一个好的领导者最重要的工作就是当他面对多种选择时能够系统地进行思考并做出一系列的准确判断，特别是重大的正确决定。学者通过对“有效决策”这一课题的深入研究，对“决策”的规律性形成了如下 15 条研究结果。

（1）领导的主要工作就是决策。领导的过程就是一个不断做出决策和实施决策的过程。一切领导活动都必须首先解决打算干什么、怎样干和怎样组织干的问题。而所有这些问题都需要通过决策来解决，从这个意义上来说，领导就是决策。对害怕做决策的人来说，领导者的工作不一定是他最适合的工作岗位。战略、策划、合作、投资、人事、财务、分配的好坏与最初的决策有紧密的联系。通常是，领导者的素质决定着他的决策素质。领导者的主要工作就是制订那些别人不能代劳的决策。

（2）领导的价值在于“做正确的事”。决策是领导者行使权力的主要表现形式，决策权是所有权力的核心。有效的决策者们都有这样一种体会：一个好的决策思想，不是限期完成的，而是在反复思考、不断推敲的过程中，在相关事物或其他活动中受启发顿悟而产生和迸发出来的。同时，领导者应该帮助各管理层的主管“把事情做正确”，把决策落实。

（3）比较完美的领导者们并不会做很多的决策，他们往往只关注重要的方面，并尽力就全局性的、根本性的问题做出为数不多的重大决策。这些领导者力图透彻思考那些具有战略性和普遍性的事项，而不仅仅是单纯的“解决问题”。他们认为，不去分析事物中暗含的主要矛盾，则是一种治标不治本的工作方法。这些领导者所关心的是决策的根本目的，以及决策必须满足哪些客观条件。他们注重的是结果而不是技巧。对他们而言，决策的正确性比展示才智更重要。

（4）对一个领导者来说，最坏的决定是迟迟不做出决定。几乎没有哪种品质比决断力更容易使人联想到有效的领导力。尤其在面对危机或面临机遇时，人们总希望领导者能够迅速、果断地采取行动，然后毫不动摇地坚持下去。其实，对一个领导者来说，最坏的决定是迟迟不做出决定。有一个所谓70%的解决办法，就是如果你只有70%的把握，你就要做出决定。尽管70%并不令人非常满意，但它有成功的希望，若你不做出决定就完全没有成功的希望。所以，最坏的决定就是当你该做出决定时却坐失良机没有做出决定。如果一个企业领导者在面临两难决策时举棋不定，那么轻者会错失发展机会，重者则会破产倒闭。

（5）在整个决策过程中最耗时的步骤并非决策的制订，而是决策的执行。一个善于决策的领导者十分清楚，何时必须根据原则进行决策，何时应从具体情况入手、根据事实进行决策。他们知道，最棘手的工作就是在正确的折中与错误的折中之间进行选择，领导者应该懂得区分这两种折中。一项好的决策只有在付诸实施之后才能称得上真正的决策；否则，不过是美好的愿望而已。也就是说，虽然有效的决策本身是在根本性概念的层面上做出的，但是在具体实施的层面上却必须尽可能与实施者的能力及客观情况相符合。

（6）领导者通常所做的最重大决策不是解决“什么”，而是解决“谁”的问题。这些决策大部分都是关于“人事”的。因为世界是不确定的，决策都是关于未来和你在未来中的地位，而未来又是不确定的。那么，为了应对这种不确定性，作为一个领导者，所能做到的最关键一件事就是选择合适的人与你合作。实践证明，没有合适的人去落实，再好的决策也没有意义。

纵观历史上的每一个朝代，最难解决的是“吏治”问题，而“吏治”的重中之重，其实就是发现和运用潜在领导人的问题。“吏治”解决得好，则政治清明，社会稳定；反之，则人心思变，社会动荡不安。

（7）养成实话实说的习惯。那些最终制订出能够产生优异结果的方案，并且在长时间里能够做出正确决策的领导，通常在他们还不太了解实情的情况下，对说“我不知道”

都感到非常坦然。事实上，他们已经养成了实话实说的习惯。他们绝不会在不知情的情况下却假装知道而自欺欺人。

（8）善于用富有启发性的问题向员工们发起提问或沟通。一个善于决策的领导者知道，他的职位不应该成为获取最佳信息的障碍，他的性格也不应成为这方面的障碍。这些领导者往往善于用富有启发性的问题向员工们发起提问或沟通，特别是对团队中那些能给他的想法挑出毛病的人，往往会对他们更加重视，这些“意见”能促使他们更多地去思考，从而使他们的想法更加完善。

（9）“激励机制”对决策的质量和执行至关重要。我们的研究表明，有一个变量对决策的质量和执行至关重要，这个变量就是“激励机制”。激励机制好比一个组织的发动机。好的激励机制可以使这个组织的员工精神振奋，不断地走向辉煌；不好的激励机制则可以使组织走向衰败。优秀领导者好比媒介，通过一连串化学变化，激活团队潜在的各种能量，同时也能激发出自身能量。

（10）在竞争的时代，成功的领导者会告别“拍脑袋”决策。他们会应用商业智能把数据变为知识，用知识帮助决策。在当今的社会环境中，每个组织都面临着大量的数据，如何在这些看似杂乱无章、错综复杂的信息中理出头绪，分析提炼出知识，从而帮助领导者做出及时、正确的决策，将决定着一个组织在竞争中的胜负。简单地说，商业智能就是通过收集、存储、挖掘和分析数据，为决策者提供相应的决策依据。或者说，将存储于各种信息系统中的数据转化成知识，并借用“外脑”，向领导者提供“集体智慧”，从而提高决策的效率和水平。

（11）对事件归类不当将会导致错误的决策。一个善于决策的领导者往往在碰到问题时首先会问：这是本质问题所表现出来的表面症状，还是一次偶发性事件？普遍性的问题需要依据某种政策或规则来解决，而属于异常事件的则只能视具体情况酌情处理。一个优秀的领导者往往会花时间分析发生的情况究竟属于哪一类，事实上对事件归类不当将会导致错误的决策。决策者最常犯的错误就是将带有普遍性的事件当做一系列独特的事件来处理——也就是说，不去了解事件的共性，也不制订和运用“政策”，而是采用实用主义的权宜之计来解决问题。其结果无疑会给领导者带来失败。

（12）领导者在决策时应进行系统思考。我们的研究表明，只有高效的领导者才会将决策的实施细则规定在决策之中。然而，每位领导者在决策时都应当进行系统地思考：这个决策的目的是什么，它需要什么样的实际投入，完成步骤有哪些，具体任务怎样进行分解，在执行中会遇到哪些问题，任务的完成时间，执行者是哪些人，以及决策执行后的结果，等等。

（13）优秀的领导者在决策落实过程中会建立信息跟踪和汇报机制。他们会不断地将决策的预期目标与实际情况进行对照，在评估决策时会遵循一条古老的军事原则，即作为决策者，军事指挥官并不完全依靠报告来判断决策的执行情况。指挥官会四处巡查，这倒不是因为这些决策者们不信任他们的下属，而是由于他们不相信抽象的“信息”。决策者们确实需要信息反馈，需要报告和数据，但是，他们更知道反馈信息若不以亲眼所见的实际情况为核心，若不遵守“走出去看看”这一原则，就很可能落入教条主义的桎梏中。

（14）一个好的决策就是一次创新活动。有效的决策者们知道，要成功实现组织变革，最艰难的事莫过于让员工们对当前问题的根源和变革的必要性达成一致。他们为了使决策能够得到落实，在资源有限的情况下，把资源集中到变革最需要的地方和能带来最大回报的地方。这些领导人会把下属的才能整合在一起，组建成一支强大的团队，并把他们引导向特定目标。

（15）当发现自己做出了错误的决策时，一个优秀的领导者往往能够果断地“出尔反尔”，因为他们知道这样做会把损失减到最小的程度。其实，改变主意并不表明领导者缺乏领导能力；相反，依照实情而改变立场有时能够彻底扭转某个被动局面，这些领导人的行动表明他们更具有学习的能力，是一种说明自己今天比昨天更聪明的方式。

任务3.3 决策方法

任务导入

二次决策的重要性

暴雨袭来，不久洪水就淹没了森林的大部分，大小动物拼命向最高处奔去。待大家聚到高处，洪水还在暴涨，于是大家推选最聪明的猿猴主持召开会议，大家为如何脱险议论纷纷，一时不知所措。

猿猴说：看谁能游泳？很快推选出青蛙、水蛇等四大水手。猿猴灵机一动说：“不行！只会游泳，跑得不快，不能迅速报信求救。”大家一致赞成，但谁是水陆都行的能手呢？猿猴脑子快，瞥了一眼看到了蜈蚣。它会水，腿又多，一定跑得快。猿猴自鸣得意地断然做出决定：马上让蜈蚣出发。于是，大家心情坦然地继续开会。当天已漆黑散会时，大家发现蜈蚣还没有走，因为脚太多，穿鞋成了最费时间的事。大家对猿猴的错误决策十分愤慨，群起而攻之。

【任务分析】

这个故事告诉我们什么道理？

决策的方法有三大类：定性决策法、定量决策法及两者结合三大类。没有一种是万能的，问题在于如何根据具体决策问题的性质和特点灵活运用。这里主要介绍前两种：定性决策法和定量决策法。

3.3.1 定性决策法

定性决策法又称软方法，是指决策者通过各种有效的组织形式、方法、步骤和环境气氛，运用社会科学原理，充分依靠决策者的知识、经验、能力，来探索事物的规律性，在把握事物内在本质联系的基础上进行决策的方法，也称为主观决策法。它主要运用于高层次战略问题，多因素错综复杂的问题，涉及社会心理因素较多的问题。定性决策在组织决策中占十分重要的地位，现将主要的几种定性决策方法做一下简单的介绍。

1. 经验决策法

经验决策法又称为经理（领导）人员决策法。它是指组织领导层凭借自己的知识、经验和才智，对决策目标和备选方案做出评价、判断和优选的一种决策方法。这种决策方法有利于集中高层管理者的智慧和经验，利用他们在知识素质、时间经验、判断能力等方面的优势，相互启发，比较评议，抓住实际，做出决策。目前，经验决策法是组织常用的一种决策方法。

2. 专家论证决策法

专家论证决策法，是指组织通过不同的形式，组织有关专家针对决策问题提出的决策目标和备选方案，进行可行性谈论，然后根据专家的意见做出决策的方法。这种方法能够利用专家的专长，对组织所面临的一些关系重大、影响因素众多，以及需要进行严密论证、发挥创造性思维的决策问题，做出正确的评价和判断，以提高企业决策的科学性，目前常用的专家论证决策方法主要有如下几种。

（1）头脑风暴法，又称智力激励法，是由美国创造学家奥斯本在1939年首次提出的，1953年正式发表。头脑风暴法是产生创造性方案的一种相对简单的方法。在用于群体决策时，可激发群体决策的创造性，提高决策质量。它鼓励提出任何种类的设计思想，同时禁止对各种方案的任何评价。头脑风暴会议常常在一种自由、宽松的氛围中进行，参加者先随便谈些有趣的话题或问题，使思维处于轻松和活跃的境界。群体领导者简明扼要地介绍有待解决的问题，有关问题的信息介绍过多会限制人的思维，干扰思维创新的想象力。经过一段时间讨论后，大家对问题已经有了较深程度的理解。大家的发言当场被记录下来并整理。通过记录的整理和归纳，找出富有创意的见解，以及具有启发性的表述，供下一步畅谈时参考。畅谈阶段是头脑风暴法的创意阶段。这个阶段应遵守下列规则：不要私下交谈，鼓励每个人独立思考；不妨碍他人发言；对别人的意见不允许反驳；意见越多越好，允许相互之间矛盾。但是头脑风暴法仅是一个产生思想的过程，而不能提供决策。头脑风暴法适用于明确简单的问题的决策，这种方法的鉴别与评价意见的工作量比较大。

（2）哥顿法，也称为“提喻法”，是美国学者哥顿在1961年创造的专家会议议论法。它是针对与会者的心理活动、社会关系及决策问题的保密性而出现的。主持者不明讲会议的主题，而是围绕主题提出一些相关问题，或者采用类比的方式，暂时隐蔽主要决策问题。例如要决策设计与发展新产品问题，而考虑到若此项上马，组织人事变更可能牵扯与会者的利益，便拿出市场发展趋势问题、材料性能等问题进行讨论，最后转向主题。这种先从其他方面谈起，最后转回讨论决策问题本身的方法，可使与会者不受限制地发挥意见和独立思考。

（3）名义小组技术法。在集体决策中，如对问题的性质不完全了解且意见分歧严重，则可采用名义小组技术法。在这种技术下，小组的成员互不通气，也不在一起讨论、协商，从而小组只是名义上的。这种名义上的小组可以有效地激发个人的创造力和想象力。在这种技术下，管理者先召集一些有知识的人，把要解决的问题的关键内容告诉他们，并请他们独立思考，要求每个人尽可能地把自己的备选方案和意见写下来。然后再按次序让他们一个接一个地陈述自己的方案和意见。在此基础上，由小组成员对提出的全部备选方案进行投票，根据投票结果，赞成人数最多的备选方案即为所要的方案，当然，管理者最后仍有权决定是接受还是拒绝这一方案。

（4）德尔菲法，是20世纪初美国兰德公司的专家们为避免集体讨论存在的屈从于权威或盲目服从多数的缺陷提出的一种定性预测方法。为消除成员间的相互影响，参加的专家可以互不了解。它运用匿名方式反复多次征询专家意见和进行背靠背的交流，以充分发挥专家的智慧、知识和经验，最后汇总得出一个能够反映群众意志的预测结果。这种方法的优点主要是简便易行，具有一定的科学性和实用性，可以避免会议讨论时害怕权威而随声附和，或固执己见，或因碍于情面不愿与他人意见冲突等弊病；同时也使大家发表的意见较快收敛，参加者也易接受结论，具有一定程度综合意见的客观性。缺点是由于专家一般时间紧，回答往往比较草率，同时由于预测主要依靠专家，因此归根结底仍属专家们的集体主观判断。此外，在选择合适的专家方面也较困难，征询意见的时间较长，对于需要快速判断的预测难以使用，而且这种方法不能像相互作用的群体或名义群体那样提出丰富的设想和方案。尽管如此，此方法因简单可靠，仍不失为一种人们常用的定性预测方法。

3.3.2 定量决策法

与定性决策法相对应的是定量决策法，又称硬方法，是利用数学模型进行优选决策方案的决策方法。它是建立在数学工具基础上的决策方法，核心是把决策的变量与变量、变量与目标之间的关系用数学式表示出来，即建立数学模型，然后根据决策条件，通过计算求得答案。定量决策法特别适用于方案的比较和评价。由于决策中所包含的变量多少不同、决策环境的不确定程度不同，以及进行分析有静态和动态的区别，所以决策时要运用复杂程度不同的数学工具，因而形成了许多具体的决策方法。根据数学模型涉及的决策问题的性质不同，定量决策方法一般分为确定型决策法、风险型决策法和不确定型决策法三类。

1. 确定型决策法

确定型决策法的特点是只要满足数学模型的前提条件，决策方案就肯定会出现模型给出的特定的结果。属于确定型决策法的模型有很多，下面主要介绍盈亏平衡点分析法。

盈亏平衡点分析法是进行产量或销量决策常用的方法。企业追求的目标是利润最大化，因此在确定的条件下，利润为零点是行动是否可行的一个分界点，这个点通常被称为保本点即盈亏平衡点。该方法的特点是把成本分为固定成本和可变成本，然后与总收益进行对比以求出盈亏平衡时的产量或某一赢利水平的产量。用数学模型来表示盈亏平衡时的产量为

$$Q^*=\frac{F}{P-V}$$

式中

Q^*为盈亏平衡点时的产量；

F 为固定成本；

P 为单位销售价格；

V 为可变成本。

例如，某企业生产 A 产品，年支出固定成本 300 万元，A 产品单位变动成本为 60 万元，销售单价为 75 元，求盈亏平衡点产量。

解：根据题意可知 F=300，V=60

盈亏平衡点产量的公式为 $Q^*=\frac{F}{P-V}$，将已知条件代入公式得：

$$Q^*=\frac{300}{75-60}=\frac{300}{15}=20\text{（件）}$$

答：盈亏平衡点的产量为 20 件。

2. 风险型决策法

一个决策方案对应两个或两个以上相互排斥的可能状态，每一种状态都以一定的可能性出现，并对应特定的结果，这种已知方案的各种可能状态及其发生的可能性大小的决策

称为风险型决策。由此可见，风险型决策是指在不确定情况下的决策。在企业经营中经常需要进行风险决策。决策树法是风险决策中应用最广、效果最显著的方法。决策树是决策问题的图形表达，对分析多阶段的决策问题十分有效，它指明了未来的决策点和可能发生的偶然事件，并用记号标明各种不确定事件可能发生的概率，把可行方案、所冒风险及可能的结果直观地表达出来。因为图的形状像树，所以被称为决策树。决策树表示法方便简捷、层次清楚，能形象地显示决策过程。

（1）决策树有五个要素。

一是决策点，即所要决策的问题，用方框表示。

二是方案枝，从决策点引出的枝条，表示一个个可行方案。

三是收益点，也称状态节点，是方案枝后的圆圈，表示各自然状态所能获得的收益值。

四是概率枝，是收益引出的枝条，表示一个个自然状态。

五是损益值点，反映在各种自然状态下可能的收益值或损失值，用三角形表示。

决策树的典型结构如图 3.2 所示。

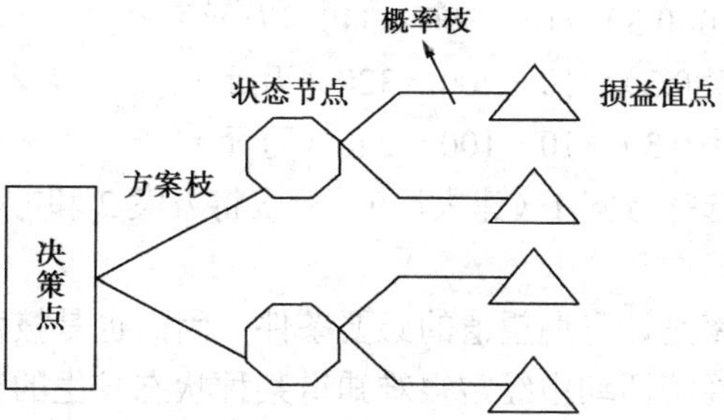

图 3.2 决策树的结构

（2）决策树的编制方法。

第一步，绘制决策树。

第二步，计算各方案的期望值（要从右向左依次进行）。

第三步，方案选优（或称剪枝），比较各方案的期望值，如方案实施有费用发生，应用损益点值减去方案的费用后再进行比较，将最优值写在决策点的上方，对应方案枝为最优方案，并在其他方案枝上标注“//”符号，表示被剪枝（放弃备选方案）。

例如，某企业为扩大某产品的生产，拟建设新厂，根据市场预测产品销路好的概率为 0.7，销路差的概率为 0.3，有三种方案可供企业选择。

第一，投资 300 万元建大厂。根据初步估计，销路好时，每年可获利 100 万元；销路差时，每年亏损 20 万元，服务期为 10 年。

第二，投资 200 万元建中型厂。销路好时，每年可获利 70 万元；销路差时，每年仍可获利 10 万元，服务期为 10 年。

第三，投资 100 万元建小厂。销路好时，每年可获利 40 万元；销路差时，每年仍可获利 20 万元，服务期为 10 年。

试用决策树法进行决策。

根据上述三种可行方案情况画出决策树后，就会得出一个选择最佳方案，如图 3.3 所示。

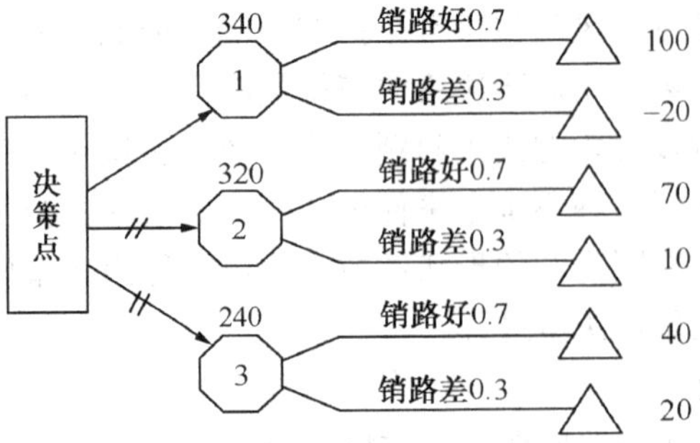

图 3.3　决策树图解过程

解：

第一步，绘制决策图，从左至右，首先绘出决策点，引出方案枝，再在方案枝的末端汇出状态节点，引出概率枝，将相关参数注明于图上。

第二步，计算各方案对应的期望值。

方案 1：（100×0.7−20×0.3）×10－300＝340（万元）

方案 2：（70×0.7+10×0.3）×10－200＝320（万元）

方案 3：（40×0.7+20×0.3）×10－100＝240（万元）

第三步，经比较应选择方案 1（建大厂），故应将方案 2 和方案 3 剪去。

3. 不确定型决策法

在风险决策中，概率是计算期望值的必要条件，因而也是按期望值标准进行方案选择的必要条件。但在现实经济活动中经常很难知道某种状态发生的客观概率，因此也无法根据期望值标准进行方案选择。这时如何进行方案选择主要依赖于决策者对待风险的态度。

（1）大中取大法，即乐观决策法。大中取大法是指愿承担风险的决策者在方案取舍时以各方案在各种状态下的最大损益值中取最大者对应的方案。

例如，某企业拟开发新产品，有三种设计方案可供选择，有关资料如表 3.1 所示。

表 3.1　某企业产品开发的设计方案

损益值 状态 / 方案	销 路 好	销 路 一 般	销 路 差
A	120	50	−20
B	85	60	10
C	40	30	20

在不知道各种状态的概率时，用大中取大法选择方案如下：各方案的损益值中找出最大者，即{120，85，40}，在所有方案的最大损益值中找到最大者，即 max{120，85，40} =120。

这是一种乐观而积极的决策方法，常为一些敢冒风险、勇于进取的决策者和实力雄厚的企业组织所采用。其优点是有可能取得最好成果；缺点是承担的风险较大，所以要慎重使用。

（2）小中取大法，即悲观决策法。与大中取大法相反，悲观决策法的决策者在进行方案取舍时以每个方案在各种状态下的最小值为标准（即假定每个方案最不利的状态发生），再从各方案的最小值中取最大者对应的方案。

仍以表 3.1 为例。用悲观决策法先找出各方案在各种状态下的最小值，即{-20，10，20}，然后再从中选取最大值，即 max{-20，10，20}= 20，对应的方案 C 即为用该方法选取的决策方案。该方案可以保证在最坏的情况下获得不低于 20 单位的收益，而其他方案则无此保证。该决策方法是在收益最少、最不利的自然状态下进行选择的，最后选定的方案是最坏结果中最好的方案，所以是一种保守的决策方法。这种方法的优点是风险较小；缺点是有可能失去获得高额利润的机会，而使组织缺乏勇于进取的精神。

（3）折中法。以上两种方法都以各方案不同状态下的最大或最小极端值为标准，但多数场合下，决策者既非完全的保守者，也非极端的冒险者，所以会在介于两个极端的某一位置寻找决策方案，即折中法。

折中法的决策步骤如下。

第一步，找出各方案在所有状态中的最小值和最大值。

第二步，决策者根据自己的风险偏好程度给定最大值一个系数 a（0<a<1），最小值的系数随之确定为 1-a。a 也叫乐观系数，是决策者冒险程度的度量。

第三步，用给定的乐观系数 a 和对应各方案的最大、最小损益值计算各方案的折中收益值。

第四步，取折中收益最大的损益值对应的方案为所选方案，仍以表 3.1 为例，各方案的最大、最小值如表 3.2 所示。

表 3.2 以折中法为例选择方案

方　案	max	min	折中收益值（a=0.4）
A	120	−20	120×0.4+(−20)×(1−0.4)=36
B	85	10	85×0.4+10×(1−0.4)=40
C	40	20	40×0.4+20×(1−0.4)=28

折中收益最大者 max{36，40，28}= 40，对应的方案 B 即为折中法的最佳方案。

用折中法选择方案的结果取决于反映决策者风险偏好程度乐观系数的确定。当 a=0 时，结果与悲观法相同；当 a=1 时，结果与乐观法相同。这样，悲观法与乐观法便成为折中法的两个案例。

（4）最小后悔值决策法。最小后悔值是指在某种状态下因选择某方案而未选取该状态下的最佳方案而少得的收益。例如，在某种状态下某方案的损益值为100，而该状态下该方案要比最佳方案少收益 50，即后悔值为 50。用后悔值决策法进行方案选择的步骤如下。

第一步，计算后悔矩阵。方法是用各状态下的最大损益值分别减去该状态下所有方案的损益值，从而得出各方案的相应后悔值。

第二步，找出各方案的最大后悔值。

第三步，在各方案最大后悔值中选取最小者对应的方案，即为最小后悔值选取的方案。

拓展阅读 3.3

对不同类型的决策要有不同的思考原则

决策按所处的条件不同，主要可以分为确定型、风险型、不确定型和竞争型决策四种。决策者在优选方案时，要有不同的思考原则，区别对待，做不同的考虑和处置。

（1）对于确定型决策，既然结果是确有把握的，决策就是根据已有的情报选择最佳方案。对此，领导者要果断地下决心，竭尽全力去获得最佳的结果。决心不大、措施不力，就会贻误时机，纵然决定了最佳方案，也会因时过境迁而最后得不到最佳效果，这是确定型决策失误的常见原因。

（2）对于风险型决策，应着重考虑以下几点：选择最有希望的行动方案；准备相关必要的应变方案，当不测事情发生时，能应变自如或进行补救；留有余地，如作战要有预备队，投资建设要有后备基金；通过试点、实验和追踪反馈等途径，使风险型决策增加确定性因素，使风险型决策转化为确定型决策。

（3）对于不确定型决策，领导者应该注意以下几点：一要“摸着石头过河”，步子不要太快，切忌刚愎自用，轻率莽撞；二要在试点实验时多方案并进，每个方案都要有原则差异，这样不仅成功的希望大了几倍，而且即使失败，也可积累经验，为今后的成功打下基础；三要把力量集中在信息反馈上。注意收集资料，及时总结经验，以便随时应变。在不确定型决策中，失误是难免的，重要的是发现失误，实事求是地总结经验、纠正失误。

（4）对于竞争型决策，应该注意三点：一是充分了解竞争对手，在自己的工作中扬长避短，对手之长是客观存在的，无法否认和消灭，但我们也可以学习其经验，使之充分发挥效益；二是要清醒认识对手之短，巧妙地加以避免；三是充分了解自己，寻找自己的优势。以己之长，克对手之短，是竞争型决策取胜的基本条件。竞争的关键在于及时变换对策，谁抢前一步，谁就取得了主动权。

管理定律

经典管理定律之三

1．决策合理性法则

内　容：决策的合理性，就是在能评价行动结果的一定价值体系下，选择恰当的代替行为。

提出者：美国管理学家赫伯特西蒙

点　评：决策决定的是“应该怎么做”，而决定决策的则是“为什么这么做”。

2．艾科卡原则

内　容：决不能在没有进行选择的情况下做出重大决定。

提出者：美国克莱斯勒汽车公司前总经理李·艾科卡

点　评：凡在选择余地不大的情况下，我们总难做出最佳选择。

3．爱弥尔定理

内　容：一个人在拿主意之前，定要把一切看透，那他就总也拿不定主意。

提出者：法国管理学家 H.L.爱弥尔

点　评：总想拿最好的主意，就总是没有主意。

4．王安论断

内　容：犹豫不决固然可以免去一些做错事的机会，但也失去了成功的机遇。

提出者：美籍华裔企业家王安博士

点　评：寡断能使好事由好变坏，果断可将危机转危为安。

5．特尔境地

内容源于瑞士关于古代弓箭手威廉·特尔的传说：暴君令其射下其子头上的苹果，第一箭射中可赦其无罪，否则其只能杀子或自杀。

点　评：越是患得患失，越容易左右为难。

6．普赛尔定律

内　容：思虑过多会阻碍迅速行动。

提出者：英国 A.J.S 公司副总裁普赛尔

点　评：好事一拖便垮，良策一迟就糟。

7．兰德定律

内　容：世界上每 1 000 家破产倒闭的大企业中，有 85%是因为企业管理者决策不慎造成的。

提出者：美国兰德公司

点　评：一人一事系于整体，每招每策关乎全局。

8．费希尔法则

内　容：言行之前须思量。

提出者：美国哈佛大学教授罗杰·费希尔

点　评：善预人不可制，有备人难以攻。

9．罗伯特定理

内　容：当职工理解问题的性质并信任经理人员时，做出决策会比较容易一些。

提出者：美国贝思雷翰姆钢铁公司总裁罗伯特

点　评：大势所趋，人不能违；民心所向，政必由之。

10．戴伊定理

内　容：只有当人们直接参与具体的决策时，才能称得上拥有权力。

提出者：美国社会学家 T.戴伊

点　评：一人说了算，大家不去干。

项目总结

（1）决策是管理工作的一项重要功能。决策是指组织或个人为了达到某一目标、目的或企图，在众多方案中选择一个最满意的方案或策略，并加以实施的过程。这一定义有三层含义：决策的目的是需要实现的一定目标；决策的对象是一系列可行的实施方案；决策要完成的是在诸多可行方案中择优的任务。完整地理解决策的概念，必须把握决策的五个特性：决策的过程性、决策的目的性、决策的择优性、决策的满意性和决策的未来性。

（2）决策要解决的问题是多方面的，为了进行正确的决策，必须对决策进行科学分类。根据不同的标准，可以把决策分为不同的类型：战略决策、管理决策和业务决策；程序化决策和非程序化决策；确定型决策、风险型决策与不确定型决策；初始决策和追踪决策；单目标决策和多目标决策；经验决策和科学决策；集体决策和个人决策。

（3）决策是一项非常复杂、非常重要的管理工作，有其自身的规律性。决策者要做出正确的决策，提高决策的有效性，需要遵循一定的科学决策程序并采用科学的方法。一般来说，一项决策的做出应经过以下几个过程：识别机会和诊断问题、确定决策目标、拟订备选方案、比较和选择方案、实施决策方案和决策方案的反馈与追踪检查。

（4）决策的方法有三大类：定性决策法、定量决策法和两者结合三大类。其中，定性决策法是指在决策中主要依靠决策者或有关专家的智慧来进行决策的方法，包括头脑风暴法、哥顿法、名义小组技术法、德尔菲法等。定量决策法是利用数学模型进行优选决策方案的决策方法，根据数学模型涉及的决策问题的性质不同，一般分为确定型决策、风险型决策和不确定型决策三类方法。量本利分析法和决策树法分别是常见的确定型决策和风险型决策方法，而不确定型决策方法包括小中取大法、大中取大法、折中法和最小后悔值法。

技能实训

【管理测试】 测试你的决策能力

1．测试说明

回答问题，答题时应尽可能地客观。如果你回答“从不”则选择 1；回答“有时”则选择 2；回答“经常”则选择 3；回答“总是”则选择 4。将你的得分加起来，并根据最后的分析来判断你的决策能力。用这些自答题来确定你需要改进的方面。

2．测试题目

表 3.3 所示的自测题能帮助你评估自己的决策能力。

表 3.3 决策能力自测题

决策行为表现	从不	有时	经常	总是
1．我及时做出决策，并及时地实施它	1	2	3	4
2．决策前我仔细而全面地分析了情况	1	2	3	4
3．我把不必自己亲自做出的决策授权给下属去完成	1	2	3	4
4．我将理智和创新结合起来做出决策	1	2	3	4
5．我在开始具体的决策前分析决策的类型	1	2	3	4
6．根据自己对企业文化的理解来获得同事对决策的支持	1	2	3	4
7．我根据一定标准来确定优先因素	1	2	3	4
8．对战略性决策我花大力气对待	1	2	3	4
9．决策过程中我最大限度地寻求别人的参与	1	2	3	4
10．在完成一个正确决策的过程中，我咨询合适的人以获得他们的帮助	1	2	3	4
11．对自己及竞争对手的优劣条件进行全面分析	1	2	3	4
12．我用具有挑战性的、创新性的方法来剔除陈旧的观点	1	2	3	4
13．我鼓励大家团结协作而不是各自为战	1	2	3	4
14．我在会议前认真地准备方案，也鼓励其他人这样做	1	2	3	4
15．我根据最终的目标客观地分析和评估所有可选方案	1	2	3	4
16．我尽可能地从公司内部和外部收集各种有用的信息	1	2	3	4
17．我考虑实施决策的计划及决策的效果	1	2	3	4
18．在分析结果时，我客观地判断每种方案成功的可能性	1	2	3	4
19．在适当的时候，我应用计算机帮助自己进行决策	1	2	3	4
20．我努力降低风险，但是在有把握的时候冒点风险也是必要的	1	2	3	4

续表

决策行为表现	从不	有时	经常	总是
21．我采用不同的情境设计来完善计划，并测试计划的可行性	1	2	3	4
22．我实事求是地决策，而不考虑决策提出者与自己的利害关系	1	2	3	4
23．在整个过程中，我努力寻求他人的支持	1	2	3	4
24．在制订行动计划时，我要求所有的人都参与进来	1	2	3	4
25．我指定一个特定的人对某个具体的行动负责	1	2	3	4
26．我与同事们公开地、真诚地并尽可能及时地交换对决策的看法	1	2	3	4
27．我努力鼓励他人对决策提出反对意见	1	2	3	4
28．我在适当的地方设置监督系统，并利用它们来监测进展的情况	1	2	3	4
29．在一个项目完成之后，我回顾行动过程以期发现和吸取经验教训	1	2	3	4
30．我将决策解释清楚，并努力使其他人理解它	1	2	3	4
31．我对自己招聘的人的行为负全部责任	1	2	3	4
32．我努力使每一个会议都有明确的结论和决策	1	2	3	4

3．测试结果分析

现在你已经做完了上面的自测题，将各题的得分加起来，根据下面的描述你将知道自己的决策能力。不管你获得什么样的分数，都有进一步提高的余地。

32～63 分：你的决策能力差，你应学习一些科学的决策能力，以便改进你的决策。

64～95 分：你的决策能力不错，有些方面还可以进一步提高。

96～128 分：你有很强的决策能力，但是不要自满，仍要不断提高。

【管理实践】

按表 3.4 完成管理实践。

表 3.4　管理实践要求

实训项目	创意“对对碰”
实训目标	1．培养创新能力。 2．训练对创意与计划的策划与论证能力
实训内容及组织	1．由教师指定或由学生自选题目（或所要解决的问题）。在调研的基础上，运用创造性思维，策划一项活动，形成一个创意。选题尽可能与所学专业业务相关。 2．搜集资料，开展调研，对所要解决的问题有较为深刻的认识。 3．每个人要运用创造性思维与创新技法，进行深入思考，形成所策划活动的创意。 4．以模拟公司为单位，运用“头脑风暴法”等方法，深入研讨，集思广益，形成公司的创意。 5．组织召开创意方案论证会，一家公司提出其策划创意，其余人可现场质疑、建议、启发与完善
活动考核	1．每个人都要提出一个创意，作为一次作业。 2．每个公司要形成一份体现创意的策划方案。 3．对各公司的策划创意与论证表现进行评估

知识测试

一、判断题

1．没有目标，就没有决策。（　　）

2．任何决策都是针对未来行动的，是为了解决现在面临的、待解决的新问题及将来会出现的问题，所以决策是行动的基础，这就是决策的目标性特征。（　　）

3．战术决策是指日常活动中有关提高效率和效益、合理组织业务活动等方面的决策，多为程序化决策。（　　）

4．某企业生产某产品的固定成本为14万元，单位售价2 200元，单位可变成本1 000元，若企业目标利润为10万元，则企业应完成的经销量为100万件。（　　）

5．当一个决策方案对应两个或两个以上相互排斥的可能状态，每一种状态都以一定的可能性出现，并对应特定的结果时，这种已知方案的各种可能状态及其发生的可能性大小的决策，可以采用盈亏平衡点法。（　　）

6．决策所做的若干个备选方案应是可行的，这样才能保证决策方案切实可行。这就是决策的科学性特征。（　　）

7．战术决策又称管理决策或策略决策，它是指为了实现战略目标，而做出的带有局部性的具体决策。它主要由企业高层领导制订。（　　）

8．经常重复发生，能按原已规定的程序、处理方法和标准进行的决策，就是非程序化决策。（　　）

9．风险决策方法其实也是一种非确定型决策方法。（　　）

10．企业进行战略决策时，必须把所有的信息详尽地调查清楚，然后才能做出决策。（　　）

11．因为集体决策的效率总是低于个人决策，所以在决定是否采用集体决策时，主要考虑的是集体决策效果的提高是否足以抵消效率的损失。（　　）

12．由于企业处于多变的环境中，决策者不可能将与决策有关的信息全部掌握，也不可能对未来的外部环境及内部条件准确预测，因此决策者不可能做出“最优化”的决策，也即产生了决策的相对最优化原则。（　　）

二、单选题

1．关于决策，正确的说法是（　　）。

A．决策是管理的基础　　B．管理是决策的基础

C．决策是调查的基础　　D．计划是决策的基础

2．决策就是（　　）方案。

A．筹备　　B．拟订　　C．选择　　D．执行

3．决策前必须对每个可行方案进行综合分析和评估，即必须进行（　　）研究。

A．经济性　　B．效益性　　C．社会性　　D．可行性

4．决策者不可能得出客观的最优方案，这是因为（　　）。

A．没必要追求最优方案　　B．最优方案不存在

C．人的认识能力有限　　D．最优方案成本太高

5．决策树是（　　）方法的一种。

A．概率　　B．效用　　C．期望值　　D．边际分析

6．业务决策又称为（　　）。

A．执行性决策　　B．战略决策　　C．战术决策　　D．管理决策

7．你正面临是否购买某种奖券的决策。你知道每张奖券的售价及该期共发行奖券的总

数、奖项和相应的奖金额。在这样的情况下，该决策的类型是什么？（　　）

A．确定型决策　　B．风险型决策

C．不确定型决策　　D．冒险决策

8．管理者对某一情况进行分析，从而提出行动方案。因此，他需要做以下工作：（1）分析评价各方案；（2）确定决策目标；（3）选择满意方案并实施；（4）认识和分析问题；（5）拟订备选行动方案。正确的分析思路应该是（　　）。

A．（5）→（3）→（4）→（1）→（2）

B．（4）→（2）→（5）→（1）→（3）

C．（5）→（4）→（2）→（1）→（3）

D．（4）→（5）→（1）→（2）→（3）

9．某公司生产某产品的固定成本为 50 万元，单位可变成本为 40 元，产品单价为 80 元，若企业目标利润为 30 万元，则企业应完成（　　）产销量。

A．12 500 件　　B．25 000 件　　C．20 000 件　　D．40 000 件

10．（　　）是指经常发生的能按规定的程序和标准进行的决策，多指对例行公事所做的决策。

A．确定型决策　　B．非常规决策　　C．管理决策　　D．常规决策

11．科学决策的结果是选择（　　）方案。

A．最优　　B．满意　　C．简单　　D．可行

12．处理公司日常的办公事宜，可以依据政策、规章和业务常规来进行决策的方法是（　　）。

A．适应性决策法　　B．程序化决策法

C．创造性决策法　　D．决策树法

13．某企业试图改变其经营方向，需要企业高层领导做出决策，这种决策属于（　　）。

A．战略决策　　B．战术决策　　C．业务决策　　D．程序化决策

14．该项决策具有极大偶然性和随机性，无先例可循且有大量不确定因素，其方法和步骤也难以程序化和标准化，这项决策就是（　　）。

A．风险型决策　　B．不确定型决策　　C．程序化决策　　D．非程序化决策

15．业务决策中，如生产任务的日常安排。常用物资的订货与采购等诸如此类的活动经常重复发生，能按原已规定的程序、方法和标准进行处理的决策，属于（　　）。

A．日常管理决策　　B．程序化决策

C．确定型决策　　D．风险型决策

16．在确定决策目标时，要注意把目标建立在（　　）的基础上。

A．需要　　B．可能　　C．需要和可能　　D．必要的利润

17．假如各种可行方案的条件大部分是已知的，但每个方案执行后可能出现几种结果，方案的选择由概率决定。那么，这种决策属于（　　）决策。

A．风险型　　B．不确定型　　C．确定型　　D．非程序化

18．决策程序的首要环节是（　　）。

A．确定决策原则　　B．确定决策方法

C．确定决策目标　　D．拟订可行方案

19．某企业生产某种产品，固定成本为 20 万元，单位可变成本为 100 元，每台售价 200 元，则该产品的盈亏平衡点产量是（　　）。

A．400 台　　B．2 000 台　　C．4 000 台　　D．20 000 台

20．某公司的固定成本为 300 万元，单位可变成本为 40 元，产品单位售价为 55 元，那么，当该企业的产量达到 20 万件时，其总成本为（　　）万元。

A．110　　B．1 010　　C．1 100　　D．11 000

21．某公司生产某产品的固定成本为 30 万元，单位可变成本为 30 元，产品单位售价为 45 元，如果现在的产销量为 25 000 件，则该公司的经营安全状况属于（　　）。

A．安全　　B．较安全　　C．不太好　　D．要警惕

三、多选题

1．按决策的作用范围，决策可分为（　　）。

A．业务决策　　B．战略决策　　C．定性决策　　D．战术决策

2．常用的定量决策方法有（　　）。

A．德尔菲法　　B．决策树法

C．抽样调查法　　D．盈亏平衡点分析法

3．以下几项中，（　　）属于对备选方案进行评价的指标。

A．收益　　B．成本　　C．期限　　D．风险

4．按决策的重复程度，决策可分为（　　）。

A．确定型决策　　B．不确定型决策　　C．程序化决策　　D．非程序化决策

5．定性决策方法主要有（　　）。

A．头脑风暴法　　B．德尔菲法　　C．征询法　　D．提喻法

6．不确定型决策方法主要有（　　）。

A．平均法　　B．乐观法　　C．悲观法　　D．后悔值法

四、简答题

1．简述决策的程序。

2．为什么说管理就是决策？你是怎样理解的？

五、论述题

在实际工作中，经常存在各种决策失误。究其原因，可以发现有很多决策者不遵循决策的原则和程序。例如，有的决策者习惯凭主观想象和“拍脑瓜”决策；有的决策者过分追求完美的决策方案而迟迟不能决定，延误决策良机；甚至在过去基本建设项目中还存在边审批、边设计、边施工的“三边工程”。针对以上现象，试用决策理论分析如何提高决策质量。

六、计算题

某地为满足某种产品的市场需求，拟规划建厂，提出三个方案。

（1）新建大厂，需投资 300 万元。据初步统计，销路好时每年可获利 100 万元，销路不好时每年亏损 20 万元，经营期限为 10 年。

（2）新建小厂，投资 140 万元。销路好时每年可获利 40 万元，销路不好时每年仍可获利 30 万元。

（3）先建小厂，3 年后销路好再扩建，投资 200 万元，经营期限为 7 年，每年估计获利 95 万元。

其中市场销售形势预测是产品销路好的概率为 0.7，销路不好的概率为 0.3。

根据上述情况要求使用决策树法进行决策。

七、案例分析题

他该如何决策

程志新近受聘担任一家有 300 间客房的高星级饭店的总经理。他的这一选择是不寻常的，因为除了作为饭店常客外，他从未有过从事饭店业的经历。这家饭店四年前开业，开业后曾以服务优良和富有传统特色而闻名。两年后店方的主管部门频繁替换总经理，已换了七任老总，其中包括从境外请的三家酒店管理人员管理公司。当程志就任时，该店服务质量已大大下降，与过去名声不相称。客人抱怨越来越多；老客户的续订率日趋下降；客人对服务人员的冷漠、缺乏礼貌与三言两语的草率回答、不规范的服务时常遭到投诉。

第一个月，程志走遍饭店各部门，了解情况，尽量同员工接触交谈。他发现员工更衣室乱七八糟，地板肮脏不堪，卫生间无肥皂、毛巾，马桶坐圈丢失，房门破损。其他员工区也同样杂乱无章，墙壁的油漆、灰泥严重剥落。员工食堂的伙食差，厨具变形、不洁，食堂灯光暗淡。他完全可以设想，服务员将美味可口的食物送进套房后，只能回到一个肮脏的“地牢”里去。

他惊异地发现，运作了几年的一家高星级饭店竟然没有一套适合本店的管理模式；对中高层管理者开业来没有做过一次系统的培训；上司指挥下属很费劲，有时还要看下属的脸色行事，因为下属认为你今天在台上，明天在不在位还不一定。

程志向人事部门了解员工录用情况，发现员工只要填一张申请表就立即安排工作。为了节省劳动力成本，酒店从乡镇招了不少临时工，也用了一些下岗“大嫂”，可岗前培训只有半天，甚至有时没有进行岗前培训。除了顶头上司的评语外，没有工作评估。原来打算在人事部办公室外设立的布告栏从未设立过，重要人事布告没有固定张贴场所。骨干员工已流走不少，有些部门经理正在寻找合适单位。

程志还发现饭店存在严重语言障碍，影响与客人的交流。在近 1 000 名员工中，一线服务员有 1/3 不能讲英语，员工之间相识而不知其部门和名字者甚多。

此外，他发现前台工作人员从未去过本店的客房，更不要说以客人身份在里面度过一夜，这怎能热情地向潜在客人介绍客房的特色呢？同样，饭店的 6 个餐厅经理只在本餐厅就餐，不了解其他餐厅的情况，也不了解其他饭店的餐饮经营情况。饭店的 15 个部门经理也同样不了解其他部门在干什么？信息不灵和缺乏协调使部门间问题成堆，而客人受害则首当其冲。

问题：

程志如何做出正确有效的决策解决上述问题，使员工为在饭店工作而自豪，使客人享受到舒适的服务？

项目4 科学计划

学习目标

知识目标

1. 理解计划的职能和特性
2. 掌握各种计划编制方法的要求及适用范围
3. 理解目标管理的含义及基本思想

能力目标

1. 具备科学计划管理意识
2. 能够按照科学的编制流程制订计划
3. 能够按编制要求制订各类计划书
4. 初步具备目标管理能力

关键概念

计划、战略计划、行动计划、SWOT 分析法、滚动计划法、甘特图法、目标管理

知识体系

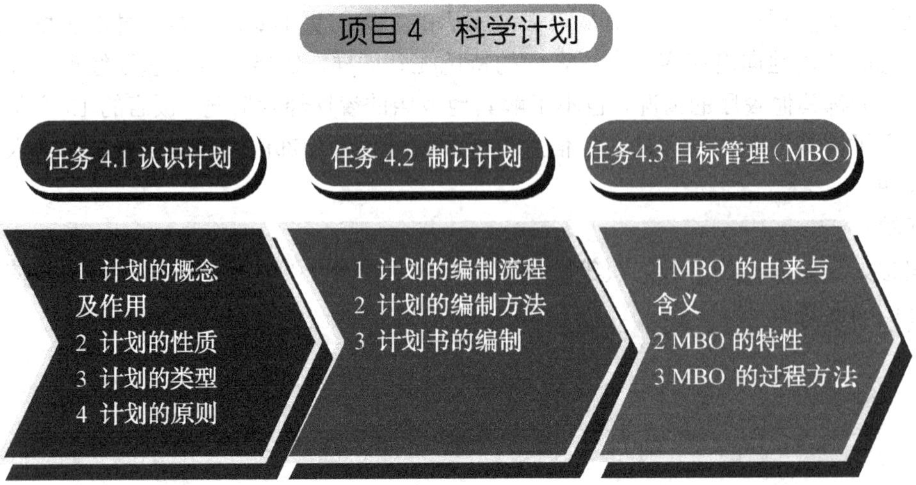

任务4.1 认识计划

任务导入

如何面对不确定的未来?

人们面对不确定的未来时，可以有三种不同的处理态度。第一种是边观察边处理（wait and see）；第二种是预测及准备（predict and prepare）；第三种是促成（make it happen）。把这三种不同的处理态度放在企业经营上，企业将会有三种表现。

第一种成为没有计划的企业。企业内没有文字的计划，以往怎么做，现在就怎么做，每天进行例行性工作或处理突发性事件。

第二种成为有预测数值计划的企业。经营者对未来会做某种程度的预测，如景气的好坏变化、市场的成长状况或竞争对手的动态、消费者喜好趋势等，根据以上的预测，预估新年度的营业额、成本、现金流量，作为企业的目标。

第三种成为实行策略导向的年度计划企业。策略导向的年度计划是评估企业大环境如政治、经济、科技、产业、供需、竞争等带来的机会和威胁，分析资源条件及竞争优势，并考虑企业的长远计划目标后，设定企业的年度目标及策略作为年度的执行计划。

资料来源：刘汴生. 管理学. 北京：科学出版社，2006.

【任务分析】

你对不确定的未来是如何应对的?

计划职能是管理的基本职能之一，是关于未来行动的蓝图，因此计划工作通常先于其他管理职能。组织面临不确定的环境，许多事情很难预料，从而使组织的经营带有很大的风险性，而计划工作正是减少风险性的一种手段。在竞争日益激烈的现代社会，计划工作已经成为组织生存和发展的必备条件。要使组织富有成效，就得制订良好的计划。良好的计划是增强组织竞争能力的重要途径和有力工具。

4.1.1 计划的概念及作用

1. 计划的概念

在管理学中，计划具有两重含义：其一是计划工作，是指根据对组织外部环境与内部条件的分析，提出在未来一定时期内要达到的组织目标及实现目标的行动；其二是计划形式，是指用文字和指标等形式所表述的组织及组织内不同部门和不同成员，在未来一定时期内关于行动方向、内容和方式安排的方案。

计划工作有广义和狭义之分。广义的计划是指制订计划、执行计划和检查计划执行情况三个紧密衔接的工作过程。狭义的计划仅指制订计划，也就是说，根据实际情况，通过科学地预测，权衡客观的需要和主观的可能，提出在未来一定时期内要达到的目标，以及实现目标的途径。它是组织中各种活动有条不紊地进行的保证。因此，一项计划工作主要包括组织的目标、组织的战略及组织各层次的具体计划体系。西方管理学对计划工作的内容归纳为“5W1H”，即 Why（确定计划工作的原因和目的），What（明确所进行活动的内容和要求），Who（规定由哪些部门和人员负责实施计划），When（规定计划中各项工作的起始和完成时间），Where（规定计划的实施地点），How（制订计划实施的手段和措施）。

2. 计划在管理中的作用

计划的作用在于计划可以给出方向，使置身于复杂多变和充满不确定性环境的组织，始终把其主要的注意力集中在既定目标上，使组织所有的行动保持同一方向。计划在管理中有以下作用。

（1）良好的计划可以为组织成员指明行动的方向，协调组织活动。当组织成员了解了组织的目标和为达到目标他们必须做什么贡献时，他们就能开始协调他们的活动，结成团队，从而减少内耗，降低成本，提高效率。

（2）良好的计划有助于管理者预见未来的变化，制订措施，减少冲击，把风险降到最低限度。

（3）良好的计划还可以减少重叠和浪费性的活动，有效地配置组织资源，提高经济效益。

因此，计划可定义为，组织根据环境的需要和自身的特点，确定组织在一定时期内的目标，并通过计划的编制、执行和监督来协调、组织各类资源以顺利达到预期目标的过程。

4.1.2 计划的性质

计划工作的性质概括起来有如下几个方面。

1. 目的性

任何计划首先都要为某项活动制订目标，使每个员工理解目标，要预测哪些行动有利于达到目标，明白组织期望他们完成什么目标和如何完成。因此，目的性是计划职能最明显的目标。

2. 主导性

计划工作同组织其他五项职能相比，居于首要地位，这主要是由于管理过程中的其他职能都是为了支持、保证目标的实现，没有计划工作，其他工作无从谈起。

3. 普遍性

虽然计划工作的特点和范围随各级主管人员职权的不同而不同，但它却是各级主管人员的一个共同职能，做计划工作是每位管理者必须履行的职能工作。此外，计划贯穿于所有管理活动中，无论什么组织，要想进行有效的管理，都必须做好计划工作。

4. 预见性

计划是谋划未来的活动，是在预测组织内外部环境变化的基础上制订的，必须考虑未来的机遇和可能的威胁，指导组织未来的活动，因此，计划必须具有预见性。

5. 经济性

计划工作不仅要正确确定组织的目标，又要确定制订计划与执行计划所有产出与所有投入之比，即要保证各种资源的配置、使用是正确的和最有效的，是为实现目标而付出的合理代价。一个在理论上完美无缺但实际收益不大，甚至带来负效益的计划，都不是有效的计划。

4.1.3 计划的类型

由于目标及实现目标的方案有不同的类型，因此计划工作也有不同的种类。需注意的是，各种计划不是彼此割裂的，而是由分别适用于不同条件下的计划组成的一个计划体系。

（1）按照计划的期限划分，可将计划分为长期计划、中期计划和短期计划。一般来说，五年以上的计划为长期计划，一年以内的计划为短期计划，介于两者之间的计划为中期计划。

长期计划只规定组织的目标和达到目标的总的方法，而一般不规定具体做法。目前已经有越来越多的企业为自己编制了长期计划，例如，日本松下公司甚至已经制订了250年的发展计划。

中期计划只是比长期计划更为具体和详细，主要起衔接长期计划和短期计划的作用，以时间为中心，具体说明各年度应达到的阶段目标和应开展的目标。中期计划既赋予了长期计划的具体内容，又为短期计划指明了方向。

短期计划比中期计划更为具体和详尽，更具有可操作性，主要规定具体的要求，能够直接指导各项活动的开展。对于短期计划来说，有效的执行是其最基本也是最重要的要求。

由此可见，长期计划为组织指明方向，中期计划为组织指明路径，而短期计划则为组织规定行进的步伐。

（2）按计划的对象划分，可将计划分为综合计划、部门计划和项目计划。

综合计划是具有多个目标和多方面内容的计划，其涉及的内容是多方面的，关联整个组织或组织中的许多方面。

部门计划是在综合计划的基础上为了达到组织的分目标而制订的，部门计划只涉及某一特定的部门或职能，内容比较专一。

项目计划是为某项特定的活动而制订的计划，如某项产品的开发计划、职工俱乐部的建设计划等。

（3）按计划范围及对企业经营影响程度的不同，可将计划分为战略计划和行动计划。

战略计划应用于整体组织，为组织设立总体目标以寻求组织在环境中的地位的计划。战略计划是由高层管理者负责制订的计划，它体现了组织在未来一段时间内总的战略构想和总的发展目标，以及实施的途径。战略计划具有长远性、全局性和指导性，一般周期较长，通常为长期计划。

行动计划也称为作业计划，是在战略计划所规定的方向、方针、政策框架内，确保战略目标的落实和实现，确保资源的取得与有效运用的具体计划。这种计划的周期通常很短，具有一次性、局部性和指令性，它与战略计划的最大差别在于，战略计划的一个重要任务是设立目标，而作业计划是假设目标已经存在，而提供一种实现目标的方案，如表4.1所示。

表4.1 战略计划与行动计划的区别

比较项目	战略计划	行动计划
时间	三年或以上	三年以内或更短
范围	整个企业	部门或某次活动
重点	明确目标和实现目标措施	贯彻落实的具体办法
目的	生存、发展和效益	提高工作效率
特点	全局性、长远性、方向性	局部性、指令性、一次性

（4）按计划的表现形式划分，计划包括企业中各种未来的行动方案，其表现形式是多种多样的，具体表现为以下形式。

① 宗旨是一个组织最基本的目标，即组织存在的基本理由，组织是为宗旨而存在的。

② 目标是对企业的使命和活动方向及各项任务的一般表述。计划的重点在于明确干什么及最终的目的。

③ 战略的重点是要指明方向和资源配置的优先次序，不是具体说明企业如何实现目标。计划重点是明确目标实现的途径，突出工作重点及资源分配方式，指导各部门的工作在一个统一的“框架”下进行。

④ 政策是管理者决策时考虑问题的指南，明确处理各种问题的一般规定，因而也是一种计划。

⑤ 程序也是一种计划，规定了某些经常发生的问题的解决方法和步骤，是一种经过优化的计划。

⑥ 规章制度是一种简单的计划，规定了在某种情况下采取或不能采取某种具体行动，作为是非标准以指导下属的具体行动，明确必须遵守的各种规则和程序。

⑦ 规划是为了实施既定方针所必需的目标、政策、程序、规则、任务分配、执行步骤、使用资源及其他要素等而制订的综合性计划。规划有大小、远近之分，一般是粗线条、纲领性的，如我国的五年计划。

⑧ 预算是一种数字化的计划，也是一种计划的工具，明确了活动的投入与产出的数量、时间和方向。

（5）按计划的内容规定的明确性程度划分，可将计划分为指导性计划与具体性计划。

指导性计划规定一般的方针和行动原则，它确定最终的目标，但不确定具体的目标和具体的活动方案，给予了行动者较大的自由处置权。

具体性计划具有明确规定的目标，它以指导性计划的目标为最终目标，具有明确的可衡量的具体目标及一套可操作的行动方案。

一般说，具体计划的明确性较高，但其可预见性条件难以满足；而指导性计划的灵活性较高。在管理工作中，必须根据实际问题，在灵活性和明确性之间进行权衡，选择制订不同类型的计划。

4.1.4 计划的原则

制订切实可行的计划，应遵循以下原则。

（1）目的性，即计划必须为了达到一定的目的，而且此目的必须明确。

（2）可靠性，即计划必须在实事求是的基础上制订，避免偏见与臆断。

（3）协调性，即企业不同层次、不同部门的计划相互衔接、彼此配合而非冲突、混乱。

（4）可监控性，即必须设定需要达到的标准，并监控计划的执行。

（5）灵活性，即计划可以根据实际情况而修改完善，而非一成不变。

（6）可行性，即计划必须是经过努力可以实现的，既具有激励性，又具有现实性。

拓展阅读 4.1

保险销售员的故事

有个同学举手问老师：“老师，我现在从事保险行业，我的目标是想在一年内赚 100 万元！请问我应该如何计划我的目标呢？”

“我们来看看，你要为实现自己的目标做出多大的努力。根据我们的提成比例，100 万元的佣金大概要做 300 万元的业绩。一年：300 万元业绩；一个月：25 万元业绩；一天：

8 300 元业绩。”老师说，“一天 8 300 元业绩，大概要拜访多少个客户？”

“大概要 50 个人。”

老师接着问他，“那么一天要 50 人，一个月要 1 500 人；一年呢？就需要拜访 18 000 个客户。”

这时老师又问他：“请问你现在有没有 18 000 个 A 类客户？”他说没有。“如果没有的话，就要靠陌生拜访。你平均一个人要谈上多长时间呢？”他说：“至少 20 分钟。”老实说：“每个人要谈 20 分钟，一天要谈 50 个人，也就是说你每天要花 16 个小时在与客户交谈上，还不算路途时间。请问你能不能做到？”他说：“不能。老师，我懂了。这个目标不是凭空想象的，是需要凭着一个能达成的计划而定的。”

点评：目标不是孤立存在的，是和计划相辅相成的，目标指导计划，计划的有效性影响着目标的达成。所以在执行目标的时候，要考虑清楚自己的行动计划，怎么做才能更有效地完成目标，这是每个人都要想清楚的问题；否则，目标定得越高，达成的效果越差！

任务 4.2 制订计划

任务导入

施温自行车公司

伊格纳茨·施温于 1895 年在芝加哥创办了施温自行车公司，后来成长为世界最大的自行车制造商。在 20 世纪 60 年代，施温公司占有美国自行车市场 25%的份额。但现在就不同了。

爱德华·施温是创始人伊格纳茨的长孙，1979 年他接过公司的控制权，那时，问题已经出现，而糟糕的计划和决策又使已有的问题雪上加霜。

在 20 世纪 70 年代，施温公司不断投资于它的强大的零售分销网络和品牌，以便主宰 10 挡变速车市场。但是进入 80 年代，市场转移了，山地车取代 10 挡变速车并成为销量最大的车型，并且轻型的、高技术的、外国生产的自行车在成年的自行车爱好者中日益普及。施温公司错过了这两次市场转换的机会，它对市场的变化反应太慢，管理当局专注于削减成本而不是创新。结果，施温公司的市场份额开始迅速地被更富于远见的自行车制造商夺走，这些制造商销售的品牌有特莱克、坎农戴尔、巨人和钻石。

或许，施温公司最大的错误是没有把握住自行车是一种全球产品，公司迟迟未能开发海外市场和利用国外的生产条件。一直拖到 70 年代末，施温公司才开始加入国外竞争行列，把大量的自行车转移到日本进行生产。但到那时，不断扩张的台湾地区的自行车工业已经在价格上击败了日本生产厂家。作为对付这种竞争的一种策略，施温公司开始少量进口中国台湾省制造的巨人牌自行车，然后贴上施温商标在美国市场上出售。

1981 年，当施温公司设在芝加哥的主要工厂的工人举行罢工时，公司采取了也许是最愚蠢的行动。管理当局不是与工人谈判解决问题，而是关闭了工厂，将工程师和设备迁往中国台湾省的巨人公司自行车工厂。作为与巨人公司合伙关系的一部分，施温公司将所有的一切，包括技术、工程、生产能力都交给了巨人公司，这正是巨人公司要成为占统治地位的自行车制造商所求之不得的。作为交换条件，施温公司进口并且在美国市场上以施温商标经销巨人公司制造的自行车。正如一家美国竞争者所言：“施温将特许权盛在银盘上奉送给巨人公司。”

到 1984 年，巨人公司每年交付给施温公司 70 万辆自行车，以施温商标销售，占施温公司年销售额的 70%。几年后，巨人公司利用从施温公司那里获得的知识，在美国市场上建立了他们自己的商标。

到 1992 年，巨人公司和中国大陆的自行车厂商，已经在世界市场上占据了统治地位。巨人公司销售的每 10 辆自行车中，有 7 辆是以自己的商标出售的。而施温公司怎么样了？当它的市场份额在 1992 年 10 月跌落到 5%时，公司开始申请破产。

【任务分析】

1. 更有效的长期计划会怎样挽救施温公司？
2. 解释施温公司的计划在 1965 年、1975 年和 1985 年应当是什么样的。

4.2.1 计划的编制流程

计划的编制流程如图 4.1 所示。

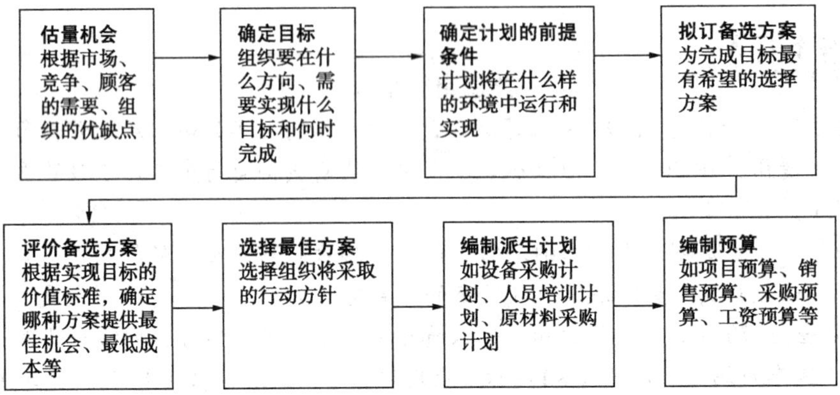

图 4.1 计划编制的流程

1. 估量机会

估量机会是对管理者在环境中可能取得成功的机会进行估量，这项工作并非计划的正式过程，但它是整个计划工作的起点。其内容包括：①对未来可能出现变化和预示的机会进行初步分析，形成判断；②根据自己的长处和短处搞清自己所处的地位；③了解自己利用机会的能力；④列举主要的不肯定因素，分析其发生的可能性和影响程度；⑤在反复斟酌的基础上，下定决心，扬长避短。在估量机会时，通常采用 SWOT 分析法。这种方法对企业内部条件的优势（strengths）、劣势（weaknesses）和外部环境的机会（opportunities）、威胁（threats）进行分析，目的是找出企业的优势（强项）与劣势（弱项），并依据企业的优势与劣势情况，充分利用其优势把握环境中的机会、避开环境中的威胁，或利用环境中的机会强化企业的优势、弥补企业的劣势。在这个过程中，管理者应明确组织期望的结果，分析存在的问题和成功的机会，把握机会所需要的资源和能力，列举主要的不肯定因素，分析其发生的可能性和影响程度，在反复斟酌的基础上，扬长避短，下定决心，从而确定可行性目标。

2. 确定目标

确定目标是计划工作的第一步，确定时要遵循 SMART 原则；目标的选择是计划职能最为关键的内容，一个成功的计划绝不会在选择目标上存在偏差。确定目标的主要内容包括指导资源最合理分配；充分发挥全体员工的积极性和潜力；促进组织内部团结一致，对外享有良好的声誉；达到组织经营活动的最佳效果等。但需注意的是，制订的目标应既能满足社会需要，又能统一全体员工的意志并愿意为此奋斗。

3. 确定计划的前提条件

确定计划的前提条件就是要确定整个计划活动所处的未来环境，即执行计划时的预期环境。按照组织的内外环境，可以将计划工作的前提条件分为外部前提条件和内部前提条件；按可控程度，还可以将计划工作前提条件分为不可控的、部分可控的和可控的三种前提条件。计划的未来环境非常复杂，涉及的因素很多，通过预测掌握一些重要的前提条件，可以给计划工作提供依据或参考。

4. 拟订备选方案

计划前提确定后，就要拟订各种可行的计划方案供评价和选择。实现目标往往有几个可能方案供选择，计划工作是要将这些方案的数量减少，并确定两个以上的最有希望的可能方案作为备选方案。为此，必须集思广益、开拓思路、大胆创新，同时对所有的方案进行初步筛选，保留其中有效的（即值得保留的）方案供重点评价、分析和比较，以便集中精力做出最后的计划方案抉择。

5. 评价备选方案

确定方案后，按照前提条件和目标来权衡各种因素，以此对各个备选方案进行评价。通过比较各个方案的利弊，选出最有可能以最低的成本获得最高的效益的方案。评价方案的依据应包括两个内容：一是根据组织目标确定的一系列对实施方案的评价项目和标准；二是根据各评价项目和标准对组织目标的贡献程度确定的评价项目及标准之间的相对重要性，即权数。因而，评价的前期工作有许多事要做，前期准备工作的质量直接影响对备选方案的评价结果。

6. 选择最佳方案

选择最佳方案是指从备选方案中，根据组织的目标选定一个最合理、最满意的方案，并正式通过该方案。这是整个计划流程中的关键一步，也是做出决策的紧要环节。为了保持计划的灵活性，应确定一个后备计划。

7. 编制派生计划

派生计划即辅助计划，也就是总计划下的分计划。其作用是支持基本计划的贯彻落实。总计划靠派生计划来扶持，只有派生计划完成了，总计划才有保证。

8. 编制预算

计划的最后一个步骤就是要将之转化为预算，使之数字化。预算是用数字的形式表示的组织在未来某一确定期间内的计划，是计划的数量说明，是用数字形式对预期结果的一种表示。这种结果可能是财务方面的，如收入、支出和资本预算等；也可以是非财务方面的，如材料、工时、产量等。预算是汇总各类计划的工具，同时也是衡量计划执行情况的重要标准，因此预算又常常被看做一种重要的控制手段。

4.2.2 计划的编制方法

计划工作的方法很多，这里仅简要介绍两种常用的现代计划方法，即滚动计划法和甘特图法。

1. **滚动计划法**

滚动计划法又称连续性计划法或滑动计划法，其编制方法如下：按照“远粗近细”的原则制订一定时期内的计划，然后根据计划的执行情况和环境情况的变化，调整和修订未来的计划，并逐期向前移动，使计划不断向前延伸，形成一个连续过程，把短期计划与中期计划有机结合起来（见图 4.2）。

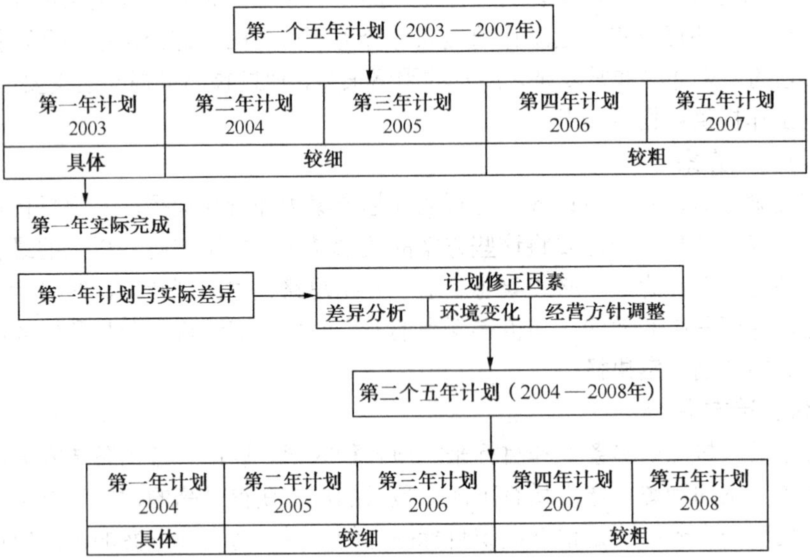

图 4.2 滚动计划制作流程

在编制滚动计划的过程中应注意做到以下几点。

（1）按“远粗近细”的原则将短期计划、中期计划、长期计划有效地结合起来。长期计划重在把握发展方向，中期计划要有比较明晰的发展目标，短期计划必须有具体指标和确定的行动。若综合计划中缺少了短期计划、中期计划、长期计划的一项或两项，滚动计划就会失衡，难以“滚动”起来。

（2）明确修正因素，包括三个方面：一是检查滚动期内原计划与执行结果之间的差异，并分析原因；二是了解组织环境发生了哪些变化及其对计划产生的影响；三是明确地组织自身的战略、目标、方针、资源、核心能力等因素的变化或调整。

（3）在对修正因素全面分析的基础上按照（1）的要求形成新一轮的滚动计划。一个良好的滚动计划反映着组织的较强学习能力和全面计划管理能力。

滚动计划法使长期计划、中期计划与短期计划相互衔接，短期计划内部各阶段相互衔接。这就保证了即便环境变化出现某些不平衡状况时，也能及时地进行调节，使各期计划基本保持一致。这种方法大大加强了计划的弹性，对环境剧烈变化的时代尤为重要，可以提高组织的应变能力。运用滚动计划法来编制企业的长期计划和年度计划，能使企业适应市场变化的需要，同时也能保持企业生产的稳定性和均衡性，是企业进行全面计划管理的一种科学的方法。

2. 甘特图法

甘特图法又称横道图或条形图，是由泰勒的追随者美国学者亨利·劳伦斯·甘特发明的一种使用条形图编制项目工期计划的方法，是一种比较简便的日程工作计划、工期计划和进度安排方法。甘特图表的实质，是为了表明如何通过各种活动来恰当地安排工作的程序和时间，以完成该项工作。管理人员能够从甘特图表所提供的信息中看出哪一项工程或产品落后于预定的计划，然后采取行动加以纠正，以便使工程赶上计划的安排，或者将货物延运的时间及预计能够完成的日期通知领导者。

甘特图表的编制方法如下：把计划和进度安排两种职能结合在一起，纵向列出项目活动，横向列出时间跨度。项目活动在左侧列出，时间在图表顶部列出，图中的横道线显示了每项活动的开始时间和结束时间，横道线的长度等于活动的工期，甘特图顶部的时间段决定着项目计划的详略程度。图 4.3 所示为用甘特图表示制造某一专用设备的各项活动的进度安排，图中用线条标出了各项活动的延续时间和起止时间。从图 4.3 中还可看出，活动 A（产品设计活动）、B（工艺编制活动）、D（工艺装备制造活动）、E（零件加工活动）、F（产品装配活动）是顺序关系，即前一项活动完成后，后一项活动才能开始；而 B 和 C（原材料、外购品采购活动）是并行关系，它们可以同时进行。

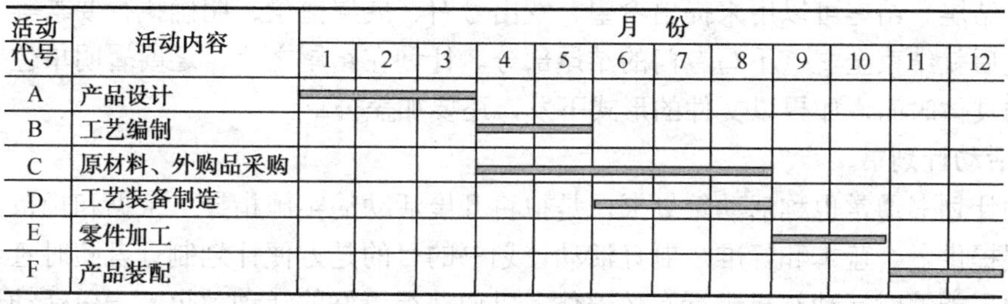

图 4.3 用甘特图表示各项活动的进度安排

由于甘特图把项目计划和项目进度安排两种职能组合在一起，因此在绘制甘特图时，必须清楚各项活动之间的关系，即哪些活动必须在其他活动开始之前完成，哪些活动可以同时进行。横道线的长度等于活动的工期，甘特图顶部的时间段决定着项目计划的详略程度。

甘特图直观、简单、容易制作、便于理解，一般适用于比较简单的小型项目，可用于 WBS 的任何层次、进度控制、资源优化、资源和费用计划编制。甘特图能够从时间上整体把握进度，很清晰地标识出每一项任务的起始与结束时间，但是不能系统地表达一个项目所包含的各项工作之间的复杂关系，难以进行定量的计算和分析，以及计划的优化等。

4.2.3 计划书的编制

计划书是党政机关、企事业单位、社会团体对今后一段时间的工作、活动做出预想和安排的一种事务性文书。要有效地避免工作的盲目性，必须前有计划、后有总结。计划能够建立起正常的工作秩序，明确工作的目标，是领导指导、检查，群众监督、审查工作成绩的依据。计划也是一段时间过后本单位总结工作时的基本标准，计划完成或超额完成，说明工作成绩是突出的；相反，没有完成工作计划，则说明工作存在严重问题。在实践中，计划有许多名称，如安排、要点、设想、预想、方案、规划、打算等。

1. 工作计划书

工作计划书是对即将开展的工作的设想和安排，是为了达到其发展目标之目的，在经过前期对项目科学地调研、分析、搜集与整理有关资料的基础上，根据一定的格式和内容的具体要求而编辑整理的书面材料。可将工作计划书大体分为标题、正文、结尾三部分。

（1）标题。计划的标题的常规写法由单位名称、适用时间、指向事务、文种四个要素组成，如“××建筑工程安装公司 2012 年工作计划”、“××大学××学院 2012－2013 年第一学期教学工作计划”。

（2）正文。正文，由前言和计划事项构成。

前言是计划的开头部分，简明扼要地表达出制订计划的背景、根据、目的、意义、指导思想等，一般一两个自然段即可。前言常用“为此，今年（或某一时期）要抓好以下几项工作”总结，并领起下述的计划事项。

计划事项是主体部分，要一一列出准备开展的工作（学习）、任务，并提出步骤、方法、措施、要求。这是计划最重要的内容，也是篇幅最大的一部分。通常主体部分由于内容繁多，需要分层、分条撰写。常见的结构形式如下：用“一、二、三……”的序码分层次，用“（一）、（二）、（三）……”加“1．2．3．……”的序码分条款。具体如何分层递进，依内容的多少及其内在的逻辑性而定。

（3）结尾。结尾可以用来提出希望、发出号召、展望前景、明确执行要求等，也可以在条款之后就结束全文，不写专门的结尾部分。计划在结尾之后，还要署明单位名称和制订计划的具体时间，如果以文件的形式下发，还要加盖公章。

2. 活动计划书

活动计划书通常也称活动策划书，是拟将开展活动的实施指导、依据和规范。它为活动的开展提供一个蓝本和标准。制订活动计划书的目的是方便计划制订者随时查看项目进展，管理层能够对活动结果进行有效评估，以便获得更好的活动效果。一份活动计划书通常包括标题、正文和附件三个部分。

（1）标题。标题应有制订计划的组织的名称、活动的内容、活动方式及文种，如“信息学院演讲活动计划书”。

（2）正文。这是计划书中最重要的部分。正文的内容因活动种类的不同而有所不同，但必须以让读者能一目了然为原则，切忌过分纷杂。正文部分通常包括以下内容。

一是背景分析。这部分就提出活动的背景情况进行陈述与分析，通常可在以下项目中选取内容重点阐述：基本情况简介、主要执行对象、近期状况、组织部门活动开展的原因、社会影响以及相关的目的动机。

二是活动目的、意义和目标。应用简洁明了的语言将目的要点表述清楚；在陈述目的要点时，该活动的核心构成或策划的独到之处及由此产生的意义（经济效益、社会利益、媒体效应等）都应该明确写出。活动目标要具体化，并需要满足重要性、可行性、时效性。

三是本次活动的主题词。用一句简练新颖、独特、有感染力的语言概括本次活动的宗旨、目的、意义，使活动主题更加突出。

四是本次活动的主办单位、协办单位、赞助单位及承办单位。主办单位、协办单位、赞助单位或承办单位必须一一“对号入座”，切不可混淆不清而影响责、权、利的划分。

五是本次活动的时间、地点、参加者及邀请者。应写明活动的时间、地点和参加者的来源、人数、具体落实的情况。

六是本次活动的实施方案。这是计划书的核心和“重头戏”，也是本次公共关系专题活动的创意体现和水平检验。每项具体活动项目应包括活动名称、活动目的及在整个活动中的地位、作用，活动主要内容、方式和基本要求，项目负责人、参与者及分工，项目完成时间及进度表，经费、设备总量和分配，所需的传播媒介及场地等。

（3）附件。附件主要是指策划的相关资料。这部分内容可附也可不附，只是给计划参与者提供参考。资料不能太多，择其要点而附之。

拓展阅读 4.2

鼓励下属们踊跃发言的几种方法

鼓励下属们踊跃发言有以下几条基本方法。

（1）使员工们感觉到自己在组织中的重要性。一般这种重要性的表现有很多，如收入多、位置高、有保障、有归属感、获得赏识等，这里所列举的所有方面，对于一个成功的领导者来说，应该让每一位员工都能够感受到。没有人希望自己的发言和意见不受到别人的重视，所以，只有当他们十分清楚地意识到，自己在部门内不可缺少时，他们才会敢于表达个人的看法。这也许和人与生俱来的自尊心有所联系吧!因此理解他们，给他们一些重视和尊重，他们定会感到自己的作用。

（2）了解组织中每一个成员的特点。也许有些人天生寡言，尤其是在众人面前，所以当领导需要了解他们的内心活动时，只能私下里和他们进行深入交谈。也许有些人不愿招致别人的闲话，信奉“枪打出头鸟”的谚语，那么只有在帮助他克服了这一心理障碍以后，才有可能在会上听到他的发言。总之，了解员工们的意见其实也不一定要在会议上，平时多“深入群众”，有助于了解每一位员工，更有助于用不同的方法鼓励员工在上司面前开口讲话。

（3）保证已经采纳的意见立即执行。这一点至关重要。我们常常可以看到这样的情况，讨论会开得异常成功，员工们在会上讨论热烈，领导微笑着频频点头，最后，大家终于商讨出一项所有人都认可的决议，领导一拍板，“行，就这么办。”几天过去了，迟迟不见行动。几个月过去了，仍不见半点执行决议的迹象。第二次员工大会开始了，发言的人寥寥无几……应该知道，当员工们怀着极大热情加入了决策的讨论，最后却看不到任何回报时，他们再也不会相信领导了。

任务 4.3 目标管理（MBO）

任务导入

爱丽丝的故事

“请你告诉我，我该走哪条路？”

“那要看你想去哪里？”猫说。

“去哪儿无所谓。”爱丽丝说。

“那么走哪条路也就无所谓了。”猫说。

——摘自刘易斯·卡罗尔的《爱丽丝漫游奇境记》

【任务分析】

从这个故事中你得到什么启发？

4.3.1 MBO 的由来与含义

目标管理（Management by Objectives，MBO）是20世纪50年代中期，美国人以泰勒的科学管理和行为科学理论为基础形成的一套管理制度。凭借这种制度，可以使组织的成员亲自参加工作目标的制订，实现自我控制，并努力完成工作目标。对于员工的工作成果，由于有明确的目标作为考核标准，使对员工的评价和奖励更客观、更合理，因而可以大大激励员工为完成组织目标而努力。1954年，德鲁克在《管理的实践》一书中，首先提出了“目标管理和自我控制”的主张，随后，他又发展了这一主张，提出企业的目的和任务必须化为目标，企业的各级主管必须通过这些目标对下级进行领导，以此来达到企业的总目标。

总之，目标管理是组织的最高领导层根据组织面临的形势和社会需要，确定一定时期内组织的总目标，通过上下结合分解为层次目标，形成目标体系，按规定要求和措施组织实施、分级考核、检查结果的一种管理方法。

4.3.2 MBO 的特性

1. 强调以人为中心的参与管理

目标管理的最显著特点是要人人参与目标的制订，不像传统的目标设定那样，完全由上级设定然后分派给下级。在目标管理过程中，上下级在一起共同确定目标：首先确定总目标，然后对总目标进行分解，逐级展开通过上下级协商、层层落实，形成目标体系；用总目标指导分目标，再用分目标来保证总目标的实现。

2. 强调以目标为中心的管理

目标的确定是一切管理活动的开始，组织目标是组织行为的导向，同时也是任务完成情况的考核依据。美国马里兰大学的早期研究发现，明确的目标要比只要求人们尽力去做有更高的业绩，而且高水平业绩是和高标准的目标相联系的。管理人员必须以目标管理为中心来对下级实施管理，以保证组织总目标的实现。

3. 强调权力下放

目标管理要求各司其职、各负其责，各级管理人员要充分地履行职权，必须有相应的职权；员工要按时完成自己的目标，也要有一定的自主权。因此，实行目标管理，必然会促使权力下放，这样才能确保各负其责。

4. 强调绩效和反馈

实行目标管理后，由于有一套完整的目标考核体系，从而能按员工的实际绩效来如实评价，改变根据印象、本人思想和对某些问题的态度等定性因素来评价员工表现的传统的管理方法，有利于增强员工在工作中的满足感，调动他们工作的积极性。同时，目标管理寻求不断地将实现目标的进展情况反馈给个人，以便他们能够调整自己的行动。

5. 强调组织目标与个人目标相结合

目标管理还力求组织目标与个人目标更密切地结合在一起，以增强员工在工作中的满足感。这对于调动员工的积极性，增强组织的凝聚力起到了很好的作用。

6. MBO 的缺点

哈罗德 • 孔茨教授认为目标管理尽管有许多优点，但也有许多不足，对这样的不足如果认识不清楚，那么可能导致目标管理的不成功。目标管理的不足主要有以下几点。

（1）强调短期目标。大多数的目标管理中的目标通常是年度目标、季度目标或月度目标等短期目标，因为短期目标比较容易分解而且容易迅速见效。因此，在实施中，组织似乎常常强调短期目标的实现而对长远目标不关心，而容易造成短期目标与长期目标脱节。这就要求上级主管人员必须从长期目标的角度提出总目标和制订目标的方针。

（2）目标设置困难。目标管理要取得成效，就必须保持其明确性和肯定性。但是一个组织的目标有时只能定性地描述，定量是很困难的。例如，组织后勤部门的“有效服务于组织成员”这类目标难以实现可度量性。

（3）不灵活，无法权变。计划是面对不确定的未来，这就要求必须根据已经变化了的计划工作前提对目标进行修订。但是在目标管理执行过程中，目标的改变是不可以的，这样就会导致前后目标不一致，也就使得组织运作缺乏弹性，无法通过权变来适应变化的外部环境。

（4）强调上下协调可能会影响效率。由于目标很难设定，考核工作有一定难度，整体与个体的利益难以一致，同级主管的目标难以平衡，因此，往往使得上下协调需要漫长的过程，从而难免会影响组织的工作效率。

4.3.3 MBO 的过程方法

目标管理的过程方法就是实施目标管理从而获得理想的管理效果的全过程。目标管理的方式运作虽然出发于组织的高层领导，却是全体组织成员共同参与的结果。管理学家斯蒂芬 • 罗宾斯认为目标管理有八个步骤：①制订组织的整体目标和战略；②在经营单位和部门之间分配主要目标；③各单位的管理者和他们的上级一起设定本部门的具体目标；④部门的所有成员参与设定自己的具体目标；⑤管理者与下级共同商定如何实现目标的行动计划；⑥实施行动计划；⑦定期检查实现目标的进展情况，并向有关单位和个人反馈；⑧基于绩效的奖励促进目标的成功实现。

根据斯蒂芬 • 罗宾斯目标管理的八个步骤，可以将目标管理概括为如下三个主要阶段。

1. 建立一套完整的目标体系

组织的最高管理者确定在未来一定时期内组织的宗旨或总目标，然后经过上下级的共同参与，将总目标层层分解到下级各单位和部门，直至形成每个人的分目标。上下级的目标之间通常是一种“目的—手段”的关系。某一级的目标，需要用一定的手段来实现，这些手段就成为下一级的次目标，按级顺推下去，直到作业层的作业目标，从而构成一种连锁式的目标体系。

2. 组织实施

在组织实施目标时，一方面依靠执行者自主管理、自我控制，即由执行者主动地、创造性地工作去完成各自的分目标；另一方面，还需上级管理者充分授权，由直接管理转变为间接控制，即针对下级的目标实施情况提出问题、提供情报，进行指导、协助，并且为下级更好地完成目标创造良好的工作环境。在这个过程中，管理者应当真正放权于下级成员，而主抓重点的综合性管理。

3. 考评和反馈

业绩考评是目标管理全过程中的最后一环，主要工作是根据期初下达的目标对各方面工作和业绩进行检查和考评。因此，检查的依据是事先确定的目标，对检查的最终结果，应当根据目标进行评价，并根据评价的结果进行奖惩。目标管理过程中的考评方式一般采取自检、互检和上级检查等形式。在这个过程中注意要将考评的结果及时反馈回去。反馈对绩效有积极的影响。通过总结经验教训，把成功的经验用于新的目标管理周期。

拓展阅读 4.3

马拉松运动员的故事

山田本一是日本著名的马拉松运动员。他曾在 1984 年和 1987 年的国际马拉松比赛中，两次夺得世界冠军。记者问他凭什么取得如此惊人的成绩，山田本一总是回答：“凭智慧战胜对手！”

大家都知道，马拉松比赛主要是运动员体力和耐力的较量，爆发力、速度和技巧都在其次。因此对山田本一的回答，许多人觉得他是在故弄玄虚。

10 年之后，这个谜底被揭开了。山田本一在自传中这样写道：“每次比赛之前，我都要乘车把比赛的路线仔细地看一遍，并把沿途比较醒目的标志画下来，比如第一标志是银行；第二标志是一棵古怪的大树；第三标志是一座高楼……这样一直画到赛程的结束。比赛开始后，我就以百米的速度奋力地向第一个目标冲去，到达第一个目标后，我又以同样的速度向第二个目标冲去。40 多千米的赛程，被我分解成几个小目标，跑起来就轻松多了。开始我把我的目标定在终点线的旗帜上，结果当我跑到十几千米的时候就疲惫不堪了，因为我被前面那段遥远的路吓倒了。”

目标是需要分解的，一个人制订目标的时候，要有最终目标，比如成为世界冠军，更要有明确的绩效目标，比如在某个时间段内成绩提高多少。

最终目标是宏大的、引领方向的目标，而绩效目标就是一个具体的、有明确衡量标准的目标，比如在四个月将跑步成绩提高 1 秒，这就是目标分解，绩效目标可以进一步分解，比如在第一个星期内提高 0.03 秒等。

当目标被清晰地分解了，目标的激励作用就显现了，当我们实现了一个目标的时候，我们就及时地得到了一个正面激励，这对于培养我们挑战目标的信心的作用是非常巨大的！

管理定律

经典管理定律之四

1. 饭田原则

内　容：企业管理人员应当形成这样一种习惯，即在统筹考虑企业生死存亡的基础上，来考虑眼下应该如何行动。

提出者：日本国际经济学家饭田忠雄

点　评：治本之策为善策，长久之计乃大计。

2．列文定理

内　容：那些犹豫着迟迟不能做出计划的人，通常是因为对自己的能力没有把握。

提出者：法国管理学家 H.詹姆斯

点　评：事情不到最后一刻就不会完成。

3．史密斯论断

内　容：一件事经过深思熟虑，结果却失败了，这并不可耻。

提出者：美国联邦快递创始人史密斯

点　评：只要你用心去想，就很少有想不到的地方。

4．脱节效应

内　容：原来联系着的事物失去联系，或原来应该联系的事物没有联系。

点　评：一个环节出了毛病，整个链条都不结实。

5．本尼斯第一定律

内　容：非日常工作推迟了日常工作，并扼杀了所有的计划和基本变化。

提出者：美国加利福尼亚大学商学院教授本尼斯

点　评：不周之虑，易致轻率之举；意外之事，常成燃眉之急。

6．过渡效应

内　容：事物由一个阶段或一种状态逐渐发展变化而转入另一个阶段或另一种状态。

提出者：英国效率专家库贝

点　评：把事情想得过于简单，也会把事情弄得更加复杂。

7．套裁效应

内　容：裁制两件以上的服装时，在一块布料上做合理的安排，尽量减少废料。

点　评：兼顾失宜，必致不顾；统筹不力，总难统一。

8．霍里斯定理

内　容：做事情绝没有两种方式，只有最好的方法。

提出者：英国温布尔登网球赛著名裁判员 F.霍里斯

点　评：出高招以求高效，筹奇策而建奇功。

9．布利斯定理

内　容：用较多的时间为一次工作事前计划，做这项工作所用的总时间就会减少。

提出者：美国行为科学家艾得·布利斯

点　评：事前想得清，事中不折腾。

10．伯法定理

内　容：各种方案最终的合意性是所能得到的相对利益同可达到的概率的乘积。

提出者：美国管理学家 E.S.伯法

点　评：只有拓展更大机遇，才能获取更大利益。

项目总结

（1）计划职能是管理的基本职能之一，是关于未来行动的蓝图，因此计划工作通常先于其他管理职能。我们可以把计划定义为，组织根据环境的需要和自身的特点，确定组织在一定时期内的目标，并通过计划的编制、执行和监督来协调、组织各类资源以顺利达到预期目标的过程。计划在管理中的作用在于计划可以给出方向，使置身于复杂多变和充满不确定性环境的组织，始终把其主要的注意力集中在既定目标上，使组织所有的行动保持同一方向。计划工作的性质概括起来有如下几个方面：目的性、主导性、普遍性、预见性和经济性。

（2）计划工作的程序和方法对计划工作有着重要的作用。计划工作的程序如下：估量机会、确定目标、确定计划的前提条件、拟订备选方案、评价备选方案、选择最佳方案、编制派生计划、编制预算。计划的方法有很多种，包括滚动计划法、甘特图法等。

（3）滚动计划法是一种定期修改未来计划的方法，在已经编制出的计划的基础上，每经过一段固定时期（如一年或一个季度等，这段固定的时期被称为滚动期），便根据变化了的环境条件和计划执行情况，从确保实现计划目标出发而对原计划进行调整。每次调整时，保持原计划期限不变，而将计划期限顺序向前推进一个滚动期。滚动计划法改变了传统的固定时限的计划方法，它是一种综合短期计划、中期计划、长期计划的连续性计划方法，它尽量适应环境，避免未来不确定性可能带来的不良后果，体现了计划的动态适应性。

（4）甘特图又称横道图或条形图，是由泰勒的追随者美国学者亨利·劳伦斯·甘特发明的。其编制方法如下：把计划和进度安排两种职能结合在一起，纵向列出项目活动，横向列出时间跨度。项目活动在左侧列出，时间在图表顶部列出，图中的横道线显示了每项活动的开始时间和结束时间，横道线的长度等于活动的工期，甘特图顶部的时间段决定着项目计划的详略程度。甘特图直观、简单、容易制作、便于理解，一般适用于比较简单的小型项目，可用于 WBS 的任何层次、进度控制、资源优化、资源和费用计划编制。

（5）目标管理是组织的最高领导层根据组织面临的形势和社会需要，确定一定时期内组织的总目标，通过上下结合分解为层次目标，形成目标体系，按规定要求和措施组织实施、分级考核、检查结果的一种管理方法。目标管理的中心思想就是，让具体化展开的组织目标成为组织每个成员、每个层次、部门等行为的方向和激励，同时又使其成为评价组织每个成员、每个层次、部门等工作绩效的标准，从而使组织能够有效运作。目标管理有许多优点，但也有许多不足：强调短期目标，目标设置困难、不灵活，无法权变，以及强调上下协调可能会影响效率。

技能实训

【管理测试】 测试你是否是一个成功的计划者

1. 测试说明

回答问题，如果第 1、3、5、6、7 和 8 题是肯定回答，以及第 2 和 4 题是否定回答，那么各计 1 分。

2．测试题目

一个有计划蓝图的企业可能会比那些让命运决定未来的企业，取得更多的成就。一个企业是由许多部门组成的，所以，这些部门应该制订计划。我们每天都要进行计划工作，因为经验告诉我们，这样做是很明智的。那些阴天带伞上班的人就是一个计划者；那些暑期打工挣学费的大学生也是一个计划者；根据信息技术时代的需求而决定采用计算机操作的高层经理人也是一个计划者。用“是”或“否”回答下列问题，以确定你是否是一个合格的计划者。要诚实！仔细阅读下列问题，在本章结束部分的答题纸上填写你的答案。

（1）我能清楚地书面说出自己的个人目标。

（2）我大部分的日子都是忙乱的、无秩序的。

（3）我常常向别人征求意见。

（4）我认为所有的问题都必须立即解决。

（5）我会用台历或日记来作为安排约会的辅助工具。

（6）我为我所做的项目规定开始日期和最终期限。

（7）我利用“活动安排”和“延期安排”来安排行动。

（8）我通常在采取行动之前再三考虑，很少匆匆做决定。

3．测试结果分析

根据得分，按照下列标准评估自己。

7～8 分：完美的计划者！

5～6 分：好，但有些地方还有待于加强。

5 分以下：一般，显然有必要提高自己的能力。

【管理实践】

按表 4.2 完成管理实践。

表 4.2 管理实践要求

实训项目	编制活动策划（计划）书
实训目标	1．培养制订计划的能力。 2．培养编制计划书的能力
实训内容及组织	1．在调研的基础上，运用创造性思维，策划一个大项目，项目包括一系列活动，每个活动都需制订计划书，从而形成项目活动方案。要求： （1）所策划活动的内容与主题，既可以由教师统一指定，又可以由学生自选。选题尽可能与所学专业相关，也可以是所熟悉的其他内容。 （2）应通过调研，掌握较为丰富的材料。 （3）要运用创造性思维，所策划的活动一定要有创意。 （4）要科学地规划有关要素，计划书的结构要合理、完整。 2．在每个人进行个别策划的基础上（每个人各完成一份所负责活动的计划书），以模拟公司为单位，运用“头脑风暴法”等方法，组织深入研讨，形成公司的总体创意（公司活动总策划书）。 3．利用课余时间进行系统的活动策划，编制公司的活动策划（计划）书。 4．在课上进行交流与论证。 5．教师对每个人的计划书的完成情况及各组汇报情况进行点评
活动考核	1．每个人都要起草一份活动策划（计划）书。 2．编制公司的活动策划（计划）书（执笔人则不再另写个人策划书）。 3．在全班进行交流，共同对各公司的策划创意与计划编制进行点评

知识测试

一、判断题

1．当前的计划越可能影响到对未来的许诺，计划的期限应越短。（　　）

2．环境变化越大，计划越应是指导性的、短期的。（　　）

3．一般而言，战略计划相比作业计划要承担较高的风险。（　　）

4．目标是指组织在一定时期内所要达到的具体成果。（　　）

5．确定目标是计划工作的起点。（　　）

6．任何一个组织的目标都是想方设法创造更多的利润。（　　）

7．计划的前提条件可以分为外部前提条件和内部前提条件，其中，外部前提条件多为组织不可控制的因素。（　　）

8．目标管理实施的困难之一是并非所有目标都可以被量化。（　　）

9．20 世纪 50 年代中期，美国管理学家德鲁克首先在《目标管理》一书中提出目标管理思想。（　　）

10．目标管理强调的是以成果为目标的管理。（　　）

11．目标管理把以科学技术为中心、以人为中心两种管理思想统一起来，是对管理的重要贡献。（　　）

12．目标管理强调成果，实行“效益至上”。（　　）

13．组织在一定时期的目标应当为其所有的计划指明方向。（　　）

14．使计划保持一定的灵活性是有限度的。（　　）

15．滚动计划方法的目的是增加计划的弹性和适应性，采用了“近概略，远具体”的方法编制长期计划。（　　）

16．目标为计划活动提供了一个框架。（　　）

二、单选题

1．计划工作在管理工作中具有（　　）。

A．先导性　　B．超前性　　C．战略性　　D．重要性

2．目标管理最先是（　　）提出的。

A．泰勒　　B．法约尔　　C．德鲁克　　D．巴纳德

3．目标管理的特点是（　　）。

A．权力集中　　B．参与式管理　　C．强调监督　　D．强调过程控制

4．战略计划是组织的（　　）。

A．辅助计划　　B．工作计划　　C．主要计划　　D．重要指导计划

5．“计划赶不上变化”说明（　　）。

A．计划的无效性　　B．计划不需要精确

C．不需要制订计划　　D．计划需要灵活性

6．以下（　　）不属于非程序性计划。

A．产品品种调整　　B．建立新生产线

C．向供应商订货　　D．改变工资制度

7．计划制订中的滚动计划法是动态的、灵活的，它的主要特点是（　　）。

A．按前期计划执行情况和内外环境变化，定期修订已有计划

B．不断逐期向前推移，使短、中期计划有机结合

C．按“近细远粗”的原则来制订，避免对不确定性远期计划过早过死地安排

D．以上三方面都是

8．管理活动的首要职能是（　　）。

A．计划　B．组织　C．领导　D．控制

9．战略计划和作业计划是按（　　）划分的。

A．计划的约束力　B．计划的对象

C．计划制订者的层次　D．计划的时间界限

10．中期计划的时间为（　　）年。

A．1～3　B．2～3　C．3～4　D．1～5

11．（　　）由彼得·德鲁克在 20 世纪 50 年代提出，经由其他一些人发展，逐步成为西方许多国家所普遍采用的一种系统地制订目标并进行管理的有效方法。

A．目标管理　B．滚动计划法　C．SWOT 分析法　D．计划评审技术

12．计划工作的核心是（　　）。

A．决策　B．预测　C．构思　D．控制

13．用数字表示预期结果的报表，被称为“数字化”的规划，这种计划就是（　　）。

A．专题计划　B．专项计划　C．预算　D．数量计划

14．“凡事预则立，不预则废”是在强调（　　）的重要性。

A．组织　B．预测　C．预防　D．计划

15．关于计划工作基本特征的描述，错误的是（　　）。

A．计划是高层管理者的职责范畴　B．计划工作居首要地位

C．计划工作是有目的的行为　D．计划工作要讲究效率

16．计划工作的核心是（　　）。

A．确定目标　B．确定计划的前提条件

C．确定可供选择的方案　D．进行决策

17．目标管理的基本精神是（　　）。

A．以自我管理为中心　B．以监督控制为中心

C．以岗位设置为中心　D．以人员编制为中心

18．根据计划的明确性，可以把计划分为（　　）。

A．长期计划和短期计划　B．战略性计划和战术性计划

C．具体性计划和指导性计划　D．程序性计划和非程序性计划

19．计划是（　　）。

A．面向未来的　B．过去的总结　C．现状的描述　D．面向行动的

20．确立目标是（　　）工作的一个主要方面。

A．计划　B．人员配备　C．指导与领导　D．控制

21．基本建设计划、新产品开发计划等属于（　　）计划。

A．专项　B．综合　C．财务　D．生产

22．确立组织的基本长期目标，采取行动，合理分配各种资源，以期达到既定目标，这也是计划的一种表现形式，即（　　）。

A．目标　　B．策略　　C．规划　　D．政策

23．管理过程中的其他职能都只有在（　　）确定了目标以后才能进行。

A．计划职能　　B．组织职能　　C．领导职能　　D．决策职能

三、多选题

1．计划工作有广义和狭义之分，广义的计划工作包括（　　）。

A．制订计划　　B．机会分析

C．执行计划　　D．检查计划执行情况

2．管理者之所以要编制计划，是因为（　　）。

A．计划能使组织结构更加完善

B．计划是一种协调过程

C．通过计划可以促使管理者展望未来

D．计划为控制提供了标准和依据

3．计划在管理的各种职能中处于主导地位，主要表现在（　　）。

A．计划和控制工作是不可分的

B．计划的确定总是在其他管理职能之前

C．计划工作是一成不变的

D．计划工作始终贯穿于组织、人事等工作中

4．滚动计划的好处有（　　）。

A．灵活性　　B．连续性　　C．统一性　　D．精确性

5．战略计划与作业计划相比较，下列说法准确的是（　　）。

A．战略计划的内容具有纲领性　　B．战略计划的对象是组织全局

C．战略计划的任务是设立目标　　D．战略计划的风险性较高

6．计划按照其所涉及时间跨度的不同可以分为（　　）。

A．长期计划　　B．中期计划　　C．短期计划　　D．近期计划

7．用数字形式表示的计划是预算，如（　　）。

A．销售费用预算　　B．零基预算

C．广告预算　　D．成本预算

8．下述（　　）活动属于计划活动的范畴。

A．程序　　B．目的　　C．预算　　D．使命

四、简答题

1．简述计划编制过程。

2．有人反对制订长远目标，因为他们认为在未来的长时期中将会发生什么事情是不可预知的。你是否认为这是一种可取的明智态度，为什么？

3．计划既然是未来的行动路线，那么一个具体的计划是否降低了行动的灵活性？

4．什么是滚动计划，它是怎样制订的，有什么优缺点？

五、案例分析题

15年前，远大公司的总经理张诚志靠贩运水泥起家，凭苦干、借机遇，发展到今天已

拥有一个有几千万资产的民营大企业。总公司现拥有一家贸易分公司、建筑装饰分公司和房地产公司，有员工300多人。

自公司成立以来，公司的管理全靠张总个人的经验，从来没有通盘的目标与计划。

近年来，公司的日子越发不好过了。由于成本上升，市场竞争加剧，建筑分公司的创利逐年减少，处于略有盈余的维持状态。贸易分公司也只是靠以前的家底维持公司的日常活动，大笔生意几乎没有了。房地产分公司更是一年不如一年，房地产市场疲软，公司手里积压的几十套房产成为公司巨大的负担。

但公司也有一些发展的机会，如做小型柴油机的代理商，开拓市中心商业街工程，虽投入较大，但利润可观。

总之，摆在张总面前的困难很多，但机会也不少。新的一年到底该干什么？以后的5年、10年又该怎样发展？该怎样制订公司的目标与计划？张诚志总经理现在正苦苦思考着这些问题。

问题：

1．远大公司是否应制订公司中长期的发展计划？为什么？

2．如果你是张总，你该如何制订公司的发展计划？

学习领域三

组 织 实 务

管理导航

人类的生存、发展离不开组织。组织是一种最普遍的社会现象，是人们群体活动的主要形式。在管理活动中，组织既是管理的载体，同时又是管理工作的重要职能。作为一种管理职能，组织职能是计划职能的自然延伸，组织职能的目的是为了既定目标而选择合适的组织结构和为此进行的组织结构设计，并对组织中的各种关系进行处理，使组织内的人员通过分工合作，有效地保证组织活动的开展，最终保证组织目标的实现。科学的组织设计和有效的组织运行对于发挥集体力量、合理配置资源、提高劳动生产率具有重要的作用。

项目5 组 织 设 计

学习目标

知识目标

1. 掌握组织职能的基本内容
2. 掌握组织设计的内容、原则及影响因素
3. 理解各种组织结构的特点及适用范围
4. 掌握职权配置的途径及方法

能力目标

1. 培养组织设计的能力
2. 培养组织结构分析的能力
3. 培养在管理中处理好集权与分权关系的能力

关键概念

组织、组织设计、组织结构、组织部门化、管理层级、管理幅度、直线职能型组织结构、事业部制组织结构、职权配置、直线职权、参谋职权、职能职权、集权、分权、授权

知识体系

任务5.1 组 织

任务导入

公司发展

某公司创建于1962年，是中国冶金行业重点设计研究院之一，中国冶金建设集团公司成员单位，中国国际工程咨询公司成员单位，国际甲级设计研究院。现有员工总数约3 000人，其中各类技术人员占总人数的85%左右。公司是在原钢铁设计院的基础上改制成的，改制后的公司是股权多元化、运作市场化的规范的法人实体，公司剥离了原钢铁设计院的非主营业务，继承了原钢铁设计院的技术优势、资源优势、人才优势，为下一步的发展打下了坚实的基础。

作为国有中型企业，公司的各项改革不断向纵深发展。原来的组织结构是在设计院基础上形成的，保留原国营企业的成分，随着市场竞争日益激烈，改制后的公司制运行使企业的运作与管理模式发生深刻变化。如何根据公司发展战略规划的要求，通过组织结构的调整，进一步提高组织能力，调动员工的积极性、主动性和创造性，保持企业的持续稳定发展是当前面临的非常紧迫的问题。

【任务分析】

从这个案例中，我们可以得到什么管理启迪？

5.1.1 组织概述

人类的生存、发展离不开组织。组织是一种最普遍的社会现象，是人们群体活动的主要形式。在管理活动中，组织既是管理的载体，又是管理工作的重要职能。

1. 组织的含义

管理学上的“组织”一词可从静态和动态两方面去理解其不同的含义。

从静态来讲，组织代表一个实体，是指人们按照一定目的、任务和形式编制起来的有一定结构和功能的社会团体，是为了达成一定目标而有意识地建立起来的人群体系。组织一般具有以下三个特征：一是既定目标，即组织成员一致努力以求达成的共同目标；二是既定分工，即组织成员通过分工而专门从事某项职能工作；三是既定秩序，即通过有关的规则设定所形成的成员之间的正式关系。

从动态来讲，组织是指人们为了达到目标而创造组织结构，为适应环境的变化而维持和变革组织结构，并使组织结构发挥作用的活动过程。这一过程包括三方面的活动：第一，管理者要根据工作的需要，对组织结构进行精心设计，明确每个岗位的任务、权力、责任和相互关系，以及信息沟通的渠道，使人们在实现目标的过程中，能发挥出比合作个人总和更大的力量，更高的效率。第二，各层管理者能动地、合理地协调人力、物力、财力和信息，使组织结构得以高效地运行，从而确保有效地完成组织的任务。第三，随着组织所处的环境发生不断变化，为了与变化的环境相适应，管理者要对组织结构进行改革和创新或再构造。

因此，管理学上组织的完整定义应该是，组织是动态的组织活动过程和相对静态的社会构造实体的统一。概言之，组织是静态结构及其动态运行的统一。

2. 组织的类型

从不同的角度可以将组织划分为不同的类型。

（1）根据组织的目标分类。根据组织的目标，可以把组织划分为以下四类。

① 互益组织是满足组织内部成员的利益和共同目标的组织，如工会、俱乐部等。

② 工商组织是以满足其所有者、经营者的利益为目标的组织，如工厂、商店、银行等。

③ 服务组织是以满足特定服务对象的需要为目标的组织，如医院、学校、社会机构等。

④ 公益组织是以满足国家及社会公众的整体利益为目标的组织，如政府机构、研究机构、消防队等。

（2）根据组织是否满足成员需求分类。根据组织是否满足其成员心理需求来分类，可将组织分为正式组织和非正式组织两类。

① 正式组织是指有明文规定的、由一定社会组织认可和组织结构确定的、职务分配明确的群体。正式组织具有正规性、目的性和稳定性的特征。

② 非正式组织是指没有明文规定、没有正式结构、不是由组织确定，而是在成员的某种共同利益基础上，为满足心理需要而自然形成的群体。非正式组织具有自发性、内聚性和不稳定性的特征。

5.1.2 组织设计的内容、原则及影响因素

1. 组织设计的概念

组织设计是管理者为实现组织的目标而对组织活动和组织结构进行设计的活动，是在特定环境中，把组织的任务与组织的职能、职权和规范进行有效的结构性配合的过程。其基本功能是协调组织中的人员与任务间的关系，使组织保持灵活性和适应性，从而有效地实现组织目标。

2. 组织设计的任务

组织设计的任务是设计清晰的组织结构，规划和设计组织中各部门的职能和职权，确定组织中职能职权、参谋职权、直线职权的活动范围并编制职务说明书。

组织结构是指组织实体的结构，又称组织职位结构、组织体系，它是一个组织实体内部设置的部门种类、层次和各部门之间相互关系的反映。组织结构可以用复杂性、规范性和集权性三种特性来描述。

复杂性是指每个组织内部的专业化分工程度、组织层级、管理幅度及人员之间、部门之间关系所存在着的巨大差别性。分工越细、组织层级越多、管理幅度越大，组织的复杂性就越高；组织的人员部门越多、分布越散，人员与事物之间的协调也就越难。

规范性是指组织需要靠制订规章制度及程序化、标准化的工作，规范性地引导员工的行为。规范的内容既包括了以文字形式表述的规章制度、工作程序、各项指令，也包括了以非文字形式表达的组织文化、管理伦理及行为准则等。组织中的规章条例越多，组织结构也就越正式化。

集权性是指组织在决策时正式权力在管理层级中分布与集中的程度。当组织的权力高度集中在上层，问题要由下至上反映，最终要由最高层决策时，组织的集权化程度就较高；反之，一些组织授予下层人员更多的决策权力时，组织的集权化程度就较低，这种授权方式被称为分权。

组织的活动可以分解为横向和纵向两种结构形式，组织纵向结构设计的结果是决策的层级化，组织横向结构设计的结果是组织的部门化。

为了达到组织设计的理想效果，组织设计者需要完成以下几项工作。

（1）职能与职务的分析与设计。组织首先需要将总的任务目标进行层层分解，分析并确定为完成组织任务究竟需要哪些基本的职能与职务，然后设计和确定组织内从事具体管理工作所需的各类职能部门，以及各项管理职务的类别和数量，分析每位职务人员应具备的资格条件、应享有的权力范围和应负的职责。

组织系统图是自上而下绘制的。在创构组织时，可以根据组织的宗旨、任务目标及组织内外环境的变化，自上而下地确定组织运行所需要的部门、职位及相应的权责。另外，组织设计也可以根据组织内部的资源条件，在组织目标层层分解的基础上从基层开始自下而上地进行。

（2）部门设计。根据每位职务人员从事的工作性质不同，以及职务间的区别和联系，可以遵照组织职能相似、活动相似或关系紧密的原则，将各个职务人员聚集在部门这一基本管理单位内。

（3）层级设计。在职能与职务设计，以及部门划分的基础上，必须根据组织内外能够获取的现有人力资源情况，对初步设计的职能和职务进行调整和平衡，同时要根据每项工作的性质和内容，确定管理层级并规定相应的职责、权限，通过规范化的制度安排，使各个职能部门和各项职务形成一个严密、有序的活动网络。

3. 组织设计的原则

怎样获得理想的组织，是现代管理不断探求的课题。管理所涉及的变量太多，组织也不能有固定的模式，根据国内外实践的经验，组织设计应遵循以下原则。

（1）目标导向原则。要求在进行组织设计和组织形式的选择时必须有利于组织目标的实现。任何一个组织，都有其特定的任务和目标，组织设计的根本目的是保证组织的任务和目标的实现，组织设计的每一项工作都应以是否对实现目标有利为衡量标准。

（2）统一指挥原则。要求组织的各级机构及个人必须服从一个上级的命令和指挥。只有在管理工作中实行统一领导，建立起严格的责任制，消除多头领导、政出多门的现象，才能保证全部活动的有效领导和正常工作。

（3）有效管理幅度原则。要求每个管理者管理幅度的设计必须确保实现有效控制。管理幅度过大，会造成指挥监督不力，使组织陷入失控状态；管理幅度过小，又会造成管理人员配备增多，管理效率降低。因此，组织设计应保持合理的管理幅度。

（4）权责对等原则。要求在进行组织结构设计时，既要明确规定每一个管理层次和各部门的职责范围，又要赋予完成其职责所必需的管理权限，即职权和职责必须相等。

（5）稳定性与适应性相结合原则。要求组织结构及其形式既要有相对的稳定性，又必须随着组织内外条件的变化及业务有效运行的需要而做出相应调整。为保证企业的高效和各方面工作的正常运行，一个企业的组织结构应保持相对的稳定性。一般来说，组织越稳定，效率也将越高，因此，组织结构应保持相对稳定。但由于组织的外部环境、组织自身的状况和组织结构本身的特点经常发生变化，组织设计方案必须适应这种变化而做出相应的调整和变革，这样才会重新给组织带来效率和活力。

4. 组织设计的影响因素

（1）组织战略。战略是实现组织目标的各种行动方案、方针和方向选择的总称。战略选择的不同在两个层次上影响组织结构：一是不同的战略要求不同的业务活动，从而影响管理职务的设计；二是战略重点的改变会引起组织的工作重点、各部门与职务在组织中重要程度的改变，从而要求各管理职务及部门之间的关系进行相应的调整。

（2）外部环境。权变组织理论研究显示，不存在设计工作组织的绝对、最好方法。企业的内部组织结构应与其外部环境相结合，两者必须要有一个“适当的配合”，组织才有效能。组织环境中的不同因素对组织活动内容的选择及其组织方式的影响程度是不同的。不同环境的特点及其变化对职务和部门的设计、各部门关系、组织结构总体特征也产生一定的影响。

（3）科技。概括而言，科技是指企业在生产过程中（包括生产商品或提供服务）所使用的机械工具、技术知识及操作程序。科技及其变化对组织设计的影响主要表现在两个方面：一是生产技术对组织结构及管理特征有着系统的联系；二是信息技术对组织结构的发展趋势、集权化和分权化的问题、部门协调等可能带来影响。

（4）组织规模。一般来说，组织规模是以雇员人数多寡来显示的。一家大企业，人数众多，内部分工也较细。为了方便对员工的监管，大企业会多设层级和部门，也会较多采用规章条文去影响员工行为及工作进度。此外，在大规模的企业内，决策众多，高层管理人员不能处理全部决策，故此有下放权力的趋势。

（5）组织文化。组织文化是指组织内各成员所共同分享及认同的价值观、规范与信念，用以维系及凝聚众人。各个环境性因素、组织文化都需要组织结构互相配合，方可发挥其效用。例如，强调组织对外应变的“适应文化”，组织便需要一个宽松而且弹性的结构，降低形式化、标准化及集权程度；相反，若组织采用一个重视内部稳定的“贯彻文化”，则组织结构倾向紧密，应以较高的形式化、标准化及中央集权去加强内部控制，保持内部的稳定状态。

拓展阅读 5.1

三九企业的组织设计与变革

三九企业是中国目前五大制药工业企业之一，是一家特殊形式的国家所有制——军队所有制企业。其直接行政主管单位在 1987—1991 年是第一军医大学，后从 1992 年开始脱离军医大学，归属中国人民解放军总后勤部生产部管理。作为一家军队开办的、经营有方的药品生产企业，它从 1987 年建成投产，截止到 1994 年年底，共为国家上缴 2.541 亿元的所有权收益，产值和利税在 7 年时间内分别增长了 60 倍和 52 倍。

三九企业在规模不断壮大的发展过程中，其管理组织结构也在不断地调整和变化。概括起来，它经历了如下几个阶段。

第一，创业阶段。从 1985 年开始筹建到投产前的那一段时间，三九企业面临的中心任务是，尽快把科技成果转化为生产力，形成药品的批量生产能力。赵新先厂长带领 5 个年轻人在艰苦的创业过程中，不仅没有给自己配副手，而且责成手下 5 人各自独立负责一摊子工作，各自也都没有配副手。赵新先发现这种办法用人少、矛盾少、责任明确、效率很高，所以将之归纳为“各级领导个人负责制”，并视为一条基本组织原则，在企业发展壮大后的多次组织改组中都予以坚持。

第二，投产阶段。三九企业于 1987 年 9 月建成投产以后，开始形成正式的直线职能制。这种组织形式的特点是，企业设立两套组织系统：一套是按统一指挥原则设立的直线管理系统；另一套是按专业化分工原则设立的参谋职能系统。职能管理人员作为直线指挥人员的参谋和助手，只对下一层机构的工作进行业务指导，而无权发布命令进行指挥。这种组织结构形式可以避免多头领导，同时也实现了管理工作上的职能分工。三九企业投产初期的组织机构包括开发部、供应部、生产部、贸易部、企管部和后勤部。赵新先作为一厂之长，对药厂的工作全面负责，各位部长对所管辖领域的一切问题负责。为了避免各部门之间频繁发生不必要的跨部门联系，三九企业在设置直线职能制组织结构时遵循了一条重要的原则——“大职能，小部门”原则，即在坚持少用人的前提下，尽可能把相关的工作归并在一个部门内。例如，生产部包含了药品生产过程的指挥及有关的所有技术与管理工作；贸易部既包括药品推销工作也包括市场营销工作；后勤部既负责后勤保障、行政管理和安全保卫，同时还负责工人管理。这样按部门系统组合相关的职能，可以使现场作业活动与其联系密切的专业管理活动紧密地结合起来，以便简化和减少跨部门的联系，使工作中的许多协调问题在部门内就能获得基本解决。这种把相互关系比较密切的工作尽可能地组合到一起的做法，在三九企业日后的其他机构设计中都得到了遵循和体现。

第三，强化经营阶段。三九企业经过几年的发展已经形成了一定的生产规模，并将三九胃泰、壮骨关节丸、正天丸、感冒灵冲剂等 6 个产品成功地推向了市场。鉴于全国医药市场从 1991 年年底开始出现不利的变化及药厂的拳头产品出现了断层的现象，为加强经营工作，三九企业在原贸易部基础上组建了三九贸易公司（隶属于三九药业有限公司）。贸易公司着力进行销售网络建设，在全国各大城市建立了 62 个分支机构，销售网点共达 3 000 多个，并在 1994 年完成了对宁波、长沙、无锡三家营业额达 1 亿元以上的国营医药商业单位的收购（三九药业有限公司下设医药投资管理部，负责对购并来的医药经销渠道进行管理），使三九药业销售规模达到了 8.6 亿元的水平。

三九企业鉴于在发展过程中要投入大量的资金做产品宣传广告，为此投资建立了三九广告传播公司。一方面为药厂制作高水平的广告并形成独具特色的广告风格，有力地宣传三九系列药品；另一方面又通过承揽其他厂家的广告业务挣得额外收益。三九企业还完成了制药产业链上配套供应环节的纵向一体化经营，创设了九星印刷包装中心、九辉实业有限公司等。依托于三九系列药品包装印刷业务而发展起来的“九星”，在保证完成药厂任务的基础上，对外承揽了意大利名牌产品 GUCCI 的包装、手袋印刷，以及永芳化妆品包装、大大泡泡糖包装和雀巢咖啡瓶贴等印刷业务。1993 年，其对外业务已发展到接近对内业务 50%的规模。

三九企业组织结构调整的下一个步骤，是成立了“两部”、“两院”。以往，药厂的产品质检是由开发部负责的。考虑到药品质量是药品生产经营工作的一大关键，三九企业及时成立了质检中心，加强产品质量把关。后来为将药品质检工作与药品质量管理工作有机地结合起来，1992 年 3 月成立了质量管理部，下设实验室质量检验和业务室质量管理两大机构。另外，由于药厂生产规模扩大，人员日益增多，对干部的考核和使用、企业的思想宣传工作和文化建设也显得日趋重要。为此，药厂成立了“两部”，也就是人事部和党务部，并于1994年年底合并为党务人事部，负责这方面的工作。

三九企业成立的“两院”，一是在撤销药厂开发部机构基础上设立的三九医药研究院，二是新近着手筹建的三九医院。成立“两院”的目的，是建立药厂自己的科研基地和新药临床试验基地，以进一步增加产品储备，占领和扩大医药市场。这种科工贸并举的较为完整的医药开发、生产和销售体系的形成，是三九药业的一大优势。

随着各类组织机构的建立和完善，内部联系也逐步变得复杂起来。为了理顺各种关系，三九企业逐渐形成了横向协调的机制。如企业每月制订生产计划，先是由贸易公司根据销售和库存情况与生产部协商确定，然后由生产部根据能力负荷情况做出计划安排，报请厂长批准后下达具体生产任务到各车间，并通知供应部和质量管理部。平常的工作联系，不用开会，而是主要通过电话来实现销售、生产、供应和质检等环节的沟通与协调。这样灵活的、自主的协调机制，构成了三九企业组织设计的另一特色。

第四，以药品生产为主，实行多元化经营，开拓国际市场阶段。这一阶段的组织结构调整是伴随着三九企业集团的成立与发展进行的，主要包括如下几个方面。

在加强中成药生产基地建设的同时，围绕医药关联产品建立了西药生产基地（九新药业有限公司）和生化制品生产基地（九升生物制品厂、九阳天然保健制品厂、九泰保健日用品厂等），目前正在抓紧建设生物工程产品基地（如九先生物工程有限公司）。

1990年，三九企业得到美国食品与药品管理局（FDA）同意“三九胃泰”在美国生产和销售的批文，并与外商合资建立了一个生产厂（九美企业），在美国就地加工和生产“三九胃泰”胶剂（英文名称 STOMTAE）。同时，为协调三九系列药品的海外开拓工作，三九企业于 1995 年年初成立了海外公司党委和海外公司管理部，以加强企业对海外业务的统一管理。

三九企业投资和联合了一些军队和地方企业，壮大了三九集团队伍，并在一段时间内与三九集团管理机关合署办公，实行“两个牌子，一套班子”，以更有效地精简机构和管理人员。三九企业集团自1991年年底组建以来，截止到1994年年底，集团企业已由原来的34家发展到90余家，固定资产从16亿元增加到43.33亿元，经营领域从医药工业发展到汽车工业、食品工业等八大产业和八大综合性公司。三九集团成立3年来产值利税连年翻番，1994年集团实现产值32.08亿元，利税4.66亿元，人均产值和利税分别为138万元和20万元。三九集团在短短的几年时间内获得这么迅速的发展，是同集团坚持以医药为主、科工贸并举、多元化和国际化经营的发展战略分不开的，同时也同集团合理的组织管理密不可分。

任务5.2 组织结构

任务导入

松下电器公司

松下电器产业公司是世界上最大的电器公司之一，它成功的主要因素之一是其合理的组织结构。松下电器公司采用分级管理、分级核算，实行事业部制。公司经营管理分为两级，即总公司一级，事业部一级。总公司设有最高领导层与一套健全的职能结构。总公司下按照产品建立事业部，事业部部长对事业部的经营管理负总责，事业部也设有一套职能机构。

松下电器公司是日本最早采用事业部制的企业。事业部是一个自负盈亏、独立核算的经营单位，因此，事业部制可以更好地明确各部门的职责和权限，发挥它们的积极性和主动性，进一步进行专业化分工。然而，各事业部独立后，比较容易脱离总公司的控制，各部门的合作也日益困难，同时高度专业化的部门不一定会有全局观念去应付所有产品的危机。因此，总裁松下幸之助以集中四个主要功能来平衡分权之举。第一，松下设立严格的财务制度，由财务主管负责直接向总裁报告其财务状况，并且订立了严格的会计制度；第二，松下建立公司银行，各部门的利润都汇总于此，同时各部门增加投资时，必须向公司银行贷款；第三，实行人事管理权的集中，松下认为人才是公司最重要的资源，每一位超过初中学历的员工都必须经过总公司的仔细审核，所有管理人员的升迁都必须经过总公司的仔细审查；第四，松下公司采取集中训练制度，所有的员工都必须经过松下价值观的训练。

这样就形成了一种分权与集权的结合，但世界市场风云变幻莫测，分析与集权的机械式结合并不总能应付自如。因此，松下公司总是不断地根据实际情况，对其结合方式和程度进行调整，以确保其组织的活力。

资料来源：周毕文，余俊生. 管理分册. 上海：复旦大学出版社，2003.

【任务分析】

1. 如何理解组织结构的作用？
2. 松下公司的组织结构是什么形式？有何优缺点？
3. 分析分权制与集权制模式的特点。

5.2.1 组织横向结构设计——部门化

组织结构设计的内容之一是部门化，主要用于解决组织的横向结构问题。

1. 组织部门化的概念

组织的部门是承担具体且专门性的组织职能的构成单位。组织部门化是指把工作和人员组织成若干管理的单元。组织部门化的实质是对管理劳动的分工，将不同的管理人员安排在不同的管理岗位和部门中，通过他们在特定环境、特定相互关系中的管理工作来使整个管理系统有机地运转起来。

2. 组织部门化的基本原则

（1）因事设职与因人设职相结合的原则。因事设职与因人设职相结合原则要求组织在设计中，一方面为保证组织目标的实现，应使目标活动的每项内容都落实到具体的岗位和部门上，使“事事有人做”；另一方面，在组织设计时又必须重视人的因素，根据组织所能得到的人力资源状况（包括数量与素质）来确定组织中适合设置的职位与部门，实现“人人有事做”，有效地利用组织的人力资源的需要，谋求人与事的有机结合。

（2）分工与协作相结合的原则。分工与协作相结合原则要求组织在设计时应按照专业化的原则设计部门和确定归属，同时要有利于组织单元之间的协作。分工与协作是社会化生产的客观要求。随着社会生产力的发展，科学与技术的进步，分工越来越细。但是随之而来的，就是协调工作越来越难，越来越重要。只有分工，没有协作，分工也就失去了意义。因此在进行组织设计时，要同时考虑这两方面的问题。

（3）精简高效的原则。精简高效原则要求在服从由组织目标所决定的业务活动需要的前提下，力求减少管理层次，精简管理机构和人员，充分发挥组织成员的积极性，提高管理效率，更好地实现组织目标。只有组织机构精简，队伍精干，工作效率才会提高；如果组织层次繁多，机构臃肿，人浮于事，则势必导致浪费人力，滋长官僚主义作风，办事拖拉，效率低下。

3. 组织部门化的基本形式与特征比较

（1）职能部门化。职能部门化是指把业务性质相同或相似的工作任务编在一起形成一个部门。职能部门化的形式符合职能专业化分工的原则，可以做到事权专一、职责明确，有利于提高各部门的效率和工作人员的专业技术水平。但容易形成组织职能的专业性部门分割，造成部门本位主义，使组织中的综合事务和职能难以落实，也增加了组织统一和协调的难度。

（2）产品部门化。产品部门化是指把生产某种或某系列产品的活动集中在一起，设立相应的部门进行管理。这种部门化形式能使企业将多元化经营和专业化经营结合起来，有利于集中专业技术力量并发挥其特长，有利于集中专业技术设备，有利于促进企业的内部竞争，加强企业对外部环境的适应性。但会造成职能部门可能重叠而导致管理费用的增加，各产品部门的负责人因具有较大的决策权也可能过分强调本单位的利益，而影响企业的统一指挥。

（3）区域部门化。区域部门化是指以组织活动的特定区域作为划分部门的根据，把该区域范围内该组织的全部活动集中起来形成一个部门。这种部门化形式有利于组织在特定区域范围内各项工作的综合协调和工作效率的提高，有利于根据当地实际情况进行活动和管理，也有利于组织管理者综合管理能力和协调能力的加强。但容易使区域性部门自成一体，增加组织总体控制和管理的难度、成本，也不利于各区域之间的合作，同时会造成一些机构重复，使管理费用增加，也会给总部高层管理者对各地区的管理控制工作造成困难。

（4）顾客部门化。顾客部门化是指根据顾客的类型进行部门化，其理论假设是，每个部门的顾客存在共同的问题和要求，因此通过为他们分别配置有关工作人员，更好地满足他们的需要。20 世纪 90 年代以来，这种以顾客为基础的组织结构越来越受到青睐。为了更好地掌握顾客的需求，并有效地对顾客需要的变化做出反应，许多企业更多地强调以顾客为基础划分部门。例如，一家销售办公设备的公司可下设三个部门：零售服务部、批发服务部、政府部门服务部；比较大的法律事务所可根据其服务对象是公司还是个人来分设部门。

（5）流程部门化。流程部门化是很多制造业厂商及连续生产型企业常用的方法，是把完成任务的流程分成若干阶段，以此来划分部门。在制造业企业，可按不同的工艺流程将生产过程进行分解，以便进行专门的作业。这种部门化形式的优点在于符合专业化的原则，取得经济优势，利用专业技术和特殊技能，简化培训。其缺点在于一旦衔接出现问题，将直接影响总体目标，各部门之间沟通协作困难，要求最高层领导严格控制，同时不利于全面管理人才的培养。

5.2.2 组织纵向结构设计——层级化

组织结构设计的内容之二是划分组织层级（管理层级），以解决组织纵向结构问题。

1. 管理层级与管理幅度的概念

（1）管理层级的概念。管理层级又称管理层次，是指组织内部从最高一级管理组织到最低一级管理组织的各个组织等级的数目。管理层级实质上反映组织内部纵向分工关系，各个层级将担负不同的管理职能。

（2）管理幅度的概念。管理幅度又称管理跨度或管理宽度，是指一个管理者直接管理下级人员的数目。由于管理者的时间和精力是有限的，其管理能力也因个人的知识、经验、年龄、个性等的不同而有所差异，因而任何管理者的管理幅度都有一定的限度，超过一定限度，就不能做到具体、高效、正确地领导。

2. 影响管理幅度的因素

有效的管理幅度受到诸多因素的影响，主要有管理者与被管理者的工作能力、工作内容和性质、工作条件及工作环境。

（1）工作能力。主管的集合能力、理解能力、表达能力强，则可以迅速地把握问题的关键，就下属的请示提出恰当的指导意见，并使下属明确地理解，从而可以缩短与每位下属在接触中占用的时间。同样，如果下属具备符合要求的能力，受过良好、系统的培训，则可以减少向上级请示，占用上司时间的频率。这样管理的幅度便可适当宽些。

（2）工作内容和性质。工作内容和性质包括主管所处的管理层次、下属工作的相似性、计划的完善程度和非管理事务的多少。

① 主管所处的管理层次。主管的工作在于决策和用人，处在管理系统中的不同层次，决策与用人的比重各不相同。高层的主管，决策工作量大，用于指导、协调下级的时间少，管理幅度小；反之，管理幅度大。

② 下属工作的相似性。下属工作相似，用于指导每个下级的时间相对减少，管理者的管理幅度可以大些；反之，管理幅度要小些。

③ 计划的完善程度。计划完善，下级对计划清楚，管理者的指导时间不用太多，管理幅度可以大些；反之，管理幅度要小些。

④ 非管理事务的多少。管理者从事非管理事务越多，用于管理的时间越少，管理幅度要小些；反之，管理幅度可以大些。

（3）工作条件。工作条件包括助手的配备情况、信息手段的配备情况和工作地点的接近性。

① 助手的配备情况。配备助手，有利于管理幅度的增加。

② 信息手段的配备情况。配备先进的信息工具，有利于管理幅度的增加。

③ 工作地点的接近性。工作地点接近，有利于管理幅度的增加。

（4）工作环境。组织环境稳定与否会影响到组织活动内容和政策的调整频率与幅度。因此，环境越不稳定，各层主管人员的管理宽度就越受限制。

3. 管理层级与管理幅度的关系

管理幅度与管理层级互相制约，二者之间存在着反比例的数量关系。其中，管理幅度起到影响的主导作用，管理幅度的大小影响和决定着组织的管理层级。这是由管理幅度的有限性所决定的。组织的管理层次与管理宽度的反比关系决定了两种基本的管理组织结构：扁平式结构和高长式结构。

（1）扁平式结构。扁平式结构是指组织规模已定，管理幅度较宽，管理层级较少的一种组织结构形态。其优点是管理层级少，管理人员也少，可以节约管理费用；要求上级授权；必须制订明确的目标、政策和计划；必须谨慎地选择下属人员。其缺点是上级主管负担较重；上级有失控的危险；要求管理人有较好的素质。

（2）高长式结构。高长式结构是指管理幅度较窄，管理层级较多的高、尖、细的金字塔形态。其优点是可以进行严密的监督和控制；上下级之间的联络迅速。其缺点是上级往往过多地参与下级的工作；管理层级多，管理费用多；最高层与最低层的距离长，信息传递慢，容易失真。

一个组织应采用何种结构形式应根据具体情况决定，应使管理宽度与层级均衡，以便用最低的成本去完成组织目标。

5.2.3 组织结构类型

组织结构是组织各部分之间的关系模式，它是由组织的目标和任务，以及环境的情况所决定的。目前常见的组织结构形式有以下几种。

1. 直线型组织结构

直线型组织结构，也称军队式结构，是最早、最简单的一种组织结构形式。它的特点是组织中各种职务按垂直系统直线排列，不设职能机构，各级主管实行直线垂直领导，对自己的下级拥有直接的一切职权。这种结构比较简单，权力集中，责任分明，命令统一，联系简单快捷，比较容易维护纪律和秩序。缺点是在组织规模较大的情况下，所有的管理职能都集中由一个人承担，往往由于个人的知识和能力有限而感到难于应付，顾此失彼，可能会发生较多失误。因而，这种组织结构形式只适用于那些企业规模不大、生产技术与工艺过程比较简单、产品单一的小型企业，或者现场的作业管理。直线型组织结构如图 5.1 所示。

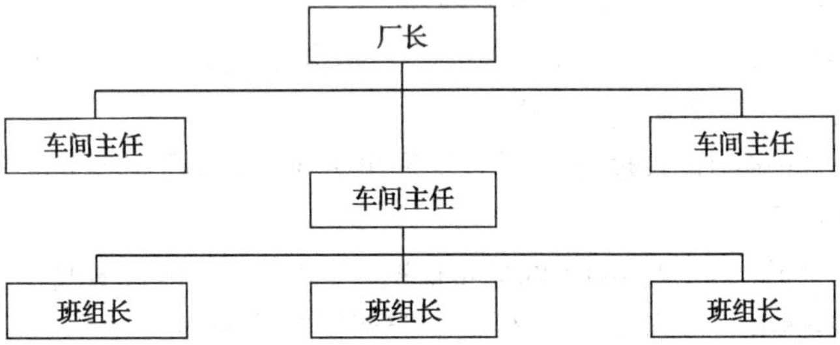

图 5.1　直线型组织结构

2. 职能型组织结构

职能型组织结构是指在各级生产行政领导之下，按照专业分工设置管理职能部门，专门在其业务范围内向下级发布命令和下达指示，下级领导者既服从上级领导者的指挥，也听从上级职能部门的指挥。它的优点是分工较细，各职能都有专人负责，能够提高企业管理的专业化程度。缺点是职能部门之间的协调性差，容易出现多头领导以至于下属无所适从。这一结构形式易造成管理上的混乱，实际上很少用。职能型组织结构如图 5.2 所示。

3. 直线职能型组织结构

直线职能型组织结构又称 U 型组织结构，是一种综合上述两种类型组织特点而形成的组织结构形式。其特点是设置了两套系统，一套是按照命令统一原则组织的指挥系统，另一套是按专业化原则组织的职能系统。系统中的管理人员分为两类，一类是直线指挥人员，可对下级发号施令；另一类是职能人员，只能对下级机构进行业务指导，而不能直接对下级发号施令。除非上级直线人员授予他们某种权力。这种结构的优点在于既能确保组织集中领导、统一指挥，也有利于强化专业管理职能。其缺点是各职能单位自成体系，不重视工作中横向信息的沟通和交流；同时各个部门只重视本部门局部利益，容易引发各种矛盾；缺乏灵活性，对外界环境变化的反应比较迟钝，而且过细的职能分工不利于培养综合型的人才。直线职能型组织结构如图 5.3 所示。

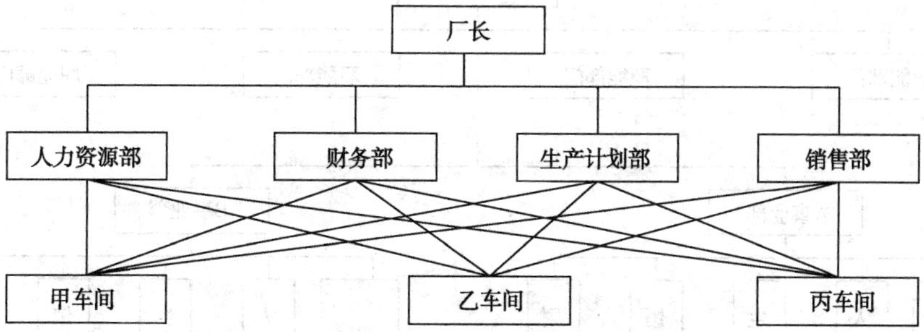

图 5.2　职能型组织结构

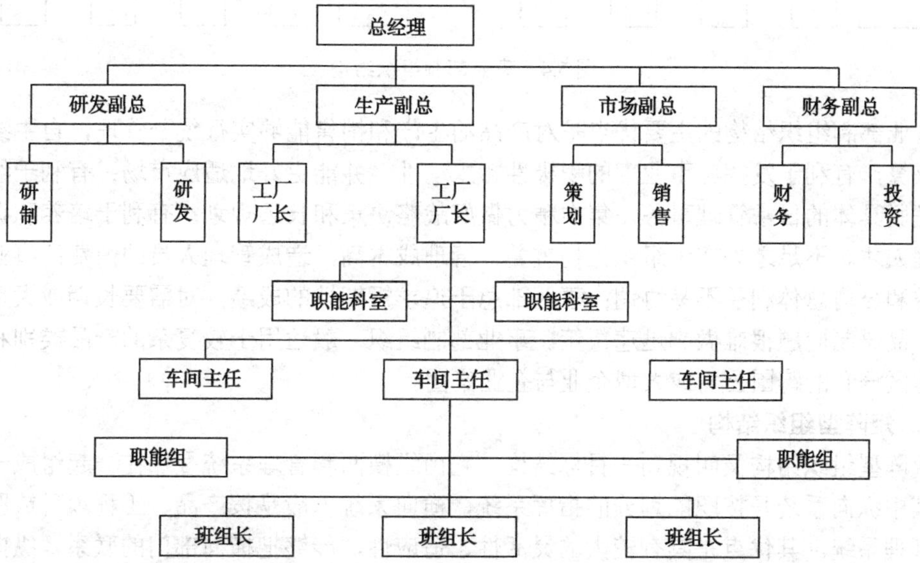

图 5.3　直线职能型组织结构

从组织管理形态来看，直线职能型组织结构是理想的管理架构，因此被广泛采用。但它只能在企业规模不太大、经营单一、外部环境相当稳定的情况下才能发挥其优势。随着企业规模的不断扩大、经营领域的拓展和日趋复杂，这种“集权式”管理势必转化为“分权式”管理。

4. 事业部制组织结构

事业部制组织结构，又称 M 型组织结构，是一种分权运作的形式，最初是由美国通用汽车的斯隆创立的，因此又称为“斯隆模式”。这种结构的组织是在公司统一领导下，按产品或地区、市场划分的统一进行产品设计、采购、生产和销售活动的半独立经营单位。事业部制是一种分权制的管理组织形式，实行相对独立核算，拥有一定的应有自主权，设有相应的职能部门。同时，事关大政方针、长远目标及一些全局性问题的重大决策集中在总部，以保证企业的统一性。这种组织结构形式最突出的特点是“集中决策、分散经营”，即组织最高层集中决策，事业部独立经营。这是在组织领导方式上由集权制向分权制转化的一种改革。事业部制组织结构如图 5.4 所示。

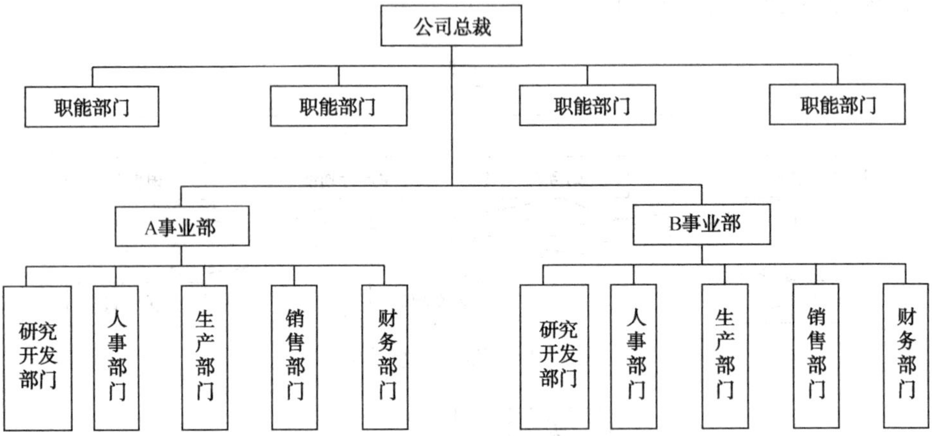

图 5.4 事业部制组织结构

事业部制组织结构的主要优点是对产品的生产和销售能够实行统一管理，自主经营，独立核算，有利于发挥各事业部的积极性、主动性，并能更好地适应市场；有利于组织最高层摆脱具体的日常管理事务，集中精力做好战略决策和长远规划；有利于培养和训练综合管理人才。不足之处在于组织机构重叠，管理成本高，造成管理人员的浪费；事业部局部利益和公司总体利益不易协调；事业部急于追求短期性的成绩，对需要长期或大量投资的新产品研制问题很难做到迅速决策。事业部制组织一般适用于较复杂的产品类别和较广泛的地区分布的跨国公司或大型企业与企业集团。

5. 矩阵型组织结构

矩阵型组织结构又叫规划—目标结构，它由纵横两套管理系统叠加在一起组成一个矩阵，其中纵向系统是按职能划分的指挥系统，横向系统一般是按产品、工程项目或服务组成的管理系统。其优点是具有较大的灵活性、适应性，能够把横向部门的联系，纵向项目小组的协调，集权和分权有机结合起来。各种不同专业职能部门的人员集中在一个项目小组里，有利于相互沟通、协作，集思广益，更好地发挥专业人员的潜力，推动项目的完成。但也存在一些缺点，如双重领导可能使执行人员无所适从、领导责任不清、决策延误等。这种结构形式一般只适用于创新任务较多、生产经营复杂多变或以科技开发为主的企业。矩阵型组织结构如图 5.5 所示。

6. 网络型组织结构

网络型组织结构又称虚拟组织结构，它是利用现代信息技术手段而建立和发展起来的一种新型组织结构。现代技术延伸了企业与外界联系的能力，从而使企业可以重新界定自身机构的边界，不断缩小内部生产经营活动的范围，相应扩大与外部生产单位之间的分工协作。因此，这种基于契约关系的新型组织结构就是网络型组织结构。

网络型组织结构通过契约建立了一种关系组织，保持了组织的极大灵活性，使组织对动荡的环境有较强的适应能力。这种结构一般适用于环境动荡、产品批量化、品种复杂化的现代社会，多见于商业组织。如图5.6所示是一个典型的网络型组织结构。

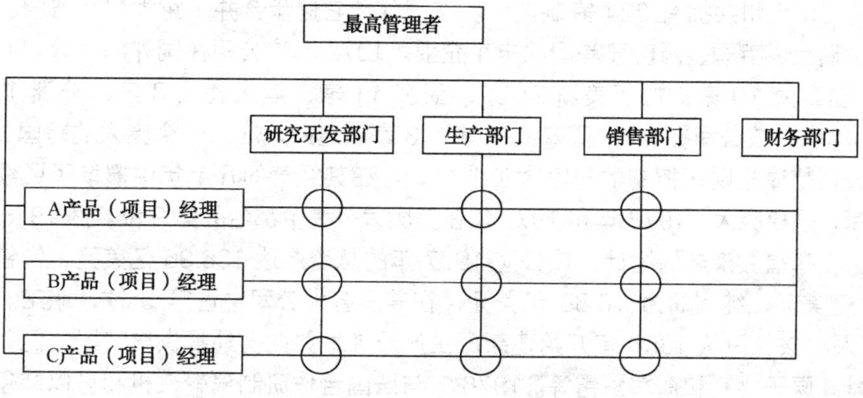

图5.5 矩阵型组织结构

图5.6 网络型组织结构

拓展阅读5.2

通用电气公司的组织管理

美国各大公司的企业管理体制从20世纪60年代以后，为了适应技术进步、经济发展和市场竞争的需要，强调系统性和灵活性相结合、集权和分权相结合的体制，到20世纪70年代中期，美国经济出现停滞现象，有些企业在管理体制方面出现重新集权化的趋向。有一种被称为“超事业部制”的管理体制，也就是在企业最高领导之下、各个事业部之上的一些统辖事业部的机构就应运而生了。美国通用电气公司于1979年1月开始实行“执行部制”——“超事业部”管理体制的一种形式。

1. 公司的基本情况

美国通用电气公司是美国，也是世界上最大的电器和电子设备制造公司，产值占美国电工行业全部产值的1/4左右。该公司的电工产品技术比较成熟，产品品种繁多，据称有25万多种品种规格。该公司不但是一个生产消费电器、工业电器设备的制造商，还是一个巨大的军火承包商，制造宇宙航空仪表、喷气飞机引航导航系统、多弹头弹道导弹系统、雷达和宇宙飞行系统等。美国《工业研究》杂志举办的1977年度100种新产品的评选中，美国通用电气公司的新产品获奖最多。闻名于世的可载原子弹和氢弹头的阿特拉斯火箭、雷神号火箭就是该公司生产的。

该公司是由老摩根在1892年出资把爱迪生通用电气公司、汤姆逊—豪斯登国际电气公司等3家公司合并组成的。在两次世界大战中，这家公司大发战争财，获得了迅速发展。第一次世界大战后，该公司在新兴的电工技术部门——无线电方面居于统治地位，1919年成立了一个子公司，即美国无线电公司，几乎独占了美国的无线电工业。第二次世界大战又使通用电气公司的产量和利润额急剧增长。

该公司在创立后的80多年中，以各种方式吞并了国内外许多企业，攫取了许多企业的股份，1939年国内所辖工厂只有三十几家，到1947年就增加到125家，1976年年底在国内35个州共拥有224家制造厂。在国外，它逐步合并了意大利、法国、德国、比利时、瑞士、英国、西班牙等国的电工企业。1972年该公司在国外的子公司有：欧洲33家、加拿大10家、拉丁美洲24家、亚洲11家、澳大利亚3家、非洲1家。到1976年年底，该公司在24个国家共拥有113家制造厂，成为一个庞大的跨国公司。

该公司是摩根财团控制的一家大工业公司，在其经营的几十年中攫取了巨额利润，资产雄厚，规模庞大，1976年和1977年在美国大公司中都名列第9位。据1978年5月8日美国《幸福》杂志的统计，该公司1977年的总资产达136.96亿美元，销售总额达175.15亿美元，纯利润为10.88亿美元，在美国各大公司中占第5位，职工总人数为38.4万人。该公司从1956年开始建新厂生产导弹，并向国外提供核武器。例如在日本搞原子能、原子燃料和海军鱼雷等。1976年与法国合作研制涡轮飞机和可以装备鱼雷潜艇或运载火箭的发动机。1973年，该公司接受美国军事订货共14.2亿美元，在各大公司中居第2位。

2. 不断改革管理体制

由于经营多样化，品种规格繁杂，市场竞争激烈，该公司在企业组织管理方面也积极从事改革。20世纪50年代初，该公司完全采用了“分权的事业部制”。当时，整个公司一共分为20个事业部。每个事业部各自独立经营，单独核算。随着时间的推移，企业经营的需要，该公司对组织机构不断进行调整。1963年，当波契（Boych）接任董事长时，公司的组织机构共分为5个集团组、25个分部和110个部门。当时公司销售正处于停滞时期，5年的销售额大约只有50亿美元。到1967年以后，公司的经营业务增长迅速，几乎每一个集团组的销售额都达16亿美元。波契认为业务扩大之后，原有的组织机构已不能适应。于是把5个集团组扩充到10个，把25个分部扩充到50个，110个部门扩充到170个。他还改组了领导机构的成员，指派了8个新的集团总经理、33个分部经理和100个新的部门领导。同时还成立了由5个人组成的董事会，他们的职责是监督整个公司，并为公司制订相对长期的基本战略。

3. 新措施——战略事业单位

在20世纪60年代末，通用电气公司在市场上遇到威斯汀豪斯电气公司的激烈竞争，公司财政一直在赤字上摇摆。公司的最高领导为摆脱危机，于1971年在企业管理体制上采取了一种新的战略性措施，即在事业部内设立“战略事业单位”。这种“战略事业单位”是独立的组织部门，可以在事业部内有选择地对某些产品进行单独管理，以便事业部能够机动、有效地将人力物力集中分配使用，对各种产品、销售、设备和组织编制出严密的、有预见性的战略计划。这种“战略事业单位”可以和集团组相平，有的还具有相当于分部的水平，如医疗系统、装置组成部分和化学与冶金等；还有些具有相当于部门的水平，如碳化钨工具和工程用塑料。通用电气公司的领导集团很重视建立“战略事业单位”，认为它是“十分有意义的步骤”，对公司的发展是一个“重要的途径”。1971年，该公司在销售额和利润额方面都创出了纪录。

从该公司20世纪60～70年代中迅速发展的情况看，这项措施确实也起了不少作用。从1964—1976年的12年中，通用电气公司的销售额增长了一倍，由71.77亿美元增长到156.97亿美元；纯利润由3.39亿美元增长到9.31亿美元；固定资产总额由27.57亿美元增长到69.55亿美元。

4. 重新集权化——执行部制

20世纪70年代中期，美国经济又出现停滞，1972年接任通用电气公司董事长的琼斯担心可能会出现比较长期的经济不景气现象，到1977年年底他又进一步改组公司的管理体制，从1978年1月实行"执行部制"，也就是"超事业部制"。这种体制就是在各个事业部上再建立一些"超事业部"，来统辖和协调各事业部的活动，也就是在事业部的上面又多了一级管理。这样，一方面使最高领导机构可以减少日常事务工作，便于集中力量掌握有关企业发展的决策性战略计划；另一方面增强了企业的灵活性。在改组后的体制中，董事长琼斯和两名副董事长组成最高领导机构执行局，专管长期战略计划，负责和政府打交道，以及研究税制等问题。执行局下面设5个"执行部"（即"超事业部"，包括消费类产品服务执行部、工业产品零件执行部、电力设备执行部、国际执行部、技术设备材料执行部），每个执行部由一名副总经理负责。执行部下共设有9个总部（集团）、50个事业部、49个战略事业单位。各事业部的日常事务，以至有关市场、产品、技术、顾客等方面的战略决策，以前都必须向公司最高领导机构报告，而现在则分别向各执行部报告就行了。这5个执行部加上其他国际公司，分别由两位副董事长领导；财务、人事和法律3个参谋部门直接由董事长领导。

5. 建立网络系统

通用电气公司在企业管理中广泛应用电子计算机后，建立了一个网络系统，大大提高了工作效率。这个网络系统把分布在49个州的65个销售部门、分布在11个州的18个产品仓库，以及分布在21个州的40个制造部门（共53个制造厂）统统连接起来。在顾客打电话来订货时，销售人员就把数据输入这个网络系统，系统就自动进行下一系列工作：如查询顾客的信用状况，并查询就近的仓库有无这种产品的存货，在这两点得到肯定的回答以后，这个网络系统就同时办理接受订货、开发票、登记仓库账目业务，如果有必要，还同时向工厂发出补充仓库存货的生产调度命令，然后通知销售人员，顾客所需货物已经发货。所有这些过程在不到15秒钟的时间内即可完成。还有一点值得注意的是，除了办事速度快以外，这个网络系统实际上已把销售、存货管理、生产调度等不同的职能结合在一起了。

6. 科研组织体制

同样，美国通用电气公司也非常重视科研工作，而且已有悠久的历史。从公司成立后的第2年，就有一位德国青年数学家斯坦梅兹搞科研工作，1900年即成立实验室。1970年，该公司有一个研究与发展中心，206个产品研究部门，共有科研人员17 200余人，占公司职工总人数的4%。1973年，通用电气公司共有31 000名获得技术学位的专业人员，其中半数以上从事研究与发展工作。1972年，公司科研总费用超过8亿美元，其中3亿美元由本公司承担，5亿美元主要用于和美国政府订立合同的研究与发展工作上。

目前，由公司的一名副总经理兼任研究与发展中心的主任。这个研究与发展中心下面设两个研究部：材料学与工程部（分4个研究室）、物理科学与工程部（分5个研究室）。

此外有 3 个行政管理部：（1）研究应用部，下设对外联络、计划分析、人事研究、情报研究 4 个科室，负责将研究成果迅速推广到公司的各个生产部门，并在通用电气公司以外建立广泛的技术联系；（2）研究管理部，负责管理实验工厂及服务站，领导财会科、设备科和福利科；（3）法律顾问部，由 11 人组成，负责对专利的审议、对发明的评价和专利应用方面的法律事务。此外，公司的 206 个产品研究部门则一般设在产品生产厂附近，研究人员大致在几十人到数百人之间，重点放在应用研究方面。

资料来源：周毕文，余俊生. 管理分册. 上海：复旦大学出版社，2003.

任务 5.3 职权配置

任务导入

比特丽公司

比特丽公司是美国一家大型联合公司，总部设在芝加哥，下设 450 个分公司，经营着 9 000 多种产品，其中许多产品，如克拉克棒糖、乔氏中国食品等，都是名牌产品。公司每年的销售额达 90 多亿美元。

多年来，比特丽公司都采用购买其他公司来发展自己的积极进取战略，因而取得了迅速的发展。公司的传统做法是，每当购买一家公司或厂家以后，一般都保持其原来的产品，使其成为联合公司一个新产品的市场；另一方面是对下属的各分公司都采用分权的形式，允许新购买的分公司或工厂保持其原来的生产管理结构，这些都不受联合公司的限制和约束。由于实行了这种战略，公司变成由许多没有统一目标，彼此又没有什么联系的分公司组成的联合公司。

1976 年，负责这个发展战略的董事长退休以后，德姆被任命为董事长。新董事长德姆的意图是要使公司朝着他新制订的方向发展。根据他新制订的战略，德姆卖掉了下属的 56 个分公司，但同时又买下了西北饮料工业公司。

据德姆的说法，公司除了面临发展方向方面的问题外，还面临着另外两个主要问题。一个是下属各分公司都面临着向社会介绍并推销新产品的问题，为了刺激各分公司的工作，德姆决定采用奖金制，对下属干得出色的分公司经理每年奖励 1 万美元。但是，对于这些收入远远超过 1 万美元的分公司经理人员来说，1 万美元奖金恐怕起不了多大的刺激作用。另一个面临的更严重的问题是，在维持原来的分权制度下，应如何提高对增派参谋人员必要性的认识，应如何发挥直线与参谋人员的作用问题。德姆决定要给下属每个部门增派参谋人员，以更好地帮助各个小组开展工作。但是，有些管理人员则认为只增派参谋人员是不够的，有的人则认为，没有必要增派参谋人员，可以采用单一联络人联系几个单位的方法，即集权管理的方法。

公司专门设有一个财务部门，但是这个财务部门根本就无法控制这么多分公司的财务活动，因此造成联合公司总部甚至无法了解并掌握下属部门支付支票的情况，等等。

【任务分析】

1. 比特丽公司可以在分权方面做得更好吗？
2. 参谋人员有何作用？如何协调直线和参谋人员之间的关系？

5.3.1 职权配置概述

1. 职权配置的含义与途径

职权配置是指为有效履行职责，实现工作目标，而将组织运作的全部职权在组织机构中的各职位、各部门，以及同一部门的不同层次间进行配置与分授的活动。

职权配置的途径主要有两个：一是制度分权——在组织设计中的权力分配；二是授权——管理者在工作中的权力下放。两者权力下放的形式不同：职权配置是组织设计中的一项主要内容；而授权则是领导者的一种领导艺术。但结果相同，都是使较低层次的管理人员行使较多的决策权，即权力的分散化。

2. 职权的类型

组织内的职权有三种基本形态：直线职权、参谋职权和职能职权。

（1）直线职权。直线职权即指挥权、决策权，它是直线人员所拥有的指挥和命令的权力，包括发布命令及执行决策等方面的权力。

（2）参谋职权。参谋职权又称辅助性职权，它是参谋人员所拥有的咨询服务和专业指导的权力，包括思考、筹划和建议的权力。

（3）职能职权。职能职权是指直线主管授予参谋人员的决策与指挥的权力。

5.3.2 集权与分权

组织的职权是授予人们利用其判断做出决策和发布指示的一种自由处置权。在一个组织中，如果没有对管理者正确地授予职权，就无法顺利地进行协调工作，从而无法保证最终组织目标的实现。

1. 集权与分权的含义

集权与分权反映组织的纵向职权关系，其意思是组织中决策权限的集中与分散程度。其中，集权是指决策权在组织系统中较高层次的一定程度的集中；与此相对应，分权是指决策权在组织系统中较低管理层次的一定程度上的分散。

评价分权程度的标志主要有四个。

一是决策的频度。组织中较低管理层次制订决策的频度或数目越大，则分权程度越高。

二是决策的幅度。组织中较低层次决策的范围越广，涉及的职能越多，则分权程度越高。

三是决策重要性。决策的重要性可以从两个方面来衡量：决策的影响程度和决策涉及的费用。组织中较低层管理者所做的决策越具重要性，则分权程度也就越大；反之则分权程度越低。类似地，低层次管理部门决策涉及的费用越大，说明其分权程度越高。

四是对决策的控制程度。如果组织制定出许多细致的政策、程序、规则来对成员的决策行为施加前提影响，则分权程度就会降低。

2. 集权与分权的相对性

集权与分权是任何组织正常运行所必需的必然现象。在组织中，集权与分权是相对的，没有绝对的集权，也没有绝对的分权，只是程度不同。因为绝对的集权意味着组织中的全部权力集中在一个主管手中，组织活动的所有决策均由主管做出，主管直接面对所有的实施执行者，没有任何中间管理人员，没有任何中层管理机构，这在现代社会经济组织中显然是不可能的。而绝对的分权则意味着全部权力分散在各个管理部门，甚至分散在各个执行者、操作者手中，没有任何集中的权力，主管的职位显然是多余的，一个统一的组织也不复存在。在现实社会中的组织，可能是集权的成分多一点，也可能是分权的成分多一点。我们需要研究的，不是应该集权还是分权，而是哪些权力适于集中，哪些权力适于分散，在什么样的情况下集权的成分应多一点，何时又需要较多的分权。

3. 集权与分权的优缺点

（1）集权的优缺点。集权的优点主要反映在：便于从整个组织目标出发处理问题，避免局部利益行为；可以使组织的有限资源得到更有效的利用，并有助于组织政策和行动的一致性，提高组织的控制力，防止政出多门，互相矛盾。集权的缺点主要反映在：可能降低决策的质量和速度，影响组织对外部环境的适应能力；不利于调动下级的积极性与主动性；缺乏灵活性。

（2）分权的优缺点。分权的优点主要反映在：员工因参与决策而得到激励，可以提高下级管理者和员工的工作积极性和工作满足感；将控制权分散到各处，可以很好地满足局部不断变化的需求；可以使低层管理者得到良好的培训机会；可以使最高层管理者摆脱繁杂的日常事务性工作，把精力集中在重大的、长远的战略问题上；等等。分权制的缺点主要反映在：由于权力的分散，总部控制较困难；需要进行更多的汇报或视察性工作；分权后的部门可能会以狭隘的目光和短浅的观点来看待整个组织，从而导致与其他部门的关系紧张。

4. 影响集权与分权的主要因素

影响集权与分权的因素是多方面的，其中最主要的因素如下。

（1）组织因素。

① 组织的规模。组织规模的不断扩大导致分权化。

② 活动的分散性。组织活动分散在不同地方，则往往需要分权。

③ 培训管理人员的需要。分权使低层次管理人员有更多实践权力的机会，有利于培养统御全局的人才。

④ 政策的一致性要求。集权有利于达到组织的统一性，分权则导致组织统一性的破坏。

⑤ 管理控制技术发展程度。有了更为科学的现代控制手段，可以更多地将权力下放。

（2）环境因素。

① 外部环境。外部环境复杂多变，则应分权以快速适应环境变化；当环境中出现极为复杂的政治形势时，则应集权以便整体协调。

② 内部环境。一个组织的历史传统、组织文化等都会影响到集权与分权程度。

（3）人员因素。

① 管理者。管理者的管理哲学、性格、爱好、能力不同，集权或分权的程度就会不同。

② 被管理者。对于具有较高素质并对分权有浓厚兴趣的被管理者应授予更多的权力。

5.3.3 授权

授权是指上级将部分解决问题、处理业务的权力委任给某个或某些下属，使下属在一定的监督下，拥有相当的自主权。

1. 授权的原则

授权是分权的一种重要形式，同时也是领导者在管理工作中的一种领导艺术，一种调动下属积极性、充分发挥下属作用的方法。授权是否得当，对能否进行有效管理影响很大。有效的授权应遵循以下原则。

（1）目标结合原则。授权是为了保证组织目标的有效实现，所以，必须根据实现目标和工作任务的需要，将相应类型与程度的权力授给下级，以保证其有效地开展工作。

（2）适度授权原则。授权应防止授权不足，也要防止授权过度，授权的程度应根据实际情况、工作性质及下级的情况来决定。

（3）责权利相当原则。在授权中要注意职务、权力、职责与利益之间的对等与平衡，要真正使受权者有职、有权、有责、有利。

（4）有效监控原则。为有效实现组织目标，授权的同时应采取必要的监督控制手段，使所授的权力不失控，确保组织目标的实现。

（5）职责绝对性原则。领导者将职权授予下级，但最终责任不应下放，领导者应对活动的最终结果负责。

2. 授权的步骤

授权可以划分为以下几个步骤。

（1）选择授权对象。授权首先应选择好授权对象，受权者应具有正确行使权力的能力，并能有效地完成工作任务。

（2）下达任务和授予权力。领导者对授权对象下达明确任务，规定所要实现的目标标准，并同时授予保证任务完成的权力，要做到权责对等，并给予下级充分的信任和支持。

（3）监控和考核。在下级运用权力推进工作的过程中，要以适当的方式与手段，进行必要的监督与控制，以保证权力的正确运用与组织目标的实现。在工作任务完成后，还应对授权效果、工作实绩进行考核与评价。

拓展阅读 5.3

企业治理的集权与分权问题

当企业规模发展到一定阶段后，规模与效率的冲突就变得日益明显。这时，集权还是分权就成了企业管理中一个复杂而艰难的问题。处理集权与分权的关系，既要防止“失控”，又不能“统死”。

集权与分权是企业治理中必须处理好的基本问题。

集权是指一切决策权均集中在上级机关，下级机关必须依据上级的决定和指示行事；而分权是指下级机关在自己管辖的范围内，有权自主地决定做什么和怎么做，上级不必加以干涉。

集权与分权是一对欢喜冤家，既互相矛盾，又密不可分。怎样才能化解它们之间的恩恩怨怨，使之发挥最大的整体协调效应呢？要达到这一目标可遵循以下两条原则。

第一条原则：战略上的集权和战术上的分权。具体到企业管理中，就是少数重要决策权要高度集中，如客户、财务、人事等应由高层集中掌控；多数运行权力要彻底分开，如品种开发、生产、营销等由基层自行掌控。

第二条原则：因势而变的弹性交错。企业对集权与分权的划分，不能拘泥于一成不变，而应根据企业内外形势的变化做相应的权变。权变的思想关键在于“兵有分聚，各贵适宜”。

在现实的企业管理中，关于集权与分权的发展趋势是最大限度地放权，实行扁平化管理。首先要认识到，放权是必然的，不是主观意愿的要求，完全是业务发展规模的内在驱动和管理者管理关系能量的有限性约束限制。实行扁平化管理就是要使权力下移，同时取消臃肿的中层管理。在分权的管理体制之下，各层级之间的联系相对减少，各基层组织之间相对独立，使得扁平化的组织形式能够有效运作。真正做到有效分权是最好的集权。以一个集团公司实行扁平化管理为例，集团公司应以发展投资为中心集权和分权，各个实体公司应以利润为中心集权和分权，工厂、车间则要以成本为中心集权和分权。

制度是保证权力掌控的关键，不管是集权还是分权，都要建立规范化的制度，形成好的机制。公司要建设规范的运作体系，通过有效的内部控制系统来保障权力行使的有效性。集权要有好的治理制度，分权要有好的运行制度，对面向市场的决策，要由基层灵活处理。

在整个制度执行过程中，信息化是重要保障。信息化技术不断发展，其在企业中的广泛应用，有效地保证了制度的执行。

资料来源：http://news.163.com/10/0630/00/6ACROCI900014AED.html

管理定律

经典管理定律之五

1．波克定理

内　容：只有在争辩中，才可能诞生最好的主意和最好的决定。

提出者：美国庄臣公司总经理詹姆士·波克

点　评：无摩擦便无磨合，有争论才有高论。

2．韦里克定理

内　容：直线可以命令，而参谋只能建议。

提出者：美国管理学家H.韦里克

点　评：站在领导的角度想问题，立足自己的岗位做事情。

3．戴伯尔法则

内　容：若事事要求民主，我们就会失去使用否决权的权利。

提出者：英国戴伯尔公司总裁J.戴伯尔

点　评：听人不蔽于人，谋众勿拘于众。

4．金姆定理

内　容：出色的人往往都有自己的见解，而平庸的人则往往附和别人的意见。

提出者：英国维明顿公司总裁W.金姆

点　评：事之别在理，人之差在识。

5．巴得斯法则

内　容：与自由交换意见相结合的、随意的气氛，是调动群体潜力的必要条件。

提出者：英国组织行为学家D.A.巴得斯

点　评：畅所欲言言能尽，广纳众智智有余。

6. 阿希定律

内　容：在3～4人的小群体中最易产生从众心理。

提出者：美国社会心理学家阿希

点　评：行动缺乏自由，判断也会受到束缚。

7. 发酵效应

内　容：复杂的有机化合物在微生物的作用下分解成比较简单的物质。

点　评：不同主意的交流，是引发最好主意的催化剂。

8. 斯隆法则

内　容：在没出现不同意见之前，不做出任何决策。

提出者：美国通用汽车公司总裁P.斯隆

点　评：没有不同意见，相同意见就极易成为偏见。

9. 基多夫定理

内　容：即使是最好的想法，如果提出的时机选择不当，也会化为乌有。

提出者：前苏联管理学家A.N.基多夫

点　评：言善人听，计妙人从。

10. 参与定律

内　容：每个人都会支持他参与创造的事物。

提出者：美国著名企业家M.K.阿什

点　评：凡是人们最关心的，人们往往也乐于为它操心。

项目总结

（1）组织设计是管理者为实现组织的目标而对组织活动和组织结构进行设计的活动，是在特定环境中，把组织的任务与组织的职能、职权和规范进行有效的结构性配合的过程。其基本功能是协调组织中的人员与任务之间的关系，使组织保持灵活性和适应性，从而有效地实现组织目标。

（2）组织设计过程是先根据组织目标的要求建立一套与之相适应的组织机构，即根据组织目标确定相应的基本职能，并以职能细分和归类为依据，设置相应的机构和相关职务，规定各部门的职权关系；然后根据工作和人员相称的原则为各职位配置人员，并通过决策任务的分析确定每个职务所拥有的职责与权限；最后设置各层次、各部门之间纵向、横向联系的手段和组织运行的基本制度规范。组织设计工作的直接结果是组织的结构和运行规则。

（3）为了科学地设计组织，在设计时一方面应遵循目标导向原则、统一指挥原则、有效管理幅度原则、权责对等原则、稳定性与适应性相结合原则；另一方面还要考虑组织战略、外部环境、科技、组织规模和组织文化等因素的影响。

（4）选择组织结构的类型，必须全面地考虑其影响因素并遵循科学的原则。组织外部环境状况和组织自身的状况是影响组织结构类型选择的必要性因素，组织结构本身的特点是影响组织结构类型选择的可能性因素。

（5）组织结构的形式很多。最为典型的组织结构形式有直线型形式、职能型形式、直线职能型形式、事业部制形式、矩阵型形式和网络型形式六种。

（6）组织设计的内容之一是部门化，即把工作和人员组织成若干管理的单元，主要解决组织的横向结构问题。组织部门化应遵循因事设职与因人设职相结合、分工与协作相结合和精简高效的基本原则。

组织结构设计的内容之二是划分组织层级（管理层级），以解决组织纵向结构问题。管理幅度与管理层级互相制约，二者之间存在着反比例的数量关系。管理层次与管理宽度的反比关系决定了两种基本的管理组织结构：扁平式结构形态和高长式结构形态。

（7）组织内的职权有三种基本形态：直线职权、参谋职权和职能职权。实现职权配置的途径主要有两个：一是制度分权——在组织设计中的权力分配；二是授权——管理者在工作中的权力下放。两者权力下放的形式不同，职权配置是组织设计中的一项主要内容；而授权则是领导者的一种领导艺术。但结果相同，都是使较低层次的管理人员行使较多的决策权，即权力的分散化。

技能实训

【管理测试】 测试管理能力

1．测试说明

回答问题，回答“是”或“否”。

2．测试题目

（1）习惯于行动之前制订计划。

（2）经常出于效率上的考虑而更改计划。

（3）能经常收集他人的各种反映。

（4）实现目标是解决问题的继续。

（5）临睡前思考筹划明天要做的事情。

（6）事务上的联系、指示常常一丝不苟。

（7）有经常记录自己行动的习惯。

（8）能严格制约自己的行动。

（9）无论何时何地，都能有目的地行动。

（10）能经常思考对策，扫除实现目标中的障碍。

3．测试结果分析

你回答的“是”越多，就表明你的管理能力越强，因为你是一个很用心的人，而且是一位言必行，行必果的君子，所以你可以胜任管理层次的职务。回答“否”多的人，说明你是个不爱操心的人，对事情常常得过且过，做事无恒心，缺乏意志力，所以你的管理能力还有待培养。

【管理实践】

按表 5.1 完成管理实践。

表 5.1 管理实践要求

实 训 项 目	绘制组织结构图
实 训 目 标	1．培养组织结构绘制的能力。 2．培养组织结构分析的能力

续表

实训内容及组织	1. 对所就读的学院的组织结构或某一企业进行充分调研，在此基础上，运用所学知识绘制调研对象的组织结构图，并进行说明与分析，提交报告。要求如下： （1）所绘制的组织结构图应符合实际； （2）对组织结构图中的层次结构、管理幅度、部门划分的依据及目的、部门职责等进行分析； （3）对此组织结构的特点进行分析。
	2. 在课上进行交流与论证。 3. 教师对各组完成情况及汇报情况进行点评
活 动 考 核	1. 每组都要完成一份组织结构调研与分析报告。 2. 在全班进行交流，共同对各组的组织结构绘制进行点评

知识测试

一、判断题

1. 当外部环境处于剧烈变化状态时，企业可以通过建立一些临时性的部门、通畅的信息传递通道来提高分权程度，发挥员工潜力，减少外部环境对企业造成的不利影响。（　　）

2. 企业人员素质普遍较高，对领导意图能很好领会，则适合采取集权管理。（　　）

3. 小批量生产的产品具有差异化的特点，常常根据顾客的要求进行设计和生产，对企业人员技术水平要求较高，技术权力要求分散，适于采用分权式组织形式。（　　）

4. 组织结构的具体模式有许多种，但其中最主要的是直线制和事业部制。（　　）

5. 职能型组织结构是“经营管理理论之父”法约尔首先提出来的。（　　）

6. 管理层次的增加必将导致管理人员数量的急剧增加和管理成本的大幅度上升，所以应尽量减少管理层次。（　　）

7. 大批量生产的企业生产专业化程度较高，产品品种较少，主要进行标准化生产，对职工技术要求相对较低，适于采用分权式组织形式。（　　）

8. 究竟采取扁平式还是高长式组织结构，主要取决于组织规模的大小和组织领导者的有效管理幅度等因素。因为在管理幅度不变时，组织规模与管理层次成正比。规模大，层次多，则呈高长式结构；反之亦然。（　　）

9. 影响组织集权与分权程度的因素很多。从组织成长的不同方式来看，如果组织是靠其内部积累由小到大逐级发展起来的，则分权程度较高。（　　）

10. 组织规模的大小是影响集权与分权的因素之一。规模越大，管理层次和管理部门越多，为了提高管理效率，集权程度就应高些；相反亦然。（　　）

11. 组织作为人的集合，就是简单的个人的加总。（　　）

12. 电影院的观众是拥有特定的共同目标的群体，所以，他们是一个组织。（　　）

13. 组织的动态的管理学含义是指组织结构，即反映人、职位、任务，以及它们之间的特定关系的网络。（　　）

14. 组织扁平化的最根本目的是通过削减冗员来降低管理费用。（　　）

15. 管理幅度越大，需要的管理人员越多，管理人员之间的协调工作越难做。（　　）

16. 企业在进行上下级权力划分时，应考虑的因素之一是企业产品种类的多少，专业化生产企业，比如汽车制造等，由于规模较大，一般应采用分权模式。（　　）

二、单选题

1. 直线型组织结构一般只适用于（　　）。

A. 大型组织　　B. 小型组织

C. 需要职能专业化管理的组织　　D. 没有必要按职能实现专业化管理的小型组织

2. 职能型组织结构的最大缺点是（　　）。

A. 横向协调性差　　B. 多头领导

C. 不利于培养上层领导　　D. 适用性差

3. 没有实行管理分工的组织结构是（　　）。

A. 直线型　　B. 矩阵型　　C. 职能型　　D. 多维立体结构

4. 直线参谋型组织结构的主要缺点是（　　）。

A. 结构复杂　　B. 多头指挥

C. 职责权限不清　　D. 不利于调动下属的积极性和主动性

5. 事业部制组织结构产生于20世纪（　　）。

A. 20年代　　B. 30年代　　C. 40年代　　D. 50年代

6. 采用“集中政策，分散经营”的组织结构是（　　）。

A. 直线型　　B. 职能型　　C. 事业部制　　D. 矩阵型

7. 组织中主管人员监督管辖其直接下属的人数越适当，就越能够保证组织的有效运行是组织工作中（　　）的内容。

A. 目标统一原理　　B. 责权一致原理

C. 管理宽度原理　　D. 集权与分权相结合原理

8. 下列（　　）组织结构又被称为多线型组织结构。

A. 直线型　　B. 事业部制　　C. 多维立体结构　D. 职能型

9. 组织规模一定时，组织层次和管理宽度呈（　　）关系。

A. 正比　　B. 指数　　C. 反比　　D. 相关

10. 大批量生产的企业生产专业化程度较高，产品品种较少，主要进行标准化生产，对职工技术要求相对较低，一般适于采用（　　）组织形式。

A. 集权式　　B. 分权式　　C. 均权式　　D. 不确定

11. 根据决策的重要性，若较低层次做出的决策比较重要，影响面较大，则表明该组织的权力划分特征是（　　）。

A. 分权程度较高　　B. 集权程度较高

C. 集权与分权程度相当　　D. 不确定

12. 部门划分主要解决组织的（　　）。

A. 纵向结构问题　　B. 横向结构问题

C. 纵向协调问题　　D. 横向协调问题

13. 层次划分主要解决组织的（　　）。

A. 纵向协调问题　　B. 横向结构问题

C. 纵向结构问题　　D. 横向协调问题

14. 管理宽度小而管理层次多的组织结构是（　　）。

A. 扁平式结构　　B. 直长式结构

C．直线型组织结构　　D．直线参谋型组织结构

15．按（　　）来划分部门是最普遍采用的一种划分方法。

A．产品　B．地区　C．职能　D．时间

16．（　　）是用图形的方式表示的组织内各机构、岗位、上下左右的相互关系。

A．组织结构　B．组织手册　C．职位说明书　D．组织树

17．一般来说，集权或分权的程度，常根据各管理层次拥有的（　　）权的情况来确定。

A．领导　B．决策　C．计划　D．组织

18．下列组织结构中，分权程度最高的是（　　）。

A．直线型　　B．直线参谋型

C．直线职能参谋型　　D．事业部制

19．某大型证券公司将其所有活动组成了银行部、一级市场部、二级市场部、行政业务部等部门。其中，行政业务部下设国内业务部和海外业务协调部。按公司高层管理部门的计划，公司将在今后5年内，在全国各大城市和亚洲、欧洲、北美洲设立证券业务分公司。由此可见：（　　）。

A．该公司目前采取的是职能型组织结构，5年后仍将维持这一结构

B．该公司目前按地区原则组织活动，5年后改为按业务性质组织活动

C．该公司现在采取职能及地区型组织结构，5年后将改为按国家安排业务活动

D．该公司现在按业务性质组织活动，5年后将改为地区型组织结构

20．关于组织设计的基本原则，不正确的表述是（　　）。

A．在组织设计中，应当明确各部门的任务与责任，以及这些部门利用人、财、物及信息等权力

B．组织设计必须保证组织的目标能够层层分解，确保每个人都了解自己在总目标实现中应完成的任务

C．为了突出人的特点和人的能力，必须以“人人有事做”为原则

D．组织设计应注意组织的幅度不可过大，稳定性与适应性必须相结合

三、多选题

1．矩阵型组织结构的弱点有（　　）。

A．部门之间难以协调　　B．多头领导

C．适应性不强　　D．灵活性不够

2．直线型组织结构的优点有（　　）。

A．结构比较简单　　B．责任和职权明确

C．做决定较容易和迅速　　D．减轻了上层主管人员负担

3．组织设计的原则包括（　　）。

A．目标统一　　B．责权一致

C．分工协作　　D．稳定性和适应性相结合

4．扁平式结构的优点是（　　）。

A．缩短了上下级关系　　B．信息纵向流通快

C．严密监督下级　　D．管理费用低

5．下列关于组织层次与管理幅度关系论述中正确的是（　　）。

A．高长式组织结构的管理幅度窄，组织层次多

B．高长式组织结构的管理幅度窄，组织层次少

C．扁平式组织结构的管理幅度宽，组织层次少

D．扁平式组织结构的管理幅度宽，组织层次多

6．事业部制组织结构的优点有（　　）。

A．能够取得产出方面的协调　　B．自然存在的竞争可激发员工的进取心

C．有利于统一指挥　　D．资源使用上的重复配置

7．授权的好处主要表现为（　　）。

A．减轻上级工作负担　　B．发挥下属的专长

C．培养人才　　D．提高工作效率

8．组织设计的影响因素有（　　）。

A．环境　　B．组织规模　　C．组织战略　　D．组织文化

9．影响有效管理幅度的因素有（　　）。

A．管理人员及其下属的能力　　B．工作的内容及性质

C．工作条件　　D．工作环境

10．职权可分为（　　）。

A．法定职权　　B．直线职权　　C．职能职权　　D．参谋职权

四、简答题

1．组织设计应遵循什么原则？

2．影响集权和分权的因素有哪些？

3．如何实施有效的授权？

4．试比较分析扁平式结构与高长式结构在管理方面的特点。

五、论述题

试述直线职能制和事业部制组织结构形式的特点及其优缺点。

六、案例分析题

重组中的木材公司

近几年来，匹克木材公司获得了大幅度扩展。可它在20世纪初创业时不过是美国西北部的一个小型锯木厂（作坊），后来它得到了森林地，开始建造越来越大的厂房。到了70年代，它已成为世界上一个最大的木材制品公司。可是，在整个70年代和80年代初，由于住房和商业建筑的建设大幅度地降温，公司又不得不勒紧它的裤带。这意味着公司总部，还有它的销售部门、胶合板厂、装配件厂，都要在组织结构上大大地调整一下。

公司在威斯康星州的胶合板厂，生产过程已经大大自动化了，但厂里职工的工作岗位却基本上还是50年代那个样子。人事部经理对剥皮车间工作岗位的设置有个新的打算。在过去，那里有不少分工非常细的手工活：一个工人浸泡原木，一个工人翻滚原木，一个工人剥离树皮，再由一个工人把原木转移到位，等等。而现在，全部过程都在一个大盆里进行，由一个操作工在控制塔里操纵，运来的原木会沿着输送带逐一完成各道工序。只要给那个操作工配备两个非技术工人就够了，在他的指挥下，他们把可能阻塞加工流程的不到位或卡在一起的原木拨正或松开即可。对那个操作工来说，他比以前需要更多的知识和技

术，也负有更大的责任。不过，对另外两个工人来说，除了像以前那样又脏又要担点风险外，只保留最起码的一点技术就行了。

匹克木材公司在它的顶峰时，颇为自己公司总部的工作效率而自豪。堆积如山的文件里详细记载着成千上万个客户与所需产品之间的关系。工厂将产品生产出来后便运往各地区的仓库，由它们在指定的区域内向各自的客户提供服务。再说，公司总部的所有记录已输入计算机数据库，可以随时调取。在匹克木材公司的重组计划中，针对全国六大地区设立了地区经销办事处（营业所），每个办事处都有计算机直接与中央数据库联网。

罗恩是匹克木材公司的总经理，他希望维持公司管理系统运作上的连续性。他坚持，他的指示要逐级下达，使每一个管理层次都清楚公司新的政策与工作程序。

总经理把产品销售的责任委派给一位市场经营的副总经理，由他负责所有的地区经销办事处。不过，由于销售收入对财务资金至关重要，总经理指示地区经销办事处的经理们把每天的销售情况直接向公司总会计师汇报。那位负责市场经营的副总经理经常在傍晚亲临观察，而总会计师米尔斯认为不必如此，因此她不得不关照那些地区办事处的经理们应该把精力放在明天打算干什么。有时候，她的指示与那位副总经理的吩咐相左。

匹克木材公司在重组结构上货真价实的效益是减少了管理的层次，许多中间管理层再也不见了留下的经理们精神抖擞，结果呢，每个人比以前照看着更多的业务。

在威斯康星州的那家厂里，设立了一个质量控制部门，监查几道关键工序，以防最终产品出毛病。质量控制部门的经理几次想把运行中的流水线停下来，而生产部门经理总是不肯这样干，结果是出了次品，不能出厂，利润受到严重损失。为了解决类似问题，匹克木材公司的总经理派了两个工作组，由米尔斯牵头，从公司的工程部、质量控制部、生产部、采购部和销售部抽出一批专门人才，暂时脱离日常业务，去参加工作组的调查。

问题：

1. 胶合板厂的剥皮车间调整了工作岗位设置，让两个非技术工人配合一个操作工工作。对那个操作工来说，这意味着什么？（　　）

A．部门划分形式变化了　　B．工作专业化了

C．组织集权化了　　D．工作扩大化了

2. 在剥皮车间的新安排中，操作工岗位更重要了。这是通过什么途径来实现的？（　　）

A．拓宽了工作的范围　　B．扩大了工作的权限

C．增强了工作的责任　　D．以上三者均有

3. 在公司总部，为积累客户与产品之间关系的记录和材料而设立的某个专门的部门是以（　　）为部门化依据来设置的。

A．职能　　B．地区　　C．产品　　D．顾客

4. 总经理要求他的指示要逐级下达，这里强调了什么原则？地区经销办事处的经理们被要求向总会计师汇报每天的销售情况，总会计师也直接向销售经理们发出指示，这又违反了什么原则？（　　）

A．分别为指挥链原则和管理工作分工原则

B．分别为指挥链原则和统一指挥原则

C．分别为统一指挥原则和职能职权原则

D．分别为统一指挥原则和集权与分权相结合原则

5. 某地区经销办事处经理接到一个客户的紧急特殊售后服务要求，需要胶合板车间派工人来帮助，其沟通经过了这样一条路线：销售经理—市场经营副总经理—总经理—制造副总经理—胶合板车间主任—某工人。这是采用了（　　）渠道。

A. 上行沟通　　B. 纵向沟通　　C. 下行沟通　　D. 斜向沟通

6. 匹克木材公司通过重组减少了管理层次，这意味着管理或控制幅度和组织结构形态各自发生了什么变化？（　　）

A. 幅度扩大，结构扁平化　　C. 幅度缩小，结构扁平化

B. 幅度扩大，结构高耸化　　D. 幅度缩小，结构高耸化和集权化

项目6 组 织 运 行

学习目标

知识目标

1. 掌握人员配备的原则及内容
2. 掌握人员配备的主要内容
3. 掌握组织协调的意义及联系方式
4. 掌握组织管理规范的形式及设计程序
5. 掌握组织变革的内容、程序及消除阻力的管理对策

能力目标

1. 培养人员配备的能力
2. 培养组织协调联系的能力
3. 培养组织管理规范的初步设计能力
4. 培养组织变革的实施能力

关键概念

人员配备、人员选聘、人员组合、人员考评、人员培训、组织协调联系、组织管理规范、组织变革

知识体系

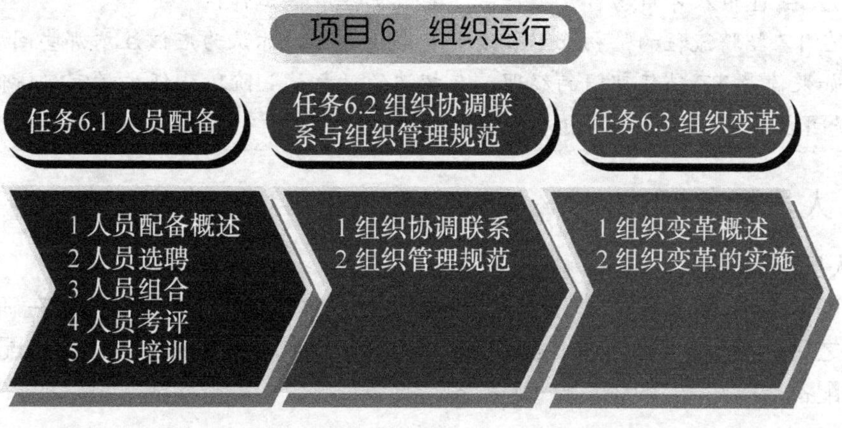

任务6.1 人员配备

任务导入

TZ超市管理人员的招聘

2002年11月，著名的TZ超市在H市人才市场召开了专场招聘会，拟在H市招聘15名销售部门经理。招聘当天，TZ的招聘工作人员把H市人才市场的二楼大厅布置得井井有条：楼梯上贴着TZ超市的宣传画，三楼门口放着一台电视机，连续播放着介绍TZ资料的影碟。

负责招聘工作的邢女士说：“TZ重视流程管理，招聘工作也不例外。我们在招聘时早已做了充分的准备，制订了详细的招聘计划，我们只要在招聘的各个流程环节中把好关，招聘的质量就不会有问题。”

TZ的招聘主要有以下几个步骤。

（1）领表。进场的应聘者要先在入口处领取一张申请表，填写个人资料、教育程度、家庭状况、为什么来TZ工作等问题。领表，这个看似简单的过程却能淘汰掉不少应聘者，比如有些人来应聘，却没有准备简历和照片等基本资料，TZ认为这些人可能缺乏组织策划能力，不太适合做零售业的部门经理，通常是不给此类应聘者机会的。

（2）初选。应聘者填好表格，将其交给人力资源部的工作人员，由他们进行初选。邢女士说，在这个过程中，TZ会认真地看申请表，问应聘者一些问题，淘汰一些明显不适合到TZ工作的应聘者。

（3）初试。通过TZ的初选后，应聘者就可以到部门经理那里面试了。TZ的一个门店的7位部门经理（包括四位销售部门经理、一位人力资源部经理、一位收银处经理和一位财务经理）参加面试，经理们都会问一些问题。根据每一位应聘者回答的状况，都会写A、B、C、D的评语。通常被评为A、B者才有可能参加下一轮面试。

（4）复试。一周内会接到TZ人力资源部的复试电话通知，接下来还要经过至少2次面试，最后才接受总经理的面试。这时，初试过关的10位人员中大约会有1位能够成为TZ的员工。

【任务分析】

1. TZ在H市人才市场召开招聘会，要做哪些准备工作？
2. 在TZ招聘流程的“初选”阶段审查申请表时，你认为应该注意哪些问题？
3. 如果你是TZ销售部门的经理，在招聘的“初试”阶段担任主考官，请你采用开放式的提问方式，向应聘者提出4个问题。

6.1.1 人员配备概述

1. 人员配备的概念

人员配备是指对组织中全体工作人员的配备。具体地说，人员配备是指在确定组织结构及职位之后，依其需要，选择、配备适当人员的工作过程，包括管理人员的配备和非管理人员的配备。

2．人员配备的重要性

人员配备是组织有效活动的保证。在管理的四大职能中，人员配备主要涉及的问题是人。一切工作都是由人来完成的，人员配备的恰当与否直接影响着组织各项工作的质量与效率，与组织的兴衰存亡密切相关。组织只有通过扎扎实实的人员配备工作，把合适的人安置在合适的职位上，才能实现位得其人，人得其位，人尽其才。若不能做到按职位的任务要求和人员所长来开展人员配备工作，组织活动只会是低效的、失败的。

3．人员配备的原则

（1）用人所长原则。用人所长原则要求组织在用人时不能够求全责备，管理者应注重发挥人的长处。在现实中，由于人的知识、能力、个性发展是不平衡的，组织中的工作任务要求又具有多样性，因此，完全意义上的“通才”、“全才”是不存在的。有效的管理应做到知人善任，选择最适合空缺职位要求的候选人，发挥其长处，并使其弱点减到最小。

管理思考6.1

杂　诗

清　顾嗣协

骏马能历险，犁田不如牛。
坚车能载重，渡河不如舟。
舍长就其短，智高难为谋。
生才贵适用，慎勿多苛求。

思考：结合人员配备工作，谈谈从此诗中你得到了什么启迪。

管理启迪：这首诗形象地告诉我们，任何事物都有其优势与劣势，只有扬长避短，才能发挥出其最大才能，获得最大收益。

（2）公平竞争原则。公平竞争原则要求组织在选聘人才时要努力做到公平公正。对所有应聘者应一视同仁，以严格的标准、科学的方法，对候选人进行全面考核，公开考核结果，择优录取。

（3）优化组合原则。优化组合原则要求在组合工作群体时，应充分考虑群体中各个个体之间的性格、年龄、专业、能力等要素是否匹配，结构是否合理，是否有利于组织目标的实现。只有通过优化组合的工作群体，才能优势互补、弥补不足，以发挥人才组合的整体效应。

管理思考6.2

弥勒佛与韦驮

去过庙的人都知道，一进庙门，首先是弥勒佛笑脸迎客，而在他的北面，则是黑口黑脸的韦驮。但相传在很久以前，他们并不在同一个庙里，而是分别掌管不同的庙。弥勒佛热情快乐，所以来的人非常多，但他什么都不在乎，丢三落四，没有好好地管理账务，所以依然入不敷出。而韦驮虽然管账是一把好手，但成天阴着个脸，太过严肃，搞得人越来越少，最后香火断绝。

佛祖在查香火的时候发现了这个问题，就将他们俩放在同一个庙里，由弥勒佛负责公关，笑迎八方客，于是香火大旺。而韦驮铁面无私，锱铢必较，则让他负责财务，严格把关。在两人的分工合作中，庙里呈现出一派欣欣向荣的景象。

思考： 由弥勒佛和韦驮的故事，你得到了什么启迪。

管理启迪： 在用人大师的眼里没有废人，正如武功高手，不需名贵宝剑，摘花飞叶即可伤人，关键看如何运用。

资料来源：聪慧网（http://info.ceo.hc360.com）

（4）权责利一致原则。权责利一致原则要求上级必须委派恰当的人去担任某个职务和某项工作，人和职位一定要相称。应根据管理者的素质和过去的表现，尤其是责任感的强弱，授予他适合的某个管理职位和权力。

（5）不断培养原则。不断培养原则要求组织在人员配备和使用的过程中，应注重人才培养，通过各种形式的智力和技能开发，不断提高人员的素质，最大限度地发挥人的潜能。

（6）动态平衡原则。动态平衡原则要求组织应以发展的眼光来看待人与事的配合关系，不断根据变化了的情况，适时地进行人员调整，以实现人与工作的动态平衡与最佳匹配。

4．人员配备的内容

人员配备的目的是配备合适的人员去充实组织机构中所规定的各项职务，保证组织活动的正常进行，实现组织的既定目标。传统的观点一般把人员配备作为人事部门的工作，即按照组织手册的要求配备各部门、各岗位所需的人员。而现代的观点认为，人员配备不但要包括选人、评人、育人，还包括如何用人，如何增强组织凝聚力来留人，这与领导工作密切相关。因此，与组织职能相关的人员配备的内容主要包括人员选聘、人员组合、人员考评、人员培训。

6.1.2 人员选聘

人员选聘是指组织为了发展的需要，根据配备人员的要求，寻找、吸引那些有能力又有兴趣到组织任职的人员，并从中选出适宜人员予以录用的过程。人员选聘主要是解决人与事的配置问题，是整个组织人员配备工作的基础。一方面，选聘工作直接关系到组织人员的形成；另一方面，招聘和录用是人员管理中培训、绩效评估、薪酬福利管理、激励、劳动关系、人员流动等工作环节的基础。

1．人员选聘的方式和途径

招聘的途径主要有内部提升和外部招聘两种，而每一种招聘途径又有多种形式。

（1）外部招聘。外部招聘是根据一定的标准和程序，从组织外部的众多候选人中选拔符合空缺职位工作要求的管理人员。外部招聘可以利用各种方法和手段，如接受推荐、刊登广告、举办人才交流会、到职业介绍所登记、校园招聘、猎头公司等从组织外部吸引应聘人员。从外部招聘员工有助于利用外来优势，平息和缓和内部竞争者的紧张关系，为组织带来新鲜空气，但可能会因对应聘者了解不够而导致招聘失败，并且会打击内部员工的积极性。此外，外聘者因对组织内部情况不熟悉，需要一段时间的适应才能有效地工作。

（2）内部提升。内部提升是指组织成员的能力增强并得到充分证实后，被委以更高职务，承担更大责任。内部提升有利于鼓舞员工士气，提高员工工作积极性；同时对选聘人员的了解比较充分全面，可以确保选聘工作的正确性；选聘者因了解组织内部情况，因而能迅速开展工作。但内部提升容易激化内部竞争者的矛盾，并可能导致任人唯亲的现象发生。

2．人员选聘的程序和方法

在确定了选聘方式之后，招聘人员或招聘小组要根据选聘计划中所确定的选聘标准一步一步地进行筛选，对应聘者的素质与职务的要求加以认真比较，录用合格的应聘者。一般来说，选拔的程序与方法如下。

（1）初次面试。初次面试主要是根据招聘的一些标准与条件来进行筛选，淘汰明显不符合职务要求的应聘者，以减少进一步选拔的工作量和费用，使选聘工作得以顺利进行。

（2）审查申请表。申请表是组织普遍使用的选拔手段，目的是为了帮助招聘人员对应聘者有个具体了解，并根据其条件，决定是否有必要对其进行进一步考核。申请表的内容依不同组织、不同招聘职务而定。

（3）录用笔试与面试。在初次面试和审查申请表的基础上，通过录用笔试与面试，进一步获取应聘者的情况，加深对应聘者的认识，有助于对应聘者合格与否做出判断。

（4）测试。测试是运用系统的同一标准及科学的规范化的工具，对不同人员的各种素质加以公正而客观的评价。它是选聘过程中重要的辅助手段，特别是对于那些其他手段无法确定的个人品质，如能力、个性特征、实际技能等。最常见的测试方法有智能测试和心理测试等。

（5）身体检查。身体检查的主要目的是确定应聘者在体力上能否胜任工作。尤其是对身体状况有特殊要求的职务来说，这一工作应放在前面。

（6）确定录用者。在上述各项工作的基础上，根据待聘职务的性质，综合考虑每个候选人的知识、智力和能力状况，从中选择出最合适的人员录用。

以上招聘程序是一般的招聘程序，对于不同的招聘目的和情况，其过程也有所不同。整个人力资源的选聘应遵循平等就业、双向选择、择优录用等原则。

管理智库 6.1

索尼的内部跳槽

有一天晚上，索尼董事长盛田昭夫按照惯例走进职工餐厅与职工一起就餐、聊天。他多年来一直保持着这个习惯，以培养员工的合作意识和与他们的良好关系。

这天，盛田昭夫忽然发现一位年轻职工郁郁寡欢，满腹心事，闷头吃饭，谁也不理。于是，盛田昭夫就主动地坐在这名员工对面，与他攀谈。几杯酒下肚之后，这个员工终于开口了："我毕业于东京大学，有一份待遇十分优厚的工作。进入索尼公司之前，对索尼公司崇拜得发狂。当时，我认为我进入索尼公司，是我一生的最佳选择。但是，现在才发现，我不是在为索尼公司工作，而是为科长干活。坦率地说，我这位科长是个无能之辈，更可悲的是，我所有的行动与建议都得科长批准。我自己的一些小发明与改进，科长不仅不支持，还挖苦我癞蛤蟆想吃天鹅肉，有野心。对我来说，这名科长就是索尼公司。我十分泄气，心灰意冷。这就是索尼？这就是我的索尼？我居然放弃了那份优厚的工作来到这种地方！"

这番话令盛田昭夫十分震惊，他想，类似的问题在公司内部员工中恐怕不少，管理者应该关心他们的苦恼，了解他们的处境，不能堵塞他们的上进之路，于是产生了改革人事管理制度的想法。之后，索尼公司开始每周出版一次内部小报，刊登公司各部门的"求人广告"，员工可以自由而秘密地前去应聘，他们的上司无权阻止。另外，索尼公司原则上每隔两年就让员工掉换一次工作，特别是对于那些精力旺盛，干劲十足的人才，不是让他们被动地等待工作，而是主动地给他们施展才能的机会。在索尼公司实行内部招聘制度以后，有能力的人才大都能找到自己较中意的岗位，而且人力资源部门可以发现那些“流出”人才的上司所存在的问题。

这种“内部跳槽”式的人才流动是要给人才创造一种可持续发展的机遇。在一个单位或部门内部，如果一个普通职员对自己正在从事的工作并不满意，认为本单位或本部门的另一项工作更加适合自己，想要改变一下却并不容易。许多人只有在干得非常出色，以致感动得上司认为有必要给他换个岗位时才能如愿，而这样的事普通人一辈子也难碰上几次。当职员们对自己的愿望常常感到失望时，他们的工作积极性便会受到明显的抑制，这对用人单位和职员本身都是一大损失。

一个单位，如果真的要用人所长，就不要担心职员们对岗位挑三拣四。只要他们能干好，尽管让他们去争。争的人越多，相信干得越好。对于那些没有本事抢到自认为合适的岗位，又干不好的剩余员工，不妨让他们待岗或下岗，或者干脆考虑外聘。索尼公司的“内部跳槽”制度就是这样，有能力的职员大都能找到自己比较满意的岗位，那些没有能力参与各种招聘的员工才会成为人事部门关注的对象，而且人事部门还可以从中发现一些部下频频“外流”的上司们所存在的问题，以便及时采取对策进行补救。这样，公司内部各层次人员的积极性都被调动起来了。当每个干部、每个职工都朝着“把自己最想干的工作干好，把本部门最想用的人才用好”的目标努力时，企业人事管理的效益也就发挥到了极致。

内部候选人已经认同了本组织的一切，包括组织的目标、文化、缺陷，比外部候选人更不易辞职。

资料来源：中国人力资源开发网（www.chinahrd.net）

6.1.3 人员组合

人员组合是指组织内按管理或作业需要所进行的人员配置与合作，主要解决人与人的配合问题。现代化的生产、管理和服务的基本特点就是分工协作，这就要求人员配备要强调科学合理，从年龄、知识、技能、性格、特长甚至性别等多方面综合考虑人与人的配合问题。

1. 人员组合的综合效应

不同的人员组合往往产生不同的综合效应，合理组合将使综合效应放大，不合理组合将使综合效应缩小。具体表现为以下五种类型。

（1）1+1＞2，即发挥优势，取长补短。

（2）1+1= 2，即相安无事，彬彬有礼。

（3）0＜1+1＜2，即貌合神离，问题成堆。

（4）1+1= 0，即两方斗气，躺倒不干。

（5）1+1＜0，即矛盾激化，互相拆台。

最佳的人员组合就是要达到第一种组合，这是一种能够形成协同作用的人员组合而非相互牵制、排斥与破坏的人员组合，是组织有序、高效管理的关键。通过合理的人员组合，一方面个体间取长补短而形成整体优势，从而发挥组织的系统功能；另一方面能够调动组织内各种人员的工作积极性，达成一种默契的合作关系。

2. 实现最佳人员组合的途径

最佳的人员组合应是成员之间能够发挥各自优势与弥补各自缺陷才能；取得互补效应，实现最佳配置。管理者要善于根据组织目标、工作要求及人员特点，从以下三个方面寻求人员最佳组合。

（1）实现最佳知识、技能组合。应按照组织的目标要求，结合人员的专业与素质条件，实现各类人员在知识、技能上扬长避短，科学互补，形成协同效应。

（2）实现最佳年龄组合。应根据承担任务的性质和要求的不同，实现最佳的人员年龄结构，通过合理的老、中、青结合的梯形结构，使工作群体在体力、智力、经验等方面实现互补，又能顺利实现人员的新陈代谢。

（3）实现最佳气质、性格组合。应研究各类人员的社会心理类型与特点，实现群体成员之间在气质、性别上的相容与互补，从而使群体成员之间融洽相处，满足归属感，形成凝聚力。

3．人员组合模式

人员组合模式是指人员组合的方式或载体。一般来讲，人员组合有以下三种模式。

（1）人员组合时空模式，主要根据工作人员的工作时间或工作场所进行组合，如建立科学的倒班制、工段、班组与工作地的组织等。

（2）人员组合职、权、责、利模式，是最重要的组合模式，即通过科学设置职位（职务），正确分配权力（包括授权），严格明确职责，合理规定相应奖酬，四位一体，建立最佳组织与管理的结构与制度，如经营责任制等。

（3）人员组合的社会心理模式，主要通过对不同特征的人员的合理组合及相应组织与激励措施，建立体现社会相容性和心理相容性的最佳群体氛围。

6.1.4 人员考评

人员考评是指对人员工作绩效的考核，具体地讲，就是对照工作岗位职责说明书和工作任务，对员工的业务能力、工作表现及工作态度等进行评价的过程。绩效考评有助于了解任职者是否胜任岗位工作，从而实现有效的职位管理；绩效考评结果则为员工培训工作开展和奖酬设计提供了依据。

1．人员考评的内容

绩效是指个体或群体的工作表现、工作成绩、最终效益的综合。考评的内容应包括四个方面：德、勤、能、绩。

（1）德，主要指员工的思想素质、工作道德。不同时代、不同职业、不同层级，德的标准有所不同，但一般的标准是坚持集体主义价值观、富有使命感、责任心和进取精神，遵守职业道德、遵纪守法等。

（2）勤，主要指员工的工作积极性。员工的工作积极性具体反映在衡量完成目标和计划时所做的努力和成绩，即工作中所做的贡献大小。在评价时，应尽可能地把员工的个人努力和部门成绩区别开来，同时不应忽视环境与机会对贡献的影响，从而对员工做出客观的评定。

（3）能，主要指员工在工作中表现出来的能力。不同工作岗位对工作能力有不同的要求，应结合任职者的实际工作岗位进行评定。能力的表现往往是抽象的，在考评中有很大的难度，必须将其具体化，才能进行各项的评价。

（4）绩，主要指员工的工作结果、工作绩效，包括完成工作的数量、质量、经济效益和社会效益。对不同职位，考核的侧重点应有所不同，但效益应该处于中心地位。

2．人员考评的程序与方法

人员考评应遵循以下程序。

（1）确定考评内容。根据不同职务的工作性质，设计合理的评估内容。评估内容中应包括员工的工作表现、工作成绩和最终效益等方面。

（2）选择考评主体。真正的考评应由被考评者的上级、与其有联系的关系部门，以及其下属共同参加和完成。

（3）实施考评工作。实施考评工作时，应结合评估内容，遵循公开、公正、客观的原则，做出正确的评定。

（4）分析考评结果。为了得到正确的考评结果，要分析考评的可靠性，剔除那些明显的不负责任的考评表。在此基础上认真综合各考评表的打分，以得出可信的考评结论。

（5）反馈考评结果。考评结果应及时反馈给有关当事人。反馈形式可以是上级管理者与被考评对象的直接面谈，也可以以书面形式通知。通过反馈，使当事人了解组织对其能力的评价和贡献的承认程度，以及组织认为其缺陷所在，同时提出改进的方向，促进绩效改善。

（6）考评结果存档。有规律地定期考评组织成员，可以使企业了解管理人员的成长过程和特点，建立人才档案，以便根据不同标准对组织成员进行分类管理。

6.1.5 人员培训

人员培训是指组织通过各种措施和方法，促进内部成员学习的活动。人员培训主要解决人的素质提高问题。

1. 人员培训的目标

组织开展人员培训工作，必须实现以下四个方面的具体目标。

（1）发展能力。人员培训的目的之一就是根据岗位工作要求，提高组织成员的工作技能。

（2）更新知识。开展培训可以补充和更新组织成员的科学知识、技术知识，达到人事相宜。

（3）改变态度。通过对组织成员特别是新成员的培训，使他们逐步了解组织文化特征，接受组织的价值观念，按照组织认同的行为准则来开展工作。

（4）传递信息。培训可以让组织成员了解组织在一定时期内的生产特点、产品性质、工艺流程、营销政策、市场状况等各个方面的情况，使他们熟悉组织的各项业务和各方面的信息。

2. 人员培训的方法

人员培训的方法多种多样，在具体培训工作中，应该因地制宜，根据组织自身的特点及参加培训人员的具体特点来选择合适的方法。具体培训方法主要包括以下几种。

（1）课堂培训。通过内部组织培训或选派人员去外面的大学、培训中心等专门机构进行培训学习，使受训者掌握系统的专业知识，提高各级、各类管理人才和技术专门人才的综合素质。

（2）工作轮换。工作轮换是培养工作技能的一种重要方法，该方法不仅可以使受训者丰富技术知识和管理能力，掌握组织的各项业务和活动，而且可以培养协作精神和全局观念。

（3）设立“助理”职位。设立“助理”职位是让受训者与有经验的管理者一起工作，有经验的管理者可以对受训者给予特别培养和考察。这种方法可以使受训者逐步接触和处理高层次的管理事务，从而积累高层管理经验，熟悉高层管理工作的内容和要求。

（4）临时职务代理。安排临时性的代理工作，可使受训者亲身体验高层管理工作，使之在代理期间充分展示自己的管理才能，知道自己应该如何迅速弥补其现有管理能力的不足。

（5）参加委员会工作。让受训者参加委员会等组织的工作，使其有机会与有经验的管理者交往，与他们一起参与管理决策工作，学会在集体中协调和决策，便于受训者从中得到锻炼。

拓展阅读 6.1

解读思科人力资源管理

思科的人力资源管理无论在中国还是在美国，都被同行认为是最先进的。在美国《财富》杂志2000年的一次排名中，思科当选为信息产业“最吸引员工的公司”。思科的人才管理有许多经典之处，是成功的硅谷企业的一个缩影。

1. 疯狂买人

思科的招聘广告上写着：我们永远在雇人。思科认为，在互联网飞速发展的时代里，最关键的是人才的取得和保留。思科的招人方式遵循高素质、宁缺毋滥的原则。在思科的雇员中，最具特色的是被兼并的公司的员工。

这几年，思科以平均每年兼并10家的速度，累计收购了60多家公司，最“繁忙”的时候，思科曾在10天内吃掉4家公司。在新经济时代，通常收购总是伴随着大规模裁员。但是，思科却并不这样做。思科从不大规模解雇员工，在思科首席执行官约翰·钱伯斯看来，收购“最主要买的是人，而不是产品”。有一次，公司想收购一家众人都看好的公司，产品对路，价格也合适，但购并后必须解雇员工。最终钱伯斯还是放弃了。思科在全球现有的近4万名员工中，30%来自被兼并的公司。

钱伯斯在20世纪80年代曾经做过王安电脑公司的总裁。王安公司的失败导致公司大量裁人，经他之手裁掉的人不在千下，这是他在职业生涯中最不愿意看到的，也最不能忘怀的经历，促使他在以后的职业生涯中非常注重避免企业的不良经营导致的裁员。

每次收购公司，钱伯斯都要带领一个“文化考察团”——由人力资源部成员参与的收购班子。买公司的同时买下该公司的技术和人才。思科认为10多年资产增加不少，但最可贵的增加是人才的增加和保留。

2. 只有考核才能看出水平

对员工的考核是人力资源管理最重要的一项内容，思科认为自己的方法多样，非常先进。

思科认为评估不要一年一次，而要每周、每月、每季度都评。思科采用目标管理（MBO），MBO每季度进行一次，其他评估模式每周做一次，而对客户满意度的调查全世界放在一起做。三个方面的评估，构成了一个人的业绩。思科每年的薪资调整计划根据年度薪资调整考核进行，整个公司制订的总体加薪比例是根据业绩来的。

进入思科的员工接受评估的时间不一样，在思科有三个评估时间：4月、8月和10月，员工进来的时间靠近哪个时间，他就在哪个时间接受业绩评估。这样做还有一个好处，如果所有员工的评估工作一起做，人力资源部的工作量就很大，分开做可以在工作量和财务资金上都分散压力。

思科每季度会对每一个员工做一个跟踪，有许多表格进行评估。比如一个普通员工，上司每个季度之初都会告诉他三个月内要做的事情。第一个月，思科需要员工自己写上司对自己工作的了解程度。第三个月结束后进行总结。如果有不足，上司第一个月就应该知道，后面两个月只不过在考核有没有改进不足。在这种考核制度下，员工很难不明不白就过去了。

3. 稳稳留住人才

思科留住人才的“秘诀”是平等、信任、培训、提高。

思科认为，不平等，让员工有做被雇用者甚至做奴隶的感觉，肯定会把人气走，还不如高层主管放下架子，与普通员工一起同甘共苦。思科坦承，工资是按职位来分的，每个人都不同，但在福利方面，普通员工和高层管理者没有差别。思科的总裁钱伯斯也有专机，却是自己掏钱买的，他乘航空公司的飞机出差时只坐公务舱，从不坐头等舱，即便是用自己的飞机出差，他也只按一张公务舱的价钱报销，其余自己掏。这种强调“平等”的做法能使员工有“主人”的感觉。

思科认为，老是批评人，会让人郁闷，做事也不会积极，所以思科主张鼓励。鼓励的方式也是有章可循的：总经理和员工定期沟通。定期沟通能使经理层与普通员工建立相互信任的关系。比如说，在工作安排上，思科并不规定非常死的作息时间，而是相信许多员工即便在家里办公也能办好。这是彼此信任后形成的默契，双方都能形成越来越强的责任心。

4．思科的培训与别的公司有所不同

一是思科从不将某个员工当重点培养对象。思科认为，“每个人都是潜在的经理”，如果感觉哪个员工真的优秀，就会派他到海外做短期的培训，或调到海外去工作，是否真的“优秀”，也就能试出来了。

二是在任经理现身说法。思科的培训总体上会分为管理培训、互联网学习、销售培训、常用技能培训等。在中国的培训中，思科中国公司的一位副总裁会现身说法，告诉员工在思科如何成功。员工在最初工作的 90 天内还要参加在亚太区的一次培训，亚太区总裁每次也会现身说法，亲自讲 8 年前他从一个销售人员做到今天高级副总裁的经历。

三是随时随地接受培训。平常任何时候，思科的员工都可以上公司网页，进行自我培训。公司页面上有详细的培训步骤。在思科，所有的培训都是用互联网来进行的。

资料来源：周毕文，余俊生．管理分册（第 4 版）．上海：复旦大学出版社，2003.

任务 6.2　组织协调联系与组织管理规范

任务导入

分粥的故事

有七个人曾经在一起工作，他们每天的共同劳动成果是一大桶粥。要命的是，粥每天都是不够的。天天要分粥，一是粥有稠与稀，二是粥有多与少，他们尝试了多种方法才解决了人人平等、个个一样的分配问题。

方法一：他们抓阄决定谁来分粥，每天轮一个。于是乎每周下来，他们只有一天是饱的，就是自己分粥的那一天。

方法二：他们开始推选出一个道德高尚的人出来分粥。强权就会产生腐败，大家开始挖空心思去讨好他，贿赂他，搞得整个小团体乌烟瘴气。

方法三：大家开始组成三人的分粥委员会及四人的评选委员会，互相攻击扯皮下来，粥吃到嘴里全是凉的。

方法四：最后想出来一个方法：轮流分粥，但分粥的人要等其他人都挑完后拿剩下的最后一碗。为了不让自己吃到最少的，分粥的人尽量分得平均，就算不平，也只能认了。

从此以后，大家快快乐乐，和和气气，日子越过越好。

资料来源：聪慧网（http://info.ceo.hc360.com）

【任务分析】

从这个案例中，我们可以得到什么管理启迪？

组织在设置相应的机构、职务及规定各部门的职权关系，为各职位配置人员，并明确每个职务所拥有的职责与权限之后，就需要为组织活动开展设置各层次、各部门之间纵向横向管理联系的手段和设计组织运行的管理规范。

6.2.1 组织协调联系

组织协调联系是指为使组织平衡、有效地运行和稳定地发展，所设置的各层次、各部门之间各种纵向、横向的协调联系。这些协调联系方式是保证组织运行，发挥组织的功能的关键。通过各种联系方式，能够促进组织的信息沟通，协调组织的活动，解决组织的各种矛盾，实现组织的平衡与协调。只有这样，组织才能有效运行，才能实现组织的功能。组织的协调与联系可以通过职权式联系、制度式联系、结构式联系和人际关系式联系这四种方式实现。

1．职权式联系

职权式联系方式是指通过规定组织内不同管理层次之间的职权和职能，从而实现协调与联系。这一种纵向的协调与联系方式，一般发生在上下级之间，主要借助于职权的权威实现协调与联系。

2．制度式联系

制度式联系方式是指通过制定、完善组织运行的规章制度与形式，从而实现协调与联系。组织可以根据组织活动的需要制定各种制度，如管理工作标准化制度、例会制度、工序服从制度、沟通制度、联合办公制度和现场调度制度等，通过制度保障组织的协调与联系工作的开展。

3．结构式联系

结构式联系方式是指在组织结构设置出现缺陷时而采取的协调方法。这些方法主要有如下几种。

（1）设置联络员。可在某个部门内设一名联络员，负责与其他部门进行业务联系，促进各部门之间的了解与协调，加强横向沟通。

（2）组织临时性的任务小组或委员会。对于一些突发性的临时工作，可以设立管委会，即由与这项工作有关的各部门代表组成临时性的任务小组或委员会，通过直接的协调和磋商来解决问题。任务完成，该机构撤销。

（3）建立永久性的任务小组或委员会。当涉及多个部门的活动需要长时期的、强有力的协调时，就有必要设立永久性的任务小组或委员会，这有利于打破部门间隔，加强领导，集中力量，保证工作目标实现。

（4）设立专职协调部门。为了解决日常生产经营或管理活动中某些部门之间的横向联系的各种复杂、矛盾众多的问题，可以通过设立专职协调部门专门解决。

（5）建立职能部门。建立职能部门主要是打破原有的领导职能分工和部门隶属关系，按工作关系的密切程度，建立新的职能组合关系，主要是为了解决组织中上层部门关系不顺、配合不好等问题。

4．人际关系式联系

人际关系式联系方式主要是针对人际关系存在的问题和矛盾导致的协调问题而采取的办法。具体方法有以下几种。

（1）建立合署办公制。合署办公制又称大办公室制度，是指将众多职能科室、机构集中在一个大办公室内，实行集体办公。这种方法有利于改变和调节人际关系，为加强部门之间横向协调及内部竞争创造一种良好的环境和气氛，也有利于组织内部上下左右之间的监督、竞赛，强化信息沟通管理。

（2）建立职工联谊组织。职工联谊组织是指对于自发产生的一些职工联谊活动积极加以引导，并从各方面给予支持。通过开展内容丰富、形式活泼的各种联谊活动，便于同事、同行之间沟通思想，加深了解，交流信息，增进友谊，是加强横向协调的重要手段。

（3）建立民主管理运营组织。这种方法通过群众性管理（自主管理）的方式来进行横向协调，如成立技术攻关小组、各种委员会等。这可以促进民主管理，促进职工提高技术水平和管理能力，同时也是加强基层各项生产作业管理之间协调配合的有效方式。

（4）建立走访制。走访制包括领导定期到各部门走访，倾听不同方面的意见和要求；也可以定期接待职工来访，为职工建立一个反映意见、宣泄不满的正式渠道，以便把解决思想问题和实际问题结合起来，使职工真正感到组织的温暖，以达到齐心协力做好工作的目的。

6.2.2 组织管理规范

1．组织管理规范的含义

组织管理规范是指对组织内的各个职位、部门和层次经常进行的、重复性的工作，在目标、要求、程序和方法等方面所做的统一规定。一个组织推行一种管理规范的诱因在于这个组织期望获得最大的潜在利润，而最直接的原因则在于提高组织的协调性和管理的有效性，协调组织内各部门之间协作效果和组织与外部衔接的有效性。

2．组织管理规范的形式

按照管理规范的刚性程度和作用范围，我们可以将一个组织的管理规范简单分为五种。

（1）管理制度：组织管理系统的基本框架，保证管理秩序的根本性的管理制度。

（2）管理规定：对某个专项的涉及全组织或某一个专业系统内的工作所做出的具体要求。

（3）管理办法：对一项具体工作、操作步骤或对一个具体项目的管理所做出的要求。

（4）实施细则：对于组织管理系统内某一个管理制度的具体实施步骤所做出的具体规定。

（5）工作条例：对组织内部局部性的、或阶段性的工作所做出的系列化规定。

3．组织管理规范的特点

（1）规范性。管理规范是组织要求其成员共同遵守的行为准则，在形式上准确、统一；在内容上明确地告诉人们应当做什么，应当如何去做。

（2）强制性。管理规范对组织内各个职位、部门和层次的行为都要有严格的约束力，任何人不得违反。

（3）科学性。管理规范应建立在较为科学合理的基础之上，它反映了管理的科学、合理和成熟的一面。

（4）相对稳定性。管理规范一经批准，在一定的时期内就要保持稳定，不能朝令夕改，使人无所适从。

4．组织管理规范的设计程序

（1）确定设计管理规范的目标和要求。组织的高层领导根据组织内外环境的状况及自身的需要，提出建立某项管理规范的目标和要求。

（2）拟订管理规范草案。由组织的综合管理部门组织有关业务机构或聘请相关专家收集资料，调查研究，起草管理规范草案。

（3）审订管理规范方案。由分管的领导组织内外的专家或智囊团讨论和审核管理规范草案，并决定出方案的取舍。

（4）试行及修改。通过试行，进一步发现管理规范中的问题，为完善管理规范提供依据。

拓展阅读 6.2

××公司基本组织规定

第一章　总　　则

（目的）

第一条　本规定的目的是，通过明确规定公司组织机构，业务分担以及职务权限与责任谋求企业组织的规范化和效率。

（业务执行的原则）

第二条　公司的业务全部按照下列原则执行。

1．指示与命令全部按照指挥系统，自上而下，逐级下达。

2．各部门在明确界定的业务范围内，严格执行上级下达的指示与命令，顺利地完成各项业务。

3．涉及跨部门的业务，相关部门必须积极主动联系，有效地协调解决；不允许任何妨碍业务工作顺利完成的言行。

4．执行情况与结果，必须及时、准确和全面地逐级上报。

（权限行使的原则）

第三条　权限行使必须按下列原则进行。

1．权限的行使者

权限，原则上由直线指挥系统的各级管理者行使；但是，在必要的情况下，可以把一部分权限委让给非直线管理者来行使，但必须规定代行或委让截止日期。

2．权限行使的基准

权限行使者只能在权限行使规定范围内行使权限。

3．权限的委让与代行

在权限行使者不能行使权限的情况下，原则上其权限由直线管理的上级代行，一旦权限委让给他人，或由他人代行，该管理者不得行使权限。

4．对权限行使的干涉

直线管理的上司对下级行使权限，不得干涉；下级不得妨碍上级指挥、监督和控制。

5. 直线管理者间的协商

在直线管理者之间发生分歧，出现意见和纠纷时，按下列程序解决。

（1）通过共同的上一级主管解决。

（2）通过各自的上一级主管协商解决。

（3）提交部门经理会议协商解决。

第二章　组　织

（整个公司组织）

第四条　整个公司包括总公司与各个分、子公司，其组织结构如图 6.1 所示。

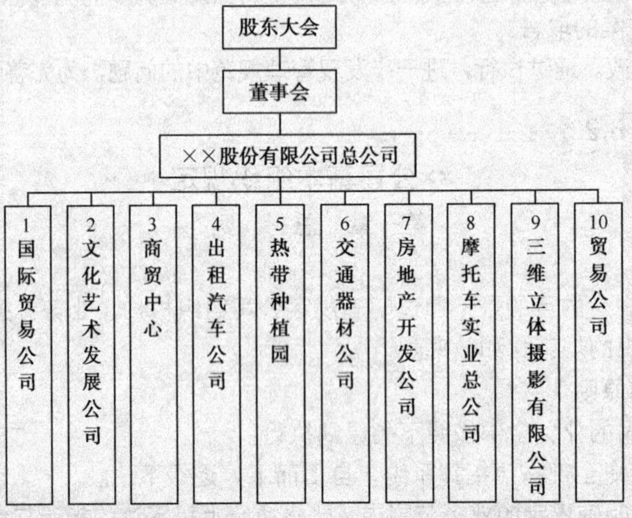

图 6.1　整个公司的组织结构

（总公司组织）

第五条　总公司组织机构如图 6.2 所示。

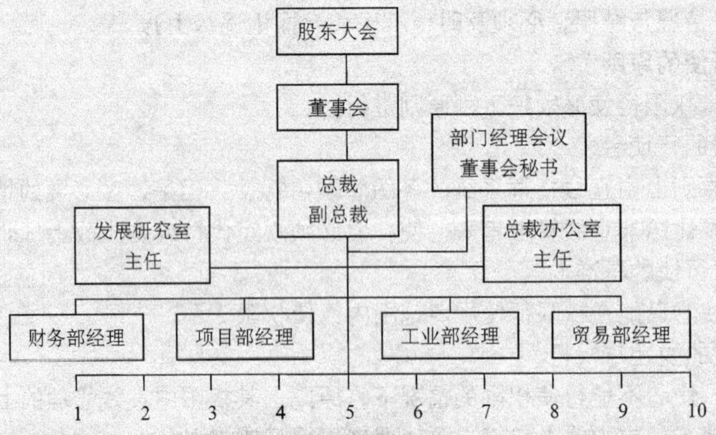

图 6.2　总公司组织结构

（组织单位与业务分工）

第六条　总裁以下的组织单位为“室”与“部”，业务分工和业务执行以部（室）为单位进行。

1. 总裁办公室

2. 发展研究室

3. 财务部

4. 项目部

5. 贸易部

6. 工业部

各部（室）业务分工另有文件规定。

（职位）

第七条 “室”的负责人为“主任”，“部”的负责人为“部门经理”；部门经理以下设“项目经理”或“业务经理”职位。

（部门经理会议）

第八条 总公司业务原则上由“组织单位”分工负责；但在下列情况下可召开部门经理会议。

1. 当总裁或部门经理的责权事务中遇到重大事项和责任范围广泛的企划事宜时。

2. 当遇到事关整个公司，需要进行总体或综合协调、控制时。

3. 当遇到某项需要会议、讨论和审查事项时。

部门经理会议的运行，由董事会秘书负责。

第三章 基本职务

（总裁）

第九条 总裁按照既定的组织条例和董事会的决议，代表整个公司，管理全部业务，其主要职务如下。

1. 以董事会决定的基本经营方针为基础，决定事业计划。

2. 负责调控各部门的事业计划与业务活动。

3. 决定年度综合预算，并对实施过程进行监督。另外，决定预算外开支。

4. 代表整个公司，全权负责缔结或处理重要契约等事宜。

5. 定期向董事会做出事业报告，以及提交监督所必要的资料。

6. 出席并主持股东大会。

7. 决定组织业务分工和定编定员的变更与调整事项。

8. 决定各种规章制度的制定、更改或废除事项。

9. 决定分、子公司总经理、总公司部（室）主任、部门经理和项目经理以上干部的人事的任命、调迁、变动和罢免事项。

10. 奖罚的决定事项。

11. 重要财产处置的决定事项。

12. 主持部门经理会议，贯彻部门经理会议的各项决定。

13. 其他重要或重大事项的决定。

上列各项，原则上必须按董事会所做出的各项规定，或者按董事会的具体决议行事。在紧急情况下，总裁有权根据具体情况进行及时处理，并在事后报告董事会确认。

（副总裁）

第十条 副总裁以董事会决定、决议和规定为基准，协助总裁调控企业内部经营活动，并执行总经理委托的事项和业务，分工负责各部门与分、子公司日常经营业务。

（部门经理）

第十一条　部门经理受命于总裁，全权负责管理所在部门，处理和执行所在部门承担的业务。

1. 参与制订所在部门的事业方针，积极辅助总裁。

2. 以部门事业方针为基准，制订部门事业计划，并按总裁的决定，付之于实施。

3. 决定各项业务计划，调控各项业务活动，并对实施过程进行监督。

4. 就所管辖的业务工作范围，对其他部门（室）部门经理、主任和总裁提出忠告。

5. 调整部门内预算，向上级提出申请，对部门内预算的重要开支进行严格控制，对预算实行监督。此外，对预算外开支及时向上级申请或报告。

6. 对部门内定员和业务分工进行调整，及时向总裁报告。

7. 向上级申请部内晋升、降职、转职及掉换事宜。

8. 安排并决定部门内人员出差工作。

9. 对部门内人事考核的结果做出调整。

10. 总裁印章加盖申请。

11. 指导和监督部门内被管理者，负责推行对部门内被管理者的教育培训计划。

（主任）

第十二条　总裁办公室主任，发展研究室主任的基本职务，以前条规定为准。

（项目经理）

第十三条　项目经理受命于部门经理（室主任），全权负责所管业务工作。

1. 参与制订所在部门（室）事业计划方案，积极辅助部门经理（主任），提出建设性意见与忠告。

2. 以部门（室）事业计划为基准，制订业务计划，服从部门（室）主管的命令与指挥，接受部门（室）主管的监督。

3. 向部门（室）主管提出业务预算，控制项目内预算开支。

4. 及时地向部门（室）主管报告所管项目内人员的变动情况，包括项目组织，定员和业务分工的变动情况。

5. 对所管业务内人员晋升、降级、掉换工作向部门（室）主管提出申请。

6. 对业务内奖惩事宜向部门（室）主管提出申请。

7. 负责业务内人事考核工作。

8. 安排业务内人员一日内的出差工作。向部门（室）主管申请一日以上的项目内人员出差事宜。

9. 加盖公司印章的申请事宜。

10. 对所管业务工作的遵纪守法行为实施监督。

11. 向部门（室）主管报告业务工作情况，以及其他有关业务工作。

12. 监督并实施对所管辖人员的现场教育培养工作。

（略）

资料来源：彭剑峰．现代管理制度·程序·方法·范例全集：组织设计与组织运作卷．北京：中国人民大学出版社，1996.

任务6.3 组织变革

任务导入

通用电气基于竞争环境的组织结构变革

1971年，通用电气进行“战略事业单位”改革，是因为它遇上了威斯汀豪斯电气公司的激烈竞争。这时候企业所面对的最大问题就是“如何战胜竞争对手，巩固市场地位”。基于这样一个战略重点，通用电气致力于提升企业对市场信息的反应速度和企业市场竞争策略的灵活性，于是“战略事业单位”这种“特种部队”形式的组织单元应运而生。

20世纪70年代中期，美国遭遇能源危机与通货膨胀，经济一片萧条。这时候并不适合继续扩大投资和再生产，“如何避免资源浪费和制定长期的发展策略”成为通用的核心问题。在这样的情况下，琼斯推行了“执行部制”的组织改革，企业高层领导从繁忙的日常事务里解脱出来，把精力聚焦于长期战略的制定和资源在集团内的调控，为通用电气这条商界的巨轮驶出经济衰退的浅水区指明了方向。

到了20世纪80年代，美国经济复兴，加上世界经济一体化的发展，企业的经营环境日新月异，经常会出现“战略赶不上环境”的情况。在这种快速变化的经营环境下，琼斯当初的组织改革给通用电气带来的积极意义已经逐渐消失。同时，由于通用电气两次组织变革所走的方向是正好相反的——“战略事业部”的改革是放权，而“执行部”的改革是集权。这种相互制衡的结果使通用电气出现明显的官僚化倾向。为了适应环境的变化并消除组织内部的官僚习气，韦尔奇为通用开出了著名的“扁平化”药方。

资料来源：百度文库（http://wenku.baidu.com/view/cdd7ad67783e0912a3162a04.html）

【任务分析】

1. 通用电气初次变革后，形成了何种模式的组织结构，优、缺点何在？
2. 通用电气进行的三次变革针对的是何种不同环境，着重解决的问题又是什么？

设计得再完美的组织，在运行了一段时间以后也都必须进行变革，这样才能更好地适应组织内外条件变化的要求。组织变革实际上是而且也应该成为组织发展过程中的一项经常性的活动。组织变革是任何组织都不可回避的问题，而能否抓住时机，顺利推进组织变革则成为衡量管理工作有效性的重要标志。

6.3.1 组织变革概述

1. 组织变革的含义

组织变革是指组织系统为了适应内外环境的发展与变化，对组织系统的结构与功能进行调整，以维系组织的生存和发展，并借此提高组织效能的一个过程或行为。

哈默和钱皮曾在《公司再造》一书中把三“C”的力量，即顾客（Customers）、竞争（Competition）、变革（Change）看成影响市场竞争最重要的三种力量，而在这三种力量中以变革最为重要，“变革无处不在，这已成了常态”。

2. 组织变革的动因

推动组织变革的因素可以分为外部环境因素和内部环境因素两个部分。

（1）外部环境因素。对组织管理和变革发生影响的外部环境包括一般环境因素和特殊工作环境。一般环境因素包括文化、科学技术、教育、政治、经济、社会结构、法制、自然资源、人口特征等许多方面。特殊工作环境主要是指那些与组织具有特定关系，对组织中的成员、结构和运行直接发生影响的外界环境。无论是一般的社会环境，还是特定的具体环境，都在不同程度地发生变化，这些不同方面的外部环境的变化都可能对组织产生强烈的冲击，从而促使组织正常发展进程和工作秩序发生改变，致使产生变革的压力，引发组织变革。

（2）内部环境因素。引起组织变革的内部环境是指组织成员的工作态度、士气、期望、个人价值观念、人员素质变化、组织结构、组织目标、组织冲突等方面的变化。在现实组织管理当中，现行的组织结构、设计和管理形态往往与职工期望存在很大差异。差异的扩大，将压抑组织成员的积极性。为了改变这种状况，组织必须变革。美国学者西斯克认为，如果一个组织内部出现了下列情况中的一种，那就是组织变革的征兆：决策的形成过于缓慢，以致无法把握良好的机会，或者时常造成错误的决策；沟通不良；组织的机能不能得到正常发挥，效率低下；缺乏创新精神，开发不出新产品，无法开拓新市场，组织发展处于停滞状态。

3．组织变革的类型

依据不同的划分标准，组织变革可以有不同的类型。如按照变革的程度与速度不同，可以分为渐进式变革和激进式变革；按照工作的对象不同，可以分为以组织为中心的变革、以人为中心的变革和以技术为中心的变革；按照组织所处的经营环境状况不同，可以分为主动性变革和被动性变革。本项目按照组织变革的不同侧重，将其分为以下四种类型。

（1）战略性变革。战略性变革是指组织对其长期发展战略或使命所做的变革。如果组织决定进行业务收缩，就必须考虑如何剥离非关联业务；如果组织决定进行战略扩张，就必须考虑购并的对象和方式，以及组织文化重构等问题。

（2）结构性变革。结构性变革是指组织需要根据环境的变化适时对组织的结构进行变革，并重新在组织中进行权力和责任的分配，使组织变得更为柔性灵活、易于合作。

（3）流程主导性变革。流程主导性变革是指组织紧密围绕其关键目标和核心能力，充分应用现代信息技术对业务流程进行的重新构造。这种变革会对组织结构、组织文化、用户服务、质量、成本等各个方面产生重大的改变。

（4）以人为中心的变革。组织中人的因素最为重要，组织如若不能改变人的观念和态度，组织变革就无从谈起。以人为中心的变革是指组织必须通过对员工的培训、教育等引导，使员工能够在观念、态度和行为方面与组织保持一致。

4．组织变革的内容

组织变革具有互动性和系统性，组织中任何一个因素的改变，都会带来其他因素的变化。就某一阶段而言，由于环境情况各不相同，变革的内容和侧重点也有所不同。一般来讲，组织变革过程的主要变量因素包括人员、结构、技术和任务。

（1）对人员的变革。人员的变革是指员工在态度、技能、期望、认知和行为上的改变。组织发展虽然包括各种变革，但是人是最主要的因素。对人员变革的主要任务是组织成员之间在权力和利益等资源方面的重新分配。要想顺利实现这种分配，组织必须注重员工的参与，注重改善人际关系并提高实际沟通的质量。

（2）对结构的变革。结构的变革包括权力关系、协调机制、集权程度、职务与工作再设计等其他结构参数的变化。需要随着环境条件的变化而改变，管理者应该根据实际情况灵活改变其中的某些要素组成。

（3）对技术和任务的变革。技术和任务的变革包括对作业流程与方法的重新设计、修正和组合，包括更换机器设备，采用新工艺、新技术和新方法等。由于产业竞争的加剧和科技的不断创新，管理者应能与当今的信息革命相联系，注重在流程再造中利用最先进的计算机技术进行一系列的技术改造，同时，组织还需要对组织中各个部门或各个层级的工作任务进行重新组合，如工作任务的丰富化、工作范围的扩大化等。

6.3.2 组织变革的实施

1. 组织变革的程序

为使组织变革顺利进行，并能达到预期效果，必须按照科学的程序组织实施。组织变革程序可以分为以下几个步骤。

（1）通过诊断，发现征兆。组织变革的第一步就是要对现有的组织进行全面的诊断。这种诊断必须要有针对性，要通过搜集资料的方式，对组织的职能系统、工作流程系统、决策系统及内在关系等进行全面的诊断。

（2）分析因素，制订方案。组织诊断任务完成后，就要对组织变革的具体因素进行分析，如职能设置是否合理、分权程度如何、员工参与改革的积极性怎样、流程中的业务衔接是否紧密、工作关系是否易于协调等。在此基础上制订几个可行的变革方案，以供选择。

（3）选择方案，实施计划。推进变革的方式有多种，组织在选择具体方案时要充分考虑到变革的深度和难度、变革的影响程度、变革的速度、员工的可接受程度和参与程度等，做到有计划、有步骤、有控制地进行，同时做好备用的纠偏措施。

（4）评价效果，及时反馈。组织变革是一个包括众多复杂变量的转换过程，再好的变革计划也不能保证完全取得理想的效果。因此变革结束之后，管理者必须对变革的结果进行总结和评价，及时反馈新的信息。对于没有取得理想效果的变革措施，要给予必要的分析和评价后再做取舍。

2. 分析组织变革的阻力

组织变革作为战略发展的重要途径，总是伴随着不确定性和风险性，并且会遇到各种阻力。组织变革中的阻力是指人们反对变革、阻挠变革甚至对抗变革的制约力。要有效地开展组织变革，必须认清组织变革的阻力并及时消除。常见的组织变革阻力可以分为三类。

（1）组织因素。在组织变革中，组织惰性是形成变革阻力主要的因素。这是指组织在面临变革形势时表现得比较刻板、缺乏灵活性，难以适应环境的要求或内部的变革需求。造成组织惰性的因素较多，例如，组织内部体制不顺、决策程序不良、职能焦点狭窄、层峰结构和陈旧文化等，都会使组织产生惰性。此外，组织文化和奖励制度等组织因素，以及变革的时机也会影响组织变革的进程。

（2）群体因素。研究表明，对组织变革形成阻力的群体因素主要有群体规范和群体内聚力等。群体规范具有层次性，边缘规范比较容易改变，而核心规范由于包含着群体的认同，难以变化。同样，内聚力很高的群体也往往不容易接受组织变革。Lewin 的研究表明，当推动群体变革的力和抑制群体变革的力之间的平衡被打破时，也就形成了组织变革。不平衡状况“解冻”了原有模式，群体在新的、与以前不同的平衡水平上重新“冻结”。

（3）个体因素。人们往往会由于担心组织变革的后果而抵制变革。一是职业认同与安全感。在组织变革中，人们需要从熟悉、稳定和具有安全感的工作任务，转向不确定性较高的变革过程，其“职业认同”受到影响，产生对组织变革的抵制。二是地位与经济上的考虑。人们会感到变革影响他们在企业组织中的地位，或者担心变革会影响自己的收入。或者，由于个性特征、职业保障、信任关系、职业习惯等方面的原因，产生对于组织变革的抵制。

3. 消除组织变革阻力的管理对策

人们提出了若干有效的途径，以克服对于组织变革的抵制或阻力。

（1）参与和投入。研究表明，人们对某事的参与程度越大，就越会承担工作责任，支持工作的进程。因此，当有关人员能够参与有关变革的设计讨论时，参与会导致承诺，抵制变革的情况就显著减少。参与和投入方法在管理人员所得信息不充分或者岗位权力较弱时使用比较有效。但是，这种方法常常比较费时间，在变革计划不充分时，有一定风险。

（2）教育和沟通。加强教育和沟通，是克服组织变革阻力的有效途径。通过教育和沟通，分享情报资料，不仅带来相同的认识，而且在群体成员中形成一种感觉，即他们在计划变革中起着作用。他们会有一定的责任感。同时，在组织变革中加强培训和信息交流，有利于及时实施变革的各个步骤，也使得决策者能够及时发现实施中产生的新问题、新情况，获得有效的反馈。这样才能更好地随时排除变革过程中遇到的抵制和障碍。

（3）组织变革的时间和进程。即使不存在对变革的抵制，也需要时间来完成变革。干部员工需要时间去适应新的制度，排除障碍。如果领导觉得不耐烦，加快速度推行变革，对下级会产生一种受压迫感，产生以前没有过的抵制。因此，管理部门和领导者需要清楚地懂得人际关系影响着变革的速度。

（4）群体促进和支持。许多管理心理学家提出，运用“变革的群体动力学”，可以推动组织变革。这里包括创造强烈的群体归属感，设置群体共同目标，培养群体规范，建立关键成员威信，改变成员态度、价值观和行为等。这种方法在人们由于心理调整不当而产生抵制时使用比较有效。

拓展阅读 6.3

西方企业组织变革趋势

在信息革命出现之前，信息的加工和传递过程比较复杂：一方面，企业外部信息的收集和处理成本较高；另一方面，企业内部不同层次和部门之间信息流通效率较差。在这种信息成本十分高昂的情况下，为了维持组织顺利运行，减少雇员数量和组织层次是行不通的。20 世纪 90 年代以来，随着计算机技术和网络技术应用广泛普及，信息加工和传输的成本降低、损耗减少、扭曲的概率降低，企业组织结构随环境的变化出现新的变化趋势，即金字塔式的层级组织模式被分散化组织方式替代，企业的组织结构趋向扁平化方向发展。这是自泰勒的科学管理理论出现以来最强烈的组织变革。

1. 组织结构创新的趋势

（1）无边界组织模式。新技术在组织变革中的影响形成了无边界的趋势。无边界原理实质是企业各部门的职能和界定依然存在，但部门间的边界模糊化，组织作为一个整体的功能得以提高，已经远远超过各个组成部门的功能简单相加总和。其目的是使各边界易于扩散和渗透，打破部门间的沟通障碍，更利于信息在各部门的传递并实现对称分布，利于各项工作的顺利开展和完成。

有关专家认为，分散化组织可以通过半自治的、共同制订决策的特定的工作团队来实现。团队指的是员工打破原有的部门边界，绕开中间各管理层，组合起来直接面对顾客和对公司总体目标负责的以整体协作赢得竞争优势的企业组织形式。

目前，已有一些企业进行了初步的尝试。比如，很有发展前途的美国戴尔计算机公司利用无边界化创新自己的组织，将戴尔计算机作为核心，把注意力放在供货方式和市场开拓上，从外部选择可靠的供应商并与之建立伙伴关系，使之成为自己的一部分，与之共享数据库、技术、信息和资源，节约了信息成本，形成了快捷的供应和维修特性。

团队的具体模式包括新事业开拓组、混合小组和生物组织等。新事业开拓组是由不同专业、不同部门有志于革新的人员组合成的一个特定项目的设计开发组织，常用于拓展新地区、新领域的新业务；混合小组是由不同思想、不同专业的员工组合起来在沟通、协调、决策和落实成员责任等方面获得优势；生物组织按产品、市场或区域划分为若干具有相对独立性的单位——事业部，各事业部以真正下放的处置权指挥所属单位的生产经营，近似于生物体一样独立存在、发展和生长。

（2）类市场的组织模式。低信息成本倾向于选择市场形式，因此许多企业内部的行动可以采取市场化的形式。一个极端的例子就是将一个企业分割成若干个小的单位，它们之间只有临时的、契约化的关系。假如某单位需要某个产品或服务，组织内就有几个单位能够提供此产品或服务，每个单位基于其技能、交易记录、产品或服务获得的难易、竞争动态提出自己的竞价，供购买单位选择。

2. 组织之间关系的创新趋势

（1）动态协作网络。这种组织模式是由若干相互独立的组织构成的一个成员不断变动的组织系统。近年来，企业竞争观念的变化导致了动态协作网络的不断涌现。公司普遍认识到，单个公司的力量不足以应付日益动荡的竞争环境，必须与其他组织联合起来，共同分享稀缺的资源。

网络组织突破了传统组织的纵向等级和横向分工，将原来一些部门完成的工作交给其他协作公司完成，各组织间以网络形式相互连接。网络组织由两部分构成：一部分是中心层，由一个小规模经理人员集团构成，主要工作是协调网络成员的关系；另一部分是外围层，由若干独立公司构成，它们与中心层是协作共生的关系，双方进行物质、能量和信息的交流。

网络组织使大型组织保留了小型组织的一些优势：比如对客户和环境变化的灵活性和全面负责，也可以降低信息成本，同时实现信息交流的极大化。

构成一个网络的若干公司与网络中心之间的关系在紧密程度和优惠待遇上存在较大差异。比如，IBM 已经从一个对所有建立关系的下属企业都进行管理的、完全整合的跨国公司，逐渐演变为：只对主导企业之间的共生关系进行管理，把一些企业作为独立业务单元来管理，独立业务单元与主导企业分别受不同的管理制度的制约的公司；它把另外一些只在部分领域与公司相联系的企业作为准依存企业进行管理。

（2）种群生态系统。种群生态组织模型的创始人迈克尔·汉南和约翰·弗里曼认为，种群是进行类似活动的一系列组织，种群间组织的基本关系是竞争关系，相互争夺资源和顾客，而不是合作关系。

竞争关系的存在决定组织形式的机制是淘汰机制，而不是适应机制，即组织形式的大多数变化是通过一种组织形式取代另一种组织形式来产生的，变化的环境决定哪种组织形式可以生存，哪种组织形式要失败。当环境发生迅速变化时，老的组织容易被淘汰，出现能够更好地适应环境的新组织。由此可见，能够生存的组织形式是最适合当前环境的组织形式。

美国《财富》杂志曾报道过对美国企业 1917 年至 1987 年 70 年间的研究结果。1917 年在 100 强企业中产值占到 78%的几家公司到 1987 年时已经不存在了。在保留下来的 22 家公司中，大多数都进行了剧烈的组织变革。可以说，40 年代和 50 年代的环境适于西尔斯、通用汽车和 IBM 这样的大型公司生存，但到了目前，沃尔玛特和微软这样的组织形式则成为了主力，逐步取代了既有公司的地位。

3. 组织重组的趋势

在 20 世纪 80 年代以前，组织重组的普遍趋势是通过兼并、收购等重组手段实现组织规模的扩张，但是 80 年代以后，购并过程中常常伴随着大规模的分拆、分立等组织紧缩手段。美国 80 年代以来的并购金额中就包括了 35%～40%的公司分拆交易数额，因此出现了大规模并购伴随大规模分拆的组织重组趋势。

分拆是指已上市公司或尚未上市的集团公司将部分业务从母公司独立出来，成立独立运作的公司。美国的热能电子公司在近十几年中不断进行公司分拆，迄今已进行了两轮大规模的分拆，第一轮分拆出 7 个公司，第二轮分拆出 4 个公司，分拆后的公司业务更明晰，受到了风险投资商的青睐，在其资金资助下顺利实现了上市目标。

公司分拆最终使社会资源得到充分利用，可加快资源的流动；使管理者的管理能力得到最大的发挥，受到社会公众更直接的监督，克服了内部人控制的问题；使组织的集权程度降低，改变了层级组织的劣势，组织的权力安排趋向于分权。

分拆上市对于多元化经营的公司具有重要的借鉴价值。一般来说，多元化公司相对于单部门公司而言，具有较低的市场价值，相对于专业化公司而言，具有较低的股票收益。这种财务不佳的状况使上市公司无法实现配股的愿望，可以考虑将从事高科技业务的部门分拆出去到二板市场上市，待获得一定发展后再向层次更高的市场过渡。

资料来源：http://zhangxinliuyun.blog.163.com/blog/static/1767004220078233244O475/

管理定律

经典管理定律之六

1．奥格尔维定律

内　容：善用比我们自己更优秀的人。

提出者：美国奥格尔维·马瑟公司总裁奥格尔维。

点　评：如果你所用的人都比你差，那么他们就只能做出比你更差的事情。如果我们每个人都雇用比我们自己更强的人，我们就能成为巨人公司。

2．光环效应

内　容：全面正确地认识人才。

提出者：美国心理学家凯利（H. Kelly）

点　评：如果一个人最初被认定是好的，则他身上的其他品质也都被认为是好的，有似“爱屋及乌”的原理。它指个人在敬仰、爱慕他人的过程中所形成的夸大了的社会认知。光环效应在爱情和偶像崇拜中最明显。

3．贝尔效应

内　容：为有才干的下属创造脱颖而出的机会。

提出者：英国学者贝尔

点　评：贝尔天赋极高。有人估计过他毕业后若研究晶体和生物化学，定会赢得多次诺贝尔奖。但他却心甘情愿地走了另一条道路——把一个个开拓性的课题提出来，指引别人登上了科学高峰，此举被称为贝尔效应。这一效应要求领导者具有伯乐精神、人梯精神、绿地精神，在人才培养中，要以国家和民族的大业为重，以单位和集体为先，慧眼识才，放手用才，敢于提拔任用能力比自己强的人，积极为有才干的下属创造脱颖而出的机会。

4．首因效应

内　容：避免凭印象用人。

提出者：美国社会心理学家洛钦斯

点　评：首因效应，是指个体在社会认知过程中，通过“第一印象”最先输入的信息对客体以后的认知产生的影响作用。在社会认知中，个体获得对方第一印象的认知线索往往成为以后认知与评价的重要根据。首因效应的影响作用可以在一定程度上得到控制。首因效应的产生与个体的社会经历、社交经验的丰富程度有关。如果个体的社会经历丰富、社会阅历深厚、社会知识充实，则会将首因效应的作用控制在最低限度；另外，通过学习，在理智的层面上认识首因效应，明确首因效应获得的评价，一般都只是在依据对象的一些表面的非本质的特征基础上而做出的评价，这种评价应当在以后的进一步交往认知中不断地予以修正完善，也就是说，第一印象并不是无法改变的，也不是难以改变的。

5．格雷欣法则

内　容：避免一般人才驱逐优秀人才。

提出者：托马斯·格雷欣爵士（Sir Thomas Gresham，英国伊丽莎白女王一世的顾问）

点　评：格雷欣法则，简单来说就是劣币驱逐良币。是说在市场上流通 a 和 b 两种币，面值一样但 a 是足值的货币，而 b 不足值，仍然可以充当交换货币。那么理性的人都会选择以次充好，将 a 留下来，将 b 用出去。从而在市场上，b 驱逐了 a。

6．雷尼尔效应

内　容：以亲和的文化氛围吸引和留住人才。

提出者：华盛顿大学教授

点　评：西雅图位于太平洋沿岸，华盛顿湖等大大小小的水域星罗棋布，天气晴朗时可以看到美洲最高的雪山之一雷尼尔山峰，华盛顿大学的教授们出于留恋西雅图的湖光山色，愿意接受较低的工资，而不到其他大学去寻找更高报酬的职位，他们为了美好的景色而牺牲更高的收入机会，被华盛顿大学的教授们戏称为“雷尼尔效应”。由此可见，美丽的景色也是一种无形财富，它起到了吸引和留住人才的作用。同样的道理，企业也可以用

“美丽的风光”来吸引和留住人才。当然，这里的“美丽风光”不仅是自然风光，更多的是良好的人际关系和健康的文化氛围。

7．适才适所法则

内　容：将恰当的人放在最恰当的位置上。

点　评：做好人力资源配置是人力资源管理的基础。简单地说就是将合适的人放在合适的岗位上，真正做到适才适所。建立完善的激励机制与掌握合适的激励手法是人力资源管理的中心任务。激励通常有两种：第一种是普遍的物质激励；第二种是人性面激励。两种激励应该整合使用，关键是必须把握员工的需求层次，以最有效的补偿手段满足他的心理需要，把这种需要引导成为他内在的驱动力量，并激发这种力量释放到企业发展所需要的本职工作上，让平凡的人做出不平凡的业绩。

8．特雷默定律

内　容：企业里没有无用的人才。

提出者：英国管理学家 E·特雷默

点　评：每个人的才华虽然高低不同，但一定是各有长短，因此在选拔人才时要看重的是他的优点而不是缺点，利用个人特有的才能再委以相应责任，使各安其职，这样才会使诸方矛盾趋于平衡。否则，职位与才华不适合，应有的能力发挥不出来，彼此之间互不信服，势必造成冲突的加剧。在一个团队中，每个人各有所长，但更重要的是领导者能将这些人依其专长运用到最适当的职位，使其能够发挥自己所长，进而让整个企业繁荣昌盛。没有无用的人，只有不会用人的人。

9．乔布斯法则

内　容：网罗一流人才。

提出者：苹果计算机公司老板史蒂夫·乔布斯

点　评：乔布斯说，他花了半辈子时间才充分意识到人才的价值。他在一次讲话中说：“我过去常常认为一位出色的人才能顶两名平庸的员工，现在我认为能顶 50 名。”由于苹果公司需要有创意的人才，所以乔布斯说，他大约四分之一的时间用于招募人才。高级管理人员往往能更有效地向人才介绍本公司的远景目标。而对于新成立的富有活力的公司来说，其创建者通常在挑选职员时十分仔细，老板亲临招聘现场，则可使求职者以最快速度了解与适应公司的文化氛围和环境。

10．大荣法则

内　容：企业生存的最大课题就是培养人才。

提出者：日本大荣公司

点　评：企业的发达，乃人才的发达；人才的繁荣，即事业的繁荣。

项目总结

（1）在确定组织结构及职位之后，应根据其需要，选择、配备适当人员。人员配备的主要内容和任务是，通过分析人与事的特点，谋求人与事的最佳组合，实现人与事的不断发展，应遵循用人所长、公平竞争、优化组合、权责利一致、不断培养和动态平衡原则。人员配备的内容主要包括人员选聘、人员组合、人员考评和人员培训。

（2）组织的协调与联系可以通过职权式联系、制度式联系、结构式联系和人际关系式联系这四种方式实现。组织管理规范包括管理制度、管理规定、管理办法、实施细则和工作条例等形式。

（3）组织变革是指组织系统为了适应内外环境的发展与变化，对组织系统的结构与功能进行调整，以维系组织的生存和发展，并借此提高组织效能的一个过程或行为。按照组织变革的不同侧重，可将其分为战略性变革、结构性变革、流程主导性变革和以人为中心的变革四种类型。组织变革过程的主要变量因素包括人员、结构、技术和任务。

（4）组织变革必须按照科学的程序组织实施，具体可以分四个步骤进行：通过诊断，发现征兆；分析因素，制订方案；选择方案，实施计划；评价效果，及时反馈。组织变革往往会受到来自组织、群体和个体方面的阻力，为了消除组织变革阻力，组织应采取客观分析变革的推力和阻力的强弱、创新组织文化、创新策略方法和手段等管理对策。

技能实训

【管理测试】 测试团队组织能力

1．测试说明

下列题目每题均有五个选项，1—最不符合，2—较不符合，3—中等情况，4—较符合，5—最符合。请记录每题的选项，并计算总分。

2．测试题目

（1）我已挑选好团队成员。

（2）我已向我的队员证明我关心他们。

（3）我已鼓励他们互相关心。

（4）我知道我的队员的喜好。

（5）我积极推动团队发展。

（6）我已培养了适应性强的队伍。

（7）我支持我的队员。

（8）我已经教给他们什么是重点。

（9）我经常告诉他们行动计划。

（10）我在奉献方面做出了表率。

（11）我的队员愿意将团队利益置于个人利益之上。

（12）我已培养了一名优秀替补队员。

（13）我鼓励每一名队员找到自己的位置。

（14）我赢得了队员的尊重。

（15）我按队员的表现奖励队员。

（16）我确立了一种胜利的法宝。

（17）我预料到困难并做好准备解决它。

（18）我了解每个队员的水平。

（19）我花时间传授我的理念并积极授权。

（20）我仅仅做那些我不能授权的工作。

3．测试结果分析

90～100分：你是一名伟大的团队教练，已准备好取得最优异的成绩。

80～89分：你是一名优秀的教练，对你的队伍和技术做了很好的调整。

70～79分：你是一名可靠的教练，现在不要停下来，继续发挥工作中的优势，为更上一层楼而努力。

60～69分：你的团队开始成型，需要不断的学习与建设。

60分以下：你还有很多工作要做，但是不要泄气，马上用建立领导者团队的方法组建你的团队，提高你的教练水平。

【管理实践】

按表6.1完成管理实践。

表6.1　管理实践要求

实训项目	公司组织结构及其组织变革
实训目标	1．学会运用组织变革理论，培养和提高组织结构变革技能。 2．培养组织结构分析的能力
实训内容及组织	1．阅读下列材料。 以下是某制造工业公司所设置的一部分职位的名称和配备的人数，请你设计一份组织结构图来说明相互间的报告关系：设计工程师、生产计划专家、审计室、技术主任、财务副总裁、财务主管、董事长、环境工程师、工业关系专家、总裁、安全主管、信用贷款经理、销售预算主任、营销副总裁、主任会计、会计（3名）、广告经理、人事副总裁、顾客服务代表、装运与验收人员（若干）、工厂厂长、设备维护专家、质量管理主任、总裁助理、地区销售经理（3名）、车间主任、销售人员（10名）、工作技术人员、采购主任、技术与研究副总裁、研究开发主任、工厂安全总监、生产副总裁、设备维修主管、工长（23名）。 三年后，该公司由于机构臃肿，人浮于事，企业陷入困境，于是他们进行组织变革，重新调整组织结构，请你根据上述组织结构图再设计一份组织结构图。 2．以小组为单位，先讨论内容和组织结构关系，再由个人按内容与形式要求，设计并运用本项目原理说明组织结构设计的原则和调整组织结构的原因。 3．设计结果汇报，并进行评定
活动考核	由教师、学生（模拟公司主管）组成评定组，评定组织结构设计的优缺点

知识测试

一、判断题

1．采用外部来源选聘管理人员，有利于鼓舞士气，调动组织成员的积极性。（　　）

2．校园招聘适于专业技术岗位、技术工人和初级行政管理岗位等。（　　）

3．在人员配备中可以出现因人设岗、因人设机构的状况。（　　）

4．现有组织往往带有一定惯性，这在客观上会构成组织变革的阻力。（　　）

5．在管理人员考评时，由上级人员填写的考评表主要是考核管理者的领导能力和影响能力。（　　）

二、单选题

1．主管人员的工作质量是通过（　　）了解的。

A．选任　　B．用人　　C．育人　　D．评人

2．人员配备要求采取（　　）。

A．封闭的系统方法　　B．半封闭的系统方法

C．半开放的系统方法　　D．开放的系统方法

3．管理学中的人员配备，是对（　　）的配备。

A．全体人员　　B．主管人员　　C．非主管人员　　D．高层管理者

4．“对主管职务及其相应人员的要求越是明确，培训和评价主管人员的方法越是完善，主管人员工作的质量也就越有保证”是人员配备工作的（　　）原理。

A．用人之长　　B．职务要求明确　　C．责权利一致　　D．公开竞争

5．主管人员的用人艺术之一是知人善任，这也反映了人员配备工作的（　　）原理要求。

A．公开竞争　　B．责权利一致　　C．不断培养　　D．用人之长

6．考评主管人员的最好方法是（　　）。

A．个人品质考评方法　　B．按主管人员的标准考评方法

C．对主管人员的绩效考评方法　　D．群众考评

7．（　　）可以使各级主管人员全面了解整个组织的不同工作内容，得到各种不同的经验，为其今后在较高层次上任职打下基础。

A．理论培训　　B．提升　　C．职务轮换　　D．辅导

8．某公司总经理安排其助手去洽谈一个重要的工程项目合同，结果由于助手考虑欠周全，致使合同最终被另一家公司截走。由于此合同对公司经营关系重大，董事会在讨论其中失误的责任时，存在以下几种说法，你认为哪一种说法最为合理？（　　）

A．总经理至少应该承担领导用人不当与督促检查失职的责任

B．总经理的助手既然承接了该谈判的任务，就应对谈判承担完全的责任

C．若总经理助手又进一步将任务委托给其下属，则也可不必承担谈判失败的责任

D．公司总经理已将此事委托给助手，所以，对谈判的失败完全没有责任

9．人员配备的任务可以从（　　）的角度去考察。

A．组织　　B．个人　　C．组织和个人　　D．不一定

10．某组织中设有一个管理岗位，连续选任了几位干部，结果都是由于难以胜任岗位要求而被中途免职。从管理的角度来看，出现这一情况的根本原因最有可能是（　　）。

A．组织设计上没有考虑命令统一的原则

B．管理部门选聘干部时没有找到合适人选

C．组织设计忽视了对于干部的特点与能力的要求

D．组织设计没有考虑到责权对应的原则

11．管理人员选聘时不需要作为主要考虑标准的是（　　）。

A．管理的欲望　　B．冒险的精神

C．强健的体魄　　D．沟通的技能

12．内部招聘的最主要缺点是（　　）。

A．引起同事不满　　B．有历史包袱，不能迅速展开工作

C．要花很长时间重新了解企业状况　　D．知识水平可能不够高

13．在以下各项中，（　　）应作为管理干部培训的主要目标。

A．传授新知识与新技能　　B．灌输本企业文化

C．培养岗位职务所需的可操作性技能　D．以上都是

14．采取工作轮换的方式来培养管理人员，其最大的优点是有助于（　　）。

A．提供受训者的业务专精能力　B．减轻上级领导的工作压力

C．增强受训者的综合管理能力　D．考察受训者的高层管理能力

15．A 和 B 两家化妆品公司同时招聘销售人员，结果是 A 公司如期完成了招聘任务，而 B 公司却迟迟招不到合适的人选。这时，B 公司首先要做的工作应该是（　　）。

A．收集 A 公司的招聘策略和方法　B．多刊登招聘广告

C．辞退主持招聘工作的人力资源总监　D．检讨公司招聘策略

16．相对于内部招聘而言，外部招聘有利于（　　）。

A．培养员工的忠诚度　B．促进团结，消除矛盾

C．招聘到高质量人才　D．激励员工，鼓舞士气

17．各种标准化制度、例会制度、现场办公等属于（　　）。

A．人际关系协调方式　B．结构协调方式

C．制度协调方式　D．相互调整方式

18．针对组织结构存在的某些缺陷，通过设立临时性或长久性的协调人员或协调组织实现协调，这种协调方式属于（　　）。

A．人际关系协调方式　B．结构协调方式

C．制度协调方式　D．相互调整方式

三、多选题

1．人员配备的工作内容包括（　　）。

A．绩效管理　B．招聘与甄选　C．培训与考核　D．劳动关系

2．人员配备的基本原则是（　　）。

A．因事择人，适应发展原则　B．因才施用

C．优化组合　D．动态平衡

3．内部招聘的优点是（　　）。

A．来源广　B．带来新思想和新方法

C．适应更快　D．费用较低

4．绩效考核的作用是（　　）。

A．为员工的薪酬调整、奖金发放提供依据

B．为员工的职务调整提供依据

C．组织及时、准确地获得员工的工作信息，为改进组织政策提供依据

D．有助于了解任职者是否胜任岗位工作

5．组织的协调与联系可以通过（　　）方式实现。

A．职权式联系　B．制度式联系

C．结构式联系　D．人际关系式联系

6．按照管理规范的刚性程度和作用范围，可以将组织的管理规范分为（　　）。

A．管理制度　B．管理规定

C．管理办法　D．实施细则和工作条例

7．组织变革过程的主要变量因素包括（　　）。

A. 人员　　B. 结构　　C. 技术　　D. 任务

8. 以下属于组织变革的征兆的是（　　）。

A. 决策缓慢　　B. 沟通不良

C. 组织的机能不能得到正常发挥　　D. 缺乏创新精神

四、简答题

1. 如何理解人员配备的任务？
2. 人员配备要遵循哪些原则？
3. 简述组织管理规范设计的程序。
4. 简述组织变革的程序。

五、论述题

组织变革在推进过程中通常会遇到哪些阻力？如何消除这些阻力？

六、案例分析题

管理奇才杰克·韦尔奇的管理改革

1981年，杰克·韦尔奇（Jack Welch）继任通用电气（GE）公司总裁。当时公司内外，几乎没有人认为公司需要重新整顿，因为公司一直是备受全球敬重的知名企业，通用电气的股票还是上市公司绩优股中的绩优股，然而韦尔奇则认为通用电气的主管萧规曹随，善于守成，拙于开创。当外部环境开始剧烈变动时，通用电气的诸多程序及制度就显得不合时宜，窘态毕露，公司经理们惯有的自信也逐渐丧失。若是再放任发展下去，不做一点调整改革，可能不出10年，这个表面上看起来健全蓬勃的企业可能也会遭到和克莱斯勒汽车公司一样的命运。

韦尔奇认为，一个强大的企业必须有持续增长的收益和利润，收益的增加来自源源不断的新主意和产品创新；利润的增长则是通过生产率的不断提高。两者缺一不可。而通用电气已存在收益及利润无法提高的障碍。威胁收益增长的因素是公司高度发展的官僚体制，以及在背后支撑的企业文化。这个机构曾是那么有效率，然而现在却变得僵硬、不能适应环境变化，它延误决策，忽视反应，打击共识，使得通用电气新产品上市的脚步跟不上其企业。对于主管们来说，掌握那些繁文缛节已成为封官晋爵、晋升荣华的必备艺术和必要条件。结果许多通用电气的优秀管理者，把大部分精力用来应付内部的琐事，而非关注顾客的真正需求，关注环境变化可能对公司发展带来什么样的机会和威胁。事实上，当日本的企业每年的生产率提高达8%之际，通用电气的生产率每年提高不到1.5%。

韦尔奇下定决心要对通用电气目前的状况进行改革，甚至不顾大多数员工的反对。

（1）业务重组。韦尔奇认为通用电气旗下的所有企业都必须在其产品市场上名列第一或第二，不能达到这个标准的企业，将被整顿、关闭或出售。为此，他推动通用电气公司的业务领域重组，共出售了价值110亿美元的企业，包括煤矿、半导体和电视机；另外买进了价值260亿美元的新企业，包括基德尔投资银行、雇主再保险公司和全国广播公司（NBC）的后台老板美国无线电公司（RCA）。业务重组的目的实际上要使通用电气的利润来源重组，使公司有更高的回报率回报股东与社会。

（2）管理重组。韦尔奇坚持通用电气的管理人员必须突破传统管理概念本身的约束来迎接21世纪。韦尔奇认为未来的成功将属于那些“精简敏捷”的组织。这种组织的组织结构流畅、简洁，可以快速适应环境的变化，在精神上比较民主，以开放、坦率和不同功能在阶层间使用，取代僵硬的权威领导。但组织内的员工必须学会团队合作、自我负责。通用电气应尽可能地去除监督管理的职位，给予员工更多的权力控制自己的工作，对工作负责，使员工不再像孩子般地接受父母的命令，而是像成人或同辈那样与上司互动。

韦尔奇经常要求经营主管准备几张简单的幻灯片简述各企业的经营现况。幻灯片的内容大致包含下列几项基本问题：

- 所处的全球竞争环境如何？
- 在最近的 3 年内，竞争对手有何作为？
- 在同期内，你的应对措施是什么？
- 将来他们可能会如何攻击你？
- 你准备如何超越对手？

（3）改革带来的业绩。在韦尔奇上任之前，通用电气与西屋电气及美国电话电报公司（AT&T）一样，都是所谓的“GNP 公司”，因为这些公司的利润增长幅度几乎和国民生产总值（GNP）的年增长率一致。但是到 1991 年时，通用电气的利润比 10 年前增长了 10%，是同期 GNP 增长率的 1.5 倍，这对像通用电气这么大规模的公司而言实属不易。1991 年度的全年营业额为 600 亿美元，利润为 44 亿美元，以衡量公司经营业绩的关键指标——每股收益而言，高达 20%，比美国前 500 家大企业的 12%高出许多。1992 年 4 月，通用电气的市值超过 670 亿美元，是全美排名第三的企业。比 1980 年时的第十一名进步了许多。美国企业除了埃克森、飞利浦·莫里斯，外国企业除了荷兰壳牌和日本 NTT 外，全都瞠乎其后。根据收益、利润、市场价值及资产的综合评比，《幸福》杂志将通用电气列为全球最具竞争力的企业。

问题：

1．为什么韦尔奇要对通用电气公司进行改革？

2．通用电气业务重组的出发点是什么？怎么进行业务重组？

3．环境变化对通用电气管理模式重组的影响力如何？

4．可否设想一下，韦尔奇如何推动通用电气公司的改革？

5. 韦尔奇要求下属汇报工作时的基本内容你认为是正确的吗？还要增加什么方面的内容吗？

学习领域四

领 导 实 务

管理导航

领导职能贯穿于管理活动的各个方面。一个组织要生存和发展下去，就需要有效的领导。领导实质上是一种对他人的影响力，领导的过程就是通过人与人之间的相互作用关系和过程，使被领导者能义无反顾地追随他前进，自觉自愿而又充满信心地把自己的力量奉献给组织，促进组织目标的更有效实现。作为领导者，应正确认识领导的实质，不断提升自身的领导权威，通过有效的指挥、激励与沟通，实现有效的领导行为。

项目7 科 学 领 导

学习目标

知识目标

1. 理解领导的概念及实质
2. 掌握领导者的影响力构成
3. 掌握各种领导理论的基本内容及其运用

能力目标

1. 树立自身领导权威
2. 培养科学领导的艺术与能力

关键概念

领导、领导权威、职权影响力、非职权影响力、领导特质理论、领导行为理论、领导权变理论

知识体系

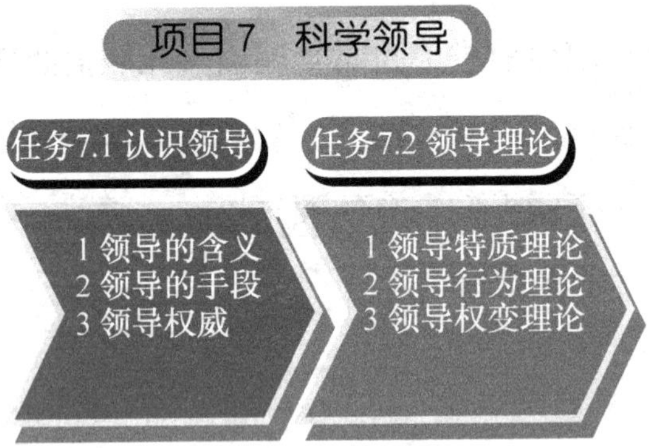

任务7.1 认识领导

任务导入

艾柯卡

艾柯卡是美国当代汽车行业著名的企业家，曾担任过美国两大汽车公司的总裁。1984年《艾柯卡自传》的出版轰动了美国，引起世界注目。该书一出版就以每周出售10万册的纪录发行，1985年年底已再版16次。1982年美国《华尔街日报》和《时代》周刊都曾刊登过关于艾柯卡可能被提名担任总统候选人的新闻，于是，艾柯卡一时间成为美国人民心目中的民族英雄。

艾柯卡的一生充满传奇。

（1）一个意大利移民的后裔居然能一步步地当上福特汽车公司总裁，他凭的是什么本领？

（2）连任福特公司8年总裁的艾柯卡，为公司立下了汗马功劳。正当他大展宏图时，却突然被解雇，用他的话说是"从珠穆朗玛峰顶被一脚踢到谷底"，这是为什么？

（3）临危受命，出任美国克莱斯勒汽车公司总裁。当时，该公司濒于崩溃。从1978—1981年，克莱斯勒公司共亏损36亿美元，创下了美国历史上亏损的最高纪录。人们普遍认为，该公司倒闭指日可待。然而，事情发展并不如人们所料，在艾柯卡的领导下，克莱斯勒公司竟奇迹般地从死亡线上活过来了。到1982年，其股票价格上涨425%，11种新车投入市场；1983年，公司销售额增加了132亿美元，比1982年增长了近30%，赢利7.009亿美元，并提前7年偿还了联邦政府15亿美元的贷款。克莱斯勒公司终于战胜了死神。

那么，艾柯卡是如何挣扎、奋斗，战胜险恶，使企业扭亏为盈的呢？

【任务分析】

1. 如何理解领导在管理职能中的地位与作用？
2. 结合案例说明应如何做一个有效的领导者。

7.1.1 领导的含义

一个组织要生存和发展下去，就需要有效的领导。一个领导者是否有成效，取决于他的领导活动所取得的结果。

1．领导的概念

作为日常用语，领导（Leadership）的含义是率领、引导，所谓"领而导之"即带领前进，泛指这一类的社会活动和社会角色。从管理学意义上讲，领导是指领导者依靠影响力，指挥、带领、引导和鼓励被领导者或追随者活动，努力地实现既定的组织目标。

2．领导与管理的区别

人们常把管理（Management）和领导当做同义语来使用，好像管理者（Administor）就是领导者，领导过程就是管理过程。实际上领导（Leadership）与领导者（Leader），领导者与管理者，领导和管理这三组概念是不同的，但既有联系，又有区别。

（1）领导与领导者。领导是由领导者、被领导者、领导行为、组织目标、行为结果等共同构成的内容体系，是一种社会活动（职能），特指领导者的角色行为，即对他人施加影响力，使之致力于实现预期目标的活动过程。而领导者是一种社会角色，特指领导活动的行为主体，即能实现领导过程的人。

（2）领导者与管理者。管理者与领导者并不是一回事。管理者是任命的，他们拥有合法的权力进行奖励和处罚，其影响力来自于他们所在的职位所赋予的正式权力；而领导者可以是任命的，也可以是从一个群体中推选出来的，领导者可以不运用正式的权力来影响他人的活动。可见，管理者并不都是领导者，领导者也并不一定是管理者。在正式组织中，管理者唯有懂得并施行领导，才是领导者。而为了有效地管理，必须有效地领导。

（3）领导与管理。在管理学中所说的管理是一个宽泛的概念，是指为实现目标而对整个组织施加影响的全部行为或过程。而领导只是管理中的一个职能。领导只是在管理过程中，继计划与组织职能之后，带领与影响部下组织实施的行为。领导与管理的区别如表 7.1 所示。

表 7.1　企业组织中的领导与管理的区别

	管　理	领　导
制订过程	计划、预算过程——确定实现计划的详细步骤和日程安排，调拨必需资源实现计划	确定经营方向——确立将来，通常是遥远的、将来的远期目标，并为实现远期目标制订进行变革的战略
发展完成计划所需要的人力网络	企业组织和人员配备——根据完成计划的要求建立企业组织机构，配备人员，赋予他们完成计划的职责和权力，制订政策和程序以对人们进行引导并采取某些方法或创建一定系统监督计划的执行情况	联合群众——通过言行将所确定的企业经营方向传达给群众，争取有关人员的合作，并形成影响力，使相信愿景目标和战略的人们形成联盟，并得到他们的支持
执行计划	控制、解决问题——相当详细地监督计划的完成情况，如发现偏差点，则制订计划、组织人员解决问题	激励和鼓舞——通过唤起人类通常未得到满足的最基本的需求，激励人们战胜在变革过程中遇到的政治、官僚主义和资源方面的主要障碍
结　果	在一定程度上实现预期计划，维持秩序	引起变革，通常是剧烈变革，并形成非常积极的变革潜力

3. 领导的实质

卡茨和卡恩（Katz & Kahn）曾提出了这样的观点，“我们认为在组织中，领导的实质是除了对组织日常指示机械服从之外的影响的扩大。”领导实质上是一种对他人的影响力，领导的过程就是通过人与人之间的相互作用关系和过程，使被领导者能义无反顾地追随他前进，自觉、自愿而又充满信心地把自己的力量奉献给组织，促进组织目标的有效实现。

7.1.2　领导的手段

领导作为一种影响力，其施加作用的方式或手段主要有指挥、激励和沟通。

1. 指挥

指挥是指管理者凭借权威，直接命令或指导下属行事的行为。指挥的具体形式有部署、命令、指示、要求、指导、帮助等。指挥具有强制性、直接性、时效性等特点。指挥是管理者最经常使用的领导手段。

管理思考7.1

指导

有一次，日本歌舞伎大师勘弥扮演古代一位徒步旅行的百姓，他上场之前故意解开自己的鞋带，试图表现这个百姓长途旅行的疲态。正巧那天有位记者到后台采访，看见了这一幕。等演完戏后，记者问勘弥："你为什么不当时指教学生呢，他们并没有松散自己的鞋带呀。"勘弥回答说："要教导学生演戏的技能，机会多得是，在今天的场合，最重要的是要让他们保持热情。"

思考： 结合故事，谈谈你对领导者的指导作用的认识。

管理启迪： 提高员工素质和能力是提高管理水准的有效方式。学习有利于提高团队执行力，便于增强团队凝聚力。手把手的现场指导可以及时纠正员工的错误，是提高员工素质的重要形式之一。但是指导必须注重技巧，就像勘弥大师那样要保护员工的热情。管理者必须避免教训式指导，应当语重心长地激励员工提高自身业务素质。除了现场指导外，还可以综合运用培训、交流会、内部刊物、业务竞赛等多种形式，激发员工不断提高自身素质和业务水平，形成一个积极向上的学习型团队。

2．激励

激励是指管理者通过作用于下属心理来激发其动机、推动其行为的过程。激励的具体形式包括能够满足人的需要，特别是心理需要的种种手段。激励具有自觉自愿性、间接性和作用持久性等特点，是管理者调动下属积极性，增强群体凝聚力的基本途径。

3．沟通

沟通是指管理者为有效推进工作而交换信息，交流情感，协调关系的过程，具体形式包括信息的传输、交换与反馈，人际交往与关系融通，说服与促进态度（行为）的改变等。这是管理者保证管理系统有效运行，提高整体效应的经常性职能。

此外，管理者经常进行各种协调工作；领导也是一种服务，即为下级出主意，进行指导，创造条件等。这些工作形式与上述三种领导手段有一定程度的交叉，所以，这里主要研究指挥、激励和沟通这三种基本领导手段。

7.1.3 领导权威

所谓领导权威也就是领导的影响力，是指一个人在与他人的交往中，影响和改变他人的心理和行为的能力。

领导者的权威包括职权和威信。因此，领导的影响力主要来自两方面：一是与职权相联系的权力，称为职权性影响力；二是与威信（非职权）相联系的权力，称为非职权性影响力。

1．职权性影响力

职权性影响力是由领导者在组织中所处的地位赋予的，并由法律、制度明文规定的影响力。这种影响力是由外界附加的，与职位有关，职位地位的高低决定其大小以及拥有与丧失。

（1）职权性影响力的构成。

① 法定权。法定权是指管理者由于占据职位，有了组织授权而拥有的影响力。被管理者会认为理所当然地要接受管理者的领导。

② 强制权。强制权是指管理者由于能够决定对下属的惩罚而拥有的影响力。下级出于恐惧的心理而服从领导。

③ 奖赏权。奖赏权是指管理者由于能够决定对下属的奖赏而具有的影响力。其下级为了获得奖赏而追随或服从领导。

（2）影响职权性影响力的主要因素。

① 传统因素。在长期的社会生活中，人们形成了一种传统观念：认可组织与职位的权威性，对上级必须服从。由于这种传统观念从小就影响着每一个人的思想，从而增强了领导者言行的影响力。

② 职位因素。由于领导者凭借组织所授予的指挥他人开展具体活动的权力，可以左右被领导者的行为、处境，甚至前途、命运，出于趋利避害的心理，被领导者会追随与服从领导者。

③ 资历因素。一般而言，人们对资历较深的领导者，心目中比较尊敬，其言行也容易在人们的心中占据一定的位置。

2. 非职权性影响力

非职权性影响力是指由于领导者的个人经历、地位、人格、特殊品质和才能而产生的影响力。它不是外界附加的，而是产生于个人的自身因素，与职位没有关系。这种影响力对下属的影响比职位权力更具有持久性。

（1）非职权性影响力的构成。

① 专长权。专长权是指管理者由于自身具有业务专长而拥有的影响力。下级会出于对管理者专业知识与能力的信任与佩服而服从领导。

② 表率权。表率权是指管理者率先垂范，由其表率作用而形成的影响力。管理者的思想境界、品德修养能赢得被管理者的敬仰，下级会出于敬佩而追随与服从。

③ 亲和权。亲和权是指管理者借助与部下的融洽、亲密关系而形成的影响力。

管理思考 7.2

表率

春秋时期，晋国有一名叫李离的狱官，他在审理一件案子时，由于听从了下属的一面之词，致使一个人冤死。真相大白后，李离准备以死赎罪，晋文公说：“官有贵贱，罚有轻重，况且这件案子主要错在下面的办事人员，又不是你的罪过。”李离说：“我平常没有跟下面的人说我们一起来当这个官，拿的俸禄也没有与下面的人一起分享。现在犯了错误，如果将责任推到下面的办事人员身上，我又怎么做得出来。”他拒绝听从晋文公的劝说，伏剑而死。

思考：结合故事，谈谈管理者以身作则的影响。

管理启迪：正人先正己，做事先做人。管理者要想管好下属必须以身作则。示范的力量是惊人的。不但要像先人李离那样勇于替下属承担责任，而且要事事为先、严格要求自己，做到“己所不欲，勿施于人”。一旦通过表率树立起在员工中的威望，将会上下同心，大大提高团队的整体战斗力。得人心者得天下，做下属敬佩的领导将使管理事半功倍。

（2）影响非职权性影响力的主要因素。

① 品格。领导者的优良品格能深深地吸引下级，使人模仿，从而带来巨大的影响力。

② 才能。被领导者出于对领导者的业务专长与决策正确性的信任，而自愿服从与追随领导者。

③ 知识。知识丰富的领导者，容易取得人们的信任，并使人们由此产生对他的信赖感和依赖感。

④ 感情。当被管理者与管理者之间建立融洽亲密的感情时，被管理者就会发自内心地追随与服从。

由品格、才能、知识、感情因素构成的非职权性影响力，是由领导者自身的素质与行为造就的，能增强领导者在工作时的影响力。在不担任管理职务时，这些因素仍可对人们产生较大的影响。由于这种影响力来源于下属服从的意愿，有时会比权力显得更有力量。

拓展阅读 7.1

领导者的“六商”

作为企业的管理者，其工作重点不应是如何去管理，而应是如何去领导。想要拥有高超的领导力，就必须拥有很高的“六商”。

（1）德商（MQ）。德商指领导者道德的水平，包括尊重、容忍、宽容、诚实、负责、忠心、礼貌等美德。在强调人文管理的今天，企业家只有具备很高的德商，才能统领企业。

（2）智商（IQ）。智商指领导者智力高低的指标。曾经有这样一句话：“为智者鞍前马后服侍，不给弱智当主人。”领导是一种仰仗智慧的工作，需要精细的思考。想要成为一个卓越的领导者，就必须拥有智慧。

（3）情商（EQ）。情商指领导者处理情绪和人际关系的能力。很多人为小布什成为总统愤愤不平，原因就是他在大学期间成绩拙劣。但是，批评者忘了，这个家伙的情商远在平常人之上。他大学时广泛交际，结识了众多智慧超群的人。这些人纷纷走向举足轻重的工作岗位后，为小布什的竞选奠定了成功的基础。

（4）志商（WQ）。志商指领导者的志向大小和志向的坚持程度。那些功绩辉煌的领导者，无疑都是志向远大的，如果只安于现状，那么其命运只有走向灭亡。很多企业家，赢得了暂时的利益后，就裹足不前，甚至产生“大不了我把企业卖了安享晚年”的思想。在激烈的竞争中，这些人也只能安度晚年了，享受不享受，倒是个值得商榷的问题。

（5）健商（HQ）。健商指领导者健康水平和健康意识的高低。伴随着浙江省 37 岁的企业家王均瑶的英年早逝，所有的领导者都应该注意健商。那些传统的企业领导者都忙于“喝酒应酬”、“事无巨细”的管理，殊不知，真把命搭上了，还会得到什么呢？

（6）财商（FQ）。财商指领导者对财产的态度。在中国，一些领导者想牢牢地控制着企业大部分财产。特别是那种家族企业，更是把亲信安插到财务主管的岗位，看好每一分钱。他们游山玩水、购买奢侈品，而在提高员工待遇、改善公司管理环境上却是典型的吝啬鬼。长此以往，企业只能一步步走向困境。

这“六商”，不是人生来就有的。那些希望提升领导力的领袖，定会找出差距，不断练习，走向卓越。

资料来源：http://blog.ipart.cn/blog/blog_new_diary_viewmore.php?u=4984848&d=14

任务 7.2 领导理论

任务导入

ABC 公司

ABC 公司是一家中等规模的汽车配件生产集团。最近，ABC 公司对该公司的三个重要部门经理进行了一次有关领导类型的调查。

1. 安西尔

安西尔对他本部门的产出感到自豪。他总是强调对生产过程和产量控制的必要性，坚持下属人员必须很好地了解生产指令以得到迅速、完整、准确的反馈。安西尔遇到小问题时，会放手交给下级去处理，当问题很严重时，他则委派有能力的下属人员去解决。通常情况下，他只是大致规定下属人员的工作方针，完成怎样的报告及完成期限。安西尔认为只有这样才能有更好的合作，避免重复工作。安西尔还认为，对下属人员采取敬而远之的态度对一个经理来说是最好的行为方式，所谓的“亲密无间”只会松懈纪律。安西尔说，在管理中的最大问题是下级不愿意接受责任。他讲到，他的下属人员可以有机会做许多事情，但他们并不是很努力地去做。他表示不能理解以前他的下属人员如何能与一个毫无能力的前任经理相处，他说，他的上司对他们现在的工作运转情况非常满意。

2. 鲍勃

鲍勃认为每个员工都有人权，他偏重于管理者有义务和责任去满足员工需要的学说，他常为员工做一些小事，如给员工两张下个月在伽里略城举行的艺术展览的入场券。他认为，每张门票才 15 美元，但对员工和他的妻子来说却远远超过 15 美元。通过这种方式，也是对员工过去几个月工作的肯定。鲍勃说，他每天都要去工厂一趟，与至少 25% 的员工交谈。鲍勃不愿意为难别人，他认为安西尔的管理方式过于死板，安西尔的员工也许并不那么满意，但除了忍耐别无他法。鲍勃的想法是以一个友好、粗线条的管理方式对待员工。他承认尽管在生产率上不如其他单位，但他相信他的雇员有高度的忠诚与士气，并坚信他们会因他的开明领导而努力工作。

3. 查里

查里说他面临的基本问题是与其他部门的职责分工不清。他认为不论是否属于他们的任务都安排在他的部门，似乎上级并不清楚这些工作应该谁做。查里承认他没有提出异议，他说这样做会使其他部门的经理产生反感。他们把查里看成是朋友，而查里却不这样认为。查里说过去在不平等的分工会议上，他感到很窘迫，但现在适应了，其他部门的领导也不以为然了。查里认为纪律就是使每个员工不停地工作，预测各种问题的发生。他认为作为一个好的管理者，没有时间像鲍勃那样握紧每一个员工的手，告诉他们正在从事一项伟大的工作。他相信如果一个经理声称为了决定将来的提薪与晋职而对员工的工作进行考核，那么，员工则会更多地考虑他们自己，由此而产生很多问题。他主张，一旦给一个员工分配了工作，就让他以自己的方式去做，取消工作检查。他相信大多数员工知道自己把工作做得怎么样。如果说存在问题，那就是他的工作范围和职责在生产过程中发生的混淆。查里的确想过，希望公司领导叫他到办公室听听他对某些工作的意见。然而，他并不能保证这样做不会引起风波而使情况有所改变。他说他正在考虑这些问题。

【任务分析】

1. 你认为这三个经理各采取了什么领导方式？试预测这些模式各将产生什么结果？
2. 是否每一个领导方式在特定的环境下都有效？为什么？

在管理学领域中，关于领导理论可依其内容大致分为三类：领导特质理论、领导行为理论和领导权变理论。三类领导理论的依次提出，对应于领导的理论研究的三个阶段。在 20 世纪 40 年代以前，有关领导的研究集中在领导者与非领导者相比应具备特殊素质方面，从40年代开始到60年代中期，关于领导的研究主要侧重于领导行为方面。从60年代中期开始，领导理论的研究转向于权变理论的研究。各类理论都有许多重要的研究成果。

7.2.1 领导特质理论

1. 基本观点

特质理论是最古老的领导理论观点。该理论着重研究领导的品行、素质和修养，目的是要说明好的领导者应具备怎样的素质。该理论假定领导者具备某些特质，组织可以通过对这些特质的识别来选拔“正确”的领导。

2. 主要成果

领导特质理论认为领导者的品质是天生的、超人的，是由遗传因素决定的。

对于领导者的特质要求，在不同文化背景、不同国家的企业组织中有所不同。这是特定社会文化的产物，最富有代表性的是美国式的管理和日本式的管理。表 7.2 中对比分析了美国和日本的企业对他们领导者的素质要求，我们可以从中看出二者的差异和相同点。我国学者也曾对我国大中型企业的高层领导就领导者素质要求和成为领导者的条件进行问卷调查，调查结果如表 7.3 所示。

表 7.2 美国、日本企业对领导者的素质要求

顺 序	日 本		美 国
	品 德	能 力	
1	使命感	思维决定能力	合作精神
2	责任感	规划能力	决策能力
3	依赖性	判断能力	组织能力
4	积极性	创造能力	授权能力
5	忠诚性	洞察能力	应变能力
6	进取心	劝说能力	勇于负责
7	忍耐性	理解能力	创新能力
8	公平性	解决问题能力	敢担风险
9	热 情	培养下级能力	尊重他人
10	勇 气	调动积极性能力	品德超人

表 7.3 我国对企业领导者的素质要求

顺 序	领导者的素质类别	回答的百分比（%）
1	组织能力和决策能力	97.5
2	责任感、事业心和进取心	90.2
3	求知欲和创新精神	68.4
4	知人善任，开发人才，合作精神	46.3
5	一定的专业知识和知识广度	39.0
6	敏锐的观察力和全局思考能力	31.7
7	大公无私，品德端正	29.3
8	应变能力和分析、解决问题的能力	27.1
9	处理人际关系能力	19.5
10	适应环境，协调和平衡各种关系的能力	14.6

由于不同的环境，对合格领导者提出的标准是不同的。对于领导者应当具有哪些特性，不同的研究者得到的结论并不相同，因此很难确定几条完全统一的公认特性。但领导特质理论系统地分析了领导者所应具有的能力、品德和为人处世的方式，向领导者提出了要求和希望，这对组织选择、培养和考核领导者是有帮助的。

7.2.2 领导行为理论

1. 基本观点

领导行为理论侧重于研究领导者的行为及其对下属的影响，以期寻求最佳的领导行为。它关心的两个基本问题是领导者应该做什么和怎样做才能使工作更有效。

2. 主要成果

（1）领导风格理论。领导风格理论侧重于研究领导者工作风格类型及其对职工的影响，以期寻找最佳的领导作风。最早提出作风理论的是社会心理学家勒温（P. Lewin），他以儿童为研究对象，以制作面具为试验内容，来考察不同领导作风对于群体的影响，从一个特殊的角度来研究领导行为。领导作风是领导者在活动中表现出来的比较固定的和经常使用的行为方式和方法的总和，又称为领导方式，它表现出领导者的个性。勒温根据权力定位于谁，将领导作风分为三种类型。

第一种是专制作风，又称集权型，权力定位于领导者个人。专制作风的领导方式的主要特点如下：独断专行，从不考虑别人的意见，所有的决策由领导者自己做出；领导者亲自设计工作计划，指定工作内容和进行人事安排，从不把任何消息告诉下属，下属没有参与决策的机会，而只能察言观色、奉命行事，主要靠行政命令、纪律约束、训斥和惩罚来管理，只有偶尔的奖励；领导者很少参加群体活动，与下属保持一定的心理距离，没有感情交流。

第二种是民主作风，又称民主型，权力定位于组织中的群体。民主作风的领导方式的主要特点如下：所有的政策都是在领导者的鼓励和协助下由群体讨论决定的；分配工作时尽量照顾到个人的能力、兴趣，对下属的工作也不安排得那么具体，下属有较大的工作自由、较多的选择性和灵活性；主要以非正式权力和威信，而不是靠职位权力和命令使人服从，谈话时多使用商量、建议和请求的口气；领导者积极参与团体活动，与下属无任何心理上的距离。

第三种是放任自流作风，又称放任型，权力定位于组织内的每一个成员。放任自流作风的领导方式的主要特点如下：工作事先无布置，事后无检查，一切悉听尊便，毫无规章制度，实行的是无政府管理。

根据试验结果，勒温认为，放任型领导方式工作效率最低，只达到社交目标而完不成工作目标；集权型领导方式虽然通过严格的管理达到了工作目标，但群体成员没有责任感，情绪消极，士气低落，争吵较多；民主型领导方式工作效率最高，不但可以完成工作目标，而且群体成员之间关系融洽，工作积极主动，有创造性。

（2）四分图理论。领导行为四分图理论是1945年由美国俄亥俄州立大学的学者们提出的。他们收集了大量的下属对领导行为的描述，最终将领导行为归结为两个方面：依赖组织和体贴精神。体贴精神是指注重建立领导者与被领导者之间的友谊、尊重和信任的关系。依赖组织是指领导者注重规定他与工作群体的关系，建立明确的组织模式、意见交流渠道和工作程序。这些学者们以依赖组织和体贴精神作为两个坐标轴建立平面坐标系，提出四种类型的领导行为：高组织与低体贴、高组织与高体贴、低组织与高体贴、低组织与低体贴，如图 7.1 所示。

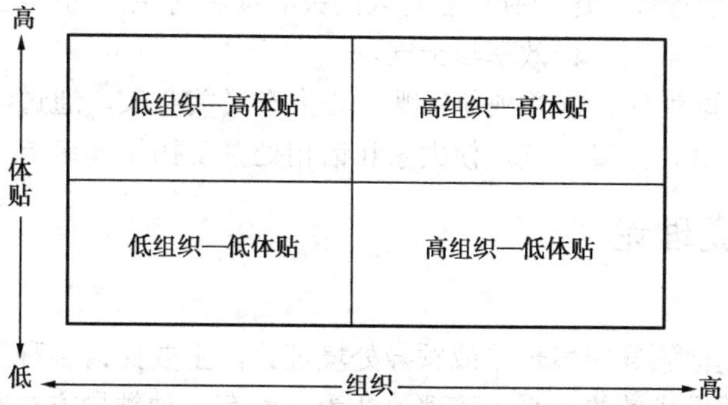

图 7.1 领导行为四分图

（3）管理方格图理论。管理方格图理论又称管理方阵或管理坐标图，是由美国得克萨斯大学教授、行为科学家布莱克（Robert R.Blake）和莫顿（Jane S.Mouton）在 1964 年出版的《管理方格》一书中提出的。他们以企业为例，研究组织的五种领导风格。他们以纵坐标表示“对人的关心”，以横坐标表示“对生产的关心”，并将两个坐标轴划分为九等份：1 表示关心程度最小，5 表示中间的或平均的关心，9 代表最大关心。从而形成了 81 种领导方式的“9.9 图”，如图 7.2 所示。布莱克和莫顿认为，任何领导行为的评价与自测都可以通过对生产的关心程度和对人的关心程度这两种变动因素予以衡量。衡量的方法是通过 1～9 的计分方法在管理方格图上找出他的行为类型。例如，某一位领导既关心人，又关心生产，得分均为 9，那么他属于 9.9 型领导；如果他既不关心人，又不关心生产，则为 1.1 型领导，其余以此类推。与四分图理论不同，布莱克与莫顿提出的管理方格图理论有如下五种典型的领导行为，分别分布在管理方格图的中心和四角。

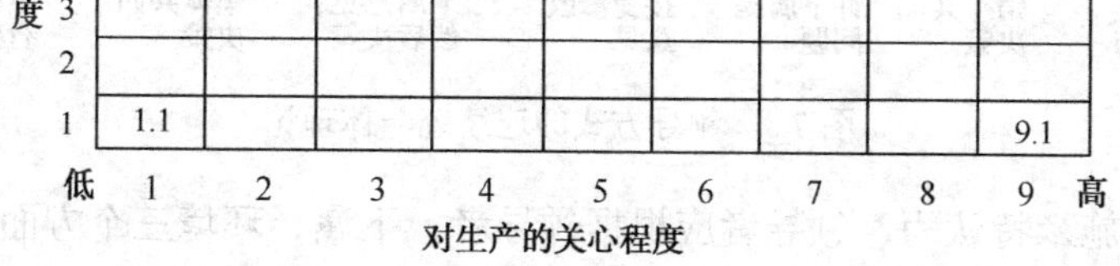

图 7.2 管理方格图

（1.1）型：贫乏型管理。这种类型的领导者，对人、对工作都不关心，他只以最小的努力来完成必须做的工作。

（9.1）型：任务型管理。这类领导者高度关心生产和效率，而不关心人，很少注意下属们的发展和士气。

（1.9）型：乡村俱乐部型管理。这类领导者只关心人而不关心生产，对下属一味迁就，做老好人。

（5.5）型：中庸型管理。这类领导者对人的关心度和对生产的关心度都保持正常状态，甘居中游，只图维持一般的工作效率与士气。

（9.9）型：团队型管理。这类领导者既关心生产又关心人，通过综合协调各种活动，促进工作和生产的发展，鼓舞士气，使大家和谐相处并发扬集体精神。

7.2.3 领导权变理论

1. 基本观点

领导权变理论又称领导情境理论或领导处境理论，主要探讨各种情境因素怎样影响领导者素质和行为与领导成效的关系。该理论认为，没有一种领导方式对所有的情况都是有效的，没有一成不变的、普遍适用的“最好的”领导方式，领导者只有在不同的情境下采取与情境相适应的行为，才能达到有效的领导。

2. 主要成果

领导权变理论很多，下面主要介绍领导行为的连续统一体理论、菲德勒权变理论、途径—目标理论、领导生命周期理论四种理论。

（1）连续统一体理论。领导的连续统一体理论是由坦南鲍姆（R.Tannenbaum）和施米特（W.H.Schmidt）于 1958 年提出的。该理论把集权型的领导行为和民主型的领导行为描述为一个连续统一体中的两个极端。而在这两个极端之间，存在着许多种不同水平的专制型的领导行为和民主型的领导行为。从一个极端到另一个极端或从集权到民主，从左到右，领导方式的民主程度逐渐提高，领导者运用的权力逐渐减少，下属的自由度逐渐加大，从而构成一个连续带，如图 7.3 所示。

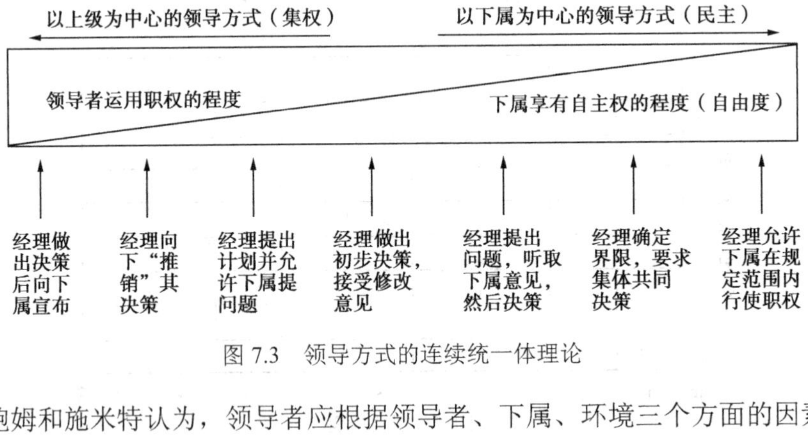

图 7.3 领导方式的连续统一体理论

坦南鲍姆和施米特认为，领导者应根据领导者、下属、环境三个方面的因素，有针对性地在一系列备选领导方式中选出最恰当的一种。他们认为，应考虑的领导者个人的因素是他们的价值观、对下属的信任、对专断与民主的基本倾向以及与下级共同决策带来的不确定性是否会威胁他自己；至于下属方面的因素则是下属追求自主的意愿强度，他们是否愿意承担责任，对情况不明的耐力，对解决问题的兴趣和赋予它的重要性，他们自己的目标与组织目标的一致性，他们对有待解决问题的了解、知识和经验等；要考虑的情境因素是组织的类型、规模，各下属单位距离的远近，尤其是对职工参与的信念；工作群体作为一个能顺利发挥其功能的集体的成熟程度；决策时限是否紧迫等。

（2）菲德勒权变理论。菲德勒权变理论是由美国华盛顿大学教授、心理学家和管理专家菲德勒（Fred Fiedler）提出的一种领导权变理论。该理论认为人们的基本领导风格是他们的一种内在倾向，属于个性的一部分，要改变它并非不可能，但也是长期而艰巨的事。所以领导者应首先摸清自己及所辖的下属的领导风格，并争取使自己和下属委派到最适合各自风格的情境中去，以实现最佳领导效能，即让工作适合管理者。菲德勒确认了两种领导风格：一种是任务导向型，另一种是关系导向型。他还认为，领导行为的方式是领导者个性的反映，基本上不大会改变。所以，一个领导者的领导风格究竟是任务导向型还是关系导向型是可以确定的。菲德勒使用了一种名为 LPC 的问卷表来测定一个人的领导风格。所谓 LPC，即你认为最难与之共事的人。每个管理人员和领导者通过 LPC 问卷的描述可判断其领导风格。菲德勒提出从下列三个方面去确定情境的特征。

一是上下级关系。这是最重要的考虑因素。上下级关系是指领导者对下属信任、信赖和尊重的程度，以及是否受下级喜爱、尊重和信任，是否能吸引并使下属愿意追随。

二是任务结构性。任务结构是指工作任务的程序化程度（即结构化或非结构化）。若目标明确，职责分明，有现成的程序、规则可依循以完成任务，即为任务结构性高。

三是职位权力。职位权力是指领导者拥有的权力变量（如聘用、解雇、训导、晋升、加薪）的影响程度。

三种情境因素可搭配成八种组合，如图 7.4 所示。其中上下级关系好，任务结构性高，职权又大，有最大的情境控制力与影响力，属最有利的领导情境；反之，上下级关系不好，任务结构性低，职权又小，对情境控制与影响力最小，属最不利的情境。

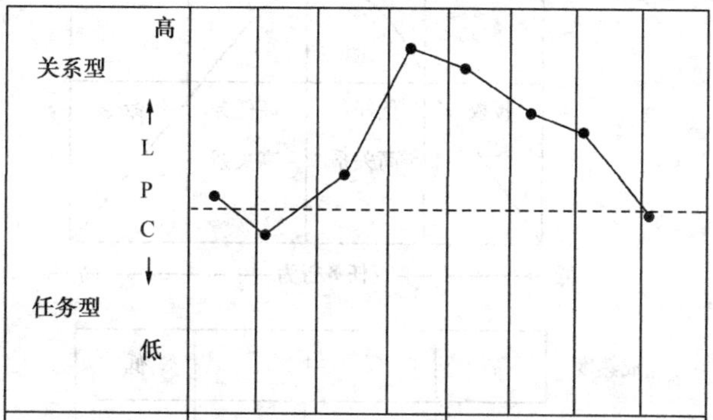

上下级关系	好				不好			
任务结构性	明确		不明确		明确		不明确	
职位权力	强	弱	强	弱	强	弱	强	弱
情境序号	1	2	3	4	5	6	7	8

有利 ←—— 情境 ——→ 不利

图 7.4　菲德勒的领导模型

菲德勒以大量研究表明，在情境从有利到较有利（情境 1～3）或很不利时（情境 8），任务型的领导风格较有效。情境有利性中等（情境 4～7）时，关系型的领导风格较有效。

（3）途径—目标理论。途径—目标理论是加拿大多伦多大学罗伯特·豪斯（R.J.House）将期望理论和领导行为理论结合而开发的一种领导权变模型。该理论认为领导者的工作是帮助下属达到他们的目标，并提供必要的指导和支持以确保各自的目标与群体或组织的总体目标相一致。为此，豪斯确定了四种领导行为。

第一种是指令型领导。让下属知道期望他们的是什么，以及完成工作的时间安排，并对如何完成任务给予具体指导。

第二种是支持型领导。对下属十分友善，并表现出对下属需求的关怀。

第三种是参与型领导。与下属共同磋商，并在决定之前充分考虑他们的建议。

第四种是目标导向型领导。提出富有挑战性的目标，要求下属有高水平的表现，鼓励下属并对下属的能力表示出充分的信心。

作为一种权变理论，豪斯认为选择领导风格时应考虑如下条件：一是个人特点，主要指下级的控制点、经验及知觉能力；二是环境因素，主要指任务结构、职权制度、工作群体特点等。领导应视所面对的领导情境的具体特征，采用在该情境下最有效的领导风格。

（4）领导生命周期理论。领导生命周期理论是由保罗·赫赛（Paul Hersey）和肯尼斯·布兰查德（Kenneth Blanchard）在管理方格图理论和成熟—不成熟理论的基础上开发的领导模型。该理论认为成功的领导者要根据下属的成熟程度选择合适的领导方式。与管理方格理论相似，赫赛和布兰查德认为领导的行为倾向于两个方面：任务行为和关系行为，但他们认为每一行为有高有低，从而组合成以下四种具体的领导风格（见图7.5）。

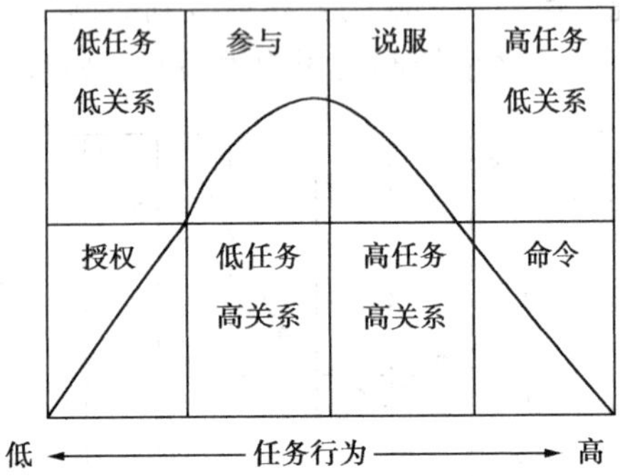

成熟度	高	中		低
	M4	M3	M2	M1

图7.5 领导的生命周期模型

一是命令式（高任务、低关系）。领导者告诉下属应该干什么、怎么干以及何时何地干，它强调直接指挥。

二是说服式（高任务、高关系）。领导者既给下属以一定的指导，又注意保护和鼓励下属的积极性，提供指导性的行为与支持性的行为。

三是参与式（低任务、高关系）。领导者与下属共同决策，领导者着重给下属以支持及其内部的协调沟通。

四是授权式（低任务、低关系）。领导者几乎不加指点，提供极少的指导和支持，由下属自己独立地开展工作、完成任务。

情境领导理论认为有效的领导应根据情境及下属的成熟程度，采取不同的领导风格。所谓成熟度是个体对自己的直接行为负责任的能力和意愿。它取决于两个方面：任务成熟度和心理成熟度。任务成熟度是相对于一个人的知识和技能而言的，若一个人具有无须别人的指点就能完成其工作的知识、能力和经验，那么他的工作成熟度就是高的，反之则低。心理成熟度则与做事的愿望或动机有关，如果一个人能自觉地去做，而无须外部的激励，就认为他有较高的心理成熟度，反之则低。

拓展阅读 7.2

领导者应具备两个度：广度与高度

1. 广度

（1）胸怀宽广。有容人的雅量，能领导比自己某方面能力更强的人，因而能带出一个“狼的团队”，而不是“羊的团队”。

（2）学识广泛，经验丰富。知道的东西总是比下属多，预见的事情也总是比别人多，因而总是能把握方向，引导团队朝正确的方向前进。

（3）交际广泛，左右逢源。由于心胸宽广，不会轻易发脾气，总是能“开口便笑”，因而容易与领导、同事和下属相处和交流，有利于工作的开展。

2. 高度

（1）目标高，眼光远。把工作当成事业来做，重视经营个人品牌，珍惜在每一个企业的工作历练，在意企业提供的发展平台。

（2）乐观向上。俗话说“兵熊熊一个，将熊熊一窝”，人的情绪是可以传染的，如果带团队的经理人总是悲观、消极的，那么这个团队必然是无可救药的。

（3）思维高度，看淡权力，看淡利益。一方面，作为领导者，善于授权，善于激发下属自我实现的欲望；另一方面，像唐骏一样，不争权斗利，做自己该做的事情，把本职工作做好做漂亮。

管理定律

经典管理定律之七

1．蓝斯登原则

内　容：在你往上爬的时候，一定要保持梯子的整洁，否则你下来时可能会滑倒。

提出者：美国管理学家蓝斯登

点　评：进退有度，才不致进退维谷；宠辱皆忘，方可以宠辱不惊。

2．本特利论断

内　容：领导并不是个别领导人的事务，从根本上说，它是集团的事务。

提出者：美国政治学家阿瑟·本特利

点　评：职为公职，当奉公尽职；权非私权，勿行私害权。

3．克里奇定理

内　容：没有不好的组织，只有不好的领导。

提出者：美国军事家克里奇

点　评：好领导是好组织的塑造者。

4．特里法则

内　容：承认错误是一个人最大的力量源泉。

提出者：美国田纳西银行前总经理 L.特里

点　评：改正错误是走向正确的第一步。

5．克里夫兰法则

内　容：成功的领导艺术的标志是当事成之后，被领导者均认为“事情是我们自己做的”。

提出者：美国政治学家 H.克里夫兰

点　评：最高明的领导，能使下属自己领导自己。

6．例外原则

内　容：为了提高效率和控制大局，上级只保留处理例外和非常规事件的决定权和控制权，例行和常规的权力由部下分享。

提出者：美国管理学家泰勒

点　评：分权可调动积极性，执要则不失主导权。

7．古狄逊定理

内　容：一个累坏了的主管，是一个最差劲的主管。

提出者：英国证券交易所前主管 N.古狄逊

点　评：领导者的最大本事，是能让下属发挥最大本事。

8．沃特曼定律

内　容：重视就是一切。

提出者：美国管理学家 B.沃特曼

点　评：一心不重，万事皆轻。

9．艾德华定理

内　容：高级主管如果不能互相信任，任何集体领导都不会有好的效果。

提出者：英国 BL 有限公司前总裁 M.艾德华

点　评：有好的领导集体，才会有好的集体领导。

10．吉尔伯特定律

内　容：人们喜欢为他们喜欢的人做事。

提出者：美国管理学家瑟夫·吉尔伯特

点　评：一个喜欢下属的领导，下属没理由不喜欢他。

项目总结

（1）领导是管理过程中的一项重要而独特的职能。领导工作具有人与人互动的性质，领导者正是通过他与被领导者的双向互动过程，促使组织成员更有效地实现组织的目标。这一点使领导职能与其他管理职能构成了明显的区别。

（2）领导的本质就是以一定的方式对他人施加影响力的过程。领导者的影响力可分解为职权和威信。领导的影响力主要来自两方面：一是与职权相联系的权力，称为职权性影响力；二是与威信（非职权）相联系的权力，称为非职权性影响力。

（3）可以将有关领导工作及其效能的研究划分为领导特质理论、领导行为理论和领导权变理论三类。其中，领导特质理论主要研究有效的领导者应具备什么素质或特质；领导行为理论则将研究重点从领导者可能具有哪些特质转向了领导者应当如何行为的方面，并对领导方式或风格做了各种角度的区分；领导权变理论则认为有效的领导方式是因不同情境而权变的，只有与特定情境相适合的领导方式才可能是有效的，而与特定情境不合的领导方式则往往是无效的。

（4）领导特质理论着重研究领导的品行、素质和修养，目的是要说明好的领导者应具备怎样的素质。领导特质理论认为领导者的品质是天生的、超人的，是由遗传因素决定的，组织可以通过对这些特质的识别来选拔“正确”的领导。

（5）领导行为理论侧重于研究领导者的行为及其对下属的影响，以期寻求最佳的领导行为，主要包括领导风格理论、四分图理论和管理方格图理论。其中，领导风格理论是由社会心理学家勒温提出的，主要研究领导者的工作风格类型及其对职工的影响，以期寻找最佳的领导作风，该理论以权力定位为基本变量，把领导者在领导过程中表现出来的极端工作作风分为集权型、民主型和放任型三种类型；四分图理论是 1945 年由美国俄亥俄州立大学的学者们提出的，他们将领导行为归结为依赖组织和体贴精神两个方面，提出高组织与低体贴、高组织与高体贴、低组织与高体贴、低组织与低体贴四种类型的领导行为；管理方格图理论是由美国得克萨斯大学教授、行为科学家布莱克和莫顿提出的，他们以纵坐标表示“对人的关心”，以横坐标表示“对生产的关心”，并将两个坐标轴划分为九等份，形成了 81 种领导方式。

（6）领导权变理论又称领导情境理论或领导处境理论，主要探讨各种情境因素怎样影响领导者素质和行为与领导成效的关系。该理论认为，没有一种领导方式对所有的情况都是有效的，没有一成不变的、普遍适用的“最好的”领导方式，领导者只有在不同的情境下采取与情境相适应的行为，才能达到有效的领导。领导权变理论主要包括连续统一体理论、菲德勒权变理论、途径—目标理论、领导生命周期理论四种理论，各理论所提出的领导情境因素有所不同。

技能实训

【管理测试】 领导风格的诊断

1．测试说明

用“是”或“不是”来回答下列问题。

2．测试题目

（1）你是否对自己领导的单位规定有工作目标？

（2）你对下属是否表示个人的兴趣？

（3）你允许下属设置他们的任务目标吗？

（4）你是否告诉下属他们该干什么和该怎么干？

（5）你是否态度友善、平易近人？

（6）你是否允许下属去安排他们自己的工作？

（7）你是否设计等级森严、职责分明的指挥链？

（8）你是否鼓励下属把他们的感情和他们关切的事说出来？

（9）你是否将职工参与作为一种沟通的方法？

（10）你向下属提供必要的情况和指标吗？

（11）你是否阻止下属之间矛盾与冲突的发生？

（12）你是否鼓励集体精神而不是相互竞争？

（13）你是否告诉下属你将怎样给予他们报酬？

（14）你是否用给下属奖酬来使他们高兴？

（15）你是否鼓励下属讨论他们和自己主管之间的冲突或问题？

（16）你是否用奖惩手段来驾驭下属？

（17）你重视和强调忠诚及人与人之间的关系吗？

（18）你跟下属共同分担本单位的成败吗？

3．测试结果分析

若把领导分为指导型、支持型和参与型三类的话，则上列问题能分别代表这三类风格：对第1、4、7、10、13、16诸问题答“是”的为指导型，对第2、5、8、11、14、17诸问题答“是”的为支持型，对第3、6、9、12、15、18诸问题答“是”的为参与型。

【管理实践】

按表7.4完成管理实践。

表7.4 管理实践要求

实训项目	校园模拟指挥
实训目标	1．培养现场指挥的能力。 2．培养应变能力
实训内容及组织	1．设定一定的管理情境，由学生即时进行决策或指挥。 2．管理情境如下：晚上11点多，男生宿舍三楼的卫生间的水管突然爆裂，此时楼门和校门已经关闭，人们都沉睡在梦中，只有邻近的几个宿舍的学生被惊醒。水不断地从卫生间顺着东西走廊涌出，情况非常紧急。假如你身处其中，如何运用你的指挥能力化险为夷？ 3．先进行分组讨论，然后各小组分别表述本组的应急方案，看看谁的方案最好。 4．教师根据各组的讨论及汇报表现进行点评
活动考核	1．以小组为单位，由组长对每个成员讨论表现进行打分。 2．由教师根据各组的方案及汇报表现进行综合考核

知识测试

一、判断题

1．按领导权力控制程度，可以把领导分为集权型领导、分权型领导和授权型领导。（　　）

2．菲德勒的环境三维因素包括上下级关系、任务结构和职位权力。（　　）

3．分权型领导方式主张分工、分层负责，以提高工作效率，更好地达成目标。（　　）

4．在一个领导班子里，“帅才”应该多一些，以提高领导班子的整体领导能力。（　　）

5．权变理论也称随机制宜理论，强调领导无固定模式，领导效果因领导者、被领导者

和工作环境的不同而不同。（ ）

6. 下属成熟度较高，有能力完成工作但缺乏足够热情时，应采用“低工作、低关系”理论。（ ）

7. 领导特质理论认为，领导者所具有的品质是天生的，是由遗传决定的，只要是领导就一定具备超人的素质。（ ）

8. 勒温根据试验认为专制作风的领导群体成员没有责任感，情绪消极，士气低落，争吵较多，同时实现不了工作目标。（ ）

9.（1.9）型领导行为为俱乐部式的管理，管理者注重搞好人际关系，以创造一个舒适的、友好的组织气氛和工作环境，而不太注重工作效率，这是一种轻松的、最好的领导方式。（ ）

10. 菲德勒模型认为任何领导形态均可能有效，存在一种普遍“适用的”或“最好的领导方式”。（ ）

11. 菲德勒认为领导者的领导方式是由其个性所决定的，基本上是固定不变的。（ ）

12. 权变领导模式理论认为随着下属从不成熟走向成熟，领导者不仅要减少对活动的控制，而且要减少对下属的帮助。（ ）

二、单选题

1. 领导的实质在于影响。构成领导者非权力性影响力的因素包括（ ）。

A. 品德、学识、能力、情感　　B. 品德、学识、能力、资历
C. 品德、学识、资历、情感　　D. 品德、威信、能力、情感

2. 领导是由领导者、被领导者、领导行为、组织目标、行为结果等共同构成的内容体系，其中，领导行为的主体是（ ）。

A. 组织目标　B. 行为结果　C. 领导者　D. 被领导者

3. 有关领导者向其下属部门或个人下达命令或指示的权力是（ ）。

A. 决策权　B. 组织权　C. 指挥权　D. 人事权

4. 领导理论的发展大致经历了三个阶段，（ ）侧重于研究领导人的性格、素质方面的特征。

A. 性格理论阶段　　B. 行为理论阶段
C. 效用领导阶段　　D. 权变理论阶段

5. 领导者有意分散领导权，给部属以极大的自由度，只是检查工作成果，不主动做指导，除非部属有要求，这种领导类型属于（ ）。

A. 专断型领导　B. 民主型领导　C. 自由型领导　D. 放任型领导

6. 关于领导作风的研究最早是由心理学家（ ）进行的。

A. 勒温　B. 斯托迪尔　C. 约翰·科特　D. 哈罗德·孔茨

7. 管理者既重视人的因素，又十分关心生产，努力协调各项活动，使其一体化，从而提高士气，促进生产，这是一种协调配合的管理方式，是指（ ）。

A. 贫乏型管理　　B. 乡村俱乐部型管理
C. 任务型管理　　D. 团队型管理

8. 根据领导生命周期理论，领导者的风格应该适应其下级的成熟度而逐渐调整。因此，对于建立多年且员工队伍基本稳定的高科技企业的领导来说，其领导风格逐渐调整的方向

应该是（　　）。

A．从参与型向说服型转变　　B．从参与型向命令型转变

C．从说服型向授权型转变　　D．从命令型向说服型转变

9．在“独裁式”领导方式与极度民主化的“放任式”领导方式之间存在着许多种领导方式，哪种方式好与不好，关键取决于各种客观因素，这种观点是（　　）的观点。

A．领导行为连续统一体理论　　B．随机制宜理论

C．管理方格图理论　　D．情境领导理论

10．管理方格图理论提出了五种最具代表性的领导类型，（　　）领导方式对生产和工作的完成情况很关心，却很少关心人的情绪，属于任务式领导。

A．1.1 型　　B．9.1 型　　C．1.9 型　　D．5.5 型

11．领导活动的实质是（　　）。

A．实现组织目标　　B．施加影响　　C．协调关系　　D．指挥决策

12．根据领导寿命周期理论，领导者的风格应适应其下属的成熟程度而逐渐调整。那么随着下属由不成熟向逐渐成熟过渡，领导行为应当如何转变？（　　）

A．命令式——说服式——参与式——授权式

B．命令式——参与式——说服式——授权式

C．高任务、低关系——低任务、高关系——高任务、高关系——低任务、低关系

D．低任务、高关系——高任务、低关系——高任务、高关系——低任务、低关系

13．某大型企业的陈先生多年担任总工程师职务，前不久正式退居二线，但他的继任者在进行重大工程技术决策前，还是要主动前去征询他的意见。之所以出现这种情况，你认为主要是陈先生拥有以下哪方面的影响力？（　　）

A．任职多年　　B．德高望重　　C．势力较大　　D．技术专长

14．你的部门因预算的限制，有必要进行整编。你请了本部门一位经验丰富的人负责这项工作。他在你部门的每个领域都工作过，你感到他有能力完成这一任务，可他却似乎对这项任务的重要性反应漠然。此时，你应当采取哪种领导方式？（　　）

A．高任务、高关系　　B．高任务、低关系

C．低任务、高关系　　D．低任务、低关系

15．某公司总裁刘华个性要强，在工作中注重强化规章制度和完善组织结构，尽管有些技术人员反映刘华的做法有些生硬，但几年下来企业还是得到了很大的发展，根据管理方格理论，刘华的工作作风最接近于（　　）。

A．1.1 型　　B．1.9 型　　C．9.1 型　　D．9.9 型

16．生产部王经理是早年从事一线生产的熟练技术工人，由于个人技术的娴熟、良好的品德与合作能力，组织上通过对他进行不断的培训，终于使他成为一名颇具管理头脑的中层管理者——生产部经理。上任后，他热情待人，亲自到生产一线与工人商讨技术问题；当员工由于疏忽而出现差错时，他并不是简单地批评指责，而是主动帮助员工分析问题出现的根源，帮助他们提高技术水平，一段时间以后，员工看到王经理经常亲临生产作业现场，帮助员工发现并纠正问题，待人热情，原来工作松懈、偷懒的现象逐渐减少了。请问，是什么权力使王经理产生如此大的影响？（　　）

A．感召权力　　B．专长权力

C．合法权力　　D．以上三项都是

17．在领导者的影响力中，属于职权性影响力的是（　　）。

A．能力因素　　B．知识因素

C．资历因素　　D．品格因素

18．现代领导特质理论是从（　　）开始的。

A．20 世纪 40 年代　　B．20 世纪 60 年代

C．20 世纪 50 年代　　D．20 世纪 70～80 年代

19．在领导生命周期理论所提出的领导方式中，授权式领导方式是指（　　）。

A．领导者对下属进行分工并具体指点下属应当干什么、如何干、何时干等，它强调直接指挥

B．领导者既给下属以一定的指导，又注意保护和鼓励下属的积极性

C．领导者与下属共同参与决策，领导者着重给下属以支持，促其搞好内部的协调沟通

D．领导者几乎不加指点，由下属自己独立地开展工作，完成任务

20．向下属布置紧急的事情时，不同的人会有不同的方式，典型的有以下四种：

（1）“这件事情很急，请你在下班前办好。”

（2）“其他事情先放下，马上把这件事情办好。”

（3）“你把手头上的事情交给小王，马上处理这件事情，下班前办好。”

（4）“这件事情很紧急，下班前一定得办好。如果忙不过来，你可以找小王打打下手。”对于上述四种方式，你认为哪一种方式下属的工作自由度最小？（　　）

A．（1）　　B．（2）　　C．（3）　　D．（4）

21．美国的一名步兵上尉对其在越南丛林战中的行为做了这样的说明：“你问我怎么能在这样混乱的情况下使命令得以贯彻？我认为，如果士兵们因在丛林里陷入敌人阵地而不知道该怎么办，我又因距离太远而无法下达命令时，我的职责就是使他们知道自己该怎么做。他们该做什么，完全依赖于他对形势的判断。我的做法是，责成现场的人自己做出决定。”对该上尉的行为，以下何种解释最妥当？（　　）

A．这位上尉是不得已而为之

B．这位上尉采用的是放任型领导方式

C．这位上尉在有意识地锻炼士兵，为其创造晋升机会

D．这位上尉对自己职责的认识非常符合现代管理思想

22．田力是某大型企业集团的总裁助理，年富力强，在助理岗位上工作得十分出色。他最近被任命为集团销售总公司的总经理，从而由一个参谋性人员变成了独立部门的负责人。下面是田力最近参与的几项活动，你认为这其中哪一项几乎与他的领导职能无关？（　　）

A．向下属传达他对销售工作目标的认识

B．与某用户谈判以期达成一项长期销售协议

C．召集各地分公司经理讨论和协调销售计划的落实情况

D．召集公司有关部门的职能人员开联谊会，鼓励他们克服困难

23．非正式的权力（　　）。

A．所产生的影响是组织成员发自内心的敬重和服从

B．随职位的消失而消失

C．取决于领导者个人的知识和品德

D．包括强制权、奖励权、法定权等

24．下列表述正确的是（　　）。

A．所有管理者都是领导者，所有领导者也都是管理者

B．所有管理者都是领导者，但所有领导者不一定都是管理者

C．所有领导者都是管理者，但所有管理者不一定都是领导者

D．所有领导者不一定都是管理者，所有管理者也不一定都是领导者

三、多选题

1．领导的作用包括（　　）。

A．指导　B．协调　C．沟通　D．激励

2．领导效果的影响因素主要包括（　　）。

A．组织规模　B．领导者　C．领导环境　D．被领导者

3．权变领导理论主要包括（　　）。

A．菲德勒的权变理论　B．赫赛和布兰查德的情境理论

C．领导方式连续统一体理论　D．途径—目标理论

4．领导授权的影响因素主要有（　　）。

A．组织生命周期　B．责任或决策的重要性

C．任务的复杂性　D．下属的才能

5．权力影响力的组成因素有（　　）。

A．支配权　B．强制权　C．奖励权　D．惩罚权

6．构成非权力影响力的主要因素有（　　）。

A．品格　B．才能　C．知识　D．感情

7．领导生命周期理论是建立在（　　）基础之上的。

A．勒温理论　B．领导特质理论

C．管理方格图理论　D．成熟—不成熟理论

8．四分图理论将领导行为的内容归纳为两个方面，分别是（　　）。

A．以人为重　B．以工作为重　C．以效率为重　D．以关系为重

9．根据领导生命周期理论，下属成熟度低时应用的领导方式是（　　）。

A．命令式　B．说服式　C．参与式　D．授权式

四、简答题

1．领导的实质是什么？

2．领导者的领导手段有哪些？分别进行说明。

3．领导者和管理者的区别和联系是什么？

4．简述菲德勒权变理论。

五、论述题

领导者的权威是由什么构成的？如何树立自身的领导权威？

六、案例分析题

罗先生想通过让团队成员轮流主持团队会议的方法来培养团队成员的能力。

他知道小吴对这个想法并不太积极，因为小吴在有机会这样做的时候没有主动去做。从经验中罗先生还得知，小吴能够让团队恪守议事日程，说明他已经具备了主持会议的基本技能。罗先生断定小吴有中等的能力和较低的情愿程度。在这个基础上，罗先生决定说服小吴接受他的想法。小吴接受了。在后来的一次会议上，小吴采用了在每个议题结束后做总结的方式，还说要对每个会议进行计划和审查。罗先生给予小吴很高的支持。

对于苏小姐，罗先生则需要使用不同的领导方式。苏小姐非常热情，但是罗先生从她杂乱无章的论点，就能知道让她主持任何会议可能都将是一场灾难。罗先生觉得他需要首先使用指令的方式让苏小姐注意一下她的论点。罗先生说他希望苏小姐能把她的论点集中在会议上，而苏小姐立刻表现出接受的态度。罗先生表扬苏小姐对自己的工作负责，他很快就看到了苏小姐的进步，并与苏小姐达成了主持她的第一个会议的协议。

问题：

1．罗先生对小吴采用的领导方式是（　　）的领导方式。

A．授权　　B．协商　　C．命令　　D．参与

2. 罗先生对苏小姐采用了（　　）的领导方式，才能最终达成主持第一个会议的协议。

A．命令　　B．协商　　C．说服　　D．参与

3．罗先生作为团队领导者，在团队中经常扮演很多角色，在这里罗先生的角色主要是（　　）。

A．计划工作　　B．培养团队成员

C．对团队下达工作指令　　D．让团队知情

4．就团队中人员因素而言，领导者在选择领导方式时，通常考虑的应该是（　　）。

A．领导者自己的能力水平　　B．员工需要支持的程度

C．下属工作的情愿程度　　D．下属承担这项工作的能力和意愿

5．就项目环境而言，团队领导应该根据（　　）选择适合的领导方式。

A．领导者的能力　　B．领导者的个性

C．任务、时间表、企业文化等情况　　D．常规的管理方法

项目8　有效激励

学习目标

知识目标

1. 理解激励的概念及意义
2. 掌握四种人性假设的内容及其相应的管理措施
3. 掌握各种激励理论的内容及应用
4. 掌握各种激励方法及应用

能力目标

1. 能够运用激励原理认识和分析管理实践中的具体活动和行为
2. 能够运用激励理论及激励方法有效地实施激励活动

关键概念

激励、“经济人”假设、“社会人”假设、“自动人”假设、“复杂人”假设、需要层次理论、双因素理论、公平理论、期望理论、强化理论、挫折理论

知识体系

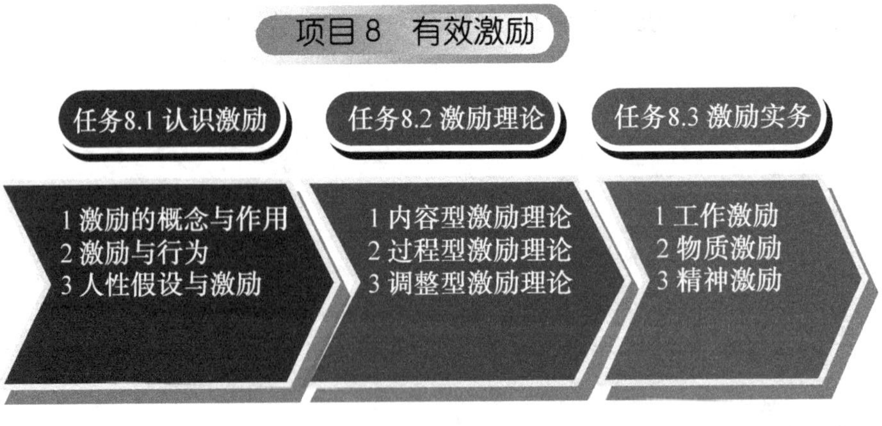

任务 8.1 认识激励

任务导入

荷米公司管理的基本人性假设

荷米公司是一家非常与众不同的企业，它的管理者德普瑞认为，他的雇员们不是牛马，而是有着情感、理智和才能的有血有肉的人。他下决心了解他的每位雇员的性格、潜质和才干。

他还宣称，管理层不是一个特殊阶层，管理是企业内部的每一个人都应该参与并做贡献的企业的根本职能。因此，荷米公司是世界上第一批提供雇员股份并采用分红激励计划的公司之一，这种方式激发了员工的参与积极性，公司还努力保持贯通整个组织的开放的沟通渠道。

因此，荷米公司虽然也经历了20世纪80年代的计算机销售大滑坡，但是公司的雇员们没有因此而被裁减，而是和公司共渡难关。公司从困境中解脱出来后，发展得比以往更加强大了。

【任务分析】

荷米公司管理的基本人性假设是什么？

8.1.1 激励的概念与作用

1. 激励的概念

激励本来是心理学上的概念，其基本含义是激发动机，鼓励行为，形成动力。具体而言，它是指为了特定目的而去影响人们的内在需要或动机，从而强化、引导或改变人们行为的过程。

通过激励的定义可以看出：激励是一个适用于各种动机、欲望、需要、希望及其他相类似的力量的一个通用术语。激励的对象主要是人，准确地说，是指组织范围中的员工或领导对象。

2. 激励的作用

激励在管理中的作用是通过动机的激发，调动组织成员工作的积极性，激发他们工作的主动性和创造性，以提高其工作绩效。其核心作用是调动人的积极性。

一个人的工作绩效和能力与动机激发程度有着密切关系。在现实生活中，能力相同的不同员工，在相同的客观条件下，其工作绩效可能十分悬殊。出现这种现象的关键在于人的行为动机的激发程度不同。国外管理学者在对激励的研究中发现：一般员工只需运用20%～30%的能力就可以应付工作，不被解雇。但如果给予高度的激励，他们可能使用80%～90%的能力从事工作。这说明激励直接影响人们的工作积极性。

8.1.2 激励与行为

从心理学角度看，激励过程就是在外界刺激变量（各种管理手段与环境因素）的作用下，使内在变量（需要、动机）产生持续不断的兴奋，从而引起主体（被管理者）积极的行为反应（为动机所驱使的、实现目标的努力）。

激励的具体过程表现在以下方面：在各种管理手段与环境因素的刺激（诱因）下，被管理者产生了未被满足的需要（驱力）；从而造成心理与生理紧张，寻找能满足需要的目标，并产生要实现这种目标的动机；由动机驱使，被管理者采取努力实现上述目标的行为；在其目标实现、需要满足后，紧张心理消除，激励过程完结。当一种需要得到满足后，人们会随之产生新的需要，作为未被满足的需要，又开始了新的激励过程。这一过程的示意图如图 8.1 所示。

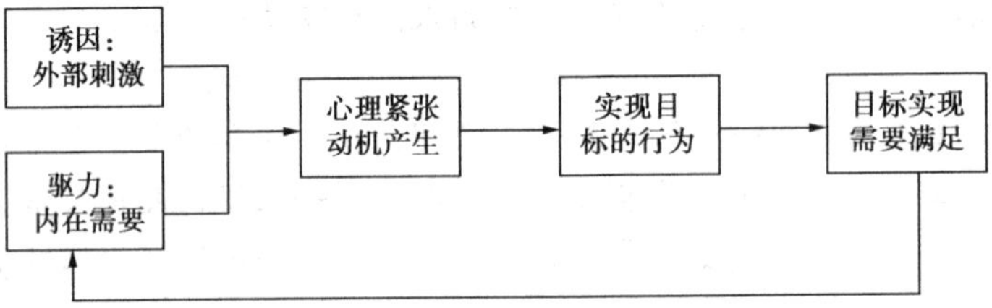

图 8.1　激励过程模式示意图

8.1.3　人性假设与激励

激励的对象是人，企业管理者制定什么样的管理措施，采用什么样的管理方法，往往都与他们如何看待人的问题有关。不同时期的管理者和组织行为研究者们对此提出了各自的见解，从而形成不同的人性假设。关于人性假设的理论有许多，但归纳起来有四种：“经济人”假设、“社会人”假设、“自动人”假设和“复杂人”假设。

1. “经济人”假设

“经济人”（Rational-economic man）又称“实利人”或“唯利人”。“经济人”假设源于亚当·斯密的思想。该理论认为人的一切行为都是为了最大限度地满足自己的私利，人都要争取最大的经济利益，工作只是为了获取经济报酬。因此，激励的主要手段是“胡萝卜加大棒”，即管理上主张运用奖励与惩罚“两手”以激发员工产生组织所要求的行为。

2. “社会人”假设

“社会人”（Social man）又称为“社交人”。“社会人”假设起源于著名的霍桑试验。“社会人”假设认为人是受社会需要所激励的，集体伙伴的社会力量要比上级主管的控制力量更加重要。与之相应，领导者应关心和体贴员工，重视员工之间的社会交往关系，通过培养和形成员工的归属感来调动人的积极性，从而提高生产率。

3. “自动人”假设

“自动人”（Self-actualizing man）又称“自我实现人”。“自动人”假设是美国管理学家、心理学家马斯洛提出的。所谓自我实现指的是“人都需要发挥自己的潜力，表现自己的才能，只有人的潜力充分发挥出来，人的才能充分表现出来，人才会感到最大的满足”。也就是说，人除了有社会需求之外，还有一种想充分运用自己的各种能力，发挥自身潜力的欲望。因此，在管理上应创设良好的环境与工作条件，以促进职工潜能的发挥，强调通过富有挑战性的工作使人的个性不断成熟并体验到工作的内在激励，从而调动职工的积极性。

4. “复杂人”假设

“复杂人”（Complex man）假设是 20 世纪 60 年代末至 70 年代初由美国心理学家薛恩

提出的。该假设认为人是复杂的，不仅人们的需要与潜在的欲望是多种多样的，而且这些需要的模式也是随着年龄和发展阶段的变迁，随着所扮演的角色的变化，随着所处境遇及人际关系的演变而不断变化的。"复杂人"假设强调一个人的需要在不同的年龄阶段、不同时间和地点会有不同的表现，因此在管理上应主张根据具体的人、具体的情境灵活机动地采取合适的激励方法。

拓展阅读 8.1

中国传统人性假设

性善论（孟子）：人性本善是人之为人的内在规定性，人之所以会"为不善"，除了外在环境的影响之外，更重要的是由于个人对自身内在应有的善的规定性缺乏主动的内求与反省。孟子认为，善端需要不断培养才能启发人的"良知"，使人为"善"而不为"恶"，也就是说，只有重视人性善端的培养，人的善良本性才会像万物一样繁荣生长，如不加培养，人的善良本性就会消失。→仁爱管理

性恶论（荀子）：荀子否定性善是与生俱来的，肯定性恶是人性所固有的本性。荀子从性恶论观点出发，强调管理者应对人的本能欲求进行严格管理，经过严格管理后的人性才能体现出善，人所谓的善良本性是管理者严格管理的结果，假若管理者放纵人的本能欲求行为，人本性的恶就会表现出来。正因为人有恶的本性，所以要建立起管理制度，树立起管理权威。→制度管理

人性可塑论（孔子）：孔子认为，人所禀受的天性，本来是差不多的，没有多大差别，无所谓善恶，一经后天的习染，人与人之间便渐渐拉开距离，不再相近了。他只是肯定地认为：人性是可以改变的。对于孔子来说，他希望通过习染后的人的人性是善的，这也正是他的"德治管理思想立论的依据"。→德治管理

性善论强调人之为人的社会属性，性恶论强调人之为人的自然属性，而人性可塑论对人性有了较为全面的理解。中国传统管理思想对人性假设的上述三种主要理论经历了从简单到复杂，从片面到全面，从肤浅到深刻的过程。

任务8.2 激励理论

任务导入

为何他不报名

某合资企业向社会公开招聘高级工作人员，待遇十分优厚。某单位的小王在业务条件、工作技能等各方面都符合条件，招聘单位也多次表示，如果小王报名一定优先录取，结果小王却没报名。而小刘的文化水平很低，又没有特长，结果他却报了名，对他们两个人的行为，许多人为小王可惜，而更多的人则讥笑小刘，说他异想天开。

【任务分析】

1. 小王为什么够条件却不报名？
2. 大家为什么讥笑小刘的行为？
3. 这种现象可以用什么激励理论解释？

激励理论是研究如何有效地调动人的积极性的理论。自从行为科学形成以后，人们应用心理学和社会学方面的知识去探讨如何预测和激发人的动机、满足人的需要、调动人的工作积极性方面，做了大量的工作，形成了三大类型的激励理论，分别是内容型激励理论、过程型激励理论和调整型激励理论。

内容型激励理论：着重研究如何激发人的工作动机的因素，即如何通过满足人们的各种需要来激励员工。其主要包括马斯洛的需要层次理论、赫茨伯格的双因素理论、麦克利兰的成就激励理论。

过程型激励理论：着重研究从动机的产生到采取行动的心理过程，即在管理中如何为员工设定合理的外在目标来激励员工，着重对行为目标的选择，即动机的形成过程进行研究。其主要包括弗鲁姆的期望理论、亚当斯的公平理论。

调整型激励理论：也称行为改造型理论，着重研究如何改造和转化人的行为，变消极行为为积极行为。其主要包括强化理论、挫折理论。

以上三类激励理论，对应于激励的一般过程，如图 8.2 所示。

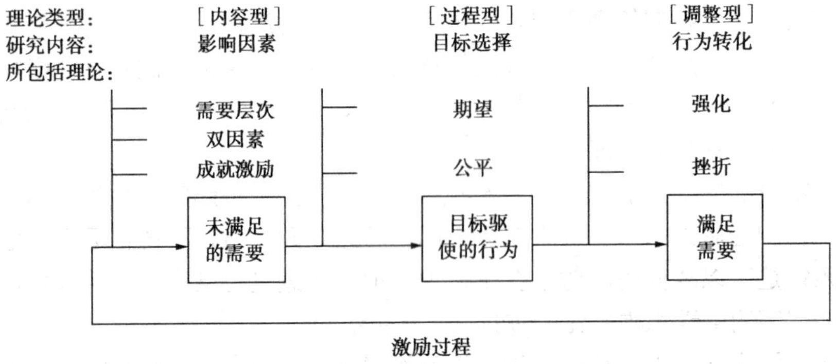

图 8.2　三类激励理论与激励过程示意图

8.2.1　内容型激励理论

1. 需要层次理论

需要层次理论是由美国心理学家亚伯拉罕·马斯洛于 1943 年提出来的。这一理论 50 多年来受到管理界的普遍重视，流行甚广，是国外心理学家试图揭示需要规律的主要理论。

（1）理论内容。马斯洛把人的需要归纳为五大类，并按照它们发生的先后由低到高分成五个阶层：生理需要、安全需要、社交需要、尊重需要和自我实现需要，如图 8.3 所示。

生理的需要：人类维持自身生命的最基本的需要，包括衣、食、住、行及延续种族的需要等。这是最强烈的不可避免的底层需要，是人类个体为了生存而必不可少的需要。

安全的需要：对人身安全、生活稳定及免遭痛苦、威胁或疾病的需要，包括生命安全、财产安全、职业安全、劳动安全、环境安全和心理安全等。

社交的需要：也称为归属和爱的需要，包括社会交往，从属于某一个组织或某一种团体，并在其中发挥作用，得到承认；希望同伴之间保持友好和融洽的关系，希望得到亲友的爱等。

尊重的需要：自尊、自重，或要求被他人所尊重，包括自尊心、信心、希望有地位、有威望，受到别人的尊重、信赖及高度评价等。

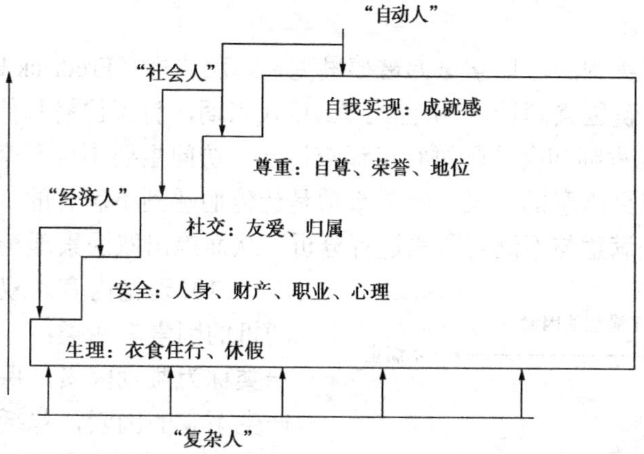

图 8.3　需要层次与人性假设示意图

自我实现的需要：可以发挥一个人潜力的需要，包括能充分发挥自己的潜力，表现自己的才能，成为有成就的人物。

马斯洛认为各层次需要之间有以下一些关系：一般情况下，这五种需要像阶梯一样从低到高依次得到满足。当人的低一层次的需要获得满足后，就会向高一层次的需要发展。同一时期，个体可能同时存在多种需要，因为人的行为往往是受多种需要支配的。每一个时期总有一种需要占支配地位。

（2）在管理中的应用。既然人的五个层次需要是客观存在的，管理者的任务就在于正确认识被管理者不同层次的需要，并找出相应的激励因素，采取相应的组织措施，来满足其不同层次的需要，以引导和控制人的行为，实现组织目标。这种需要层次与相应的激励因素和组织措施的关系如表 8.1 所示。

表 8.1　需要层次与相应的激励因素和组织措施

一般激励因素	需要层次	组织措施
1. 成长 2. 成就 3. 提升	自我实现（复杂的）	1. 有挑战性的工作 2. 创造性 3. 在组织中提升 4. 工作的成就
1. 承认 2. 地位 3. 自尊 4. 自重	（上升的顺序）自我、地位、尊重	1. 工作职称 2. 奖励增加 3. 同事和上级的承认 4. 工作本身 5. 责任
1. 志同道合 2. 爱 3. 友谊	归属与友爱	1. 管理的质量 2. 和谐的工作群体 3. 同事的友谊
1. 安全 2. 保障 3. 胜任 4. 稳定	安全与保障	1. 安全的工作条件 2. 外加的福利 3. 普遍增加薪水 4. 职业安全
1. 空气 2. 食物 3. 住处 4. 性生活	生理的（基本的）	1. 暖气和空气调节 2. 基本工资 3. 自动食堂 4. 工作条件

2. 双因素理论

双因素理论是美国的心理学家弗雷德里克·赫茨伯格（Fredrick Herzberg）提出来的，又称激励因素—保健因素理论。20 世纪 50 年代末期，赫茨伯格和他的助手们在美国匹兹堡地区对 200 名工程师和会计师进行了调查访问。访问主要围绕两个问题：在工作中，哪些事项是让他们感到满意的，又有哪些事项是让他们感到不满意的。赫茨伯格通过总结这些问题的回答，按满意与不满意因素进行分析，从而提出双因素理论。

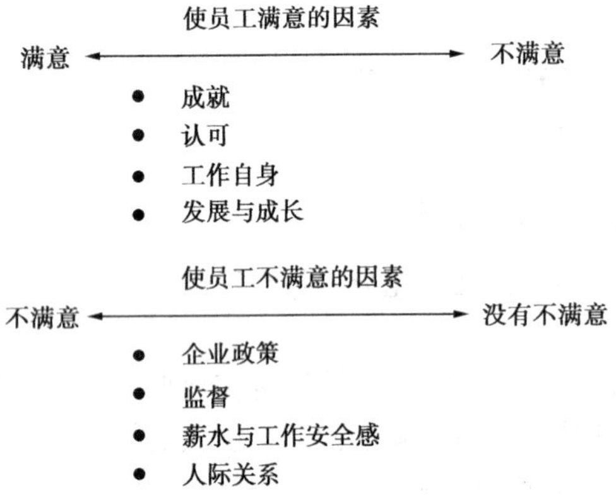

图 8.4 满意因素与不满意因素的比较示意图

（1）理论内容。双因素理论认为，激发动机的因素有两类：一类称为保健因素，另一类称为激励因素。保健因素是指防止人们产生不满的因素，包括企业政策和管理、技术监督、薪水及人际关系等。组织在不具备的时候保健因素会引起不满，具备的时候也不会产生很大的激励作用。激励因素是使员工感到满意的因素，包括工作本身因素、认可因素、成就因素等。企业在不具备这些因素的时候不会引起很大不满，具备的时候会产生很大的激励作用，如图 8.4 所示。

（2）在管理中的应用。正确处理保健因素与激励因素的关系。首先不应忽视保健因素，但又不能过分地注重于改善保健因素。双因素理论指出，满足职工保健因素，只能防止反激励，并没有构成激励。其次，要善于把保健因素转化为激励因素。保健因素和激励因素是可以转化的，不是一成不变的。有效的管理者，既要注意保健因素，以消除职工的不满，又要努力使保健因素转变为激励因素。

3. 成就需要理论

美国哈佛大学教授麦克利兰（D.C.Mc Clelland），从另一个侧面研究并论述了人们高层次的需要，提出了他的成就需要理论。

（1）理论内容。麦克利兰认为在人的生存基本得到满足的前提下，最主要的需要有三种：成就需要、权力需要和合群需要。其中，成就需要是指达到目标、追求优越、寻求成功的欲望。具有高成就需要的人通常有下列特点：事业心强，比较实际，敢冒一定程度的风险；有较高的实际工作绩效，要求及时得到工作的信息反馈；一旦选定目标，就会全力以赴地投入工作，直至成功地完成任务；把个人成就看得比金钱更重要，从成就中得到的鼓励超过物质鼓励的作用，把报酬当做对其成就的一种承认。权力需要是指影响或控制他人，促使别人顺从自己意志的欲望，这是一种控制和影响他人的需要。权力需要是决定管理者取得成功的最重要因素，具有高权力需要的人喜欢承担责任，努力影响其他人，喜欢处于竞争性和重视地位的环境。而合群需要是指寻求与别人建立友善且亲近的人际关系的欲望。具有高合群需要的人努力寻求友爱，喜欢合作性的而非竞争的环境，渴望有高度相互理解的关系。

（2）在管理中的应用。成就需要理论对于我们把握管理人的高层次需要具有积极的参考意义。麦克利兰认为在对员工实施激励时需要考虑这三种需要的强烈程度，以便提供能够满足这些需要的激励措施。

一是成就动机高的个人应在其工作中提供个人的责任感、承担适度的风险并且及时得到工作情况的反馈。

二是选择高的权力需要者作为企业的管理者，从而提高管理的有效性。

三是根据员工的合群需要特征来安排工作，提高工作效率。

8.2.2 过程型激励理论

1. 期望理论

期望理论是美国心理学家弗鲁姆（V.H.Vroom，又译弗罗姆）于 1964 年在《工作与激励》一书中提出来的。它是一种通过考查人们的努力行为与其所获得的最终奖酬之间的因果关系，来说明激励过程并选择合适的行为目标以实现激励的理论，如图 8.5 所示。

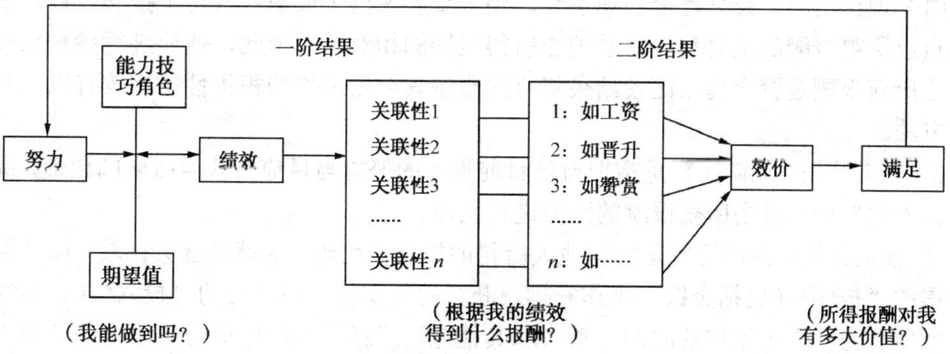

图 8.5 期望理论过程模式示意图

（1）理论内容。弗鲁姆认为一种行为倾向的强度取决于个体对于这种行为可能带来的结果的期望强度，以及这种期望对行为者的吸引力。期望理论可以用下式表示：

激励力=效价×期望

即

$$M=V \cdot E$$

式中

激励力（Motivation）——对行为动机的激发力度；

效价（Valence）——目标价值的主观估计，取值范围不限；

期望（Expectancy）——目标概率即实现可能性的主观估计，取值范围为 0～1.0。

该式说明，假如一个人把目标的价值看得越大，估计能实现的概率就越高，那么激发的动机就越强烈，焕发的内部力量也就越大。

（2）在管理中的应用。

一是要处理好三个方面关系，这是调动人们工作积极性的三个条件。

第一，努力与绩效的关系。人的行为是指向目标的，人们总是希望通过一定的努力达到预期的目标，管理者要增加目标的吸引力，必须设立适宜的目标。所设立的目标既要有一定的挑战性，又要让人觉得有实现的可能性，经过努力能够达到。要让职工正确认识组织目标与个人目标之间的关系，提高目标的效价。

第二，绩效与奖励的关系。人总是希望取得成绩后能够得到奖励，绩效与奖励的关联性强意味着职工的高工作绩效将促使报酬的提高，从而使完成工作任务在职工心中的效价有所提高，进而提高其激励水平。为此，一要明确什么工作得到什么奖酬；二要使职工认识到这种奖酬与工作绩效有联系；三要使职工相信只要努力工作，绩效就能提高。

第三，奖励与满足个人需要的关系。人总是希望自己所获得的奖励能满足自己某方面的需要，为此管理人员应重视使组织的特定报酬与职工的需要相符合。

二是要适当控制期望概率和实际概率，加强期望心理的疏导。期望概率过大容易产生挫折，期望概率过小又会减小激励力量；而实际概率应使大多数人受益，最好是实际概率大于平均的个人期望概率，并与效价相适应。

2. 公平理论

公平理论是由美国行为科学家亚当斯（J.S.Adams）于 1976 年提出的一种激励理论。该理论侧重于研究工资报酬分配的合理性、公平性及其对职工生产积极性的影响。

（1）理论内容。公平理论的观点是，当一个人做出了成绩并取得了报酬以后，他不仅关心自己所得报酬的绝对量，而且关心所得报酬的相对量。为此，他要进行种种比较来确定自己所获报酬是否合理，比较结果将直接影响其今后工作的积极性。比较有纵向和横向两种方法。

① 纵向比较。纵向比较是指把自己目前投入的努力与目前所获得报酬的比值，同自己过去投入的努力与过去所获报酬的比值进行比较。

② 横向比较。横向比较是指与他人所得的报酬相比较，这就是社会比较，即他要将自己获得的“报酬”（包括金钱、工作安排及获得的赏识等）与自己的“投入”（包括教育程度、所做努力、用于工作的时间、精力和其他无形损耗等）的比值与组织内的其他人进行社会比较。

调查和试验的结果表明，不公平感的产生，绝大多数是由于通过比较认为自己目前的报酬过低而产生的；但在少数情况下，也会由于通过比较认为自己的报酬过高而产生。

（2）在管理中的应用。正确诱导，改变认知。有些时候，公平或不公平主要来源于个人的感受，易受个人偏见的影响，有时会把实际合理的分配视做不合理，把本来公平的差别视做不公平。为此，管理者要及时体察职工的不公平心理，并认真分析、诱导、教育职工正确对待自己和他人。同时，管理者应引导职工以大局为重，克服追求绝对公平、斤斤计较得失的思想。

科学考评，合理奖励。合理的奖酬是以公正科学的考核评价为基础的。纵观有些组织出现不公平的现象，主要是由于缺乏科学的评价标准和管理制度。如人员配置和工作定额不合理，造成忙闲不均，干多干少一个样；只看辛苦程度，不管绩效如何，绩效高低一个样，如此等等。可见，建立健全科学的考评机制，加强科学化管理，是消除不公平现象的重要途径。

一视同仁，公正管理。管理者在管理时能否公正客观，往往也是导致公平与否的一个重要因素。管理者要克服偏见和个人感情因素，公平合理地处理职工晋升、提薪、发奖金、分配住房等问题，做到一视同仁，“一碗水端平”，尽量减少使职工产生不公平感的客观因素。

8.2.3 调整型激励理论

1. 强化理论

强化理论也称操作性条件反射论，是美国当代著名心理学家、哈佛大学心理学教授斯金纳（B.F.Skinner）在巴甫洛夫的条件反射论、华生的行为主义论和桑代克的尝试学习论的基础上提出的一种新行为主义理论。

（1）理论内容。强化是指对一种行为的肯定或否定的后果（报酬或惩罚），它至少在一定程度上会决定这种行为在今后是否会重复发生。利用强化的手段改造行为，一般有四种方式：正强化、负强化、惩罚、自然消退。其区别如表 8.2 所示。

表 8.2　四种不同的强化类型

	令人愉快或所希望的事件	令人不快或不希望的事件
事件的出现	正强化 （行为变得更加可能发生）	惩罚 （行为变得更不可能发生）
事件的取消	自然消退 （行为变得更不可能发生）	负强化 （行为变得更加可能发生）

正强化是指奖励那些组织上需要的行为，从而加强这种行为。正强化的方法包括奖金、认可、表扬、改善工作条件和人际关系、提升、安排挑战性的工作、给予学习和成长机会等。

负强化是指惩罚那些与组织不相融的行为，从而削弱这种行为。负强化的方法包括批评、处分、降级等，有时不给予奖励或少给奖励也是一种负强化。

自然消退有两种方式，一是对某种行为不予理睬，以表示对该行为的轻视或某种程度的否定，使其自然消退；二是对原来用正强化建立起来的、认为是好的行为，由于疏忽或情况改变，不再给予正强化，使其出现的可能性下降，最终完全消失。

惩罚是用批评、降薪、降职、罚款等带有强制性、威胁性的结果，来创造一种令人不愉快乃至痛苦的环境，或取消现有的令人满意的条件，以示对某一不符合要求的行为的否定，从而消除这种行为重复发生的可能性。

应当指出，上述四种强化类型中正强化是影响行为发生的最有力工具，它能增强或增加有效的工作行为。惩罚和消退只能使职工知道不应做什么，但并没有告诉职工应该做什么。而负强化则会使职工处于一种被动的、不快的环境之中，可能产生适得其反的结果。

（2）在管理中的应用。根据强化理论，在管理中的具体应用应遵循以下行为原则。

一是要依照强化对象的不同采用不同的强化措施。人们的年龄、性别、职业、学历、经历不同，需要就不同，强化方式也应不一样。

二是要及时反馈。所谓及时反馈就是通过某种形式和途径，及时将工作结果告诉行动者要取得最好的激励效果，就应该在行为发生以后尽快采取适当的强化方法。

三是在强化手段的运用上，应以正强化为主；同时，必要时也要对坏的行为给予惩罚，做到奖惩结合。

管理思考 8.1

拿破仑与落水男孩

拿破仑在一次打猎的时候，看到一个落水男孩一边拼命挣扎，一边高呼救命。这河面并不宽，拿破仑不但没有跳水救人，反而端起猎枪，对准落水者，大声喊道：你若不自己爬上来，我就把你打死在水中。那男孩见求救无用，反而增添了一层危险，便更加拼命地奋力自救，终于游上岸。

思考：从故事中你得到了什么启迪？

管理启迪： 对待自觉性比较差的员工，一味地为他创造良好的软环境、去帮助他，并不一定能让他感受到“萝卜”的重要，有时还离不开“大棒”的威胁。偶尔利用你的权威对他们进行威胁，会及时制止他们消极散漫的心态，激发他们发挥出自身的潜力。自觉性强的员工也有满足、停滞、消沉的时候，也有依赖性，适当的批评和惩罚能够帮助他们认清自我，重新激发新的工作斗志。

2. 挫折理论

挫折理论或许可追溯到20世纪极负盛名的奥地利心理学家弗洛伊德（S.Freud）创立的精神分析学说。该理论着重研究人因挫折感而导致的心理自卫。

（1）理论内容。挫折是指在通向目标的道路上的个体行为，遇到障碍或干扰不能克服，致使动机不能获得满足时的情绪状态。引起挫折的原因多种多样，可归纳为环境因素和个人因素两类。环境因素引起的挫折，主要是指因自然环境、物理环境和社会环境等阻碍人们达到目标而产生的挫折。个人因素引起的挫折主要是指因个人生理缺陷、心理冲突和个人抱负水平的不同而引起的挫折。一旦遇到挫折，人们在心理上会表现出焦虑、紧张、沮丧、失望等情绪，行为上主要表现出攻击、退化、固执和自我防卫等行为。这些心理及行为的表现都会对人们的工作积极性和工作绩效产生一定的破坏力。

（2）在管理中的应用。为了帮助员工克服挫折，减轻或消除员工的挫折感，管理者应从以下方面着手开展员工的心理辅导。

一是要引导员工正确对待挫折。人生遇到各种挫折是不可避免的。管理人员应当引导员工正确对待挫折，面对挫折时应冷静地分析失败的原因，总结经验教训，善于从不利中看到有利，同时要教育员工树立百折不挠的精神，锻炼自己顽强克服困难的意志力。

二是要采取宽容态度。管理者对受挫折者的消极行为应采取宽容的态度，应通情达理地理解和谅解，耐心疏导，决不可简单粗暴地对待受挫者。否则，不但不能收到良好的效果，还可能加剧破坏受挫者的心理承受能力。

三是要改变受挫环境。通过改变受挫环境来改变受挫者的情绪。办法有两种：一是把受挫者调离原工作和生活的环境，使其到新的环境里去；二是改变环境气氛，给受挫者以同情的温暖。事实证明，给受挫者创造适当的环境和气氛 ，将有助于他们化消极为积极。

四是精神发泄。这是一种心理治疗方法，就是要创造一种环境，使受挫者可以自己表达受压抑的情感，发泄心中的怨气。人们在受到挫折后心理易失去平衡，常常是以紧张情绪反应代替理智行为，只有使他们的这种紧张情绪发泄出来，才能恢复理智状态，达到心理平衡。

五是心理咨询。心理咨询是心理学家帮助治疗“心病”的方法。对于受挫折者，心理学家可以通过与其进行有效磋商和交换意见，以提高他们的认识水平，帮助他们消除心理上的痛苦，从而在工作上取得更大的成就。

拓展阅读 8.2

海尔的“赛马”“相马”

根据斜坡球体发展理念，海尔在用人方面的做法是变“相马”为“赛马”，相马是将命运交给别人，而赛马则是将命运掌握在自己手中。具体来说，斜坡球体理论表现在以下几个方面。

"三工"并存，动态转换。三工即优秀工人、合格工人、试用员工。海尔用工改革的思路是，干得好可以成为优秀工人；干得不好，可随时转为合格工人或试用员工。这种做法有效解决了铁饭碗的问题，使企业不断激发出新的活力，同时对在岗干部进行控制。海尔每月对干部进行考评，考评档次分表扬与批评，表扬得一分，批评减一分，年底两者相抵，达到负三分的就要淘汰。同时，通过制订制度使干部在多个岗位轮换，全面增长其才能，根据轮岗表现决定升迁。

实行定额淘汰。即每年必须有一定数量的人员被淘汰，以保持企业的活力。海尔的原则是，充分发挥每个人的潜在能力，让每个人每天都能感到来自企业内部和市场的竞争压力，又能够将压力转换成竞争的动力，这是企业持续发展的秘诀。

富有特色的分配制度。薪酬是重要的调节杠杆，起着重要的导向作用。海尔的薪酬原则是，对内具公平性，对外具竞争性。高素质、高技能获得高报酬，人才的价值在分配中得到体现。员工的薪酬体系不仅是单纯的货币工资，还包括住房、排忧解难等其他隐性收入。

海尔十分重视精神激励。物质激励绝非唯一的手段，而如何不陷入这个误区、不断开发员工的潜能，是企业高速发展的关键。海尔不断探索各种精神激励措施，如以员工名字命名的小发明（"启明焊枪"、"云燕镜子"、"召银扳手"等）、招标公关、设立荣誉奖励（最高奖为"海尔奖"，这是对人才最权威的奖励，由总裁签发）、开展全员性合理化建议活动（专门设立了"合理化建议奖"）等，以此来激发员工的工作责任感和创造力。

强化培训，创造机会。海尔为各类人员设计了不同的升迁途径，使员工一进入企业就知道该向哪个方向发展，怎样才能获得成功。为此，海尔为员工创造各种学习机会，进行以市场拓展为目标的各种形式的培训，以提升员工的能力和素质。

激励是管理者最需要掌握的、最重要的、最具有挑战性的技能，实际上就是通过满足员工的需要而使其努力工作、实现组织目标的过程。在组织中，人的努力水平取决于目标对他的吸引力，取决于目标能够在多大程度上满足员工的需要。激励员工就是要设法使他们看到满足自己的需要与实现组织目标的关系，从而产生努力工作的内在压力和动力。引导员工向更高层次发展，重视精神奖励的作用，是海尔集团的经验的真谛，值得借鉴。

任务 8.3 激励实务

任务导入

我们愿意加班

卢小姐在荷兰银行单证部工作，这是银行最繁忙的一个部门，主要从事信用证通知、议付、审单、结汇、开证等烦琐而又单一的工作。虽然分工很细，但业务量很大，每月 1 500 万美元的交易额却只有 7 个人（包括卢小姐）在做，每天案头总是堆满了文件，而做不完的往往得加班 1～2 个小时，因此到了星期五，没有人再愿意加班，而是想尽早回家过周末，虽然加班费是平时的两倍。但星期五恰是银行最忙碌的一天，有些事如不在星期五做完，就必须过两个休息日，这样在时间上就耽误了，也影响了银行的声誉。因此，副行长邓先生自然希望员工能自愿留下来加班，把事情做完。有一次周五，需要结汇的单子并不多，所以员工们想下班后留下来干完，免得星期一案头又堆起一座小山，邓先生看见了，马上盛情邀请加班的员工在附近一家饭店共进晚餐。在席上，他先对员工的加班行为进行表扬，同时希望员工们能继续下去，当然员工们都欣然同意。在以后的几个星期内，员工们在星期五都自愿留下来加班，而邓先生也每两星期请员工们吃饭，这样过了一个月，员工们对此开始厌倦，并戏称邓先生的请客吃饭是“鸿门宴”。邓先生及时得到了这一反馈，并签发了一项新规定，凡星期五加班的，加班费按正常时间的四倍计算，累计加班时间满20小时的可休假一天，事实证明该规定非常有效。现在，员工们都愿意在星期五加班了。

【任务分析】

1. 试用你学过的激励理论分析，员工为什么对周五加班从愿意到厌倦，又到愿意？
2. 如果采用惩罚策略，是否也能起作用？为什么？

有效的激励，必须通过适当的激励方式与手段来实现。按照激励中诱因的内容和性质，可将激励的方式与手段大致划分为三类：工作激励、物质激励和精神激励。

8.3.1 工作激励

按照赫茨伯格的双因素论，对人最有效的激励因素来自于工作本身，即满意于自己的工作是最大的激励。管理者必须善于调整和调动各种工作因素，千方百计地使员工满意自己的工作，以实现最有效的激励。实践中，一般有以下几种途径。

1. 工作适应性

工作适应性是指工作的性质和特点与从事该工作的员工的条件与特长相吻合，能充分发挥其优势，引起其工作兴趣，从而使员工高度满意地工作。科学合理的人与事的配合是有效激励的重要手段。管理者要善于研究人与工作的性质与特点，用人所长，用人之兴趣，科学调配与重组，实现人与事的最佳配合，尽可能地使员工满意于工作。

2. 工作的意义与工作的挑战性

员工怎样看待自己所从事的工作，直接关系到其对工作的兴趣与热情，进而决定其工作积极性的高低。人们愿意从事重要的工作，并愿意接受挑战性的工作，这反映了人们追求实现自我价值，渴望获得别人尊重的需要。激励员工的重要手段就是向员工说明工作的意义，并增加工作的挑战性，从而使员工更加重视和热衷于自己的工作，达到激励的目的。

3. 工作的完整性

人们愿意在工作实践中承担完整的工作。从一项工作的开始到结束，都是由自己完成的，工作的成果就是自己努力与贡献的结晶，从而可获得一种强烈的成就感。管理者应根据工作的性质与需要，以及人员情况，尽可能将工作划分成较为完整的单元分配给员工，使每个员工都能承担一份较为完整的工作，为他们创造获得完整工作成果的条件与机会。

4. 工作的自主性

人们出于自尊和自我实现的需要心理，期望独立自主地完成工作，而自觉不自觉地排斥外来干预，不愿意在别人的指使或强制下被迫工作。这就要求管理者能尊重员工的这种心理，通过目标管理等方式，明确目标与任务，提出规范与标准，然后大胆授权，放手使用，让员工进行独立运作，自我控制。当员工意识到一项工作的成功完全归功于自己的自主运作，便会对由自己自主管理的工作高度感兴趣，并以极大的热情全身心投入，以谋求成功。

5. 工作设计

管理者通过开展工作设计研究，增加工作的丰富性、趣味性，克服单调乏味和简单重复，以提高员工的工作兴趣。工作设计的方式有工作扩大化和工作丰富化两种。

工作扩大化是从横向扩大工作的内容，通过增加员工工作的种类，令其同时承担几项工作或周期更长的工作，消除单调乏味状况。其具体形式有：兼职作业，即同时承担几种工作或几个工种的任务；工作延伸，即前向、后向地接管其他环节的工作；工作轮换，即在不同工种或工作岗位上进行轮换。这样，既有利于增加员工对工作的兴趣，又有利于促进人的全面发展，是重要的工作激励手段。

工作丰富化是从纵向扩大工作内容，让员工参与一些具有较高技术或管理含量的工作，即提高其工作的层次，从而使员工获得一种成就感，使其要求得到尊重的需要得到满足，具体形式包括：将部分管理工作交给员工、吸收员工参与决策和计划、对员工进行业务培训、让员工承担一些较高技术的工作等。

6. 及时成果反馈

根据强化理论，对人们所取得的成果及时给予反馈，能极大地推动员工继续努力。否则，这种工作积极性就会消退。为此，管理者在工作过程中，应注意及时测量并评定、公布员工的工作成果，尽可能早地使员工得到工作的反馈，及时看到他们的工作成果，就会有效地激发其工作积极性，促其努力扩大战果。

8.3.2 物质激励

物质激励是指以物质利益为诱因，通过调节被管理者的物质利益来刺激其物质需要的方式与手段，主要包括以下具体形式。

1. 报酬激励

报酬包括工资、奖金、各种形式的津贴及实物奖励等。虽然对于国外一些较高收入水平的人来说，工资、奖金已不成为主要的激励因素，但对于我国相当一部分收入水平较低的人来说，工资、奖金仍是重要的激励因素。

在进行报酬激励时，应注意处理好三个问题。一是报酬与贡献挂钩。设计报酬机制与体系要为实现工作目标服务，这是报酬能否发挥激励作用及其作用大小最重要的问题。报酬与贡献直接挂钩，管理者应引导下属为多得报酬而多干工作，从而通过利益驱动实现组织目标。二是要确定适当的报酬。报酬的表现有两类：报酬的绝对量和报酬的相对量，前者是指工资、奖金的数量大小；后者是指工资、奖金同一时期不同人的差别以及同一个人不同时期的差别。在实践工作中，应根据工作完成情况、人的贡献、总体奖酬水平，公平合理地确定奖酬的增长水平和人们之间的差别。三要防止金钱万能化倾向。报酬的作用是重要的，但也不能搞金钱万能，必须注意辅以必要的思想工作及其他激励形式，尽可能限制物质刺激的副作用。

2. 福利照顾

福利是指组织为员工提供的除工资与资金之外的一切物质待遇。对员工而言，福利没有工资、奖金那样明显而直接地产生激励，但它的积极作用虽然间接而隐约，却是巨大而深远的。全面而完善的福利制度，使员工因受到周到的体贴和照顾而体会到组织这个大家庭的温暖，产生出一种强烈的归属感，增强了认同忠诚、责任心与义务感。这是一种很宝贵的持久而自觉的激励力量，与某次单项奖励的作用相比，更具有根本性与内在性。

3. 经济处罚

在经济上对员工进行处罚，是一种管理上的负强化，属于一种特殊形式的激励。管理者运用这种方式时要注意：必须有可靠的事实根据和政策依据，令其心服口服；处罚的方式与处罚量要适当，既要起到必要的教育与震慑作用，又不要激化矛盾；同时要与深入细致的思想工作相结合，注意疏导，化消极为积极，真正起到激励作用。

8.3.3 精神激励

精神激励是指通过满足职工的社交、自尊、自我发展和自我实现的需要，在较高的层次上调动职工的工作积极性，其激励深度大，维持时间长，主要包括以下一些具体形式。

1. 目标激励

目标激励是以目标为诱因，通过设置适当的目标，激发动机，调动积极性的方式。员工在管理中的自觉行为，都是追求目标的过程，正是一个个目标，引导着员工去采取一个又一个行动，可见，追求目标是满足需要的可行途径，目标成为管理激励中极为重要的诱因。用以激励的目标主要有两类：组织目标与个人目标。在进行目标激励时，应注意把组织目标与个人目标结合起来，宣传组织目标与个人目标的一致性，组织目标中包含着员工的个人目标，员工只有在完成企业目标的过程中才能实现其个人目标。

2. 感情激励

感情激励是以感情作为激励的诱因，通过加强与员工的感情沟通，尊重员工、关心员工，与员工之间建立平等和亲切的感情，让员工体会到领导的关心、组织的温暖，从而激发出主人翁责任感和爱厂如家的精神，调动员工的积极性。感情激励主要包括以下几方面内容：一是在上下级之间建立融洽和谐的关系，以增强管理者的亲和影响力；二是促进下级之间关系的协调与融合，以尽可能满足各成员社会交往的需要；三是营造健康、愉悦的团体氛围，满足组织成员的归属感。管理者应注意以维系感情为中心，组织开展各种健康、丰富多彩的组织文化活动，营造愉悦的团体氛围，使每个成员以置身于这一团体感到满意和自豪，造就一种高质量的社会生活，满足其归属感，从而实现有效激励。

3. 尊重激励

尊重激励是指管理者利用各种机会信任、鼓励、支持下级，努力满足其尊重的需要，以激励其工作积极性。随着人类文明的发展，人们越来越重视尊重的需要。尊重激励的开展应从三个方面着手进行：一是要尊重下级的人格，使下级始终获得受到尊重的体验。二是要尽力满足下级的成就感。管理者应创造条件鼓励和支持下级实现自己的工作目标，追求事业的成功，以满足其成就感，并通过授予荣誉，满足人们自尊的需要。三是支持下级自我管理，自我控制。通过授权于下级，信任他们，实行下级自我管理，自我控制，以满足其自主心理。

4. 参与激励

参与激励是以让下级参与管理为诱因，调动下级的积极性和创造性。通过参与，形成员工对组织的归属感、认同感，进一步满足自尊和自我实现的需要；有利于集思广益，集中群众意见，以防决策的失误；同时也增强下级对决策的认同感，从而激励他们积极自觉地去推进决策的实施。管理者在实施参与激励时应注意以下几点：一是增强民主管理意识；二要建立科学、可行的员工参与管理的制度、结构、程序和方法，从制度方法体系上保证民主管理的实施；三是真正授权于下级，使下级真正地参与决策和管理过程；四是有效利用多种参与形式，鼓励全员参与。

5. 榜样激励

榜样激励是在组织内树立英雄模范人物的形象，号召和引导其他员工模仿学习。"榜样的力量是无穷的"，管理者通过树立先进典型，满足员工的模仿和学习的需要，引导员工的行为到组织目标所期望的方向。榜样激励主要包括以下两方面：一是先进典型的榜样激励。管理者要注意发现和总结先进事迹和先进人物，以他们的感人事迹来激励下级；二是管理者自身的模范作用。对于号召和要求下级做到的，管理者应身先士卒，率先垂范，以影响、带动下级。

6. 竞争激励

竞争激励是组织通过各种形式的竞赛，鼓励各种形式的竞争，并以此激发员工的热情、工作兴趣和克服困难的勇气与力量。管理者结合工作任务，在组织竞赛、鼓励竞争的过程中，注意以下几方面：一是竞争要有明确的目标和要求。这样，才能确保竞争能沿着正确的轨道进行，防止偏离组织目标。二是竞争必须是公平的。竞争的基础、条件、起点、过程、结果衡量与对待，都必须是公平合理的。三是竞争的结果要有明确的评价和相应的奖励，并尽可能增加竞争结果评价或奖励的效价，以加大激励作用。

管理思考 8.2

竞争

国外一家森林公园曾养殖几百只梅花鹿，这里环境幽静，水草丰美，又没有天敌，然而几年以后，鹿群非但没有扩大，反而病的病，死的死，竟然出现了负增长。后来他们买回几只狼放置在公园里，在狼的追赶捕食下，鹿群只得紧张地奔跑以逃命。这样一来，除了那些老弱病残者被狼捕食外，其他鹿的体质日益增强，数量也迅速地增长。

思考：从此故事中你得到了什么启迪？

管理启迪：流水不腐，户枢不蠹。人天生有种惰性，没有竞争就会故步自封，躺在功劳簿上睡大觉。竞争对手就是追赶梅花鹿的狼，时刻让梅花鹿清楚狼的位置和同伴的位置。跑在前面的梅花鹿可以得到更好的食物，跑在最后的梅花鹿就成了狼的食物。按照市场规则，给予"头鹿"奖励，"末鹿"被市场淘汰。

7. 兴趣激励

兴趣对人们的工作态度、钻研程度、创造精神的影响很大，往往与求知、求美和自我实现密切相连。人们往往对于自己感兴趣的事物十分专注，甚至入迷，而这正是获得突出成就的重要动力。在管理中重视兴趣因素会取得很好的激励效果。人们的兴趣表现在两个方面：一方面是工作的兴趣，管理者通过了解员工的兴趣所在，把员工安排在其最感兴趣的工作岗位上，不仅使他们的兴趣爱好有用武之地，而且还可激发出参与感、归属感，增加其主人翁责任感；另一方面是业余兴趣，管理者通过组织摄影、舞蹈、棋类、书画等兴趣小组或兴趣协会，使员工的业余爱好得到满足，增进员工之间的感情交流，并让他们感受到组织温暖和生活的丰富多彩，从而增加员工的归属感，满足其社交的需要，有效地提高了企业的凝聚力。

8. 荣誉激励

荣誉激励是对优秀员工授予劳动模范、先进人物等荣誉称号。荣誉是满足人们自尊的需要，激发人们奋发进取的重要手段。从人的动机来看，人人都有自我肯定、光荣、争取荣誉的需要。对于一些工作表现比较突出、具有代表性的先进员工，给予必要的荣誉奖励，是很好的精神激励方法。这种激励方法成本低廉，效果却很好，但要注意以下几点：一是种类要适当少而精；二是不要轮流“坐庄”；三是荣誉要与物质奖励相结合；四是要避免重复；五是不仅仅偏重于个人荣誉，还要兼顾集体荣誉。

9. 信任激励

信任激励是指组织领导者充分信任员工的能力和忠诚，放手、放权，使员工充分发挥自己的聪明才智，以达到激励的目的。“民无信不立”，领导者与下属的互相理解、互相信任是同心协力、发挥下属能动性的前提。这种方法没有什么固定的程序，总的思路是领导者对下属应贯彻“用人不疑，疑人不用”的原则，为下属创造一个宽松的工作环境，充分地信任下属，给他们足够的权力，鼓励他们大胆地开展工作。这种激励法是通过在工作中满足组织成员的信任感、责任感等需要来达到激励作用的。

10. 文化激励

文化激励是指通过组织文化激励组织成员培养自觉为组织发展而积极工作的精神。组织文化的激励作用主要体现在两方面：一方面是由于组织文化是一种以人为中心的管理，承认人的价值，尊重人，爱护人，注重对人的思想、行为的“软”约束，从而起到传统激励方式起不到的作用；另一方面，组织文化的激励功能不是消极被动地去满足人们对自身价值的心理需求，而是通过组织的共同价值观的形成，使其转化为员工实现自我激励的动力，自觉地为组织的生存和发展而工作。利用企业文化这只“看不见的手”，以企业的理念、纲领为准则建立心灵契约，以良好的企业作风为平台激发员工创造力，以价值观和企业精神为引擎推动企业快速扩张，以文化融合为切入点激活企业员工的创造力。

拓展阅读 8.3

激励员工的经典语录

1. 即使爬到最高的山上，一次也只能脚踏实地地迈一步。

2. 积极思考造成积极人生，消极思考造成消极人生。

3. 人之所以有一张嘴，而有两只耳朵，原因是听的要比说的多一倍。

4. 别想一下造出大海，必须先由小河川开始。

5. 有志者，事竟成；破釜沉舟，百二秦关终属楚；苦心人，天不负；卧薪尝胆，三千越甲可吞吴。

6. 你的脸是为了呈现上帝赐给人类最贵重的礼物——微笑，一定要使其成为你工作最大的资产。

7. 以诚感人者，人亦诚而应。

8. 世上并没有用来鼓励工作努力的赏赐，所有的赏赐都只被用来奖励工作成果。

9. 即使是不成熟的尝试，也胜于胎死腹中的策略。

10. 积极的人在每一次忧患中都看到一个机会，而消极的人则在每一个机会中都看到某种忧患。

11. 每一个成功者都有一个开始。勇于开始，才能找到成功的路。

12. 世界会给那些有目标和远见的人让路。

13. 造物之前，必先造人。

14. 与其临渊羡鱼，不如退而结网。

15. 若不给自己设限，则人生中就没有限制你发挥的藩篱。

16. 赚钱之道很多，但是找不到赚钱的种子，便成不了事业家。

17. 蚁穴虽小，溃之千里。

18. 最有效的资本是我们的信誉，它24小时不停地为我们工作。

19. 绊脚石乃进身之阶。

20. 销售世界上第一号的产品——不是汽车，而是自己。在你成功地把自己推销给别人之前，你必须百分之百地把自己推销给自己。

管理定律

经典管理定律之八

1．波特定理

内　容：当遭受许多批评时，下级往往只记住开头的一些，其余的就不听了，因为他们忙于寻找论据来反驳开头的批评。

提出者：英国行为学家L.W.波特

点　评：总盯着下属的失误，是一个领导者的最大失误。

2．马蝇效应

内　容：激起员工的竞争意识。

提出者：美国前总统林肯

点　评：1860年，林肯当选为美国总统。有一天，有位名叫巴恩的银行家到林肯的总统官邸拜访，正巧看见参议员萨蒙·蔡思从林肯的办公室走出来。于是，巴恩对林肯说："如果您要组阁的话，千万不要将此人选入您的内阁。"林肯奇怪地问："为什么？"巴恩说："因为他是个自大成性的家伙，他甚至认为他比您伟大得多。"《纽约时报》主编亨利·雷蒙顿拜访林肯的时候，特地告诉他蔡思正在狂热地上蹿下跳，谋求总统职位。

林肯以他一贯以来特有的幽默对雷蒙顿说："亨利，你不是在农村长大的吗？那你一定知道什么是马蝇了。有一次，我和我兄弟在肯塔基老家的农场里耕地。我吆马，他扶犁。偏偏那匹马很懒，老是磨洋工。但是，有一段时间它却在地里跑得飞快，我们差点都跟不上他。到了地头，我才发现，有一只很大的马蝇叮在他的身上，于是我把马蝇打落在地。我的兄弟问我为什么要打掉它，我告诉他，不忍心让马被咬。我的兄弟说：哎呀，就是因为有那家伙，这匹马才跑得那么快。"然后，林肯意味深长地对雷蒙顿说："现在正好有一只名叫'总统欲'的马蝇叮着蔡思先生，那么，只要它能使蔡思那个部门不停地跑，我还不想打落它。"

没有马蝇叮咬，马慢慢腾腾，走走停停；有马蝇叮咬，马不敢怠慢，跑得飞快。这就是马蝇效应。马蝇效应给我们的启示是，一个人只有被叮着、咬着，他才不敢松懈，才会努力拼搏，不断进步。

3．罗森塔尔效应

内　容：满怀期望的激励。

提出者：美国心理学家罗森塔尔

点　评：美国心理学家罗森塔尔考查某校，随意从每班抽 3 名学生共 18 名学生的姓名写在一张表格上，交给校长，极为认真地说：“这 18 名学生经过科学测定全都是智商型人才。”事过半年，罗氏又来到该校，发现这 18 名学生的确超过一般，长进很大，再后来这 18 人全都在不同的岗位上干出了非凡的成绩。这一效应就是期望心理中的共鸣现象。

运用到管理中，就要求领导对下属要投入感情、希望和特别的诱导，使下属得以发挥自身的主动性、积极性和创造性。例如，在交办某一项任务时，不妨对下属说“你一定能办好”、“你是会有办法的”——这样下属就会朝你期待的方向发展，人才也就在期待之中得以产生。一个人如果本身能力不是很行，只有经过激励，才能得以最大限度的发挥，也就变成了行。

4．彼得原理

内　容：晋升是最糟糕的激励措施。

提出者：美国学者劳伦斯·彼得

点　评：每个组织都是由各种不同的职位、等级或阶层的排列所组成的，每个人都隶属于其中的某个等级。彼得原理是美国学者劳伦斯·彼得在对组织中人员晋升的相关现象进行研究后，得出的一个结论：在各种组织中，雇员总是趋向于晋升到其不称职的地位。彼得原理有时也被称为“向上爬”原理。

这种现象在现实生活中无处不在：一名称职的教授被提升为大学校长后，却无法胜任；一名优秀的运动员被提升为主管体育的官员，而无所作为。对一个组织而言，一旦相当一部分人员被推到其不称职的级别，就会造成组织的人浮于事，效率低下，导致平庸者出人头地，发展停滞。因此，这就要求改变单纯的“根据贡献决定晋升”的企业员工晋升机制，不能因某人在某岗位上干得很出色，就推断此人一定能够胜任更高一级的职务。将一名职工晋升到一个无法很好发挥才能的岗位，不仅不是对本人的奖励，反而使其无法很好地发挥才能，甚至给企业带来损失。

5．“保龄球”效应

内　容：赞赏与批评的差异。

点　评：两名保龄球教练分别训练各自的队员。他们的队员都是一球打倒了 7 只瓶。教练甲对自己的队员说：“很好！打倒了 7 只。”他的队员听了教练的赞扬很受鼓舞，心里想，下次一定再加把劲，把剩下的 3 只也打倒。教练乙则对他的队员说：“怎么搞的！还有 3 只没打倒。”队员听了教练的指责，心里很不服气，暗想，你咋就看不见我已经打倒的那 7 只。结果，教练甲训练的队员成绩不断上升，教练乙训练的队员打得一次不如一次。

希望得到他人的肯定和赞赏，是每一个人的正常心理需要。而面对指责时，不自觉地为自己辩护，也是正常的心理防卫机制。

一个成功的管理者，会努力去满足下属的这种心理需求，对下属亲切，鼓励部下发挥创造精神，帮助部下解决困难。相反，专爱挑下属的毛病，靠发威震慑下属的管理者，也许真的能够击败他的部下，但是，一头暴怒的狮子领着一群绵羊，又能创造出什么事业呢？

用好赞赏的技巧，关键是把你的注意力集中到“被球击倒的那 7 只瓶”上，别老忘不了没击倒的那 3 只。要相信任何人或多或少都有长处和优点，只要“诚于嘉许，宽于称道”，就会看到神奇的效力。

6. 末位淘汰法则（活力曲线）

内 容：通过竞争淘汰来发挥人的极限能力。

提出者：GE 公司前 CEO 杰克·韦尔奇（活力曲线的实质就是“末位淘汰”）

点 评：将员工划分为不同的类别，然后严格地加以区别对待。这正是韦尔奇所推崇的“活力曲线”，这一曲线被认为是给 GE 带来无限活力的法宝之一。以业绩为横轴（由左向右递减），以组织内达到这种业绩的员工的数量为纵轴（由下向上递增）。利用正态分布图，你将很容易区分出业绩排在前面的 20%的员工（A 类）、中间的 70%的员工（B 类）和业绩排在后面的 10%的员工（C 类）。这种评估组织内人力资源的方法，韦尔奇称之为“活力曲线”。

“末位淘汰法则”，顾名思义是“将工作业绩靠后的员工淘汰掉”，其实质是企业为了满足市场竞争的需要，在对企业员工的工作表现做出科学的评价后，进行分类或排序，并按照一定的比例标准，将末几位予以调岗或辞退的行为。

7. 横山法则

内 容：自发的才是最有效的，激励员工自发地工作。

提出者：日本社会学家横山宁夫

点 评：有自觉性才有积极性，无自决权便无主动权。在管理的过程中，我们常常过多地强调了“约束”和“压制”，事实上这样的管理往往适得其反。如果人的积极性未能充分调动起来，规矩越多，管理成本越高。聪明的企业家懂得在“尊重”和“激励”上下工夫，了解员工的需要，然后满足他。只有这样，才能激起员工对企业和自己工作的认同，激发起他们的自发控制，从而变消极为积极。真正的管理，就是没有管理。

促进员工自我管理的方法，就是处处从员工利益出发，为他们解决实际问题，给他们提供发展自己的机会，给他们以尊重，营造愉快的工作氛围。做到了这些，员工自然就和公司融为一体了，也就达到了员工的自我控制。

8. 肥皂水效应

内 容：将批评夹在赞美中。

提出者：美国前总统约翰·卡尔文·柯立芝

点 评：约翰·卡尔文·柯立芝于 1923 年成为美国总统，他有一位漂亮的女秘书，人虽长得很好，但工作中却常因粗心而出错。一天早晨，柯立芝看见秘书走进办公室，便对她说：“今天你穿的这身衣服真漂亮，正适合你这样漂亮的小姐。”这句话出自柯立芝口中，简直让女秘书受宠若惊。柯立芝接着说：“但也不要骄傲，我相信你同样能把公文处理得像你一样漂亮的。”果然从那天起，女秘书在处理公文时很少出错了。一位朋友知道了这件事后，便问柯立芝：“这个方法很妙，你是怎么想出来的？”柯立芝得意洋洋地说：“这很简单，你看见过理发师给人刮胡子吗？他要先涂些肥皂水，为什么呀，就是为了刮起来使人不觉得痛。”

9. 比马龙效应

内 容：如何在“加压”中实现激励。

点　评：人会期待别人对自己有好印象，就会认真地表现良好行为；若期待别人讨厌自己，就会随便表现。被比成龙，自己就会像龙一样地表现，反之，被比成马，会像马一样地反应。这种现象称为“比马龙”效应。

现代管理科学研究表明，如果一个人长期不能面临挑战，甚至无事可干，那他必然会产生一种“怀才不遇”的挫折感，极有可能失去原有的一腔抱负和凌云壮志，甚至产生抵触情绪，进而离开他最初的组织。因此，任何一个组织都应该给新参加工作的人员以必要的压力，为他们提供成长锻炼的机会和施展才华的舞台。松下公司的“中级人才”观以及“让 B 级人做 A 级事”等都是高期望式激励，这些都是人力资源管理中“比马龙效应”的具体实践。

10．海潮效应

内　容：以待遇吸引人，以事业激励人。

点　评：海水因天体的引力而涌起，引力大则出现大潮，引力小则出现小潮，引力过弱则无潮。此乃海潮效应。人才与社会时代的关系也是这样。社会需要人才，时代呼唤人才，人才便应运而生。依据这一效应，作为国家，要加大对人才的宣传力度，形成尊重知识、尊重人才的良好风气。对于一个单位来说，重要的是要通过调节对人才的待遇，以达到人才的合理配置，从而加大本单位对人才的吸引力。现在很多知名企业都提出了这样的人力资源管理理念：以待遇吸引人，以感情凝聚人，以事业激励人。

项目总结

（1）任何一种管理措施都是在人性假设的基础上制定出来的。西方关于人性假设的理论有四种，分别是“经济人”假设、“社会人”假设、“自动人”假设和“复杂人”假设。

（2）激励是领导工作的一个有机组成部分。有效的领导者必须能充分地调动员工的积极性，使其潜能最大限度地发挥出来。为此，领导者要着实了解员工的需要和动机是什么，并通过一定的激励手段和激励过程使其个人需要的满足与组织目标的达成能同时得到实现。

（3）西方有关的激励理论主要可归纳为以下三种类型：内容型激励理论，着重研究如何激发人的工作动机的因素，包括马斯洛的需要层次理论、赫茨伯格的双因素理论、麦克利兰的成就激励理论；过程型激励理论，着重研究从动机的产生到采取行动的心理过程，包括弗鲁姆的期望理论、亚当斯的公平理论；调整型激励理论，着重研究如何改造和转化人的行为，变消极行为为积极行为，包括强化理论、挫折理论。

（4）有效的激励，必须通过适当的激励方式与手段来实现。按照激励中诱因的内容和性质，可将激励的方式与手段大致划分为三类：工作激励、物质激励和精神激励。

技能实训

【管理测试】 什么能够激励你

1．测试说明

对于下面的 15 句话，每一个都圈出和你的感觉最接近的数字，以了解你的主导需要。

2．测试题目

	非常不同意				非常同意
（1）我非常努力地改善我以前的工作以提高工作绩效。	1	2	3	4	5
（2）我喜欢竞争和获胜。	1	2	3	4	5
（3）我常常发现自己和周围的人谈论与工作无关的事情。	1	2	3	4	5
（4）我喜欢有难度的挑战。	1	2	3	4	5
（5）我喜欢承担责任。	1	2	3	4	5
（6）我想让其他人喜欢我。	1	2	3	4	5
（7）我想知道在我完成任务时是如何进步的。	1	2	3	4	5
（8）我能够面对与我意见不一致的人。	1	2	3	4	5
（9）我乐意和同事建立亲密的关系。	1	2	3	4	5
（10）我喜欢设置并实现比较现实的目标。	1	2	3	4	5
（11）我喜欢影响其他人以形成我自己的方式。	1	2	3	4	5
（12）我喜欢隶属于一个群体或组织。	1	2	3	4	5
（13）我喜欢完成一项困难任务后的满足感。	1	2	3	4	5
（14）我经常为了获得更多的对周围的控制权而工作。	1	2	3	4	5
（15）我更喜欢和其他人一起工作而不是一个人。	1	2	3	4	5

3．测试结果分析

将你的答案的得分分别填入对应的题目标号后面。将每一栏的得分汇总，得分最高的项便是你的主导需要。

成就	权力	关系
1——	2——	3——
4——	5——	6——
7——	8——	9——
10——	11——	12——
13——	14——	15——

【管理实践】

按表 8.3 完成管理实践。

表 8.3 管理实践要求

实训项目	调查某企业的激励方案
实训目标	通过企业的走访调查，了解激励理论与方法及其在企业管理中的应用
实训内容及组织	1．实训内容 （1）通过对企业的走访，了解该企业所应用的激励方案及所采取的主要沟通方式； （2）访问企业员工，了解他们对现有激励及沟通方式的态度。 2．实训组织 （1）把全班学生分成十个小组，一般每一小组为四个人比较合适； （2）各小组首先走访企业领导，了解相关的激励方案及沟通形式； （3）在已掌握基本情况后，走访员工，考察上述措施的实际效果

续表

活动考核	1. 每个小组写一份走访报告供教师批阅。 2. 每个学生要填写一份实训报告，供教师考察此次实训的实际效果

知识测试

一、判断题

1. 根据戴维•麦克利兰的研究，对一般职员来说，成就需要比较强烈。（　　）

2. 美国心理学家弗鲁姆于1964年在《动机与人格》一书中提出了期望理论。（　　）

3. 在物质激励中，最突出的就是金钱。金钱是唯一能激励人的力量。（　　）

4. 表彰和奖励能起到激励的作用，批评和惩罚不能起到激励的作用。（　　）

5. 高层次的专业人员和管理人员不是工作丰富化的重点对象。（　　）

6. 期望理论并不关注人们的需求类型，它关心的是人们用来接受奖励的思考方式。（　　）

7. 不强化就是惩罚。（　　）

8. 工作扩大为员工提供了变化，但也增加了员工的工作负担。（　　）

9. 在设计和分配工作时，要从最大限度地发挥员工的才能出发来考虑问题。（　　）

10. 从理论上讲，工作业绩与工作数量之间一定存在着必然的联系。（　　）

11. 金钱、地位、安全、工作环境、人际关系等属于激励因素。（　　）

12. 权变理论也称随机制宜理论，强调领导无固定模式，领导效果因领导者、被领导者和工作环境的不同而不同。（　　）

13. 根据马斯洛的理论，生理需要、安全需要、社会需要被认为是低级需要。（　　）

14. 赫茨伯格认为当缺乏激励因素时，员工对工作持无所谓态度，但存在激励机制时，员工感到高度满意并受到激励。（　　）

15. 公平理论认为每个人仅关心由于自己的工作努力所得到的绝对报酬，并不关心自己的报酬与他人的报酬之间的关系。（　　）

二、单选题

1. 人们在通往目标的道路上所遇到的障碍就是（　　）。

A. 抑制　　B. 紧张　　C. 防范　　D. 挫折

2. 激励方法得当，有利于激发和调动职工的积极性。美国哈佛大学的心理学家詹姆士在对职工的研究中发现，按时计酬的职工的能力仅能发挥20%～30%，而受到激励的职工的能力可发挥到（　　）。

A. 60%～70%　　B. 70%～80%　　C. 80%～90%　　D. 90%以上

3. 赫茨伯格提出的双因素理论认为（　　）不能直接起到激励的作用，但能防止人们产生不满情绪。

A. 保健因素　　B. 激励因素　　C. 成就因素　　D. 需要因素

4. 根据弗鲁姆的期望理论公式，一般来说，效价越高，期望值越大，激励的水平就越（　　）。

A. 高　　B. 低　　C. 一般　　D. 不能确定

5. 根据强化理论，职工努力工作是为了避免不希望得到的结果，这就是（　　）。

A．自然消退　　B．惩罚　　C．消极强化　　D．积极强化

6．成就需要理论一般适用于（　　）的研究。

A．普通员工　　B．技术人员　　C．主管人员　　D. 基层管理人员

7．根据大卫·麦克利兰关于人的自我实现的需要理论，如果一个人希望控制向上和向下的信息渠道以便对他人施加影响，那就表明他是一个（　　）。

A．成就需要强的人　　B．社会交往需要强的人

C．权力需要强的人　　D．激励需要强的人

8．解释了员工怎样选择其行为以满足他们的需要，从而决定他们的选择是否成功的理论是（　　）。

A．公平理论　　B．成就激励理论

C．双因素理论　　D．ERG 理论

9．一切内心要争取的条件、希望、愿望、动力等都构成了对人的激励……它是人类活动的一种内心状态。这句话的提出者是（　　）。

A．贝雷尔森　　B．奥尔德弗　　C．赫茨伯格　　D．麦克利兰

10. 你拥有并经营着一家以小的桌面排版与复印为主要业务的公司，雇用了 25 个员工。健康费用的提高已迫使你考虑取消给员工的健康与医疗方面的福利。你的决定会使员工关心（　　）。

A．尊重的需要　　B．自我实现的需要

C．安全的需要　　D．社交的需要

11．在下列（　　）情况下，金钱可以成为“激励因素”，而不是“保健因素”。

A．那些未达到最低生活标准，急于养家糊口的人的计件工资

B．组织给予正式员工的基本工资

C．公司每个月发给员工的平均奖金

D．无论在什么情况下，金钱都只是“保健因素”

12．激励因素与保健因素之间的区别在于（　　）。

A．激励因素被监管者控制，保健因素是工作内容方面的因素

B．保健因素存在时会引发自我实现，而激励是由报酬与津贴的可得性触发产生的

C．激励因素最关心外部工作环境中的消极因素，保健因素与个人境遇和身体健康相关

D．激励因素与工作本身的内容相关，保健因素与工作环境或工作外部因素的特征相关

13．根据公平理论，当组织中的员工感到不公平时，他们将有可能采取（　　）做法。

A．重新解释自己或他人的付出或所得

B．采取某些行为使他人的付出或所得发生改变

C．选择另一个参照对象进行比较

D．以上都有可能

14．关于“社会人”基本假设，正确的是（　　）。

A．不能从工作上的社会关系去寻求意义

B．从根本上说，人是由经济需求而引起工作动机的

C．职工对同事们的社会影响力，要比管理者所给予的经济诱因及控制更为重视

D．职工的工作效率与上司能满足他们的社会需求无关

15．比较马斯洛的需求层次理论和赫茨伯格的双因素理论，马斯洛提出的五种需求中，属于保健因素的是（　　）。

A．生理和自尊的需要　　B．生理、安全和自我实现的需要

C．生理、安全和社交的需要　　D．安全和自我实现的需要

16．曹雪芹虽食不果腹，但仍然坚持《红楼梦》的创作，是出于其（　　）。

A．自尊需要　　B．情感需要

C．自我实现的需要　　D．以上都不是

17．以下哪种现象不能在需要层次理论中得到合理的解释？（　　）

A．一个饥饿的人会冒着生命危险去寻找食物

B．穷人很少参加排场讲究的社交活动

C．在陋室中苦攻“哥德巴赫猜想”的陈景润

D．一个安排需求占主导地位的人，可能因为担心失败而拒绝接受富有挑战性的工作

18．俗话说“饥寒起盗心”，但古人云“廉者不受嗟来之食，志士不饮盗泉之水”。根据管理学的有关原理，你认为以下哪一项对这一俗语和这一格言所做的解释比较恰当？（　　）

A．俗语体现了马斯洛的需求层次理论，而格言与马斯洛的需求层次理论相悖

B．俗语和格言均符合马斯洛的需求层次理论，只不过需求层次不同

C．俗语符合马斯洛的需求层次理论，而格言符合赫茨伯格的双因素理论

D．俗语符合期望理论，格言符合需求层次理论

19．根据马斯洛的需求层次理论，可得（　　）结论。

A．对于具体的个人来说，其行为主要受主导需求的影响

B．越是低层次的需求，其对于人们行为所能产生的影响也越大

C．任何人都具有五种不同层次的需求，而且各层次的需求强度相等

D．层次越高的需求，其对于人们行为所产生的影响也越大

20．中国有些国有企业引入奖金机制的目的是发挥奖金的激励作用，但现在许多企业的奖金已经成为工资的一部分，奖金变成了保健因素。这说明（　　）。

A．双因素理论在中国不怎么适用

B．保健和激励因素的具体内容在不同国家是不一样的

C．防止激励因素向保健因素转化是管理者的重要责任

D．将奖金设计成激励因素本身就是错误的

21．当人们认为自己的报酬与劳动之比，与他人的报酬与劳动之比相等时，就会有较大的激励作用，这种理论称为（　　）。

A．双因素理论　　B．公平理论　　C．效用理论　　D．强化理论

22．某公司改善了小李的工作条件，小李的积极性和主动性并没有提高，不久小李接到了一项具有挑战性的任务，他工作特别卖力，这可运用哪一种激励理论来解释？（　　）

A．期望理论　　B．公平理论　　C．激励—保健理论　　D．强化理论

23．以下不属于保健因素的是（　　）。

A．工作自身的兴趣和挑战　　B．工作环境和条件

C．工作得到认可和赞赏　　D．工作安全

24．商鞅在秦国推行改革，他在城门外立了一根木棍，声称有将木棍从南门移到北门的，奖励500金，但没有人去尝试。根据期望理论，这是由于（　　）。

A．500金的效价太低　　B．居民对完成要求的期望很低

C．居民对得到报酬的期望很低　　D．枪打出头鸟，大家都不敢尝试

25．对于大多数高科技公司来说，寻找、培训和留住优秀的员工对企业的长远发展影响重大。假设你是一家高科技公司的老总，你认为最佳的一种方式是（　　）。

A．提供诱人的薪水和福利　　B．提供具有挑战性的工作

C．提供舒适的工作环境　　D．实行弹性工作制

26．有这样一个小企业的老板，他视员工如兄弟，强调“有福共享，有难同当”，并把这种思路贯穿于企业的管理工作中。当企业的收入高时，他便多发奖金给大家；一旦企业产品销售状况不好，他就少发甚至不发奖金。一段时间后，他发现大家只愿意“有福共享”，而不愿意“有难同当”。在有难时甚至还有员工离开公司，或者将联系到的业务转给别的企业，自己从中拿提成。这位老板有些不解，你认为这是为什么？（　　）

A．这位老板在搞平均主义

B．这位老板把激励因素转化成了保健因素

C．员工们的横向攀比

D．这位老板对员工的激励缺乏系统规划

27．高级工程师李华在一家研究所工作，该所拥有一流的研究水平。根据双因素理论，你认为下列哪一种措施最能对李华的工作起到激励作用？（　　）

A．调整设计工作流程，使李华可以完成完整的产品设计，而不是急着做局部设计

B．调整工资水平和福利措施

C．给李华配备性能更为先进的个人计算机

D．以上各项都起不到激励的作用

28．当一位三四十岁的科研工作者显示出卓越的技术才能时，作为该科研人员的领导，对他最有效的激励应该是（注意，并不排斥其他方面的适当奖励）（　　）。

A．高额奖金　　B．配备最好的研究条件

C．提职　　D．精神奖励（如评为劳模）

三、多选题

1．按照强化理论，主管人员可以采用（　　）方式来改变下级的行为。

A．强化　　B．积极强化　　C．消极强化　　D．惩罚

2．动机的功能是（　　）。

A．能唤起人的行动　　B．能维持人的行为趋向一定的目标

C．能巩固或修正行为　　D．能满足人的需求

3．菲德勒所确定的对领导的有效性起影响因素的维度是（　　）。

A．职位权力　　B．任务结构　　C．上下级关系　　D．领导者性格

4．按照双因素理论，以下属于激励因素的是（　　）。

A．业绩　B．赏识　C．责任　D．成长机会

5．成就激励理论将人的需要划分为（　　）。

A．成就需要　B．归属需要

C．相互关系的需要　D．权力需要

6．在公平理论中，员工所选择的与自己进行比较的参照对象是重要变量，一般有（　　）。

A．他人　B．竞争对手　C．自我　D．供应商

7．工作设计的方法通常包括（　　）。

A．工作简化　B．工作轮换　C．工作扩大　D．工作丰富化

8．期望理论包括的变量有（　　）。

A．努力——绩效的联系　B．动机——需要的联系

C．绩效——奖赏的联系　D．奖赏——个人目标的联系

9．黎明是某公司新上任的总经理，虽然他已经在该行业工作了很多年，但一直都是担任部门经理，缺乏总揽全局的管理能力。假设你曾经担任过总经理一职，那么以下哪些是你可能给他的用于激励员工的建议？（　　）

A．一定要认清员工的个体差异，特别是直接管理的部门经理的差异

B．奖励一定要与绩效挂钩，要做到奖得明明白白

C．你不可能让所有的人都满意，但是一定要做到公平

D．钱也是一个非常重要的激励因素

10．关于保健因素和激励因素，下列说法不正确的是（　　）。

A．要使员工努力工作，必须注重激励因素

B．缺乏保健因素会使人产生不满情绪

C．消除不满意的保健因素会使人满意

D．保健因素和激励因素可以相互转化

四、简答题

1．简述马斯洛的需要层次理论的主要内容及其在管理中的运用。

2．简述公平理论的内容及意义。

3．管理上如何应用期望理论？

五、案例分析题

逐渐巩固了领导地位的首席执行官

土星计算机公司和美国硅谷的许多高科技公司一样，以火箭般的速度发展，但也面临着来自东海岸大公司的激烈竞争。公司刚开张时，一切就像闹着玩似的，高层管理人员穿着T恤衫和牛仔裤来上班，谁也分不清他们与普通员工有什么区别。然而当公司财务上出现了困境后，局面开始有了大改变。原先那个自由派风格的董事会主席虽然留任，但公司聘用了一位新的首席执行官琼斯。琼斯来自一家办事古板的老牌公司，他照章办事，十分传统，与土星公司的风格相去甚远。公司管理人员对它的态度是，看看这家伙能待多久？！看来，冲突矛盾是不可避免的了。

第一次公司内部危机发生在新任首席执行官首次召开高层管理会议时。会议定于上午八点半开始，可有一个人九点钟才跌跌撞撞地进来。西装革履的琼斯用眼睛瞪着那个迟到

的人，对大家说："我再说一次，本公司所有的日常公事要准时开始，你们中间谁做不到，今天下午五点之前向我递交辞职报告。从现在开始到我更好地了解你们的那一天，你们的一切疑虑我都担待着。你们应该忘掉过去的那一套，从今以后，就是我和你们一起干了。"到下午五点，十名高层管理人员中只有两名辞职。

此后的一个月里，公司发生了一些重大变化。琼斯颁布了几项指令性政策，使已有的工作程序改弦易辙。从一开始起，他便三番五次地告诫公司副总经理威廉，一切重大事务向下传达之前必须先由他审批。他抱怨下面的研究、设计、生产和销售等部门之间缺乏合作。在这些面临挑战的关键领域，土星公司一直没能形成统一的战略。

琼斯还命令全面复审公司的福利待遇制度，然后将全体高层管理人员的工资削减15%，这导致公司一些高层管理人员想辞职。研究部主任这样认为："我不喜欢这里的一切，但我不想马上走，开发计算机来打败 IBM 对我来说太有挑战性了。"生产部经理也是一个不满琼斯做法的人，可他的一番话颇令人惊讶："我不能说我很喜欢琼斯，不过至少他给我那个部门设立的目标我能够达到。当我们圆满完成任务时，琼斯是第一个感谢我们干得棒的人。"

事态发展的另一个方面是，采购部经理牢骚满腹。他说：琼斯要我把原材料成本削减15%，他还拿着一根"胡萝卜"来引诱我，说假如我能做到的话就给我油水丰厚的年终奖。但干这个活实在太难，从现在起，我另找出路。

但琼斯对霍普金斯的态度却令人不解。霍普金斯是负责销售的副经理，被人称为"爱哭的孩子"。以前，他每天都到首席执行官的办公室去抱怨和指责其他部门。琼斯采取的办法是，让他在门外静等，冷一冷他的双脚；见了他也不理会其抱怨，直接谈公司在销售上存在的问题。过了不多久，霍普金斯开始更多地跑基层而不是琼斯的办公室了。

随着时间的流逝，土星公司在琼斯的领导下恢复了元气。公司管理人员普遍承认琼斯对计算机领域了如指掌，对各项业务的决策无懈可击。琼斯也渐渐地放松控制，开始让设计和研究部门更放手地去干事。然而，对生产和采购部门，他仍然勒紧缰绳。土星公司内再也听不到关于琼斯去留的流言飞语了。人们对他形成了这样的评价：琼斯不是那种对这里情况很了解的人，但他确实领我们走上了轨道。

问题：

1．琼斯和原董事会主席的领导方式有何不同？他们各是什么类型？

2．公司走上正轨后，琼斯的领导方式又有何变化？分析为什么。

3．请用激励理论解释研究部主任、生产部经理、采购部经理和销售副经理的言行。

项目9 有效沟通

学习目标

知识目标

1. 理解沟通的概念、过程及意义
2. 了解沟通的类型、方式及沟通网络
3. 了解沟通的障碍及排除方法
4. 掌握有效沟通的特征、原则与技巧

能力目标

1. 培养强烈的沟通意识
2. 能够灵活运用沟通技巧

关键概念

沟通、正式沟通、非正式沟通、沟通网络、Y式沟通网络、全通道式沟通网络

知识体系

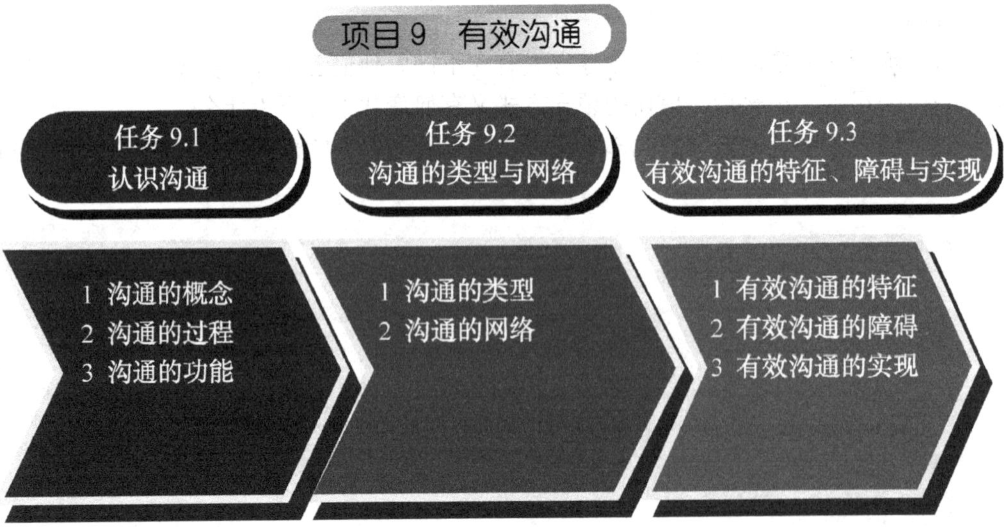

任务9.1 认识沟通

任务导入

美国老板与希腊员工的对话

请阅读下面的一段对话。

美国老板：完成这份报告要花费多少时间？

希腊员工：我不知道完成这份报告需要多少时间。

美国老板：你是最有资格提出时间期限的人。

希腊员工：10天吧。

美国老板：你同意在15天内完成这份报告吗？

希腊员工：没有做声。（认为是命令）

15天过后……

美国老板：你的报告呢？

希腊员工：明天完成。（实际上需要30天才能完成）

美国老板：你可是同意今天完成报告的。

第二天，希腊员工递交了辞职书。

【任务分析】

请从沟通角度分析美国老板和希腊员工的对话，说明希腊员工辞职的原因并提出建议。

9.1.1 沟通的概念

管理问题在很大程度上就是沟通问题，80%的管理问题实际上就是由于沟通不畅所致。管理者应提高沟通水平，通过与下属进行畅通的沟通，提高管理的效果。

“沟通”一词译自英文Communication。该词在英文中是一个多义词，可作沟通、传播、通信和交流等解释。在管理学中，沟通是指人与人之间传达思想感情和交流情报信息的过程。

对于一个组织来说，沟通是一个十分重要的问题。沟通对于组织，就好比血液循环之生命有机体。血液向有机体细胞提供氧气，没有氧气，细胞就会机能失常乃至死亡。类似地，组织中的相互了解、获得反馈、衡量成果、进行决策以及部门之间的协调等，无不依赖于信息沟通。沟通能确保组织内的各部门、各成员获得工作所需的各种信息，增进相互间的了解和合作。缺乏必要的沟通，组织内各部门、各成员的工作将要发生紊乱，整个组织的运转也要发生故障。由此可见，沟通在管理人员的工作中占有非常重要的地位，正如美国管理学家斯通纳（James A.F.Stoner）所认为：“沟通对于管理人员是非常重要的。因为在贯穿管理的全过程中，这一活动是不可缺少的，无论计划、组织、领导、决策、监督、协调和考核的成功完成，都必须以有效的沟通为前提。”沟通尤其对于领导工作具有特别重要的意义。事实上，领导者每天所做的大部分决策事务都是围绕沟通这一核心问题展开的。

9.1.2 沟通的过程

沟通的过程是指信息发送者（信息源）与接收者之间传递信息的过程，如图9.1所示。

沟通的过程主要涉及下列八种要素：信息发送者、信息、编码、渠道、解码、信息接收者、噪声、反馈。

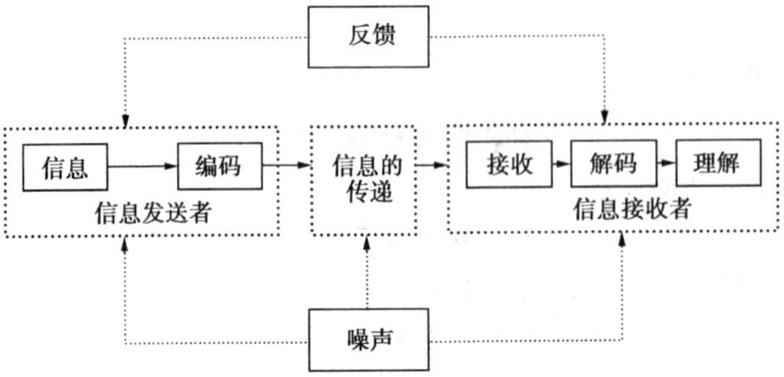

图 9.1　沟通的过程示意图

由图 9.1 可以看出，整个沟通的过程可以分成四个阶段。

第一步，编码阶段。信息发送者将其观点、想法或所得的事实采取某种形式来发出。

第二步，传递阶段。信息凭借某种媒介通道传送。

第三步，解码阶段。接收者由通道接收到信息符号，并将信息符号译解，从而去理解。

第四步，反馈阶段。接收者根据所理解的意念加以判断，以采取各种不同的反应行为。

由此可以看到，一个完整的沟通过程涉及八个要素。

（1）信息发送者，又称信息源。信息发送者是指在沟通中具有沟通需求并发出信息的个人、群体、组织。它是沟通的主体，是信息的来源。

（2）信息。信息是指由信息源经过编码而创造的一切言语和非言语的符号。这些组合符号表达了发送者意欲传递的意义。信息的表现形式多种多样，包括所说的话、文章、图画、动作表情等。

（3）编码。编码是由信息发送者将思想、观念、想法、情感等信息内容转译成系统化的符号形式，用以表达信息。编码包括语言编码和非语言编码。

（4）渠道。渠道是信息的载体，传送信息的中介。渠道的功能在于它使信息源和接收者相关联。一般信息可以通过口头和书面两种形式传递，其中以口头形式传递的渠道包括面谈、电话、开会、演讲和闭路电视等；以书面形式传递的渠道包括信函、报告备忘、电报、传真、手册、布告、电子邮件等。上述各种沟通媒介（渠道）的特性比较如表 9.1 所示。

表 9.1　沟通媒介（渠道）特性比较

口头	易获得	低成本	高速度	直接性	受关注	书面	易获得	低成本	高速度	直接性	受关注
面谈	+	+	+	+	+	信函	+	+			+
电话	+	+	+	+	+	报告备忘	+				+
开会	+		+	+		电报			+		+
演讲	+		+	+		传真			+	+	
联网电话			+	+		手册	+	+			
闭路电视			+	+	+	布告	+	+			
						电子邮件				+	+

管理思考 9.1

Motorola 的“Open Door”

Motorola（摩托罗拉）公司于 1992 年在天津经济开发区破土兴建它的第一家寻呼机、电池、基站等 5 个生产厂，成为 Motorola 在其本土之外最大的生产基地，投资额比原来最初的投资增加了 9 倍，工人人数从不到 100 人增加到了 8 000 多人，年产值达 28 亿美元，这是一个在华投资成功的企业。

在 Motorola 公司，每一个 Motorola 的高级管理层都被要求与普通操作工形成介于同志和兄妹之间的关系——在人格上千方百计地保持平等。“对人保持不变的尊重”是公司的个性。最能表现 Motorola“对人保持不变的尊重”个性的是它的“Open Door”。Motorola 所有管理者办公室的门都是绝对敞开的，任何职工在任何时候都可以直接推门进来，与任何级别的上司平等交流。每个季度第一个月的 1～21 日，中层干部都要同自己的手下和自己的主管进行一次关于职业发展的对话，回答“你在过去三个月里受到尊重了吗”之类的 6 个问题。这种对话是一对一和随时随地进行的。Motorola 的管理者们还为每一个下层的被管理者们预备了 11 条这种“Open Door”式表达意见和发泄抑怨的途径。

I Recommend（我建议），书面形式提出对公司各方面的意见和建议，“全面参与公司管理”。

Speak out（畅所欲言），这是一种保密的双向沟通渠道，如果员工要对真实的问题进行评论或投诉，应诉人必须在 3 天之内对隐去姓名的投诉信给予答复，整理完毕后由第三者按投诉人要求的方式反馈给本人，全过程必须在 9 天内完成。

G M Dialogue（总经理座谈会），每周四召开的座谈会，大部分问题可以当场答复，7 天内对有关问题的处理结果予以反馈。

Newspaper and Magazines（报纸与杂志），Motorola 给自己内部报纸起的名字叫《大家庭》，内部有线电视台叫《大家庭》电视台。

DBS（每日简报），方便快捷地了解公司和部门的重要事件和通知。

Town hall Meeting（员工大会），由经理直接传达公司的重要信息，有问必答。

Education Day（教育日），每年重温公司文化、历史、理念和有关规定。

Notice Board（墙报）。

Hot Line（热线电话），当你遇到任何问题时都可以向这个电话反映，昼夜均有人值守。

ESC（职工委员会），职工委员会是员工与管理层直接沟通的另一个桥梁，委员会主席由员工关系部经理兼任。

589 Mail Box（589 信箱），当员工尝试以上渠道后仍无法得到充分、及时和公正的解决时，可以直接写信给天津市 589 信箱，此信箱钥匙由中国区人力资源总部掌握。

思考：由此故事你得到了什么启迪？

管理启迪：从该案例可以看出，Motorola 公司的上级和下级间沟通的方式多种多样，包括面对面、一对一的交谈，同一条信息可以从不同的渠道得到，信息的反馈也可以从不同的渠道及时得到。他们采取这样的方式取得了惊人的效果，“抱怨是一件积压已久的事，如果每星期、每天都有与老板平等对话的机会，任何潜在的不满和抱怨还没有来得及充分积蓄就都因此而被扼杀在摇篮里了”。

（5）解码。解码是指接收者将获得的信息进行译解，根据自己的知识、经验和思维方式转换为自己所能理解的意念的过程。解码的实质是接收者对信息翻译和对信息源的行为赋予意义。

（6）信息接收者。信息接收者是指在沟通过程中接收信息的一方。信息源与接收者构成了沟通的主、客体，他们是相互依存，缺一不可的。但两者的角色、地位并不是固定不变的。在一个完整的沟通中，发送者与接收者的划分并不是绝对的，而是随着沟通过程的进行和深化而变化的。

（7）噪声。噪声指的是信息传递过程中的干扰因素。如发送者和接收者情绪的好坏、两者之间的误解、价值观、认知水平、地位差异等都会形成沟通距离，编码和解码时采用的信息符号差异等也都会影响沟通效果。

（8）反馈。反馈是指信息接收者承认已接收到发送者传来的消息，并向发送者表明对此信息的理解。反馈对沟通质量关系极大，通过反馈，可以检验信息传送的程度，可以了解信息是否已经完全为接收者所了解。

沟通过程的每一个要素都很重要，只要有一个要素出现问题，就达不到沟通信息的效果。

9.1.3 沟通的功能

关于组织沟通的功能，包括如下两个方面。

1. 传达信息

信息交流是沟通的最基本目的。实际上，所有其他目的都是这一目的的特殊表现，所有的沟通都是某种信息交流的过程。通过沟通，人与人之间能够交流信息、知识、经验、思想和感情。这种作用有助于人与人之间的需求、动机、感情等心理上的相互了解，有助于在某个问题上取得一致意见或使不同意见尽快表露出来并加以解决。

2. 心理保健

人与人之间的沟通是一种重要的心理需要，人们在与他人的沟通交往中，最好进行情感性的而非任务性的相互交流，从而满足自身心理上的社会需要并达到平衡。

拓展阅读 9.1

迪特尼公司的企业员工意见沟通制度

迪特尼公司是一家拥有 12 000 余名员工的大公司，早在 20 年前就认识到员工意见沟通的重要性，并不断地加以实践。现在，公司的员工意见沟通系统已相当成熟和完善。特别是在 20 世纪 80 年代，面临全球经济不景气时，这一系统对提高公司劳动生产率发挥了巨大的作用。

公司的员工意见沟通系统是建立在这样一个基本原则之上的：个人或机构一旦购买了迪特尼公司的股票，他就有权知道公司的完整财务资料，并得到有关资料的定期报告。公司员工也有权知道并得到这些财务资料和一些更详尽的管理资料。迪特尼公司员工意见沟通系统主要分为两部分：一是每月举行的员工协调会议，二是每年举办的主管汇报和员工大会。

（1）员工协调会议。早在 20 年前，迪特尼公司就开始试行员工协调会议，员工协调会议是每月举行一次的公开讨论会。在会议中，管理人员和员工共聚一堂，商讨一些彼此关心的问题。无论在公司的总部还是各部门、各基层组织，都举行协调会议。这看起来有些像法院的结构，从地方到中央，逐层反映上去，公司总部的协调会议是标准的双向意见沟通系统。

在开会之前，员工可事先将建议或怨言反映给参加会议的员工代表，代表们将在协调会议上把意见转达给管理部门，管理部门也可以利用这个机会，同时将公司政策和计划讲解给代表们听，相互之间进行广泛的讨论。

要将迪特尼公司 12 000 多名职工的意见充分沟通，就必须将协调会议分成若干个层次。实际上，公司内共有 90 多个这样的组织。如果有问题在基层协调会议上不能解决，将逐级反映上去，直到有满意的答复为止。事关公司的总政策，则一定要在首席代表会议上才能决定。总部高级管理人员认为意见可行，就立即采取行动；认为意见不可行，也得把不可行的理由向大家解释。员工协调会议的开会时间没有硬性规定，一般都是一周前在布告牌上通知。为保证员工意见能迅速、逐级地反映上去，基层员工协调会议应先开。

同时，迪特尼公司也鼓励员工参与另一种形式的意见沟通。公司安装了许多意见箱，员工可以随时将自己的问题或意见投到意见箱里。为配合实行这一计划，公司还特别制定了一些奖励规定，凡是员工意见经采纳后，产生了显著效果的，公司将给予优厚的奖励。令人欣慰的是，公司从这些意见箱里获得了许多宝贵的建议。如果员工对这种间接的意见沟通方式不满意，还可以用更直接的方式来面对面地和管理人员交换意见。

（2）主管汇报。对员工来说，迪特尼公司主管汇报、员工大会的性质，和每年的股东财务报告、股东大会相类似。公司员工每人可以接到一份详细的公司年终报告。这份主管汇报有 20 多页，包括公司发展情况、财务报表分析、员工福利改善、公司面临的挑战及对协调会议所提出的主要问题的解答等。公司各部门接到主管汇报后，就开始召开员工大会。

（3）员工大会。员工大会都利用上班时间召开，每次人数不超过 250 人，时间约为 3 小时，大多在规模较大的部门里召开，由总公司委派代表主持会议，各部门负责人参加。会议先由主席报告公司财务状况和员工的薪金、福利、分红等与员工切身相关的问题，然后便开始问答式的讨论。这里有关个人的问题是禁止提出的。员工大会不同于员工协调会议，提出来的问题一定要具有一般性、客观性，只要不是个人问题，总公司代表一律尽可能予以迅速解答。员工大会比较欢迎预先提出问题这种方式，这样可以事先充分准备，不过也接受临时性提议。

迪特尼公司每年在总部要先后举行 10 余次的员工大会，在各部门要举行 100 多次员工大会。那么，迪特尼公司员工意见沟通系统的效果究竟如何呢？在 20 世纪 80 年代全球经济衰退中，迪特尼公司的生产率每年平均以 10%以上的速度递增。公司员工的缺勤率低于 3%，流动率低于 12%，在同行业最低。

资料来源：www.hongen.com

任务 9.2 沟通的类型与网络

任务导入

管理沟通

陈红新是海门市化工原料厂综合管理部的负责人。他负责集团的日常管理，最担心的是沟通和激励。虽然他觉得在开会时，所有的管理者及职工都认真听自己讲，但他们在工作中的表现使他疑惑。他不知道他们是否理解了他的意思，因为他的许多指导都得不到实施。看了一些收集的反馈交流信息，他发现一些管理人员对自己的工作目标不太明确，但他们相信如果某些信息沟通得当，他们会做得更好。大多数办事人员和车间主任都缺乏想象力和驱动力。由于他不能很好地与职工沟通，不能做好激励工作。有些职工甚至觉得他没能力胜任这个职位。为此，他很苦恼。

【任务分析】

陈红新遇到了什么问题？

9.2.1 沟通的类型

可按以下四种方式对沟通进行分类。

1. 按沟通的组织系统分类

在一个组织内，成员间所进行的沟通，因其途径的不同可分为正式沟通和非正式沟通。

（1）正式沟通。正式沟通是指按组织内规章制度所规定的沟通方式，经由组织结构而形成的途径的沟通。例如，组织内部的文件传达，定期或不定期的会议制度，上级指示按系统逐级下达或下级的情况逐级上报等。正式沟通的途径如图 9.2 所示。

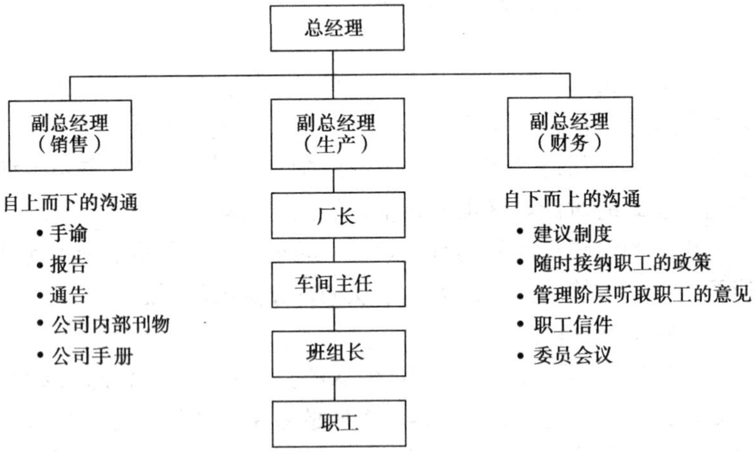

图 9.2 正式沟通途径示意图

（2）非正式沟通。非正式沟通是指在正式渠道之外进行信息的传递与交流。这种沟通具有很强的随意性和自发性，途径繁多且无定式，如同事间的任意交谈等。

正式沟通和非正式沟通在组织中都存在，且各有其优缺点，二者的比较如表 9.2 所示。

表 9.2 正式沟通和非正式沟通的比较

沟通方式	优 点	缺 点
正式沟通	沟通效果好，比较严肃、慎重，约束力强，易于保密，可以使信息沟通保持权威性	依靠组织层层传递，较刻板，沟通速度慢，存在信息失真和扭曲的可能
非正式沟通	沟通形式灵活多样，直接明了，沟通速度快，效率较高，容易及时了解到正式沟通难以提供的“内幕消息”，可以满足组织成员的心理需要	难控制，传递的信息不确切，容易失真，可能导致小集团、小圈子，影响组织的凝聚力和稳定性

在非正式沟通中，很容易导致“小道消息”的蔓延。美国心理学家戴维斯（K.Davis）教授通过专门研究，指出小道消息具有五个特点：消息越新鲜，人们谈论得越多；对人们工作有影响的，易为人们所谈论；人们越熟悉的，越易为人们所谈论；人与人在工作上有关系时，最可能牵涉在同一传言中；人与人在工作中常有接触时，最可能牵涉在同一传言中。

管理智库 9.1

子产不毁乡校

春秋时期，郑国人喜欢聚集在乡间的学校里，七嘴八舌地议论国家主政的官员。大夫然明便对丞相子产说：“下道命令，不让他们聚集议论，以免是非，可不可以呢？”子产说道：“为什么要这样做？那些人早晚聚集在一起休息，谈笑，当然要议论我们把国家治理得是好还是坏。他们肯定的，我就努力去做；他们讨厌的，我就马上改正；他们是我的老师啊。为什么要打击他们呢？我只听说忠诚为善可以减少怨恨，没有听说以势作威能防止怨恨。如果作威防怨而不能止住怨恨，就会像大河决口，我就无法救治了。所以，不如开个小决口，让人们的怨恨有发泄渠道，我就能从容地听从并改正了。”然明被子产的话折服了。弱小的郑国也在子产的开明治理下，出现了政通景明的气象。

2. 按沟通信息的流动方向分类

按沟通信息流向的不同，可以把沟通分为纵向信息沟通、横向信息沟通和斜向信息沟通三种。

（1）纵向信息沟通。纵向信息沟通即垂直沟通，是指沿着组织的指挥链在上下级之间进行的信息沟通。它可以分为自上而下的和自下而上的两种形式。自上而下的沟通也称为下行沟通，指组织内部同一系统内的较高层次人员向较低层次人员的沟通，一般以命令方式传达上级组织或其上级所决定的政策、计划、规定之类的信息等，它是传统组织中最主要的沟通信息流向。自下而上的沟通也称为上行沟通，指组织内部同一系统内较低层次人员向较高层次人员的沟通，如请示、书面或口头汇报等。有的领导者认为沟通等同于“发布信息”或自上而下的“信息传达”，这是不对的，自下而上的沟通应受到领导者的特别重视。

（2）横向信息沟通。横向信息沟通是指组织内部同一层次人员之间的沟通，也称平行或水平沟通。这种沟通主要是为了促成不同系统（部门、单位）之间的协调配合和相互了解而运用的。例如，高层管理者之间、中层管理者之间、生产工人与设备修理工人之间、任务小组与专案小组内部所发生的沟通，都属于横向信息沟通。

（3）斜向信息沟通。斜向信息沟通是指组织内部既不同系统又不同层次的人员之间的沟通。它对组织中的其他沟通渠道会起到一定的补充作用。其优点是增加相互理解，缩短沟通线路和信息传递时间，但也容易在部门之间造成矛盾。

3. 按沟通的方法分类

按沟通的方法可以把沟通分为口头沟通、书面沟通、非语言沟通和电子媒介沟通等。口头沟通是借助于口头语言进行的沟通。书面沟通是指利用语言文字进行的沟通。非语言沟通则是通过诸如面部表情、语气声调及身体姿态等来加强或否认语言沟通的效果。电子媒介沟通是指借助现代电子通信技术手段如传真机、电子邮件、计算机等进行的沟通。上述各种沟通方式的比较如表 9.3 所示。

表 9.3 各种沟通方式的比较

沟通方式	举例	优点	缺点
口头	交谈、讲座、讨论会、电话	传递反馈快，信息量大，弹性大，亲切，双向，效果好	不易保存，事后难查证，传递层次越多则信息失真越严重
书面	报告、备忘录、信函、文件、内部期刊、布告等	正规，准确，权威，持久有形可核实，易于远距离传递，易于储存	效率低，费用较高，缺乏反馈，保密性差
非语言	光信号、体态、语调	内涵丰富，含义隐含灵活，信息意义十分明确	传递距离有限，界限含糊，只可意会，不可言传
电子媒介	传真机、电子邮件、电子会议	传递快，容量大，距离远，可同时传递到多人	单向传递，电子邮件可交流但看不到表情，不能满足人们归属的需要

4. 按沟通后是否进行反馈分类

沟通按是否进行反馈，可以分为单向沟通和双向沟通。

（1）单向沟通。单向沟通是指没有反馈的信息传递，沟通中信息的发送者与接收者的地位不变，如作报告、演讲、指示和命令等。单向沟通比较适合下列几种情况：问题较简单，但时间较紧；下属易于接受的方案；下属没有了解问题的足够信息，在此情况下，反馈不仅无助于澄清事实反而易混淆视听；发送者缺乏处理负反馈的能力，容易感情用事。

（2）双向沟通。双向沟通是指有反馈的信息传递，沟通中信息的发送者与接收者的地位不断变化。双向沟通比较适合下列几种情况：时间比较充裕，但问题比较棘手；下属对解决方案的接受程度至关重要；下属对解决问题能提供有价值的信息和建议；发送者习惯于双向沟通，且具有建设性地处理负反馈的能力。单向沟通和双向沟通的比较如表 9.4 所示。

表 9.4 单向沟通和双向沟通的比较

沟通方式	优点	缺点
单向沟通	需要的时间少，速度快，秩序好，对于需要迅速传递的信息效果好，沟通中不易受干扰	无反馈，准确性较差，对接收者的理解能力要求较高，接收者易产生挫折、埋怨和抗拒
双向沟通	对于需要准确传递的信息效果好，接收者理解发送者意图的准确程度高，气氛活跃，有反馈，人际关系较好	需要的时间较多，速度慢，沟通中噪声较多，发送者心理压力较大

9.2.2 沟通的网络

沟通网络指的是信息流动的通道。信息沟通的有效性往往与它的网络类型有一定的关系。组织内的沟通网络可分为正式沟通网络和非正式沟通网络。

1. 正式沟通网络

正式沟通网络是根据组织机构、规章制度设计的，用以交流和传递与组织活动直接相关的信息的沟通途径。巴维拉斯（A.Bavelos）通过研究，提出了五种信息沟通网络结构形式（1951 年），如图 9.3 所示。

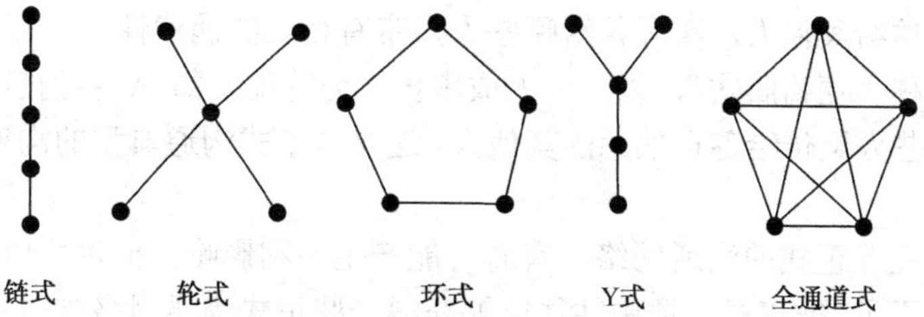

图 9.3 组织中的五种信息沟通网络结构示意图

链式：代表一个五级层次逐级传递，信息可以向上传递或向下传送。它也可以表示主管与下级部属间有中间管理者的组织系统。

轮式：表示主管人员居中，分别与四个下级沟通，而四个下级之间没有相互沟通，所有的沟通都通过主管人员。

环式：表示五个人之间依次联系沟通，这种结构可能发生于三个层次的组织结构。第一级主管与第二级的两个管理者建立联系沟通；第二级管理者再与底层联系；底层的工作人员之间建立横向联系。

Y 式：表示两个主管均通过第二级（如秘书）与三个下级发生联系。处于这种地位的秘书可以获得最多的信息情况，因而往往容易掌握真正的权力，控制组织，而第一级的主管则变成傀儡人物。实验证明，掌握信息越多者，越容易成为领导人物。

全通道式：表示组织内每个人都可与其他四个人直接地自由沟通，并无中心人物，所有成员都处于平等地位，一般适用于委员会之类的组织结构。

巴维拉斯等根据实验结果发现：在组织沟通中，不同形态的沟通网络对组织活动有不同的影响效果，并对五种沟通网络的影响效果进行了比较，如表 9.5 所示。

表 9.5 五种沟通网络的影响效果比较

沟通形态评价标准	链 式	轮 式	环 式	Y 式	全通道式
集中性	适中	高	低	较高	很低
速度	适中	快（简单任务） 慢（复杂任务）	慢	快	快
正确性	高	高（简单任务） 低（复杂任务）	低	较高	适中
领导能力	适中	很高	低	高	很低
全体成员满足度	适中	低	高	较低	很高

2. 非正式沟通网络

在组织沟通中，除了正式沟通网络以外，还存在大量的非正式沟通途径，这些途径所组成的结构形式即非正式沟通网络。通常所说的“小道消息”便是经由这种沟通网络传播开的。非正式沟通网络不是由组织固定设置的，而是在组织成员进行非正式沟通时自然形成的。美国心理学家戴维斯教授将非正式沟通网络归纳为下列几种形态。

单线型：以“一人传一人”为特征。如 A 将消息传给 B，B 传给 C，C 传给 D。

辐射型：以“一人传多人”为特征。如 A 将消息传给 B、C、D 等人。

随机型：也称概率型，以“一人偶然传”为特征。如 A 将消息随机地传给一部分人，这些人又随机地传给其他人。实际传给哪些人，带有相当的偶然性。

集束型：也称“葡萄藤式”，以“一人成串传”为特征。如 A 将消息传给特定的一群人（如熟人），这些人又传给各自熟悉的其他人。这是非正式沟通典型的沟通网络，所谓“一传十，十传百”。

若组织中存在非正式的沟通网络，有时可能产生不利影响，但也可以利用其来补充正式沟通网络中的不足。非正式沟通中往往能够获得一些正式沟通网络难以获得的某些信息。人们的真实思想和意见也往往通过非正式的沟通网络表露出来。管理者应对非正式沟通网络正确地进行引导和利用，以补充正式沟通网络的不足。

拓展阅读 9.2

改革企业的三大沟通技巧

技巧一：等距离沟通

高质量的沟通应建立在平等的根基之上。如果沟通者之间无法做到等距离，尤其是主管对下属员工不保持一视同仁的态度，期间所进行的沟通一定会产生相当多的副作用。获得上司宠爱者自是心花怒放，怨言渐少，但与此同时，其余的员工便会产生对抗、猜疑和放弃沟通的消极情绪，沟通工作就会遭遇很大的抵抗力。

因此，需要建立相应的沟通体制，提供相应的沟通渠道，打造企业的等距离沟通氛围。

技巧二：变单向沟通为双向沟通

企业与员工的立场难免有不能共通之处，只有善用沟通的力量，及时调整双方利益，才能够使双方更好地发展，互为推动。在国内的很多企业，沟通只是单向的，即只是领导向下传达命令，下属只是象征性地反馈意见。这样的沟通不仅无助于决策层听取基层的声音，让监督与管理更贴合企业实际情况，时间一长，也必然挫伤员工的积极性及归属感。

所以，只有把企业内部的单向沟通体制变为双向沟通体制，才能让企业员工具有更强烈的沟通欲望，企业的管理者才能更多地听到来自基层的声音。

技巧三：沟通方式的多样化

沟通方式的多样化，是“等距离沟通”与“双向沟通”的基础与前提。

目前，企业最常见的沟通方式有书面报告和口头传达两类，前者容易掉进层层报告、文山会海当中，失去沟通的效率性；而后者则易为个人主观意识所左右，无法客观地传达沟通内容。这两种沟通方式在极大限度上制约了“等距离沟通”与“双向沟通”的效果，因此当企业出现沟通不良的现状时，HR 最先要改良的就是企业内部的沟通方式，建立多元化的沟通渠道，使得企业的沟通真正实现上下贯通。

资料来源：http://www.chinasunland.org/scttt/kaoshibaoming/9218.html

任务9.3 有效沟通的特征、障碍与实现

任务导入

沟通的障碍

LE集团公司东北分公司最近从华南分公司调来一位广东籍总经理陈某，陈某在广东一带是很有名气的经理人，他有个特点：讲话从来不带稿，经常即兴发言，广东话风趣幽默，常常博得满堂喝彩。但他讲不好普通话。到东北分公司就任后，他召开全体员工大会，阐述经营理念和战略，与下属积极沟通，以了解情况。开始下属很愿意找他汇报工作，但他经常打断下属的汇报，提出评价意见。员工渐渐地不愿意向他汇报工作了；同时陈某也发现他在大会上的即兴讲话也没有得到员工的响应，不能引起共鸣。陈某感到非常苦恼。

资料来源：赵洪宾. 管理学原理自学考试同步训练. 北京：人民日报出版社，2004.

【任务分析】

从沟通的角度看，陈某的工作中存在什么问题？是何原因造成的？如何改善？

9.3.1 有效沟通的特征

有效沟通的特征是及时、充分和不失真。

（1）及时。及时沟通是指沟通双方要在尽可能短的时间里进行沟通，并使信息发生效用。

（2）充分。信息充分要求发送者在发出信息时要全面、适量，既不能以偏概全，又不能过量，而应该适量充分。

（3）不失真。只有不失真的信息，才能充分反映发送者的意愿，接收者才能正确理解。只有按照不失真的信息采取行动，才能取得预期效果。失真的信息，往往会对接收者产生误导。

9.3.2 有效沟通的障碍

在实际的沟通过程中，常常会因各种沟通障碍影响着沟通的有效性。沟通障碍的分析可以从两个方面进行：一是按沟通过程进行分析，即按沟通发生的阶段来分析存在的障碍；二是按沟通因素进行分析，分析可能会形成沟通障碍的各种因素。

1. 按沟通过程分析

沟通过程中的各个环节都可能使所交流的信息歪曲和失真，从而影响组织沟通效果。

（1）编码阶段。在编码阶段，影响有效沟通的因素主要有以下几点。

① 沟通技能。信息发送者必须具备良好的口头或书面表达的能力以及逻辑推理能力。

② 知识。信息发送者在特定问题上所拥有的知识背景会直接影响所传递信息的质量。

③ 态度。信息发送者的态度会影响其编码行为。任何人都难免在一些问题上持有自己的态度和看法，而这些认识会影响和左右对所沟通信息的编码。

④ 社会文化系统。信息发送者的地位、威信、信仰、价值观和社会文化背景会影响信息沟通行为。

（2）传递阶段。在传递阶段，影响有效沟通的因素有以下几点。

① 媒介（渠道）的选择。不同的沟通媒介（渠道）的沟通传播效果有所不同。在选择沟通媒介时，应依据具体条件下的有效性灵活应用，否则就会造成沟通的困难，影响组织工作的绩效。

② 沟通的信息量。沟通中的信息以适度为宜，信息量过少（欠载）或过多（超载），都是不利于有效的沟通的。

③ 沟通的时机。沟通的时机十分重要，适时的沟通会增加沟通的有效性，而时间上的耽搁和拖延会使信息过时而无用。

④ 干扰。信息传递过程中若受到干扰，也会影响信息的准确传递。

（3）解码阶段。信息传递到接收方，并不等于接收者就会接收和理解该信息。接收者需要将其收到的信息中所包含的符号，通过解码过程，转译成自己可以理解的形式。解码过程与编码过程一样，也受到个体自身的沟通技能、知识、态度和社会文化背景的影响。

（4）反馈阶段。在反馈阶段，影响有效沟通的因素主要是上级对待下级的态度以及下级对待上级的态度。

上级对待下级的态度。如果上级不给下级机会来表明他们对所接收信息的理解，则排除了反馈的机会，降低了沟通的有效性。相反，若上级能给予下级充分参与双向沟通的机会，则可以大大提高沟通质量。

下级对待上级的态度。若下级为了不在上级心目中形成不良印象，隐瞒对自己不利的信息，或不能向上级提出自己的需要，都会造成上、下级之间沟通的困难。相反，若下级对上级充分信任，积极利用反馈机会，说明自身和工作情况，则能大大提高沟通的有效性。

2. 按沟通因素分析

把在沟通过程中可能出现的障碍按不同的因素种类来分，可归纳为以下三种。

（1）语言障碍。语言是沟通过程中最重要的沟通工具。但语言又是极为复杂的，由于语言方面的原因所引起的沟通障碍到处可见，下面将从三个方面分析常见的语言障碍。

① 语系和语族。不同语系、语族的语言存在不同程度的差异，而即使是同一语族也会由于地方的不同而演变成不同的地方方言，属于不同方言地区的人们由于方言的差异，常常会造成沟通困难。

② 语义。语言只是作为交流思想（信息）的工具，它并不是思想本身。如果语义不明，就不能正确表达思想，不能有效地进行沟通。

③ 语境。语境即语言环境，是指说话的现实情况，即运用语言进行交际的具体场合。当语境支持沟通的信息时，可以提高沟通的质量；相反，则会使沟通双方对所交流和传递的信息表示怀疑，从而降低沟通的有效性。

管理智库 9.2

通天塔

《圣经·旧约》上说，人类的祖先最初讲的是同一种语言。他们在底格里斯河和幼发拉底河之间，发现了一块异常肥沃的土地，于是就在那里定居下来，修起城池，建造起了繁华的巴比伦城。后来，他们的日子越过越好，人们为自己的业绩感到骄傲，他们决定在巴比伦修一座通天的高塔，来传颂自己的赫赫威名，并作为集合全天下弟兄的标记，以免分散。大家语言相通，同心协力，阶梯式的通天塔修建得非常顺利，很快就高耸入云。上帝耶和华得知此事，立即从天国下凡视察。上帝一看，又惊又怒，因为上帝是不允许凡人达到自己的高度的。他看到人们这样统一强大，心想，人们讲同样的语言，就能建起这样的巨塔，日后还有什么办不成的事情呢？于是，上帝决定让人世间的语言发生混乱，使人们互相言语不通。

人们各自使用不同的语言，感情无法交流，思想很难统一，就难免出现互相猜疑，各执己见，争吵斗殴。这就是人类之间误解的开始。

修造工程因语言纷争而停止，人类的力量消失了，通天塔终于半途而废。

团队没有默契，不能发挥团队绩效，而团队没有交流沟通，也不可能达成共识。身为领导者，要能善用任何沟通的机会，甚至创造出更多的沟通途径，与成员充分交流。唯有领导者从自身做起，秉持对话的精神，有方法、有层次地激发员工发表意见与讨论，汇集经验与知识，才能凝聚团队共识。团队有共识，才能激发成员的力量，让成员心甘情愿地倾力打造企业的通天塔。

一个人在生命的路途上前进时，若不随时与同伴交流沟通，便会很快落伍。

资料来源：中国人力资源开发网（www.chinahrd.net）

（2）心理障碍。人的行为是受其动机、心理状态影响的，现实的沟通活动常为人的态度、个性、情绪等心理因素所影响，有时这些心理因素，会成为沟通中的障碍。

① 认识。由于个人的认识水平不同，需求动机不同，看问题的角度不同，对同一信息往往会做出不同的理解和评价。

② 态度。态度是人们对某一事情的看法和相对稳定的心理倾向，是人们行为的指向。以恰当的认知、健康的情感支配行为的心理倾向，就是科学的态度；反之，则是非科学的、不端正的态度。态度不正确，就不能正确地指导人的行为，也不能达到理想的沟通效果。

③ 个性。个性不同，个人的基本观念、信仰也就不同，对待同一事物的知觉、看法也就不同。当进行沟通的双方的个性差异较大，同时又不了解对方的知觉和看法时，就难以进行有效的沟通。

④ 情绪。人总是带着某种情绪状态参加沟通活动的。在某些情绪状态下，人们容易吸收外界信息，而在另一些情绪状态下，就难以接收外界信息。如果进行沟通的主体不能有效地驾驭情绪，就会阻碍正常的沟通。

（3）组织障碍。组织内的一些因素也会束缚组织内成员之间的有效沟通，这主要有地位的障碍和组织结构的障碍。

① 地位障碍。地位障碍是上下级之间进行有效沟通的最大障碍。它来源于对组织中地位差别的过分强调。例如，上级爱摆架子，爱发号施令等，这些都会使下级明显感到地位差别，从而加深了沟通中的鸿沟。

② 组织结构障碍。由于组织内的结构设置不当，也会阻碍组织的有效沟通。如：传递层次越多，失真的可能性就越大；机构重叠而造成沟通缓慢、各职能部门之间缺乏沟通以及沟通渠道单一而造成信息不充分等，都会影响组织内部的有效沟通。

9.3.3 有效沟通的实现

要克服沟通的障碍，实现有效的沟通，管理者一方面要明确沟通的原则，灵活运用沟通的方法，另一方面还需要不断提高沟通的技巧。

1. 有效沟通的原则

（1）准确性原则。准确性原则要求发送者的信息充分准确无误地反映发送者的意愿，并使接收者正确理解信息，这个沟通才具有价值。这要求发送者有较高的语言或文字表达能力，并熟悉下级、同级和上级所用的语言。这样，才能克服沟通过程中的各种障碍，而对表达不当、解释错误、传递错误的信息予以澄清，信息才能有效地得以传递和接收。

管理思考 9.2

秀才买柴

有一个秀才去买柴，他对卖柴的人说：“荷薪者过来！”卖柴的人听不懂“荷薪者”（担柴的人）三个字，但是听得懂“过来”两个字，于是把柴担到秀才前面。

秀才问他：“其价如何？”卖柴的人听不太懂这句话，但是听得懂“价”这个字，于是就告诉秀才价钱。秀才接着说：“外实而内虚，烟多而焰少，请损之。（你的木材外表是干的，里头却是湿的，燃烧起来，会浓烟多而火焰小，请减些价钱吧。）”卖柴的人因为听不懂秀才的话，于是担着柴就走了。

思考：结合有效沟通的要求，谈谈由此故事你得到了什么启迪。

管理启迪：管理者平时最好用简单的语言、易懂的言辞来传达信息，而且对于说话的对象、时机要有所掌握，有时过分的修饰反而达不到想要完成的目的。

（2）完整性原则。完整性原则要求发送者在发出信息时完整全面，并通过适当的渠道，完整无缺地传送给信息的接收者。在信息传递过程中，由于各种原因的影响和各种因素的干扰，被传递的信息有可能在被传递过程当中，人为或自然地损耗或变形。如果这种情况发生，那么接收者接收到的信息，已经不是发出者所发出的严格意义上的同一信息。因此，沟通要完美和有效，信息在传递结束时必须仍然保持其内容的完整性。

管理思考 9.3

对话

美国知名主持人林克莱特一天访问一名小朋友，问他说：“你长大后想要当什么呀？”小朋友天真地回答：“嗯……我要当飞机的驾驶员！”林克莱特接着问：“如果有一天，你的飞机飞到太平洋上空，所有引擎都熄火了，你会怎么办？”小朋友想了想：“我会先告诉坐在飞机上的人绑好安全带，然后我挂上我的降落伞跳出去。”当在现场的观众笑得东倒西歪时，林克莱特继续注视着这个孩子，想看他是不是自作聪明的家伙。没想到，接着孩子的两行热泪夺眶而出，这才使得林克莱特发觉这孩子的悲悯之情远非笔墨所能形容。于是林克莱特问他说：“为什么要这么做？”小孩的答案透露出一个孩子真挚的想法：“我要去拿燃料，我还要回来！”

思考：结合有效沟通的要求，谈谈由此故事你得到了什么启迪。

管理启迪： 你听到别人说话时……你真的听懂他说的意思吗？你懂吗？如果不懂，就请听别人说完吧，这就是“听的艺术”：听话不要听一半；不要把自己的意思，投射到别人所说的话上头。

（3）及时性原则。及时性原则是指沟通双方要在尽可能短的时间内进行沟通，并使信息发生效用。为此要做到以下三点：一要传送及时，在信息传递过程中，尽量减少中间环节，用最短的时间传递；二要反馈及时，接收者接到信息后，应及时反馈，这有利于发送者修正信息；三要利用及时，双方要及时利用信息，避免信息过期失效。

2. 有效沟通的技巧

在管理人的过程中，需要借助沟通的技巧，化解不同的见解与意见，建立共识。组织管理者可采取的改善沟通的方法和技巧有很多，最常用的有下面几个。

（1）提高对沟通重要性的认识。对于管理者来说，要提高沟通水平就应充分认识到沟通的重要性。一般来说，管理人员十分重视计划、组织、领导和控制，对沟通常有疏忽，认为信息的上传下达有了组织系统就可以了，对非正式沟通中的“小道消息”常常采取压制的态度。上述种种现象都表明沟通没有得到应有的重视，重新确立沟通的地位是刻不容缓的事情。

（2）提高组织沟通网络水平。有效的组织沟通是及时地用正确的形式向必须沟通的对象提供准确的信息。这就要求管理者必须在组织内建立有效的沟通渠道，尤其是那些非正式的、开放式的沟通渠道。沟通渠道畅通，有利于组织成员之间、上下级之间建立相互信任的关系，减少地位障碍和谣言的传播。在当今新技术革命的时代，沟通更加方便，速度更加快了。

管理智库 9.3

知名企业的“日常倾听制度”

1. 数字设备公司取消使用其自动化客户服务系统，取而代之的是350名咨询代理人。

2. Abbott实验室1995年发起了一个“赢回生气的顾客”的项目，分为4个步骤：厘清问题、制定现实可行的战略、全员教育、激励销售代表。该项目至1997年10月施行以来，已改善了200多户顾客关系，增加销售额900万美元。

3. 芬兰诺基亚集团自1995年年初让250名员工参与战略审核。

4. 通用电气公司前董事长约翰·韦尔奇于1983年解散了计划部门，将战略决策的责任下放到12个部门负责人身上。

5. Kinko’s组合公司邀请外部咨询专家进行“沟通审计”以期发现公司与员工之间沟通的问题。

6. 微软将E-mail作为与员工交流的主要手段，此外公司还办了一份内部周报，送至全国每位员工的桌前。

7. Starbucks公司开通网上建议节目，为开展当面会谈，每季度都由高层人员发布3小时消息，一段简短的录像，并留有大量时间回答问题。

8. 罗森勃路斯旅游公司不定期地寄给员工们一包东西，里面有建筑用纸和一匣彩色笔，让他们画图描述公司在他们心目中的形象。

9. 柯达公司在创业初期便设立了“建议箱”制度，公司内的任何人都可以对某方面或全局性的问题提出改进意见。

（3）控制信息流程。所谓控制信息，是指控制信息的质和量。控制信息流程，首先要考虑授权下属处理某些信息，由下属有选择地将重要信息报告给管理者。其次，让下属将收集的信息加以浓缩。信息传送者进行口头沟通时，要求他们列出报告的要点。再次，让下属根据信息的重要程度进行分类。这样，信息与信息之间就可以确定一个优先次序的关系，而且也不至于遗漏或忽略重要的信息。

（4）主动倾听意见。沟通技巧的关键是主动倾听。主动倾听要求不仅限于被动地接收对方所传递过来的信息与事实，了解其言辞中字面的意义，而且要保持对其弦外之音的敏感，注意其表情、手势、眼神等非语言性沟通所显示出的感情，深入并准确地发掘其真实的内心意图。同时要主动做出反馈与提问，搞清真正问题之所在。领导者应善于听取各种不同意见，安排充足的时间与下层人员联系，尽量消除上下级之间的地位隔阂及其所造成的心理障碍，引导、鼓励基层成员及时、准确地向上反馈情况，使领导者了解组织中的问题，提高管理水平。

管理思考 9.4

哪个金人最有价值

曾经有个小国的使者到中国来，进贡了三个一模一样的金人，把皇帝高兴坏了。可是这小国的使者不厚道，同时出一道题目：这三个金人哪个最有价值？皇帝想了许多办法，请来珠宝匠检查，称质量，看做工，都是一模一样的。

怎么办？使者还等着回去汇报呢。泱泱大国，不会连这个小事都不懂吧！最后，有一位退位的老大臣说他有办法。皇帝将使者请到大殿，老臣胸有成竹地拿着三根稻草，插入第一个金人的耳朵里，这稻草从另一边耳朵出来了。第二个金人的稻草从嘴巴里直接掉出来，而第三个金人，稻草进去后掉进了肚子里，什么响动也没有。老臣说：第三个金人最有价值！使者默默无语，答案正确。

思考：结合有效沟通的要求，谈谈由此故事你得到了什么启迪。

管理启迪：最有价值的人，不一定是最能说的人。老天给我们两只耳朵、一个嘴巴，本来就是让我们多听少说的。善于倾听，才是成熟的人最基本的素质。

3. 有效沟通的制度性措施

沟通的技巧和方法固然重要，但沟通绝不仅仅是一种临时性的技巧和方法。沟通是一种组织制度，要形成有效的沟通必须有制度保障。以下所列举的制度均能促进有效的沟通。

（1）建立组织内部的宣传渠道。如内部报纸、内部网络、工作简报等，使组织的有关情况能得到及时沟通，使组织管理人员和全体职工更好地了解情况。

（2）会议制度。领导与领导工作的实质是处理人际关系，影响他人，而人与人之间的沟通是人们思想、情感交流的主要渠道。召开会议就是提供交流的场所和机会。通过会议的沟通，可以集思广益，形成共同的见解和行动方针；也可使人们了解共同目标，了解自己的工作与他人工作的关系，更好地选择自己的工作目标，明确自己怎样为组织做出贡献。组织召开的会议包括日常例会、职工代表大会等。

（3）建议制度。建议制度是为了避免组织内的普通员工向上沟通的信息被过滤掉而采取的一种强行向上沟通方法。由于组织内的等级和权力上的差别，因而会形成沟通上的阻碍，通过建议制度可鼓励普通员工就任何关心的问题提出意见。

拓展阅读 9.3

世界顶尖人物与人沟通的七大信念

一个人生活的品质取决于他的沟通能力，沟通包括自我沟通和与他人沟通。而世界顶尖人物在与人沟通时，一般都具有以下七大信念。

信念一：行为是心境的反映，一个人的行为好不好，取决于行为当时的心态。因此，顶尖沟通人物会把人与心情分开。

信念二：每个人在每分每秒都在做他认为最好的选择。

信念三：世界上没有不好的人，只有不好的心态。

信念四：任何事情不管怎么看，都至少有两面。

信念五：不管人们做什么事情，他们总是有道理的。

信念六：倾听对方讲话的目的，而非争辩他们讲得是否正确。

信念七：把所有的沟通分成两种，一是表达对你的爱、关怀及分享快乐，因此是善意的反应；二是他们需要帮助。因此，沟通最重要的是听取对方的讲话目的。

管理定律

经典管理定律之九

1．霍桑效应

内　容：让员工将自己心中的不满发泄出来；由于受到额外的关注而引起绩效或努力上升。

提出者：哈佛大学心理专家以梅奥为首的研究小组

点　评：人在一生中会产生数不清的意愿和情绪，但最终能实现、能满足的却为数不多。对那些未能实现的意愿和未能满足的情绪，切莫压制下去，而要千方百计地让它宣泄出来，这对人的身心和工作效率都非常有利；当自己受到公众的关注或注视时，学习、工作和交往的效率就会大大增加。因此，我们在日常生活中要学会与他人友好相处，明白什么样的行为才是其他人所接受和赞赏的，我们只有在生活和学习中不断地增加自己的良好行为，才可能受到更多人的关注和赞赏，也才可能让我们不断进步，充满自信！

2．杰亨利法则

内　容：运用坦率真诚的沟通方式。

点　评：在企业里，人际的沟通是无可避免的，沟通问题也同样无可避免，开放、真诚、坦率是人际关系中的重要元素，是促进沟通渠道畅通的有效保证。

3．沟通的位差效应

内　容：平等交流是企业有效沟通的保证。

提出者：美国加利福尼亚州立大学

点　评：沟通的位差效应是美国加利福尼亚州立大学对企业内部沟通进行研究后得出的重要成果。他们发现，来自领导层的信息只有 20%～25%被下级知道并正确理解，而从下到上反馈的信息则不超过 10%，平行交流的效率则可达到 90%以上。这是因为平行交流是一种以平等为基础的交流。因此，在企业内建立平等的沟通渠道，可以大大增加领导者与下属之间的协调沟通能力，使他们在价值观、道德观、经营哲学等方面很快地达成一致；可以使上下级之间、各个部门之间的信息形成较为对称的流动，业务流、信息流、制度流也更为通畅，信息在执行过程中发生变形的情况也会大大减少。

4．威尔德定理

内　容：有效的沟通始于倾听。

提出者：英国管理学家 L.威尔德

点　评：说的功夫有一半在听上。一问一答之间就可以受益无穷。在企业内部，倾听是管理者与员工沟通的基础，但在现实中很多人并没有真正掌握"听"的艺术。

5．踢猫效应

内　容：不对下属发泄自己的不满，人与人之间存在泄愤连锁反应。

点　评：某董事长为了重整公司的一切事务，许诺自己将早到晚回。有一次，他看报看得太入迷以至忘了时间，为了不迟到，他在公路上超速驾驶，结果被警察开了罚单，最后还是误了时间。老董愤怒至极，回到办公室时，为了转移别人的注意，他将销售经理叫到办公室训斥一番。销售经理挨训后，气急败坏地走出老董办公室，将秘书叫到自己的办公室并对他挑剔一番。秘书无故被人挑剔，一肚子气，就故意找接线员的碴儿。接线员垂头丧气地回到家，对着儿子大发雷霆。儿子莫名其妙地被父亲痛斥之后，也很恼火，便将家里的猫狠狠地踢了一脚。

6．雷鲍夫法则

内　容：认识自己和尊重他人。

提出者：美国管理学家雷鲍夫

点　评：在你着手建立合作和信任时要牢记我们语言中经常使用"我承认我犯过错误/你干了一件好事/你的看法如何/咱们一起干/不妨试试/谢谢您/咱们/您"。它会让你事半功倍。

7．特里法则

内　容：坦率地承认自己的错误。承认错误是一个人最大的力量源泉。

提出者：美国田纳西银行前总经理 L.特里

点　评：正视错误，你会得到错误以外的东西。谁都难免会犯一些错误。当我们犯错误时，脑子里往往会出现想隐瞒自己错误的想法，害怕承认之后会很没面子。其实，承认错误并不是丢脸的事。反之，在某种意义上，它还是一种具有"英雄色彩"的行为。因为错误承认得越及时，就越容易得到改正和补救。而且，由自己主动认错也比别人提出批评后再认错更能得到别人的谅解。更何况一次错误并不会毁掉你今后的道路，真正会阻碍你的，是不愿承担责任，不愿改正错误的态度。勇于承认错误和失败也是企业生存的法则。

8．斯坦纳定理

内　容：在哪里说得越少，在哪里听到的就越多。

提出者：美国心理学家 S.T.斯坦纳

点　评：只有很好地听取别人的，才能更好地说出自己的。

9．费斯诺定理

内　容：人有两只耳朵却只有一张嘴巴，这意味着人应该多听少讲。

提出者：英国联合航空公司总裁兼总经理 L.费斯诺

点　评：说得过多了，说的就会成为做的障碍。

10．牢骚效应

内　容：凡是公司中有对工作发牢骚的人，那家公司或老板一定比没有这种人或有这种人而把牢骚埋在肚子里的公司成功得多。

提出者：美国密歇根大学社会研究院

点　评：牢骚是改变不合理现状的催化剂；牢骚虽不总是正确的，但认真对待牢骚却总是正确的。

项目总结

（1）沟通在管理人员的工作中占有非常重要的地位，组织中的沟通能起到传递信息和心理保障的作用，但不是所有的信息沟通都是有效的。有效的沟通是指发出的信息与对方收到的信息在内容上达到相互一致或基本上相接近的状态。

（2）沟通过程可以分成编码、传递、解码和反馈四个阶段，沟通的过程主要涉及信息发送者、信息、编码、渠道、解码、信息接收者、噪声、反馈八种要素。沟通过程的各步骤、各要素都可能对有效信息沟通构成某种障碍或不利的影响。

（3）把信息沟通放在整个组织中加以考察，就需要研究信息沟通的网络。信息沟通网络实际上是由若干信息沟通渠道按一定的方式集结而成的，其具体集结方式包括链式、轮式、环式、Y 式、全通道式等。

（4）有效沟通的特征是及时、充分和不失真。

（5）在实际的沟通过程中常常会因各种沟通障碍影响着沟通的有效性。沟通障碍的分析可以从两个方面进行：一是按沟通过程进行分析，编码、传递、解码和反馈这四个环节都可能给所有交流的信息带来歪曲和失真，从而影响组织沟通的效果；二是按沟通因素进行分析，沟通障碍包括语言障碍、心理障碍和组织障碍。

（6）有效沟通的原则包括准确性原则、完整性原则和及时性原则。

（7）组织要提高沟通效果，应采取多种改善沟通的方法和技巧，包括提高对沟通重要性的认识、提高组织沟通网络水平、控制信息流程和主动倾听意见。同时。应形成有效的沟通制度，包括建立组织内部的宣传渠道、会议制度和建议制度。

技能实训

【管理测试】 你善于与人进行沟通吗

1．测试说明

仔细阅读下列问题，并根据你的经历进行回答。要诚实！对于从未发生过的情况，填写“N”；对于偶尔发生的情况，填写“O”；对于经常发生的情况，填写“F”；对于一直发生的情况，填写“A”。

在答题纸上填写完答案后，计算得分。

问题（2）～（10）填写 A 计 4 分，填写 F 计 3 分，填写 O 计 2 分，填写 N 计 1 分。

问题（1）、（5）、（7）填写 N 计 4 分，填写 O 计 3 分，填写 F 计 2 分，填写 A 计 1 分。

2．测试题目

（1）我为别人提供他们需要或想要的信息。

（2）我期望得到有关沟通情况的反馈意见。

（3）在评价别人时，我会尽量排除个人的偏见和怨恨。

（4）我使我的报告准确、清楚、简洁并结构严谨。

（5）我不会浪费时间去分析所有相关人士如何反应。

（6）在书面提议前，我会进行彻底的调查研究。

（7）我觉得，定期与雇员进行沟通是浪费时间。

（8）我在决定如何进行沟通前，会仔细考虑某个信息。

（9）我会专心倾听，并且在回答之前，我会检查我所理解的内容。

（10）我不拖延沟通的时间，而是尽量把正确的信息传递给相关人员。

3．测试结果分析

30～40分：优秀。你是一名出色的沟通者。请保持下去！

20～29分：你的沟通能力一般。在不同的场合需要不同的沟通技巧。找出你的缺点，你一定会成功的。

10～19分：你不能进行有效的沟通。你应该注意倾听及反馈意见，并努力从你的错误中吸取教训。

【管理实践】

按表9.6完成管理实践。

表9.6 管理实践要求

实训项目	模拟沟通
实训目标	1．培养沟通的意识与能力。 2．培养有效沟通的技巧
实训内容及组织	1．全班分成两人小组，由小组成员之一设计一种情景纠纷，要求另一成员通过沟通解决，并记录。 2．交换角色，再进行一遍。 3．教师根据各组的表现进行点评
活动考核	1．每个人都给对方打分。 2．由教师根据各组的表现进行综合考核

知识测试

一、判断题

1．有效的沟通，必须是沟通渠道畅通的信息交流。否则，沟通渠道出现任何障碍，都会影响沟通。（　　）

2．沟通是一种双向的交流活动，缺少了任何一方，都无法实现真正意义上的沟通，这是指沟通的互动性。（　　）

3．信息沟通就是信息的传递和理解。正确的信息源、要传递的信息和信息接收者是沟通取得成效的关键环节。（ ）

4．信息发送者主动寻找机会，通过闲聊等方式向其他人散布信息是指非正式沟通。（ ）

5．一个组织内的小道消息是可以彻底消除并禁止的。（ ）

6．Y式沟通是一个水平沟通网络，其中只有一个成员位于沟通内的中心，成为沟通的媒介。（ ）

7．如果某信息是情感型的，书面传递方式比面对面的传递方式更为有效。（ ）

8．沟通障碍只存在于个体中，并不存在于组织中。（ ）

9．Y式沟通网络是非正式沟通网络的典型。（ ）

10．部门间协作是向下沟通的形式。（ ）

二、单选题

1．“未来竞争是管理的竞争，竞争的焦点在于每个社会组织内部成员之间及其与外部组织的有效沟通之上”的提出者是（ ）。

A．戴尔·卡耐基　B．奈斯比特　C．孔茨　D．巴纳德

2．居于两端的人只能与内侧的一个成员联系，居中的人则可分别与两个人沟通信息，这种沟通方式是指（ ）。

A．链式　B．全通道式　C．Y式　D．轮式

3．比较链式与全通道式两种信息沟通网络的各自特点，可以得出以下结论（ ）。

A．链式网络采取一对一沟通的信息传递方式，传递过程中不易出现信息失真情况

B．全通道式网络由于采取一对一的信息传递方式，具有较高的管理效率

C．全通道式网络比链式网络更能激发士气，增强组织的合作精神

D．链式网络比全通道式网络更能激发士气，增强组织的合作精神

4．（ ）只有一个成员是各种信息的汇集点与传递中心的控制型网络。

A．链式　B．环式　C．Y式　D．轮式

5．如果发现组织中小道消息很多，而正式渠道的消息较少，这意味着该组织（ ）。

A．非正式沟通渠道中信息传递很通畅，运作良好

B．正式沟通渠道中信息传递存在问题，需要调整

C．其中有一部分人特别喜欢在背后乱发议论，传递小道消息

D．充分运用了非正式沟通渠道的作用，促进了信息的传递

6．著名管理学家巴纳夫说过：“高层管理人员的首要作用，就是发展并维持意见沟通系统。”在实践中，进行意见沟通需要一定技巧。通常不能采取的技巧是（ ）。

A．告诉职工全部

B．不要经常称赞下级

C．让下级明了他在领导心目中的地位

D．要明白上行沟通效率永远不会太高

7．沟通中会受到各种“噪声干扰”的影响，这里所指的“噪声干扰”可能来自于（ ）。

A．沟通的全过程　B．信息解码过程

C．信息传递过程　　　　　　　　　　D．信息编码过程

8．有资料表明，语言表达作为管理沟通的有效手段，可分为三种类型：体态语言、口头语言和书面语言。它们所占的比例分别为50%、43%和7%。根据这一资料，你认为下述哪种观点正确？（　　）

A．这份资料有谬误，因为文件存档时，最常用的是书面语言

B．体态语言太原始，大可不必重视它

C．人与人之间的沟通，还是口头语言好，体态语言太费解

D．在管理沟通中，体态语言起着十分重要的作用

9．某重要会议的开会通知提前通过电话告知每位与会者，可是到开会时，仍有不少人迟到甚至缺席。试问以下有关开会通知沟通效果的判断中，哪一种最有可能不正确？（　　）

A．这里出现了沟通障碍问题，表现之一是所选择的信息沟通渠道严肃性不足

B．这里与沟通障碍无关，只不过是特定的组织氛围使与会者养成了不良的习惯

C．此项开会通知中存在信息接收者个体方面的沟通障碍问题

D．通知者所发信息不准确或不完整，是影响此开会通知沟通效果的一个障碍因素

10．在组织中，下级向上级提出自己的意见和建议被称为（　　）。

A．上行沟通　　B．横向沟通　　C．斜向沟通　　D．下行沟通

11．组织中，上级向下级发布各种指令、指示、命令、文件或规定等，被称为（　　）。

A．下行沟通　　B．上行沟通　　C．横向沟通　　D．斜向沟通

12．假设你召集下属开会，研究解决上级布置的一项紧急任务，结果其中有一位啰唆的人大讲特讲与主题无关的教条理论，耽误很多时间。你认为如何应付这种情况为好？（　　）

A．任其讲下去，让其他与会者群起而攻之

B．不客气地打断其讲话，让别人发言

C．有策略地打断其讲话，指出时间很宝贵

D．允许其畅所欲言以表示广开言路

13．你作为公司的总经理，当发现公司中存在许多小团体时，你的态度是（　　）。

A．立即宣布这些小团体为非法，予以取缔

B．深入调查，找出小团体的领导人，向他们提出警告，不要再搞小团体

C．只要小团体的存在不影响公司的正常运行，可以对其不闻不问，听之任之

D．正视小团体的客观存在性，允许乃至鼓励其存在，对其行为加以积极引导

14．下列情况下，适合使用单向沟通的是（　　）。

A．时间比较充裕，但问题比较棘手

B．下属对解决方案的接受程度至关重要

C．上级缺乏处理负反馈的能力，容易感情用事

D．下属能对解决问题提供有价值的信息和建议

15．下列说法不正确的是（　　）。

A．双向沟通比单向沟通需要更多的时间

B．接收者比较满意单向沟通，发送者比较满意双向沟通

C．双向沟通的噪声比单向沟通要大得多

D．在双向沟通中，接收者和发送者都比较相信自己对信息的理解

16．通过组织明文规定的渠道进行信息交流是（　　）。

A．上行沟通　　B．书面沟通　　C．正式沟通　　D．双向沟通

17．员工的满意度也与网络的类型有关，普通成员比较满意（　　）网络。

A．轮式　　B．Y 式　　C．链式　　D．全通道式

18．最分权化的网络是（　　）。

A．轮式　　B．Y 式　　C．链式　　D．全通道式

19．在各种沟通方式中，具有持久、有形、可以核实等优点，但效率低、缺乏反馈的沟通方式是（　　）。

A．电子媒介　　B．非语言　　C．书面　　D．口头

20．老张到总公司开会，回来的路上丢失了部分文件，致使总公司的指令不能被及时传达。由此造成的信息沟通障碍源于（　　）。

A．沟通通道的选择

B．外部环境的干扰

C．信息接受者的态度、知识和价值观的影响

D．组织障碍

三、多选题

1．一个完整的沟通过程，包括（　　）方面的要素。

A．信息源　　B．信息内容

C．信息发送者　　D．信息接收者　　E．信息反馈

2．组织内的沟通有（　　）方向。

A．向下　　B．向上

C．水平　　D．斜向　　E．其他

3．向下沟通最常采用的方式有（　　）。

A．报告　　B．时事通信

C．电子邮件　　D．信息手册　　E．公告牌

4．非正式沟通的类型在自然状态下，最常见的有（　　）。

A．双线式　　B．单线式

C．流言式　　D．偶然式　　E．集束式

5．小道消息一般有（　　）特点。

A．它在很大程度上与人们的切身利益有关，内容往往是当下人们关注的焦点问题

B．小道消息有时传播的是正式沟通渠道不愿意传播，有意不说开的信息

C．由于个人化和灵活性，小道消息的传播速度往往比正式沟通渠道快得多

D．很多人认为它比正式沟通渠道传播的信息更可信

E．小道消息越新鲜，越为人们所熟悉，谈论得也越多

6．非正式沟通的特点是（　　）。

A．它与组织内部的规章制度有关

B．非正式沟通主要以社会关系和感情为基础

C．非正式沟通比较难以控制，传递的信息也不一定准确

D．管理者对非正式沟通可以不必在意

E．非正式沟通容易导致小团体和小帮派的形成

7．小道消息的功能有（　　）。

A．缓解焦虑

B．使支离破碎的信息能够说得通

C．把群体成员甚至局外人组织成一个整体

D．有利于组织凝聚力的形成

E．表明信息发送者的地位或权力

8．克服沟通障碍的个人技能方面的措施有（　　）。

A．管理者应鼓励使用多种渠道

B．积极倾听

C．个体应选择发送信息的正确渠道

D．发送者与接收者应共同努力，以理解对方的观点或立场

E．通过四处走动可以进行沟通

9．按发送者与接收者的地位是否变换的角度看，沟通联络可分为（　　）。

A．上行沟通　　B．下行沟通

C．单向沟通　　D．双向沟通　　E．平行沟通

10．以下对好的倾听者的表现描述正确的特征有（　　）。

A．努力防止分散精力，容忍对方的坏习惯，知道怎样集中注意力

B．挑战、期待、在头脑内进行总结，区分事实的重要性，注意语调

C．点头、表达兴趣、给予和接收、积极反馈

D．没有任何能量输出，没有真正注意

E．抵制难懂的信息，喜欢轻松娱乐性的内容

四、简答题

1．有效沟通的特征是什么？并进行说明。

2．完整的沟通过程包括哪几个环节？

3．比较分析五种沟通网络类型。

4．管理者应该如何对待组织中的非正式沟通？

五、论述题

信息沟通的障碍主要来自哪些方面？如何在沟通中提高沟通技巧？

六、案例分析题

A. C. 航班坠落事件

某个初春晚上的7:40，A. C. 航班正飞行在离目的地K市不远处的高空。机上的油量还可维持近两个小时的航程。在正常情况下，像A. C. 这样的航班，由此飞行到K机场，仅需不到半个小时的时间。可以说，飞机的这一缓冲保护措施是安全的，但没有想到，A. C. 航班在降落前遭遇了一系列耽搁和问题。

首先，晚上8:00，K机场航空交通管理员通知A. C. 航班飞行员，由于机场出现了严重的交通问题，他们必须在机场上空盘旋待命。8:45，A. C. 航班的副驾驶员向机场报告他们飞机的“燃料快用完了”。交通管理员收到了这一信息，然而，在9:24之前，飞机并没

有被批准降落机场。而在此之前，A. C. 航班机组成员没有再向K机场传递任何情况十分危急的信息，只是飞机座舱中的机组成员在相互紧张地通告说他们的燃料供给出现了危机。9:24，A. C. 航班第一次试降失败。由于飞行高度太低及能见度太差的原因，飞机安全着陆没有保证。当机场指示A. C. 航班进行第二次试降时，机组成员再次提到他们的燃料将要用尽，但飞行员还是告诉机场交通管理员说新分配的飞行跑道“可行”。几分钟后，准确时间是9:32，飞机有两个引擎失灵了，1分钟后，另外两个也停止了工作。耗尽燃料的飞机终于在9:34坠毁于K市，机上73名人员全部遇难。

当事故调查人员考察了飞机座舱中的磁带并与当时的机场交通管理员交谈之后，他们发现导致这场悲剧的原因实际上很简单：机场方面不知道A. C. 航班的燃料会这么快耗尽。下面是有关人员对这一事件所做的调查。

第一，飞行员一直说他们“油料不足”，交通管理员则告诉调查者，这是飞行员们惯用的一句话。当因故出现降落延误时，管理员认为，每架飞机都存在不同程度的燃料问题。但是，如果飞行员发出“燃料危急”的呼声，管理员有义务优先为其导航，并尽可能迅速地允许其着陆。一位管理员这样指出：“如果飞行员表明情况十分危急，那么，所有的规则程序都可以不顾，我们会尽可能以最快的速度引导其降落的。”事实是，A. C. 航班的飞行员从未说过“情况危急”，由此导致K机场交通管理员一直未能理解到飞行员所面临的真正问题。

第二，A. C. 航班飞行员的语调也并未向交通管理员传递有关燃料紧急的严重信息。机场交通管理员普遍接受过专门训练，可以在多数情况下捕捉到飞行员声音中极细微的语调变化。尽管A. C. 航班机组成员内部也表现出对燃料问题的极大忧虑，但他们向K机场传达信息时的语调却是冷静而职业化的。

另外也应当指出，A. C. 航班的飞行员不愿意声明情况紧急是有一些客观原因的。如按条例规定，驾驶员在飞行中做了紧急情况报告之后，他们事后需要补写出长篇的、正式的书面汇报交给有关方面。还有，紧急情况报告后如果飞行员被发现在估算飞机在飞行中需要多少油量方面存在严重的疏漏，那么飞行管理局就有理由吊销其驾驶执照。这些消极的强化因素，在相当程度上阻碍着飞行员发出紧急呼救。在这种情况下，飞行员的专业技能和荣誉感便会变成一种“赌注”。

问题：

1．A. C. 航班的不幸坠毁根本上是因为（　　）。

A．飞机燃料储备不足以及飞行员在计算剩余油量方面疏忽大意

B．机场交通管理员在工作中的玩忽职守、推卸责任

C．飞机燃料危急的信息没有被清晰地传递和充分地接受，因而造成飞机失事的真正原因是信息沟通过程中的障碍

D．A. C. 航班飞行员在信息沟通过程中的用语不当

2．A. C. 航班飞行员在向机场要求准允降落时使用了“油量不足”、“燃料用完”之类的话语，这些在机场交通管理员心中被认为不过是飞行员的老生常谈和惯用伎俩。这种情况说明，处于紧急状态之中的A. C. 航班飞行员本应该格外注意（　　）。

A．使用恰当的编码　　B．选择合适的信息发送者

C．选择合适的沟通渠道　　D．选择合适的信息接收者

3．从机场交通管理员的角度来说，既然他们认为A. C. 航班飞行员对“燃料用完”的报告难以令人相信其飞机正处于紧急状态中，这个时候，为稳妥和安全起见，他们最好需要做什么？（　　）

A．对报告情况的飞行员进行及时的信息反馈

B．使自己在接收信息的同时成为信息发送者

C．开展双向的信息沟通

D．以上所有方面

4．事故调查者在收听录音磁带时发现，A. C. 航班飞行员的报告在语调上没有传递出情况紧急的信息，这可以说是以下哪一方面的典型实例？（　　）

A．不擅长使用口头语言进行沟通

B．不擅长使用书面语言进行沟通

C．不擅长使用非言语语言进行沟通

D．这根本上就与沟通语言的使用问题无关

5．A. C. 航班飞行员在实际情况紧急时不愿意直言向机场交通管理员报告“情况十分危急”，相反，在航班机组成员内部却相互紧张地通告燃料供给的“危机”，这说明了（　　）。

A．组织沟通往往比人际沟通问题更为复杂

B．组织中的制度规定会对信息的有效沟通造成强烈的影响

C．组织中的一些控制措施实际会左右组织成员的沟通行为

D．以上均正确

6．根据案例材料，政府飞行管理局对由于油量估计不准确而误发出“紧急呼救”信号的飞行员，将按规定吊销其驾驶执照。这种“消极的”强化措施属于（　　）。

A．惩罚　　B．正强化　　C．自然消退　　D．负强化

学习领域五

控制实务

管理导航

斯蒂芬·罗宾斯在《管理学》中指出："尽管计划可以制订出来，组织结构可以调整得非常有效，员工的积极性也可以调动起来，但是这仍然不能保证所有的行动按计划执行，不能保证管理者追求的目标一定能达到。"组织环境的不断变化，组织活动的日益复杂，组织成员的认知力和执行力都存在着很大的差异，这些原因决定了组织目标不会自然而然地实现，必须通过控制来实现。管理离不开控制，没有控制就没有管理。控制是管理职能中的最后一环，通过控制，既可检验各项工作是否按预定计划进行，并检验计划的正确性和合理性，又可调整行动或计划，使两者协调一致，最终实现组织目标。

项目10 有效控制

学习目标

知识目标

1. 了解控制的概念、作用及类型
2. 理解控制与其他职能的关系
3. 掌握控制的过程
4. 掌握控制的方法

能力目标

1. 深刻领会控制的原理
2. 能够灵活运用控制的各种方法进行管理实践活动

关键概念

控制、前馈控制、现场控制、反馈控制、预算、预算控制、生产控制、比率控制、审计、管理审计

知识体系

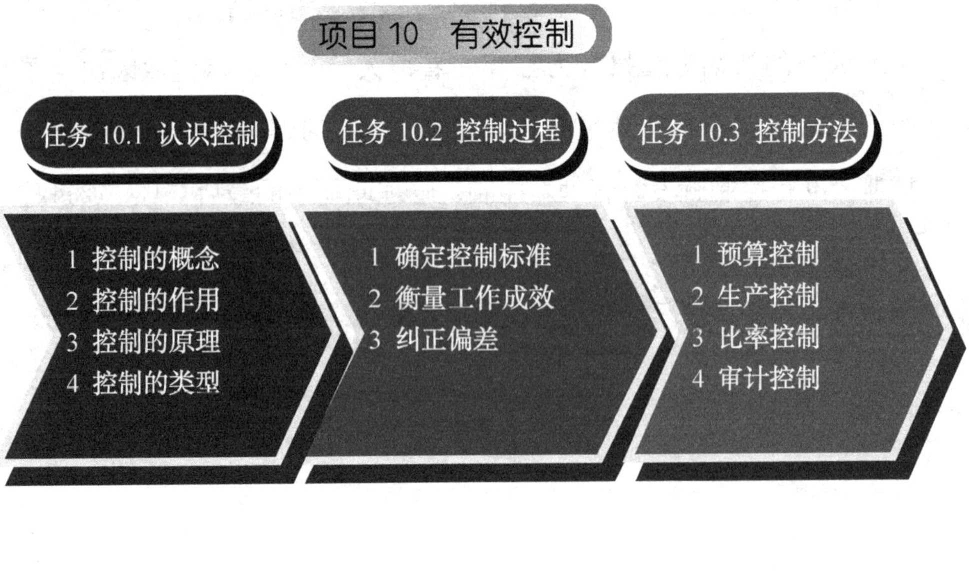

任务10.1 认识控制

任务导入

"帝国亡"民谣的启迪

在西方有一首广为流传的民谣。这首民谣说:

丢失一个钉子，坏了一只蹄铁;

坏了一只蹄铁，折了一匹战马;

折了一匹战马，伤了一位骑士;

伤了一位骑士，输了一场战斗;

输了一场战斗，亡了一个帝国。

【任务分析】

从"帝国亡"民谣中，你得到什么启迪?

10.1.1 控制的概念

1. 控制的概念

"控制"一词最初来源于希腊语"掌舵术"，意指领航者通过发号施令将偏离航线的船只拉回到正常的航线上来。由此说明，维持朝向目的地的航向，或者说维持达成目标的正确行动路线，是控制概念的核心含义。所谓控制，从其传统的意义方面来说，就是"纠偏"，即按照计划标准衡量所取得的成果，并纠正所发生的偏差，以确保计划目标的实现。

但从广义的角度来理解，控制工作应包括纠正偏差和修改标准这两方面内容。这是因为，积极、有效的控制工作，不能仅局限于针对计划执行中的问题采取"纠偏"措施，它还应该能促使管理者在适当的时候对原定的控制标准和目标做适当的修改，以便把不符合客观需要的活动拉回到正确的轨道上来。因此，控制职能可以宽泛地定义为，由管理者对组织实际运行是否符合预定的目标进行测定，并采取措施确保组织目标实现的过程。

2. 控制与其他职能的关系

控制是管理过程中一项不可或缺的职能。控制好比是汽车驾驶员的方向盘，它把组织、人员配备、领导指挥职能与计划设定的目标联结在一起。

（1）控制与计划。控制与计划是既互相区别，又紧密相连的。计划为控制工作提供标准，没有计划，控制也就没有依据。但如果只编制计划，不对其执行情况进行控制，计划目标就很难得到圆满实现。计划和控制是同一个事物的两个方面。有目标和计划而没有控制，人们可能知道自己干了什么，但无法知道自己干得怎样，存在哪些问题，哪些地方需要改进。反之，有控制而没有目标和计划，人们将不会知道要控制什么，也不会知道怎么控制。计划和控制二者密不可分。事实上，计划越是明确、全面和完整，控制的效果也就越好；控制工作越是科学、有效，计划也就越容易得以实施。

（2）控制与组织。管理的组织职能和控制职能是不可分割的。管理者在设计组织结构时面临的首要问题是建立职位结构和报告关系，以使组织成员最有效地运作资源。控制的目的是给管理者提供一个能够激励下属朝着实现组织目标方向努力的手段，并给管理者提供有关组织及其成员如何适当完成任务的具体反馈。从组织控制的角度来说，控制是管理者监督和规范组织及其成员各项活动，以保证它们按计划进行并纠正各种重要偏差，使他们有效地从事实现组织目标所需的行动过程。然而，控制并不意味着只在事情发生后做出反应，它还意味着将组织保持在正常的运行轨道并预测可能发生的事情。由此可见，管理的控制职能是对组织的管理活动及其效果进行衡量和校正，以确保组织的目标以及为此而拟订的计划得以实现。

10.1.2 控制的作用

控制工作是组织顺利开展活动，实现组织目标的基本保证。

1. 有效减轻环境的不确定性对组织活动的影响

现代组织所面对的环境具有复杂多变的特点，再完善的计划也难以将未来出现的变化考虑得十分周全。为了保证组织目标和计划的顺利实施，就必须有控制工作，以有效地控制或降低环境的各种变化对组织活动的影响。

2. 避免和减小管理失误造成的损失

组织所处环境的不确定性，以及组织活动的复杂性，会导致不可避免的管理失误。控制工作通过对管理全过程的检查和监督，可以及时发现组织中的问题，并采取纠偏措施，以避免或减小工作中的损失，为执行和完成计划起着必要的保障作用。

3. 保证复杂的组织活动能够协调一致地运作

由于组织是一个庞杂的系统，组织的各种活动日趋复杂化，要使组织内众多的部门和人员在分工的基础上能够协调一致地工作，完善的计划是必备的基础，但计划的实施还要以控制为保证手段。

管理思考 10.1

老农与石头

在一位老农的农田当中，多年以来横亘着一块大石头。这块石头碰断了老农的好几把犁头，还弄坏了他的中耕机。老农对此无可奈何，巨石成了他种田时挥之不去的心病。

在又一把犁头被碰坏之后，想起巨石给他带来的无尽麻烦，老农终于下决心要了结这巨石。于是，他找来撬棍伸进巨石底下。他惊讶地发现，石头埋在地里并没有他想象的那么深、那么厚，稍使劲就可以把石头撬起来，再用大锤打碎，清出地里，老农脑海里闪过多年来被巨石困扰的情景，再想到可以更早些把这桩头疼事处理掉，禁不住一脸的苦笑。

思考： 从这则故事中，可以领悟出企业管理中的哪些道理？

管理启迪： 遇到问题应立即弄清根源，有问题更需要立即处理，绝不拖延。在企业管理活动中，我们往往会遇到反复出现的问题或不良现象，如若讳疾忌医或拖延了事，积压下来，就必然给企业造成困难，甚至使企业的生产经营活动无法正常进行，严重时还会威胁到企业的生存。所以，对企业管理中出现频率较多的问题，不应回避，而应抓住苗头，及时调查，追根溯源，找出解决问题的途径和办法。

10.1.3 控制的原理

要使控制工作发挥应有作用，在建立控制系统或进行控制活动时应遵循以下几个原理。

1. 未来导向原理

未来导向原理是指控制工作应当着眼于未来，而不是只有当出现了偏差才进行控制。由于在整个控制系统中存在着时滞，所以一个控制系统越是以前馈而不是以简单的信息反馈为基础，则管理人员越是能够有效地预防偏差或及时采取措施纠正偏差。也就是说，控制应该是向前的，这才合乎理想。

2. 反映计划原理

反映计划原理是指计划越明确、完善和综合化，则控制越能用来体现这类计划，控制也越能有效地为管理的需要服务。每一项计划、每一项工作都各有其特点。为实现每一项计划、每一项工作所设计的控制系统和所进行的控制工作，尽管基本过程是相似的，但在确定什么标准、控制哪些关键点、搜集什么信息、采用何种方法评定绩效、由谁来控制和采取纠正措施等方面，都必须要反映计划的要求、按预期的目的执行。

3. 组织适宜性原理

组织适宜性原理是指在明确的组织结构中，控制能很好地反映出组织结构中哪个部门或人员应对采取措施承担责任，也就能及时地纠正偏差。因为计划是由人来执行的，所以一旦出现偏差就必须由相应的管理者来负责，而这些管理者的职责正是通过组织机构而被授权的。除了要能及时地发现执行过程中发生偏差的情况外，还必须知道发生偏差的责任和采取纠正措施的责任应由谁来承担，这需要由相应的组织机构的设计来完成。

4. 关键点控制原理

关键点控制原理是指管理者选择计划的关键点作为控制的标准，可以使控制更为有效。因为人的精力是有限的，所以管理者没有必要考察计划执行的每个细节，他们只需注意那些对计划的执行起到举足轻重作用的关键性问题或因素，并能够以此来掌握任何一个偏离了计划的重要偏差，而不必事事留意。

5. 例外原理

例外原理是指管理者的控制应当顾及例外情况的发生，不至于面临重大的偏差而不知所措。也就是说，管理者应把主要注意力集中在那些特别好或特别坏的情况上。这一点常常与关键点控制原理混淆起来。其实，关键点控制原理是强调控制应当重视一些关键点，而例外原理是强调必须留意在这些关键点上偏差的规模。如果把两者很好地结合起来，就可以使控制工作既有好的效果，又有高的效率。

6. 直接控制原理

直接控制原理是指管理者及其下属的素质越高，就越不需要进行间接控制。直接控制是相对于间接控制而言的，它是通过提高管理者的素质来进行控制工作的。直接控制原理认为，合格的管理者出的差错最少。合格的管理者能觉察到正在形成的问题，并能及时地采取纠正措施。

10.1.4 控制的类型

控制工作按不同标准可以有不同的分类，比较常用的分类方式是按照控制的时间不同，分为前馈控制、现场控制和反馈控制，如图 10.1 所示。

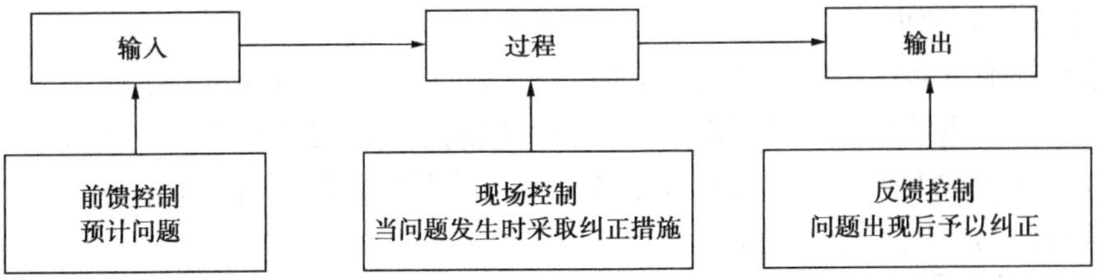

图 10.1　控制的类型示意图

1. 前馈控制

前馈控制也称为事前控制，是指在工作正式开始前对工作中可能产生的偏差进行预测和估计，并采取防范措施，将潜在的偏差消除在产生之前。其目的是防患于未然、未雨绸缪地控制。这类控制建立在预测的基础上，尽可能在偏差发生之前将其觉察出来，并及时采取防范措施，使人们在工作之前就已经知道如何做。前馈控制的重点是预先对组织的人、财、物、信息等合理地配置，使它们符合预期的标准，从而保证计划的实现，如成本控制中的标准成本法、预算控制，管理部门制定的规章制度和程序等，都属于前馈控制。

管理思考 10.2

曲突徙薪

有位客人到某人家里做客，看见主人家的灶上烟囱是直的，旁边又有很多木材。客人告诉主人说，烟囱要改曲，木材要移去，否则将来可能会有火灾，主人听了没做任何表示。

不久主人家里果然失火，四周的邻居赶紧跑来救火，最后火被扑灭了，于是主人烹羊宰牛，宴请四邻，以酬谢他们救火的功劳，但是并没有请当初建议他将木材移走、烟囱改曲的人。

有人对主人说：“如果当初听了那位先生的话，今天也不用准备筵席，而且没有火灾的损失，现在论功行赏，原先给你建议的人没有被感恩，而救火的人却是座上客，真是很奇怪的事呢！”主人顿时省悟，赶紧去邀请当初给予建议的那个客人来吃酒。

思考：由此故事你得到了什么启迪？

管理启迪：一般人认为，足以摆平或解决企业经营过程中的各种棘手问题的人，就是优秀的管理者，其实这是有待商榷的，俗话说“预防重于治疗”，能防患于未然，更胜于治乱于已成，由此观之，企业问题的预防者，其实优于企业问题的解决者。

2. 现场控制

现场控制也称为同步控制，是指计划执行过程中所实施的控制，即通过对计划执行过程的直接检查和监督，随时检查和纠正实际与计划的偏差。其目的是要保证本次活动尽可能少发生偏差，改进本次而非下一次活动的质量。这是一种主要为基层主管人员所采用的控制方法，主管人员通过深入现场亲自监督、检查、指导和控制下属人员的活动。现场控制通常包括两项职能：一是指导职能，管理者针对工作中出现的问题，根据自己的经验指导下属改进工作，或与下属共同商讨矫正偏差的措施，以便使工作人员能正确地完成所规定的任务；二是监督职能，按照预定的标准检查正在进行的工作活动，以保证目标的实现。

3. 反馈控制

反馈控制也称为事后控制，是指从已经执行的计划或已经发生的事件中获得信息，运用这些信息来评价、指导和纠正今后的活动。反馈控制是一种最主要也是最传统的控制方式，其目的并非要改进本次行动，而是力求能“吃一堑，长一智”，提高下一次行动的质量。反馈控制的对象可以是行动的最终结果，如企业的产量、销售额、利润等；也可以是行动过程中的中间结果，如新产品样机、工序质量、产品库存等。这类控制对组织营运水平的提高发挥着很大的作用。但反馈控制最大的弊端就是它只能在事后发挥作用，对已经发生的对组织的危害却无能为力，其作用类似于“亡羊补牢”；而且在反馈控制中，偏差发生和发现并得到纠正之间有较长一段时滞，这必然对偏差纠正的效果产生很大影响。

传统管理主要关注现场控制和反馈控制，忽视前馈控制。现代管理更为关注前馈控制，在注重前馈控制的基础上，实行全方位的控制。优秀的管理者应能防患于未然，由此观之，企业问题的预防者，其实优于企业问题的解决者。

管理思考 10.3

扁鹊论医术

魏文王问名医扁鹊：“你们家兄弟三人，都精于医术，到底哪位最好呢？”扁鹊答：“长兄最好，中兄次之，我最差。”魏文王再问：“那为什么你最出名呢？”扁鹊答：“长兄治病，是治病于病情发作之前。由于一般人不知道他事先能铲除病因，所以他的名气无法传出去；中兄治病，是治病于病情初起时。一般人以为他只能治轻微的小病，所以他的名气只及本乡里。而我是治病于病情严重之时。一般人都看到我在经脉上穿针管放血、在皮肤上敷药等大手术，所以认为我的医术高明，名气因此响遍全国。”

思考：由此故事你得到了什么启迪？

管理启迪：控制有事前控制、事中控制、事后控制。控制贵在事前控制。

资料来源：杨凤敏. 管理学基础与应用. 北京：中国农业出版社，2005.

拓展阅读 10.1

GE 公司飞行器发动机的质量和控制

近年来，“质量革命”成了人们的口头语，好像质量控制在过去从没有得到应有的重视。如果你了解通用电气（GE）的飞行器发动机公司，就知道这显然与事实相去甚远：在这里，质量和安全一直是最基本的要求和主要的竞争优势。尽管对质量的强调由来已久，GE 公司在最近几年对质量的控制方法已经有所改变。

过去，GE 公司有一个专门的质量控制组织——一个独立的内部组织，负责对集团内其他组织的硬件产品和其他配件进行检查。产品必须能够在 30 000 英尺（1 英尺 = 0.304 8 米）的高空正常工作，为此飞行器发动机需要进行大量的检测，通常要达到要求的 200%～300%。当产品运到客户手中时，它是安全的，并符合性能的严格要求。

但是质量成本和从订货到交货时间的限制成为沉重的负担。为保持竞争优势，GE 公司设计了积极的质量控制方案，在对传统的质量指标检验的同时，主要对速度或转速进行检测。为达到这一目标，质量控制从检测缺陷（反馈控制）转为防范缺陷（前馈控制）。为将误差不断减小，客户、供应商、设计师、项目工程师、采购代理商和生产工人组成了一个团队而这个团队成了制造性设计提高质量和服务价值的新途径。质量的本质是“第一次就做好它”。

随着以提高质量为目标的控制系统的变化，GE 公司在变革文化方面的持续提高也花了不少精力：团队精神和授权赋能被视做质量管理的最重要因素。文化变革的结果是质量控制不再是一个秘密的质量部门，它成了每个供应商、管理者和内部员工最基本的责任。

资料来源：刘宁．管理分册（第三版）．上海：复旦大学出版社，2002.

任务 10.2 控制过程

任务导入

麦当劳公司的质量控制标准

美国著名的麦当劳公司为确保其“质量优良、服务周到、清洁卫生、价格合理”的经营宗旨，制订了可度量的如下几条工作标准：95%以上的顾客进餐馆后 3 分钟内，服务员必须迎上前去接待顾客；事先准备好的汉堡包必须在 5 分钟内热好并供应给顾客；服务员必须在就餐人离开后 5 分钟内把餐桌打扫干净。

资料来源：http://www.globrand.com/2006/04/05/20060405-235827-1.shtml

【任务分析】

麦当劳公司的质量控制标准有何特征？结合控制工作，说说你从这段话中可以得到什么启迪。

有效的控制过程一般包括确定控制标准、衡量工作成效和纠正偏差三个基本环节。

10.2.1 确定控制标准

标准是人们检查和衡量工作及其结果（包括阶段结果与最终结果）的规范。由于计划相对来说都比较概要，不可能对组织运行的各方面都制订出非常具体的工作标准。因此，制订标准是进行控制的基础，没有一套完整的标准，衡量绩效或纠正偏差就失去了客观依据。

1. 确立控制对象

进行控制首先遇到的问题是“控制什么”，这是在决定控制标准之前首先需要妥善解决的问题。一般来讲，管理者应该对影响组织工作成效的全部因素实施控制，但由于控制对象的明细度和复杂性不一样，加之管理者的精力和能力有限，往往只能对影响组织目标实现的关键因素进行控制。这样，为了确保管理控制取得预期的成效，管理者在选择控制对象时就必须对影响组织目标成果实现的各种要素进行科学的分析研究，然后从中选择出重点的要素作为控制对象。一般来说，影响组织目标成果实现的关键因素有以下几点。

（1）环境特点及其发展趋势。组织在特定时期的管理活动是根据决策者对经营环境的认识和预测来计划和安排的。如果预期的市场环境没有出现，或者企业外部环境发生了某种无法预料和无力抗拒的变化，那么，原来计划的活动就可能无法继续进行，从而难以为组织带来预期的结果。为此，制订计划中所依据的对经营环境的认识、把握的各种因素应作为控制对象，列出“正常”与“非常”环境的具体测量指标或标准。

（2）资源投入。组织成果是通过对一定资源的加工转换而得到的。没有或缺乏这些资源，组织的经营活动就会成为无源之水、无本之木。投入的资源，不仅会影响到组织活动能否按期、按量、按要求进行，而且在获取资源的成本费用方面也会影响到经营活动的经济效果指标。为此，必须对资源投入进行控制，使之在各方面都符合预期经营成果的要求。

（3）活动过程。输入到生产经营中的各种资源不可能不经过任何加工处理就自动转换成最终产品。组织的经营成果是通过全体员工在不同时间和空间上利用一定技术和设备对不同资源进行不同内容的加工劳动而最终得到的。企业员工的工作质量和数量是决定经营成果的重要因素，必须使企业员工的活动符合计划和预期结果的要求。于是，建立员工的工作规范，明确各部门、各单位、各员工在不同时期的阶段性成果目标，有助于对他们的活动进行客观有效的控制。

2. 选择关键控制点

重点控制对象确定后，针对该对象制定控制标准前还必须具体选定控制的关键点。比如啤酒酿造企业中，啤酒质量是控制的一个重点对象。尽管影响啤酒质量的因素很多，但只要抓住了水的质量、酿造温度和酿造时间，就能保证啤酒的质量。基于此，企业就要对这些关键控制点制定出明确的控制标准。俗话说，“牵牛要牵牛鼻子”，企业控制住了关键点，实际上也就控制了全局。

3. 制定控制标准

控制标准可分为定量标准和定性标准两大类。定量标准便于度量和比较，是控制标准的主要表现形式。定量标准可分为实物标准（产品数量、废品数量）、价值标准（单位产品的平均成本、销售收入、利润等）、时间标准（工时定额、交货期）。定性标准，如服务行业的微笑服务标准（露出 8 颗牙齿）、工行的服务标准（处理一笔业务不能超过 2 分钟）等。

建立控制标准是组织的一项基础性工作，要由有一定实践经验和知识的管理者、技术人员和工人代表共同来完成，控制标准既要科学合理，又要有一定的先进性。在实际工作中常用的制定标准的方法有以下几种。

（1）统计法。用统计法制定的标准称为统计标准。它是根据企业的历史数字记录或是对比同类企业的水平，运用统计学方法确定企业经营各方面工作的标准。制定统计标准所用的数据可能来自本企业的历史数据，也可能来自其他企业的统计数据。

（2）经验估计法。用经验评估计法建立的标准称为经验标准。它是根据经验来建立控制标准的。因为在现实工作中，并不是所有工作的质量和成果都能用统计数据来表示，也不是所有的企业活动都保存着历史统计数据。对于新近从事的工作，或者缺乏统计资料的工作，企业可以根据有经验的管理者或对该工作熟悉的人员凭借经验、判断和评估来为之建立标准。

（3）工程方法。用工程方法建立的标准称为工程标准。工程标准是通过对工作情况进行客观的分析，并以准确的技术参数和实测的数据为基础而制定的。比如，机器的产出标准是其设计者计算出来的在正常情况被使用的最大产出量；劳动时间定额是利用秒表测定的受过训练的普通工人以正常速度按照标准操作方法对产品或零部件进行某个（些）工序的加工所需的平均必要时间。严格地说，工程标准也是一种用统计方法制定的控制标准。

管理思考 10.4

和尚撞钟

有一个小和尚担任撞钟的工作，半年下来，觉得无聊至极，“做一天和尚撞一天钟”而已。有一天，主持宣布调他到后院劈柴挑水，原因是他不能胜任撞钟的工作。小和尚很不服气地问：“我撞的钟难道不准时、不响亮？”老主持耐心地告诉他：“你撞的钟虽然很准时、也很响亮，但钟声空泛、疲软，没有感召力。钟声是要唤醒沉迷的众生，撞出的钟声不仅要洪亮，而且要圆润、浑厚、深沉、悠远。”

思考： 由此故事你得到了什么启迪？

管理启迪： 本故事中的主持犯了一个常识性管理错误，“做一天和尚撞一天钟”是由于主持没有提前公布工作标准造成的。如果小和尚进入寺院的当天就明白撞钟的标准和重要性，我想他也不会因怠工而被撤职。工作标准是员工的行为指南和考核依据。缺乏工作标准，往往导致员工的努力方向与公司整体发展方向不统一，造成大量的人力和物力资源浪费。因为缺乏参照物，因此时间久了员工容易形成自满情绪，导致工作懈怠。制定工作标准尽量做到数字化，要与考核联系起来，注意可操作性。

资料来源：杨凤敏. 管理学基础与应用. 北京：中国农业出版社，2005.

10.2.2 衡量工作成效

企业经营活动发生偏差是不可避免的，因此，在偏差产生后应迅速采取必要的纠偏行动，这就要求管理者及时掌握反映偏差是否产生，并能判定其严重程度的信息。用预定标准对实际工作成效和进度进行检查、衡量和比较，就是为了提供这类信息。

1. 衡量成效方法

如何衡量的问题是一个方法问题，在实际工作中有各种各样的方法，常用的有以下几种。

（1）个人观察。最普通的衡量是通过个人观察，直接观察受控对象的工作完成情况，特别是在对基层工作人员工作业绩控制时，以及衡量因素比较简单时，这是一种非常有效的、无可替代的衡量方法。通过直接观察得到的是第一手资料，避免了间接信息在传递过程中可能出现的遗漏、疏忽和信息的失真。但是个人观察的方法也有其局限性，如工作量大，难以全程跟踪，不能考察更深层次的工作内容及全面的工作情况，容易收集到假象等。

（2）统计报告。统计报告是根据衡量标准，采集相关的数据并按一定的统计方法进行加工处理而形成的报告。采用统计报告时特别要注意两个问题：一是所采集的原始数据要真实、准确；二是所使用的统计方法要恰当。否则，统计报告就没有实际意义。此外，统计报告要求全面，要求包括涉及衡量工作的各个重要方面，特别是其关键点不能遗漏。

（3）口头报告和书面报告。口头报告的优点是快捷方便，而且能够得到立即反馈，但其报告内容容易受报告人的主观意识左右，也不便于存档查找和重复使用。两者相比，书面报告要比口头报告更加精确全面，也更加易于分类存档和查找，报告的质量也更容易控制。

（4）抽样检查。在全面检查工作量比较大，而且个人工作质量比较平均的情况下，通过抽样检查来衡量工作业绩，不失为一个好办法。抽样检查就是随机抽取一部分工作作为样本，进行深入细致的检查、测量，再通过样本数据的统计分析，从而推测全部工作的情况。这是一种科学的有效方法，例如在大批量生产的企业，产品的质量检查通常就采用这种方法。

无论采取哪一种方法来衡量工作业绩，都要注意所获取信息的质量问题，信息质量主要体现在以下四个方面：一是真实性，即所获取的信息应能客观地反映现实，这是最基本的要求；二是完整性，即不要遗漏重要的信息，以防影响工作的全面性和可靠性；三是及时性，就是信息的采集、加工、检索、传递要及时，以反映即时动态。过时的信息就会失去其作用，使控制工作无效，甚至导致错误的结果；四是适用性，即应根据不同部门的不同要求，采集不同种类、范围、内容、详细程度、精确度的信息。

2. 衡量绩效需注意的问题

为了能够及时、正确地提供能够反映偏差的信息，同时又符合控制工作在其他方面的要求，管理者在衡量工作成绩的过程中应注意以下几个问题。

（1）通过衡量成绩，检验标准的客观性和有效性。衡量工作成效是以预定的标准为依据的，但利用预定的标准去检查各部门在各个阶段的工作，这本身也是对标准的客观性和有效性进行检验的过程。衡量过程中的检验就是要辨别并剔除这些不能为有效控制提供必要信息、容易产生误导作用的不适宜标准。

（2）确定适宜的衡量频度。控制过多或不足都会影响控制的有效性。以什么样的频度，在什么时候对某种活动的绩效进行衡量，取决于被控制活动的性质。例如，对产品的质量控制常常需要以小时或以日为单位进行，而对新产品开发的控制则可能只需以月为单位进行。需要控制的对象可能发生重大变化的时间间隔是确定适宜的衡量频度所需考虑的主要因素。

（3）建立信息管理系统。负有控制责任的管理者只有及时掌握反映实际工作与预期工作绩效之间偏差的信息，才能迅速采取有效的纠正措施，不精确、不完整、过多或延误的信息将会严重地阻碍其行动。因此，应该建立有效的信息管理网络，通过分类、比较、判断、加工，将准确有序的、系统的、能够反映实际工作情况的信息适时地传递给适当的管理者，使之能与预定标准相比较，及时发现问题。

10.2.3 纠正偏差

利用科学的方法，依据客观的标准，通过对工作绩效的衡量，可以发现计划执行中出现的偏差。纠正偏差就是在此基础上，分析偏差产生的原因，制定并实施必要的纠正措施。这项工作使得控制过程得以完整，将控制与管理的其他职能相互联结，并使组织计划得以遵循。为保证纠偏措施的针对性和有效性，在制订和实施纠偏措施的过程中注意下列问题。

1. 找出偏差产生的主要原因

并非所有的偏差都可能影响企业的最终成果。有些偏差可能反映了计划制订和执行工作中的严重问题，而另一些偏差则可能是一些偶然的、暂时的、局部性因素引起的，不一定会对组织活动的最终结果产生重要影响。因此，在采取纠正措施以前，必须首先对反映偏差的信息进行评估和分析。首先，要判断偏差的严重程度，是否足以构成对组织活动效率的威胁，从而值得去分析原因，采取纠正措施；其次，要探寻导致偏差的主要原因。

纠正措施的制订是以对偏差原因的分析为依据进行的。而同一偏差则可能由不同的原因造成，不同的原因要求采取不同的纠正措施。因此，要通过评估反映偏差的信息，分析影响因素，透过表面现象找出造成偏差的深层原因，在众多的深层原因中找出最主要者，为纠偏措施的制订指导方向。

2. 确定纠偏措施的实施对象

如果偏差是由于绩效的不足而产生的，管理者就应该采取纠偏行动。他们可以调整企业的管理战略，也可改变组织结构，或通过更完善的选拔和培训计划，或更改领导方式。但是在有些情况下，需要纠正的可能不是企业的实际活动，而是组织这些活动的计划或衡量这些活动的标准。

预定计划或标准的调整是由两种原因决定的：一是原先的计划或标准制订得不科学，在执行中发现了问题；二是原来正确的标准和计划，由于客观环境发生了预料不到的变化，不再适应新形势的需要。

3. 选择恰当的纠偏措施

在深入分析产生差异的原因的基础上，管理者要根据不同的原因采取不同的措施。

（1）改进工作方法。达不到原定的控制标准，工作方法不当是重要原因之一。如以生产为中心的企业，生产技术是生产过程中的重要一环，在很多情况下偏差来自技术上的原因，为此就要采取技术措施，及时处理生产中出现的技术问题。

（2）改进组织和领导工作。控制职能与组织、领导职能是相互影响的。组织方面的问题主要有两种：一是计划制订好之后，组织实施方面的工作没有做好；二是控制工作本身的组织体系不完善，不能对已产生的偏差加以及时的跟踪与分析。在这两种情况下，都应改进组织工作，如调整组织机构，调整责、权、利关系，改进分工协作体系等。偏差也可能是由于执行人员能力不足或积极性不高而导致的，这就需要通过改进领导方式和提高领导艺术来纠正偏差。

（3）调整或修正原有计划或标准。偏差较大，有可能是由于原有计划安排不当而导致的，也可能是由于内外环境的变化，使原有计划与现实状况之间产生了较大的偏差。不论是哪一种情况，都要对原有计划加以适当的调整。需要注意的是，调整计划不是任意地变动计划，这种调整不能偏离组织总的发展目标，调整计划归根到底还是为了实现组织目标。

拓展阅读 10.2

全面质量管理

全面质量管理（Total Quality Management，TQM）是指在全面社会的推动下，企业中所有部门、所有组织、所有人员都以产品质量为核心，把专业技术、管理技术、数理统计技术集合在一起，建立起一套科学、严密、高效的质量保证体系，控制生产过程中影响质量的因素，以优质的工作和最经济的办法满足用户需要的产品的全部活动。

1. 全面质量管理的特点

（1）全面质量管理具有全面性，控制产品质量的各个环节，各个阶段。

（2）全面质量管理是全过程的质量管理。

（3）全面质量管理是全员参与的质量管理。

（4）全面质量管理是全社会参与的质量管理。

2. 全面质量管理的基本观点

（1）为用户服务的观点。在企业内部，凡接收上道工序的产品进行再生产的下道工序，就是上道工序的用户，“为用户服务”和“下道工序就是用户”是全面质量管理的一个基本观点。通过每道工序的质量控制，达到提高最终产品质量的目的。

（2）全面管理的观点。所谓全面管理，就是进行全过程管理、全企业管理和全员管理。

① 全过程管理。全面质量管理要求对产品生产过程进行全面控制。

② 全企业管理。全企业管理的一个重要特点，是强调质量管理工作不局限于质量管理部门，要求企业所属各单位、各部门都要参与质量管理工作，共同对产品质量负责。

③ 全员管理。全面质量管理要求把质量控制工作落实到每一名员工，让每一名员工都关心产品质量。

（3）以预防为主的观点。以预防为主，就是对产品质量进行事前控制，把事故消灭在发生之前，使每一道工序都处于控制状态。

（4）用数据说话的观点。科学的质量管理，必须依据正确的数据资料进行加工、分析和处理后找出规律，再结合专业技术和实际情况，对存在的问题做出正确判断并采取正确措施。

任务10.3 控制方法

任务导入

麦当劳的控制系统

麦当劳公司通过详细的程序、规则和条例规定，使分布在世界各地的所有麦当劳分店的经营者和员工都遵循一种标准化、规范化的作业。麦当劳公司对制作汉堡包、炸土豆条、招待顾客和清理餐桌等工作都事先进行了翔实的动作研究，用以指导各分店管理人员和一般员工的行为。公司在芝加哥开办了专门的培中心——汉堡包大学，要求所有的特许经营者在开业之前都接受为期一个月的强化培训，确保公司的规章条例得到准确的理解和贯彻执行。

为了确保所有特许经营分店都能按统一的要求开展活动，麦当劳公司总部的管理人员还经常走访、巡视世界各地的经营店，进行直接的监督和控制。例如，在一次巡视中，管理人员发现某家分店自作主张，在店厅里摆放电视机和其他物品以吸引顾客，这种做法因与麦当劳的风格不一致，立即得到了纠正。

除了上述控制方法以外，麦当劳公司还定期对各分店的经营业绩进行考核。为此，各分店要及时提供有关营业额和经营成本、利润等方面的信息，这样总部管理人员才能把握各分店经营的动态和出现的问题，以便商讨和采取改进的对策。

【任务分析】

结合案例，分析麦当劳公司采用了哪些类型的控制方法。

控制的方法与技术主要包括预算控制、生产控制、比率控制和审计控制。

10.3.1 预算控制

预算是用数字，特别是用财务数字的形式来陈述的组织中的短期活动计划，它预估了在未来特定时期内的收入，也规定了各部门支出的额度。预算控制将实际和计划相比较，确认预算完成情况，找出差距并进行弥补，以实现对组织资源充分合理地利用。利用预算，管理者可以准确衡量部门生产经营情况和效益好坏，有利于对各部门工作进行评价和控制。

1. 预算的分类

按照不同的内容，可以将预算分为经营预算、投资预算和财务预算三大类。

（1）经营预算。经营预算是指企业日常发生的各项基本活动的预算。它主要包括销售预算、生产预算、直接材料采购预算、直接人工预算、制造费用预算、单位生产成本预算、推销及管理费用预算等。其中，最基本和最关键的是销售预算，它是对销售预测正式的、详细的说明；生产预算是根据销售预算中的预计销售量，按产品品种、数量分别编制的；在生产预算和生产进度日程表的基础上，可以编制直接材料采购预算、直接人工预算和制造费用预算。这三项预算构成对企业生产成本的统计。而推销及管理费用预算，包括制造业务范围以外预计发生的各种费用明细项目，如销售费用、广告费、运输费等。

（2）投资预算。投资预算是对企业的固定资产的购置、扩建、改造、更新等，在可行性研究的基础上编制的预算。它具体反映在何时进行投资、投资多少、资金从何处取得、何时可获得收益、每年的现金净流量为多少、需要多长时间回收全部投资等。由于投资的资金来源往往是企业的限定因素之一，而对厂房和设备等固定资产的投资又往往需要很长一段时间才能回收，因此，投资预算应当力求和企业的战略以及长期计划紧密联系在一起。

（3）财务预算。财务预算是指企业在计划期内反映有关预计现金收支、经营成果和财务状况的预算，是各项经营业务和投资的整体计划，故又称总预算。它主要包括现金预算、预计收益表和预计资产负债表。其中，现金预算主要反映计划期间预计的现金收支的详细情况；预计收益表综合反映企业在计划期间生产经营的财务情况，并作为预计企业经营活动最终成果的重要依据，是企业财务预算中最主要的预算表之一；预计资产负债表主要用来反映企业在计划期末那一天预计的财务状况，它的编制需以计划期间开始日的资产负债表为基础，然后根据计划期间各项预算的有关资料进行必要的调整。

2. 现代预算方法

现代预算方法有弹性预算、固定预算、零基预算和滚动预算。

（1）弹性预算。弹性预算又称变动预算，是指在成本按性质分类的基础上，以业务量、成本和利润之间的相互关系为依据，按照预算期内可能实现的各种业务水平编制的有伸缩性的预算。编制弹性预算所用的业务量可以是产量、销售量、直接人工工时、机器工时、材料消耗量和直接人工工资等。弹性预算主要用于编制成本预算和利润预算。

（2）固定预算。固定预算是指组织按照预算期内预定的业务量水平，不考虑预算期内业务量水平可能发生的变动而编制的一种预算。这种预算方法，一般只能用来考核非营利性经济组织和经营活动水平较为稳定的企业。采用这种方法对企业固定费用进行控制也比较适宜。

（3）零基预算。传统的预算均是以前期费用水平为基础，通过适度增减的方式制订的。零基预算是指不考虑过去的预算项目和收支水平，以零为基点编制的预算。零基预算的基本特征是不受以往预算安排和预算执行情况的影响，一切预算收支都建立在成本效益分析的基础上，根据需要和可能来编制预算。

（4）滚动预算。滚动预算又称连续预算或永续预算，是指在编制预算时，将预算期与会计年度脱离开，随着预算的执行不断延伸补充预算，逐期向后滚动，使预算期始终保持为一个固定期间的一种预算编制方法。与传统的定期预算方法相比，按滚动预算方法编制的预算具有透明度高、及时性强、连续性好，以及完整性和稳定性突出等优点。这种方法适用于规模较大、时间较长的工程或大型设备采购项目。

10.3.2 生产控制

生产控制是在执行生产计划过程中，按既定的政策、目标、计划、标准和经济的原则，落实任务，检查生产条件，掌握运行情况，分析差异并及时采取措施的一种方法。

企业的生产计划和生产作业计划虽然已对日常生产活动做了比较周密而具体的安排，但是在计划的执行过程中，还会出现一些人们预想不到的情况和矛盾，必须随时监督和检查，发现偏差，采取措施，进行调节和矫正。生产控制的目的是提高生产管理的有效性，即通过生产控制，使企业的生产活动既可在严格的计划指导下进行，实现品种、质量、数量和时间进度的要求，又可按各种标准来消耗活劳动和物化劳动，以及减少资金占用，加速物资和资金的周转，实现成本目标，从而取得良好的经济效益。

生产控制的活动内容十分广泛，涉及生产过程中的各种生产要素、各个生产环节及各项专业管理。其内容主要有对制造系统硬件的控制（设备维修）、生产进度控制、库存控制、质量控制、成本控制等。

1. 设备维修

设备维修是对机器设备、生产设施等制造系统硬件的控制。其目的是尽量减少并及时排除物资系统的各种故障，使系统硬件的可靠性保持在一个相当高的水平。如果设备、生产设施不能保持良好的正常运转状态，就会妨碍生产任务的完成，造成停工损失，加大生产成本。因此，选择恰当的维修方式、加强维护保养、设计合理维修程序是十分重要的。

2. 生产进度控制

生产进度控制是对生产量和生产期限的控制，其主要目的是保证完成生产进度计划所规定的生产量和交货期限，这是生产控制的基本方面。其他方面的控制水平，诸如库存控制、质量控制、维修等都会对生产进度产生不同程度的影响。在某种程度上，生产系统运行过程中各个方面的问题都会反映到生产作业进度上。因此，在实际运行管理过程中，企业的生产计划与控制部门通过对生产作业进度的控制，协调和沟通各专业管理部门（如产品设计、维修等）和生产部门之间的工作，可以达到整个生产系统运行控制的协调、统一。

3. 库存控制

库存控制是使各种生产库存物资的种类、数量、存储时间维持在必要的水平上。其主要功能在于，既要保障企业生产经营活动的正常进行，又要通过规定合理的库存水平，采取有效的控制方式，使库存数量、成本和占用资金维持在最低限度。

4. 质量控制

质量控制是指为达到质量要求所采取的作业技术和活动，其目的是保证生产出符合质量标准要求的产品。由于产品质量的形成涉及生产的全过程，因此，质量控制是对生产政策、产品研制、物料采购、制造过程及销售使用产品等形成全过程的控制。

5. 成本控制

成本控制是企业根据一定时期预先建立的成本管理目标，由成本控制主体在其职权范围内，在生产耗费发生以前和成本控制过程中，对各种影响成本的因素和条件采取的一系列预防和调节措施，以保证成本管理目标实现的管理行为，包括生产过程前的控制和生产过程中的控制。生产过程前的成本控制，主要是在产品设计和研制过程中，对产品的设计、工艺、工艺装备、材料选用等进行技术经济分析和价值分析，以及对各类消耗定额的审核，以求用最低的成本生产出符合质量要求的产品。生产过程中的成本控制，主要是对日常生产费用的控制。其中包括材料费、各类库存品占用费、人工费和各类间接费用等。实际上，成本控制是从价值量上对其他各项控制活动的综合反映。因此，成本控制，尤其是对生产过程中的成本控制，必须与其他各项控制活动结合进行。

10.3.3 比率控制

比率控制是对组织经营活动中各种不同度量进行的比率分析，是一项非常有益的和必需的控制技术或方法。“有比较才会有鉴别”，也就是说，信息都是通过事物之间的差异传达的。一般来说，仅从有关组织经营管理工作成效的绝对数量的度量中是很难得出正确的结论的。例如，在对企业的销售额、资金总数、行业的平均利润水平、企业上年和历年实现利润等信息不清楚的情况下，我们仅从一个企业年创利 500 万元这个数字上很难得出什么明确的概念。所以，在我们做出有关一个组织的经营活动是否有显著成效的结论之前，必须首先明确比较的标准。企业经营活动分析中常用的比率可以分为两大类，即财务比率和经营比率。前者主要用于说明企业的财务状况，后者主要用于说明企业经营活动的状况。

1. 财务比率

企业的财务状况综合地反映着企业的生产经营情况，通过财务状况的分析可以迅速地、全面地掌握一个企业资金来源和资金运用的情况；了解企业资金利用的效果以及企业的支付能力和清偿债务的能力。常用的财务分析比率有以下几类。

（1）流动比率。流动比率是企业的流动资产与流动负债之比。它反映了企业偿还需要付现的流动债务的能力。一般来说，企业资产的流动性越大，偿债能力就越强；反之，偿债能力越弱，这样会影响企业的信誉和短期偿债能力。因此，企业资产应具有足够的流动性。资产若以现金形式表现，其流动性最强。但要防止为追求过高的流动性而导致财务资源的闲置，使企业失去本应得到的收益。

（2）速动比率。速动比率是流动资产和存货之差与流动负债之比。该比率和流动比率一样，也是衡量企业资产流动性的一个指标。当企业有大量存货且这些存货周转率低时，速动比率可比流动比率更精确地反映客观情况。

（3）负债比率。负债比率是企业总负债与总资产之比。它反映了企业所有者提供的资金与外部债权人提供的资金的比率关系。只要企业全部资金的利润率高于借入资金的利息，且外部资金不在根本上威胁企业所有权的行使，企业就可以充分地向债权人借入资金以获取额外利润。一般来说，在经济迅速发展时期，债务比率可以很高。

（4）赢利比率。赢利比率是企业利润与销售额或全部资金等相关因素的比例关系。它反映了企业在一定时期从事某种经营活动的赢利程度及其变化情况。常用的赢利比率有销售利润率和资金利润率。

销售利润率是销售净利润与销售总额之间的比例关系，它反映企业从一定时期的产品销售中是否获得了足够的利润。将企业不同产品、不同经营单位在不同时期的销售利润率进行比较分析，能为经营控制提供更多的信息。

资金利润率是指企业在某个经营时期的净利润与该期占用的全部资金之比，它是衡量企业资金利用效果的一个重要指标，反映了企业是否从全部投入资金的利用中实现了足够的净利润。与销售利润率一样，资金利润率也要同其他经营单位和其他年度的情况进行比较。一般来说，要为企业的资金利润率规定一个最低的标准。同样一笔资金，投入到企业营运后的净利润收入，至少不应低于其他投资形式（比如购买短期或长期债券）的收入。

2. 经营比率

经营比率，也称活力比率，是与资源利用有关的几种比例关系。它们反映了企业经营效率的高低和各种资源是否得到了充分利用。常用的经营比率有三种。

（1）库存周转率。库存周转率是销售总额与库存平均价值的比例关系，它反映了与销售收入相比，库存数量是否合理，表明了投入库存的流动资金的使用情况。

（2）固定资产周转率。固定资产周转率是销售总额与固定资产之比，它反映了单位固定资产能够提供的销售收入，表明了企业资产的利用程度。

（3）销售收入与销售费用的比率。这个比率表明单位销售费用能够实现的销售收入，在一定程度上反映了企业营销活动的效率。由于销售费用包括了人员推销、广告宣传、销售管理费用等组成部分，因此还可进行更加具体的分析。比如，测度单位广告费用能够实现的销售收入，或单位推销费用能增加的销售收入，等等。

反映经营状况的这些比率也通常需要进行横向的（不同企业之间）或纵向的（不同时期之间）比较，这样才更有意义。

10.3.4 审计控制

审计是对反映企业资金运动过程及其结果的会计记录及财务报表进行审核、鉴定，以判断其真实性和可靠性，从而为控制和决策提供依据的过程。根据审查主体和内容的不同，可将审计划分为外部审计、内部审计和管理审计三种主要类型。

1. 外部审计

外部审计是由外部机构（如会计师事务所）选派的审计人员对企业财务报表及其反映的财务状况进行的独立评估。为了检查财务报表及其反映的资产与负债的账面情况与企业真实情况是否相符，外部审计人员需要抽查企业的基本财务记录，以验证其真实性和准确性，并分析这些记录是否符合公认的会计准则和记账程序。

外部审计实际上是对企业内部虚假、欺骗行为的一个重要而系统的检查，起着鼓励诚实的作用。由于知道外部审计不可避免地要进行，因此企业就会努力避免做那些在审计时可能会被发现的不光彩的事。外部审计的优点是审计人员与管理当局不存在行政上的依附关系，可以保证审计的独立性和公正性。但由于外来的审计人员不了解企业内部的组织结构、生产流程的经营，因此在对具体业务的审计过程中可能产生困难。此外，处于被审计的内部组织成员可能产生抵触情绪，不愿积极配合，这也可能增加审计工作的难度。

2. 内部审计

内部审计简称内审，是单位内部审计部门或人员进行审计的过程。内部审计提供了检查现有控制程序和方法能否有效地保证达成既定目标和执行既定政策的手段。进行内部审计时，由于审计人员对单位的情况比较熟悉，根据对现有控制系统有效性的检查，内部审计人员可以提供有关改进公司政策、工作程序和方法的对策建议，以促使公司政策符合实际，工作程序更加合理，作业方法被正确掌握，从而更有效地实现组织目标。

内部审计有助于推行分权化管理。从表面上来看，内部审计作为一种从财务角度评价各部门工作是否符合既定规则和程序的方法，加强了对下属的控制，似乎更倾向于集权化管理。但实际上，企业的控制系统越完善，控制手段越合理，越有利于分权化管理。因为主管们知道，许多重要的权力授予下属后，自己可以很方便地利用有效的控制系统和手段来检查下属对权力的运用状况，从而可能及时发现下属工作中的问题，并采取相应措施。内部审计不仅评估了企业财务记录是否健全、正确，而且为检查和改进现有控制系统的效能提供了一种重要的手段，因此有利于促进分权化管理的发展。

虽然内部审计为经营控制提供了大量的有用信息，但在使用中也存在不少局限性，主要表现在：所需费用较多，特别是深入、详细的审计；内部审计不仅要搜集事实，而且需要解释事实，并指出事实与计划的偏差所在，这需要对审计人员进行充分的技能训练；部分员工认为内审是一种“密探”或“检查”工作，从而在心理上产生抵触情绪，如果审计过程中不能进行有效的信息和思想沟通，那么可能会对组织活动带来负激励效应。

3. 管理审计

管理审计是一种对企业所有管理工作及其绩效进行全面系统的评价和鉴定的方法。管理审计既可以由内部的有关部门进行，也可以聘请外部的专家来进行。

管理审计的方法是利用公开记录的信息，从反映企业管理绩效及其影响因素的若干方面，将企业与同行业其他企业或其他行业的著名企业进行比较，以判断企业经营与管理的健康程度。

反映企业管理绩效及其影响因素主要有以下几个方面。

（1）经济功能。检查企业产品或服务对公众的价值，分析企业对社会和国民经济的贡献。

（2）企业组织结构。分析企业组织结构是否能有效地达到企业经营目标。

（3）企业赢利状况。根据赢利在一定时期内的持续性和稳定性来判断。

（4）研究与开发。管理者对待研发的态度，新产品的比重和企业的研发储备。

（5）财务政策。评价企业的财务结构是否合理，企业是否有效地运用财务政策和控制来达到短期和长期目标。

（6）生产效率。保证在适当的时候提供符合质量要求的必要数量的产品，这对于维持企业的竞争能力是相当重要的。为此，要对企业生产制造系统在数量和质量的保证程度以及资源利用的有效性等方面进行评估。

（7）销售能力。销售能力的评估包括企业商业信誉、代销网点、服务系统以及销售人员的工作技能和工作态度。

（8）对管理者的评估，即对企业的主要管理者的知识、能力、勤奋、正直、诚实等素质进行分析和评价。

管理审计在实践中常存在一些不良的现象，如从事了不必要的工作、重复工作、不良的存货控制、机器设备不经济的使用、不必要的费用和资源的浪费等。尽管如此，管理审计仍然可以对整个组织的管理绩效进行评价，为企业在未来改进管理系统的结构、工作程序和结果提供有用的参考。

拓展阅读10.3

“问题管理”的十大定律

【第一定律】把问题作为切入点、从问题开始进行管理，比把理论和目标作为切入点、从理论和目标开始管理，会更加简单有效。

【第二定律】管理者必须进行问题管理，而不是危机管理。

【第三定律】问题总在长大，解决需要动力。

【第四定律】用平常心寻找问题是不够的，要用“挖掘问题”的态度和方法，才能准确、到位地发现问题。

【第五定律】表达问题比发现问题更重要。

【第六定律】阶段、层次、角度、对象这四方面的因素决定了问题挖掘方法和解决方案的差异。这也称为问题管理的四论（阶段论、层次论、角度论、对象论）。

第六定律推论：解决问题不仅要对症下药，还要对事下药、对人下药、对愿下药、对财下药。

【第七定律】监控问题有时比解决问题更重要。

【第八定律】治本总比治标好，治标总比不治好，不治总比捣乱好。

【第九定律】并不是所有的问题都需要马上解决，有些问题可以置之不理，有些问题可以掩盖起来，问题管理要抓大放小。

【第十定律】管理只有恒久的问题，没有终结的答案。

第十定律推论：优秀大公司并不比创业小公司的问题少，快速发展的企业和阶段性成功的企业存在更多需要解决和能够解决的问题。

注：第二定律由海尔集团CEO张瑞敏提出，第十定律由斯图尔特·克雷纳在《管理百年》一书中提出，其余定律由中国首位问题管理专家孙继伟博士提出。

管理定律

经典管理定律之十

1. 破窗效应

内　容：及时矫正和补救正在发生的问题。

提出者：美国斯坦福大学心理学家詹巴斗

点　评：“破窗效应”理论来自于詹巴斗多年前进行的一项试验。在这项试验中，詹巴斗找了两辆一模一样的汽车，把其中一辆摆在帕罗阿尔托的中产阶级社区，而另一辆停在相对杂乱的布朗克斯街区。他把停在布朗克斯街区的那辆车的车牌摘掉，把顶棚打了个洞。结果这辆车一天之内就被人偷走了。而放在帕罗阿尔托的那辆车摆了一星期仍完好无损。然后，詹巴斗用锤子把那辆好车的玻璃敲了一个大洞。结果呢，仅仅过了几个小时，这辆车也被偷走了。以这项试验为基础，政治学家威尔逊和犯罪学家凯琳提出了一个“破窗理论”：如果有人打坏了一幢建筑物窗户的玻璃，而这窗户又没有得到及时的修理，人们就可能受到这扇破窗户的暗示而去打烂更多的窗户玻璃。时间一长，这幢建筑物被打碎的玻璃会越来越多，最后变得破烂不堪。这表明：在公众麻木不仁的氛围中，犯罪就会滋生和繁衍。人的这种心理被命名为“破窗效应”。

2．多米诺（骨牌）效应

内　容：一荣难俱荣，一损易俱损，连锁反应。

点　评：多米诺骨牌是一种用木、骨或塑料制成的长方形骨牌。玩时将骨牌按一定间距排列成行，轻轻碰倒第一枚骨牌，其余的骨牌就会产生连锁反应，依次倒下。

这种效应的物理道理是，多米诺骨牌竖着时，重心较高，倒下时重心下降，在倒下的过程中，其重力势能转化为动能，它倒在第二张牌上，这个动能就转移到第二张牌上，第二张牌将第一张牌转移来的动能和自己倒下过程中由本身具有的重力势能转化来的动能之和，再传到第三张牌上，所以每张牌倒下的时候，具有的动能都比前一张牌大，因此它们的速度一个比一个快，也就是说，它们依次推倒的能量一个比一个大。

3．阿什法则

内　容：承认问题是解决问题的第一步。

提出者：美国企业家 M.K.阿什

点　评：越是躲着问题，问题越会揪住你不放。

4．海恩法则

内　容：任何不安全事故都是可以预防的。

提出者：飞机涡轮展机的发明者德国人帕布斯·海恩

点　评：每一起严重事故的背后，必然有 29 次轻微事故和 300 起未遂先兆以及 1 000 起事故隐患。要想消除这一起严重事故，就必须把这 1 000 多起事故隐患控制住。这就是关于飞行安全的“海恩法则”。

海恩法则强调两点：一是事故的发生是量的积累的结果；二是再好的技术，再完美的规章，在实际操作层面，也无法取代人自身的素质和责任心。同样去检查飞机发动机的涡轮扇叶，有的机械师走马观花，有的机械师却看出了扇叶上一个细小的裂纹。“海恩法则”多被用于企业的生产管理，特别是安全管理中。“海恩法则”对企业来说是一种警示，它说明任何一起事故都是有原因的，并且是有征兆的；它同时说明安全生产是可以控制的，安全事故是可以避免的；它也给了企业管理者关于生产安全管理的一种方法——发现并控制征兆。在现实生活中，“海恩法则”几乎适用于事关安全的所有领域。

5．王永庆法则

内　容：节省一元钱等于净赚一元钱。

提出者：台湾台塑总裁王永庆

点　评：王永庆在多个场合多次反复强调这样一句话“节省一元钱等于净赚一元钱”。他的这个思想被台塑集团员工奉为经典，并被国内外企业管理者称为“王永庆法则”。赚钱要依赖别人，节省只取决于自己。在现实生活中，我们大多看重的是财富的创造，对于节俭似乎注意不够，有时甚至认为这是小家子气。殊不知，节俭也是理财的一部分。学会了节俭每一分不必花费的钱，你也就学会了对财富的运用和创造。“王永庆法则”告诉我们：财富积累是创造和节省两种途径形成的；节省是现代人的美德，即使世界最大的企业老板，也把节省作为自律的一项要求；节省不分时间和地点，随时随地都应尽量节省每一分钱，节省应从细节做起；个人不节省，无益致富；企业不节省，无益发展。

项目总结

（1）控制是管理的基本职能，对控制的理解不要仅局限于检查、监督和纠正偏差等管理活动过程，更广义的研究控制也包括确定新的、更合理的控制标准，增强组织系统的适应性的过程。

（2）按照控制的时间不同，控制常可分为前馈控制、现场控制和反馈控制三类。前馈控制也称为事前控制，是指在工作正式开始前对工作中可能产生的偏差进行预测和估计，并采取防范措施，将潜在的偏差消除在产生之前，其目的是防患于未然、未雨绸缪地控制；现场控制也称为同步控制，是指计划执行过程中所实施的控制，即通过对计划执行过程的直接检查和监督，随时检查和纠正实际与计划的偏差，其目的是要保证本次活动尽可能少发生偏差，改进本次而非下一次活动的质量；反馈控制也称为事后控制，是指从已经执行的计划或已经发生的事件中获得信息，运用这些信息来评价、指导和纠正今后的活动，反馈控制是一种最主要也是最传统的控制方式，其目的并非要改进本次行动，而是力求能“吃一堑，长一智”，提高下一次行动的质量。

（3）有效的控制过程一般包括确定控制标准、衡量工作成效和纠正偏差三个基本环节。

（4）控制的方法与技术主要包括预算控制、生产控制、比率控制和审计控制。

（5）预算是用数字，特别是用财务数字的形式来陈述的组织中的短期活动计划，它预估了在未来特定时期内的收入，也规定了各部门支出的额度。预算控制将实际和计划相比较，确认预算完成情况，找出差距并进行弥补，以实现对组织资源充分合理地利用。利用预算，管理者可以准确衡量部门生产经营情况和效益好坏，有利于对各部门工作进行评价和控制。按照不同的内容，可以将预算分为经营预算、投资预算和财务预算三大类。而现代预算方法则包括弹性预算、固定预算、零基预算和滚动预算。

（6）生产控制是在执行生产计划过程中，按既定的政策、目标、计划、标准和经济的原则，落实任务，检查生产条件，掌握运行情况，分析差异并及时采取措施的一种方法。生产控制主要包括对制造系统硬件的控制（设备维修）、生产进度控制、库存控制、质量控制、成本控制等。

（7）比率控制是对组织经营活动中各种不同度量进行的比率分析，是一项非常有益的和必需的控制技术或方法。企业经营活动分析中常用的比率可以分为两大类，即财务比率和经营比率。其中，财务比率主要用于说明企业的财务状况，包括流动比率、速动比率、负债比率和赢利比率；经营比率主要用于说明企业经营活动的状况，包括库存周转率、固定资产周转率、销售收入与销售费用的比率。

（8）审计是对反映企业资金运动过程及其结果的会计记录及财务报表进行审核、鉴定，以判断其真实性和可靠性，从而为控制和决策提供依据的过程。根据审查主体和内容的不同，可将审计划分为外部审计、内部审计和管理审计三种主要类型。

技能实训

【管理测试】 测试你是否是一位好领导

1．测试说明

你是一位好领导吗？请回答下列问题。

2．测试题目

（1）在以下三种职业中，你喜欢哪一种？

A．做某个组织的发言人

B．做某个团体的首领

C．做某支军队的指挥官

（2）你认为权力下放有何益处？

A．有利于提高个人能力

B．可以让上级领导集中精力于高层管理

C．减轻上级领导的工作负担

（3）当你做出某项与下属的工作密切相关的决定时，你是否事先征求他们的意见？

A．是的，因为我一贯重视下属的意见

B．不，我认为管理者有权做决定

C．不一定，这要看我是否有时间

（4）你授予下属多大的权限？

A．先斩后奏

B．每做重要决定时都征求你的意见

C．自行决定是否需要征求你的意见

（5）你希望下属参与制订工作计划吗？

A．不，因为他们只会劝我把指标定得低低的

B．是的，因为这样才能使他们发扬奉献精神，努力完成任务

C．有时候，但重大项目除外

（6）如果某位下属在完成一项艰巨任务过程中表现出色，你会怎么做？

A．立即向他表示祝贺

B．不加评论，避免他趁机要求加薪

C．遇到他时顺便赞扬几句

（7）如果某位一向表现不错的员工突然走下坡路，你会怎么做？

A．尽快与他促膝谈心，找出问题所在

B．态度强硬地威胁他，逼他改正

C．上报人事部门，请他们去调查

（8）如果将向全体下属发布一项重要的新措施，你会怎么做？

A．发一份简报，将新措施方案刊载在其中

B．安排一位助手去向大家解释

C．召开一次专门会议，向每位下属解释新方案

（9）如果某位部下因未获提升而情绪低落，你会怎么做？

A．告诉他那个职位本来就不适合他

B．教他改进的方法，以便在下次提升时脱颖而出

C．劝他别伤心，谁没有挫折

（10）如果你对某位下属提出的过激方案不感兴趣，你会怎么做？

A．指出这个方案的缺陷，同时鼓励他重新考虑新方案

B．告诉他这个不合时宜，成本太高，不实用

C．表示你将认真考虑他的意见，随后却丢进档案柜

答案：

（1）A．0　B．10　C．5　（2）A．0　B．5　C．10

（3）A．10　B．0　C．5　（4）A．5　B．0　C．10

（5）A．0　B．10　C．5　（6）A．10　B．0　C．5

（7）A．10　B．0　C．5　（8）A．5　B．0　C．10

（9）A．0　B．10　C．5　（10）A．10　B．5　C．0

3．测试结果分析

76～100分：你是一位出色的领导，很善于调动下属的积极性，使他们发挥自己的最大潜力。你领导的部门一定气氛融洽，生动活泼，每位员工都富有朝气和干劲。

51～75分：你能正确认识到经营管理者的职责，不过有时还不够大胆，不能充分相信群众。

26～50分：你过于保守，束缚着下属的发展。你不仅需要增强自信心，也需要增强对别人的信心。

0～25分：你根本就不适合从事经营管理工作。

【管理实践】

按表10.1完成管理实践。

表10.1　管理实践要求

实训项目	高职人才培养质量水平控制关键点分析
实训目标	1．培养控制意识。 2．培养控制关键点分析能力
实训内容及组织	1．以4～5人组成实训小组。 2．就所就读的大学进行高职人才培养质量水平控制关键点分析，包括以下内容： （1）个人思考，提出不少于3个一级控制关键点及其下的二级控制点，并就其内容及要求进行一定的说明，提交分析方案； （2）分组讨论，试对组内各成员提出的控制点进行比较、分析和评价，最终形成小组分析方案并提交。 3．各组以PPT演示的形式进行分析方案汇报
活动考核	1．以小组为单位，由组长对每个成员的分析情况及讨论表现进行打分。 2．由教师根据各人及小组分析报告以及汇报表现进行综合考核

知识测试

一、判断题

1．组织在动态变化的环境中，为了确保实现既定的组织目标而进行的检查、监督、纠正偏差等管理活动，就是控制。（　　）

2．前馈控制是一种管理者与被管理者面对面进行的控制活动。（　　）

3．有效的控制只能针对关键项目，抓住活动过程中的关键和重点进行局部的和重点的控制，这就是控制的目标原则。（　　）

4．坚持控制的经济性原则，一要有选择地实行控制；二要降低控制的各种耗费。（　　）

5．控制过程就是管理人员对下属行为进行评价考核的过程。（　　）

6．管理控制最重要的是对人的控制。（　　）

7．控制职能贯穿管理的全过程。（　　）

8．最佳的控制是防止问题的发生。（　　）

9．控制越详细、越严格，控制效果就越好。（　　）

10．预先控制是针对某项计划行动所依赖的条件而非具体人员所进行的控制。（　　）

11．有效的控制系统包括三个主要步骤，即制订标准、衡量工作成效和分析偏差。（　　）

12．纠正偏差的最理想方法应该是在偏差产生以后马上进行纠正。（　　）

二、单选题

1．注重于对已发生的错误进行检查改进属于（　　）。

A．前馈控制　　B．现场控制　　C．反馈控制　　D．直接控制

2．在控制的基本过程中，衡量实际工作主要解决的问题是（　　）。

A．衡量什么　　B．制定标准　　C．如何衡量　　D．A和C

3．实施控制的关键性步骤是（　　）。

A．选择关键点　　B．拟订标准

C．选择控制技术　　D．建立控制系统

4．控制工作得以展开的前提是（　　）。

A．建立控制标准　　B．分析偏差原因

C．采取矫正措施　　D．明确问题性质

5．“治病不如防病，防病不如讲究卫生”，根据这一说法，以下几种控制方式中，（　　）方式最重要。

A．前馈控制　　B．现场控制　　C．反馈控制　　D．直接控制

6．控制过程的第一步是（　　）。

A．进行预测　　B．科学决策　　C．分析判断　　D．确定标准

7．进行控制时，首先要建立标准。下列关于建立标准的说法中，（　　）是正确的。

A．标准应该越高越好　　B．标准应考虑实施成本

C．标准应考虑实际可能　　D．标准应考虑顾客需求

8．控制的目的是（　　）。

A．改善组织的内部环境　　B．保证组织不出现偏差

C．增强企业员工的责任意识　　D．确保组织目标的实现

9．管理控制工作的一般程序是（　）。

A．建立控制标准→分析差异产生原因→采取矫正措施

B．采取矫正措施→分析差异产生原因→建立控制标准

C．建立控制标准→采取矫正措施→分析差异产生原因

D．分析差异产生原因→采取矫正措施→建立控制标准

10．所有权和经营权相分离的股份公司，为强化对经营者行为的约束，往往设计有各种治理和制衡的手段，包括：①股东们要召开大会对董事和监事人选进行投票表决；②董事会要对经理人员的行为进行监督和控制；③监事会要对董事会和经理人员的经营行为进行检查监督；④要强化审计监督；如此等等。这些措施（　）。

A．均为前馈控制

B．均为反馈控制

C．①为前馈控制，②为现场控制，③和④为反馈控制

D．①和②为前馈控制，③和④为反馈控制

11．能够有效地监督组织各项计划的落实与执行情况，发现计划与实际之间的差距，这一管理环节是（　）。

A．领导　　B．组织　　C．控制　　D．协调

12．“亡羊补牢，时犹未晚”可以理解成一种反馈控制行为。下面各种情况中，哪一组更为贴近这里表述的“羊”与“牢”的对应关系？（　）

A．企业规模与企业利润　　B．产品合格率与质量保证体系

C．降雨量与洪水造成的损失　　D．医疗保障与死亡率

13．人们常说，人的身体是“三分治七分养”，对于这件事，（　）。

A．反馈控制比前馈控制重要　　B．现场控制比反馈控制重要

C．反馈控制比现场控制重要　　D．前馈控制比反馈控制重要

14．即时控制通常又被称为（　）。

A．前馈控制　　B．反馈控制　　C．作业控制　　D.现场控制

15．管理控制通过（　），可以发现管理活动中的不足之处。

A．拟订标准　　B．衡量绩效　　C．纠正偏差　　D.信息反馈

16．某企业在编制预算时规定，在产品销量为1 000件时，预算的成本为2.8元；而当销量达到1 500件时，则以单位成本2.65元作为控制标准。此种做法（　）。

A．违背了控制的严肃性原则

B．体现了控制的例外原则

C．以弹性预算法来谋求控制严肃性与灵活性的统一

D．在控制工作中引入了激励原则

17．某企业到了2月底，发现甲产品一季度计划才完成50%，便采取日夜轮班来平衡实际与计划的偏差；发现乙产品供大于求，价格下降，这时候决定立即减少或停止这种产品的生产。这些措施（　）。

A．均属于反馈控制

B．均属于正馈控制

C．前者属于正馈控制，后者属于反馈控制

D．前者属于反馈控制，后者属于正馈控制

18．种庄稼需要水，但某一地区近年老不下雨，怎么办？一种办法是灌溉，以弥补天不下雨的不足；另一种办法是改种耐旱作物，使所种作物与环境相适应。这两种措施分别是（　　）。

A．纠正偏差和调整计划　　B．调整计划和纠正偏差

C．反馈控制和前馈控制　　D．前馈控制和反馈控制

19．小张下岗后开了一家小型餐饮店。他知道，要取得经营成功，除了要有可口的饭菜外，周到的服务和与顾客的良好关系也是非常重要的。为此，他采取了如下控制措施：① 在店内显眼的位置挂一本顾客意见簿，欢迎顾客提出意见和批评；② 让领班严密地监视服务人员的行为，并对棘手问题的处理提供协助和建议；③ 在员工上岗之前进行工作技能和态度的培训；④ 明确规定半年后要对服务质量好的员工给予奖励。以下哪种说法是正确的？（　　）

A．④和①一样，都属于反馈控制

B．①是反馈控制，②是同步控制，③是前馈控制

C．④属于激励措施，不属于控制措施

D．③属于激励措施，不属于控制措施

三、多选题

1．控制的类型按方式有（　　）。

A．现场控制　　B．直接控制

C．管理控制　　D．间接控制　　E．事后控制

2．控制的基本过程包括（　　）。

A．制订计划　　B．确定标准

C．衡量成效　　D．诊断原因　　E．纠正偏差

3．定量标准包括（　　）。

A．实物标准　　B．价值标准

C．时间标准　　D．服务质量标准　　E．顾客满意度

4．外部审计的优点是（　　）。

A．可以保证审计的独立性和公正性

B．结果具有相对真实性和准确性

C．有助于推行分权化管理

D．可以提供有关改进公司政策、工作程序和方法的对策建议

E．促使公司政策符合实际，工作程序更加合理

5．生产控制的内容包括（　　）。

A．设备维修　　B．生产进度控制

C．库存控制　　D．质量控制　　E．成本控制

6．根据审查主体和内容的不同，可将审计划分为（　　）。

A．外部审计　　B．内部审计

C．管理审计　　D．财务审计　　E．综合审计

7. 衡量工作业绩时应注意所获取信息的质量问题，信息质量主要体现在（　　）方面。

A. 真实性　　B. 完整性

C. 及时性　　D. 适用性　　E. 准确性

8. 要使控制工作发挥应有作用，在进行控制活动时应遵循（　　）原理。

A. 未来导向　　B. 反映计划

C. 组织适宜性　　D. 关键点控制　　E. 例外

四、简答题

1. 计划和控制的关系是什么？

2. 控制工作的过程是怎样的？

3. 管理者在衡量工作成绩的过程中应注意什么问题？

4. 简述管理审计及其做法。

五、论述题

试述前馈控制、现场控制和反馈控制各自的优缺点及联系。

六、案例分析题

查克停车公司的两项业务

你要是在美国好莱坞或贝弗利山举办一个晚会，肯定会有这样一些名人来参加：尼科尔森、麦当娜、克鲁斯、切尔、查克·皮克。

“查克·皮克？”

“自然！”

没有停车服务员，你不可能成功地举办晚会。在南加州，停车业内响当当的名字就数查克·皮克了。

查克停车公司是一家小企业，但每年的营业额有几百万美元。公司拥有雇员100多人，其中大部分为兼职人员。每个星期，查克停车公司至少要为几十个晚会料理停车业务。在最忙的周六晚上，公司可能要同时为6～7个晚会提供停车服务，每个晚会可能需要3～15位服务员。

查克停车公司经营的业务包含两项：一是为晚会料理停车事宜；二是同一个乡村俱乐部办理停车经营特许权合同。这个乡村俱乐部要求提供2～3位服务员，每周7天都是这样。但查克的主要业务还是来自于私人晚会。他每天的主要工作就是拜访那些富人或名人的家，评价道路和停车设施，并告诉他们需要多少个服务员来处理停车的问题。一个小型的晚会可能只要3～4位服务员，花费大约400美元。然而一个特别大型的晚会的停车费用可能高达2 000美元。

尽管私人晚会和乡村俱乐部的合同都涉及停车业务，但它们为查克提供收入的方式却很不相同。私人晚会是以当时出价的方式进行的。查克首先估计大约需要多少位服务员为晚会服务，然后按每人每小时多少钱给出一个总价格。如果顾客愿意“买”他的服务，查克就会在晚会结束后寄出一份账单。在乡村俱乐部，查克根据合同规定，每月要付给俱乐部一定数量的租金来换取停车场的经营权，他收入的唯一来源是服务员为顾客服务所获得的小费。因此，在私人晚会服务时，他绝对禁止服务员收取小费；而在俱乐部服务时，小费则是他唯一的收入来源。

问题：

1. 你是否认为查克停车公司的控制问题在两种场合下是不同的？为什么？

2. 在前馈、反馈和现场控制三种类型中，查克应采取哪一种手段对乡村俱乐部业务进行控制？对私人晚会停车业务，又适宜采取何种控制手段？

学习领域六

综合实训

管理导航

“管理学基础”是一门建立在经济学、心理学、行为科学、社会学基础上的综合性、实践性很强的应用学科。管理活动的属性告诉我们：管理既是一种知识，更是一种实践；管理不仅是一门科学，更是一门艺术。管理的科学性和艺术性不是相互排斥，而是相互补充的。靠背诵条文进行管理等于“纸上谈兵”，必然脱离实际、效率低下，甚至造成巨大的损失；反之，不懂管理理论和方法，进行管理时只是凭感觉经验或碰运气，则很难找到解决问题的满意方案。因此，既重视管理理论的学习，又不忽略实践中的灵活运用，是每个管理者走向成功的保证。

项目 11　综 合 学 习

学习目标

能力目标

1. 整合并巩固管理理论与知识
2. 深刻领会管理活动的科学性与艺术性
3. 培养综合运用管理知识分析问题和解决问题的能力
4. 培养团队协作精神与能力
5. 培养良好的管理素养和求实的工作作风

训练网络

项目 11　综合学习

任务 11.1 综合测试

- 综合测试一
- 综合测试二
- 综合测试三

任务 11.2 综合案例

- 综合案例一
- 综合案例二
- 综合案例三

任务 11.3 综合实践

- 企业管理系统调查与访问

任务 11.1 综 合 测 试

综合测试一

一、判断题（本大题共 15 个小题，每小题 1 分，共 15 分。在每小题后的括号中，正确的打“√”，错误的打“×”。）

1．管理者应当下授与所授职权相等的执行责任而非最终责任。（　　）

2．在一个组织中有两种不同性质的权力：直线权力和参谋权力。（　　）

3．在网络图的绘制中不能出现循环路线。（　　）

4．滚动计划法可大大增加计划的弹性，从而提高组织的应变能力。（　　）

5．菲德勒模型认为任何领导形态均可能有效，存在一种“普遍适用的”或“最好的”领导方式。（　　）

6．关键路线是网络图中费时最少的路线。（　　）

7．最好的控制是在问题出现时进行，而不是其他时间。（　　）

8．金钱、地位、安全、工作环境、人际关系等属于激励因素。（　　）

9．在管理工作中，计划工作的最后一步是做预算。（　　）

10．风险型决策面临的是多种可能的自然状态，可选方案在不同自然状态下的结果不同，事前难以肯定未来会出现哪一种自然状态，难以预测其出现的概率。（　　）

11．目标管理是以过程管理理论为基础形成的一套计划执行实施的管理制度。（　　）

12．领导特质理论认为，领导者所具有的品质是天生的，是由遗传决定的，只要是领导就一定具备超人的素质。（　　）

13．Y 型沟通是一个水平沟通网络，其中只有一个成员位于沟通内的中心，成为沟通的媒介。（　　）

14．公平理论认为每个人仅关心由于自己的工作努力所得到的绝对报酬，并不关心自己的报酬与他人报酬之间的关系。（　　）

15．纠正偏差的最理想方法应该是在偏差产生以后马上进行纠正。（　　）

二、单选题（本大题共 20 个小题，每小题 1 分，共 20 分。在每小题列出的 4 个选项中只有一个选项是符合题目要求的，请将正确选项前的字母填在题中的括号内。）

1．（　　）组织结构的成员存在接受双重领导的问题。

A．直线型　　B．直线参谋型　　C．事业部制　　D．矩阵型

2．组织规模一定时，管理宽度和组织层次成（　　）。

A．正比关系　　B．指数关系　　C．反比关系　　D．相关关系

3．面对可能呈现的多种状态，决策者虽无法事先确定究竟呈现何种状态，但可判断各种状态出现的概率的是（　　）。

A．确定型决策法　B．风险型决策法　C．非确定型决策法　D．追踪决策法

4．（　　）组织结构又称为“斯隆模式”。

A．直线型　　B．矩阵型　　C．职能型　　D．事业部制

5．双因素理论中的双因素指的是（　　）。

A．人和物的因素　　B．信息与环境的因素
C．保健因素与激励因素　　D．自然因素和社会因素

6．泰勒的科学管理理论出现在（　　）。
A．19 世纪末 20 世纪初　　B．20 世纪 30 年代
C．20 世纪 40 年代　　D．20 世纪 60 年代

7．控制活动应该（　　）。
A．与计划工作同时进行　　B．先于计划工作进行
C．在计划工作之后进行　　D．与计划工作结合进行

8．进行组织结构设计时，划分管理层次的主要决定因素是（　　）。
A．组织高层领导的偏好　　B．法律的规定
C．组织规模　　D．管理宽度的限制

9．一般来说，组织越稳定，管理宽度应该（　　）。
A．越小　　B．越大　　C．无法判断　　D．无影响

10．选拔主管人员的方式，既可以考虑从内部提升，也可以考虑从外部招聘，但无论从内部提升还是从外部招聘，都要鼓励（　　）。
A．首先搞好群众关系　　B．毛遂自荐
C．尽展所能　　D．公平竞争

11．以下各种沟通网络中，最能提高组织成员士气，使大家感到满意的是（　　）。
A．链式　　B．轮式　　C．环式　　D．Y 式

12．所谓授权，是指（　　）。
A．在组织设计时，规定下属管理岗位必要的职责与权限
B．领导者将部分处理问题的权限委派给某些下属
C．在组织调整时，规定下属管理岗位必要的职责与权限
D．委托代理关系

13．基于“复杂人”的假设所引出的管理方式是（　　）。
A．在管理中应更重视职工之间的关系及职工的心理需求满足，培养职工的归属感
B．在管理中强调经济刺激和严格的监督控制
C．在管理中更重视为下属创造机会，发挥潜能，实现自我价值
D．在管理中因人而异，采取不同的管理方法和措施

14．根据领导生命周期理论，参与型领导方式适用于（　　）。
A．高任务、低关系的情况　　B．高任务、高关系的情况
C．低任务、低关系的情况　　D．低任务、高关系的情况

15．下列哪种说法不能反映群体参与式管理的情况？（　　）
A．“众人划桨开大船”　　B．“三个和尚没水喝”
C．“一个好汉三个帮”　　D．“十根筷子折不断”

16．某大型企业的陈先生多年担任总工程师职务，前不久正式退居二线，但他的继任者在进行重大工程技术决策前，还主动前去征询他的意见。之所以出现这种情况，你认为主要是陈先生拥有（　　）方面的影响力。
A．任职多年　　B．德高望重　　C．势力较大　　D．技术专长

17．某公司生产某种产品的固定成本为 100 万元，单位产品变动成本为 700 元，单位

产品售价为900元，用盈亏平衡点法确定其产量为（　）件。

A．500　　B．4 500　　C．5 000　　D．45 000

18．对大多数企业主管而言，最令他们困扰的不是如何与竞争对手抢夺市场，而是如何找到训练和留住优秀员工的方法，搞技术的企业尤其如此。这些主管会认为（　）是最佳的一种方法。

A．提供诱人的薪水和福利　　B．提供舒适的工作环境

C．提供具有挑战性的工作　　D．提供自由工作的便利

19．某大企业人才济济、设备精良，长期以来以管理正规、有序而自诩。但近年来该企业业绩不佳，尤其是干群士气低落，管理人员和技术人员的流失率逐年升高。从管理职能的角度分析，该企业最有可能是哪一方面的工作存在问题？（　）

A．计划职能　　B．组织职能　　C．领导职能　　D．控制职能

20．信息从管理者流向下属人员的沟通属于（　）。

A．上行沟通　　B．斜向沟通　　C．平行沟通　　D．下行沟通

三、多选题（本大题共10个小题，每小题2分，共20分。在每小题列出的5个选项中有2～5个选项是符合题目要求的，请将正确选项前的字母填在题中的括号内。多选、少选、错选均无分。）

1．以下关于管理的含义正确的有（　）。

A．管理是由管理者进行的活动　　B．管理是在一定的环境和条件下进行的

C．管理的目的是实现特定的目标　　D．管理需要动员和配置有效资源

E．管理具有基本的职能

2．下列选项中属于运用前馈控制的有（　）。

A．企业根据现有产品销售不畅的情况，决定改变产品结构

B．猎人把瞄准点定在飞奔的野兔的前方

C．根据虫情预报，农业公司做好农药储备

D．汽车驾驶员在上坡时，为了保持一定的车速，提前踩加速踏板

E．瞄准靶心射击

3．管理的二重性是指管理的（　）。

A．科学性　　B．艺术性

C．自然属性　　D．社会属性　　E．实践性

4．（　）是梅奥在总结霍桑试验的基础上得出的结论。

A．人的行为总是指向经济利益

B．人的行为是由动机导向的，而动机则是由需要引起的

C．人的需要是有层次的

D．新型的领导能力在于提高职工的满意程度

E．职工是社会人

5．过分集权的弊端，除了会降低决策的质量外，还会造成（　）。

A．降低决策的执行速度　　B．降低组织的适应能力

C．降低成员的工作热情　　D．影响政策的统一性

E．降低组织的凝聚力

6. 构成非职权影响力的主要因素有（　　）。

A. 品格　　B. 才能

C. 知识　　D. 感情　　E. 地位

7. 扁平结构的优点是（　　）。

A. 易于横向协调　　B. 管理费用低

C. 缩短了上下级之间的距离　　D. 信息纵向流通快

E. 严密监督下级

8. 泰勒所创立的科学管理理论的主要观点有（　　）。

A. 科学管理的根本目的是谋求最高的工作效率

B. 达到最高工作效率的重要手段，是用科学的管理方法代替旧的经验管理方法

C. 科学管理的核心问题是要求管理人员和工人双方在精神上和思想上来一个彻底变革

D. 绘制出组织图以表示各部门之间的分工和报告控制关系

E. 为了使人更好地履行职责，必须授予他足够的权力

9. 目标管理的缺点有（　　）。

A. 变化不定影响目标管理的恒定

B. 不良的劳资关系会降低目标管理的效率

C. 战略目标有可能被运营目标替代

D. 僵化的组织和价值观阻碍员工的参与，损害目标管理的进程

E. 文件过于浩繁使目标管理丧失活力

10. 决策的影响因素有（　　）。

A. 环境　　B. 过去的决策

C. 决策者的风险态度　　D. 组织成员对组织变化所持的态度

E. 决策者的素质

四、简答题（本大题共 2 个小题，每小题 5 分，共 10 分。）

1. 简述决策的程序。

2. 简述人员配备工作在管理职能中的地位、作用及其重要性。

五、论述题（本大题共 1 个小题，共 10 分。）

如何正确理解管理既是科学又是艺术？在实践工作中如何运用这一原理？

六、计算分析题（本大题共 1 个小题，共 10 分。）

某企业欲新建一条生产线生产一种新产品，年固定成本需 10 万元，单位产品变动成本为 40 元，产品单价预计为 80 元。该产品的市场需求量很大，企业生产多少就可以销售多少，但该生产线的设计能力较低，年产仅有 2 000 台，若按此方案建新生产线，企业是赢利还是亏损？方案是否可取？请决策。

七、案例分析题（本大题共 1 个小题，共 15 分。）

某管理局是新组建的单位，基本上由两部分职员组成，一部分是从原单位经过挑选保留下来的骨干，他们熟悉业务且思想素质高；另一部分是从别的单位分流来的新职工，他们普遍参加工作时间不长，对业务不太熟悉。

问题：

根据情况，运用领导生命周期理论分析讨论，实施什么样的领导方式比较有效。

综合测试二

一、判断题（本大题共 15 个小题，每小题 1 分，共 15 分。在每小题后的括号中，正确的打“√”，错误的打“×”。）

1. 选择活动方案的原则是最优原则，在多数情况下，可以借助最新的分析方法和计算机对所有的备选方案进行分析。（　　）

2. 民主式的领导方式是最好的领导方式。（　　）

3. 古人所说的“运筹帷幄”，是对计划职能的最形象概括。（　　）

4. 在行政性组织中，领导的权威完全以其职位为基础。（　　）

5. 管理者对员工的人性假设不同，从而会采用不同的领导方式和激励方法。（　　）

6. 领导者是管理者，同样管理者也是领导者。（　　）

7. 良好的信息沟通是指沟通双方准确理解信息的含义，而不是彼此接受对方的观点。（　　）

8. 关键点控制的原理是，关注那些关键因素，并以此对业绩进行控制。（　　）

9. 控制力度加大，可能出现的不利偏差就会减小，损失也会减小。所以，控制工作力度越大越好。（　　）

10. 根据公平理论，平均分配是最公平的。（　　）

11. 计划通过预计变化来降低不确定性。（　　）

12. 管理者在制订组织目标时应尽可能在多样化的目标之间进行平衡，以协调多重目标之间的矛盾冲突。（　　）

13. 应变领导模式理论认为随着下属从不成熟走向成熟，领导者不仅要减少对活动的控制，而且要减少对下属的帮助。（　　）

14. 赫茨伯格认为当缺乏激励因素时，员工对工作持无所谓态度，但存在激励机制时，员工感到高度满意并受到激励。（　　）

15. 计划产生控制的标准是控制的前提，而控制是计划目标能够实现的保证。（　　）

二、单选题（本大题共 20 个小题，每小题 1 分，共 20 分。在每小题列出的 4 个选项中只有一个选项是符合题目要求的，请将正确选项前的字母填在题中的括号内。）

1. 管理是一门艺术，这是在强调管理的（　　），否则就无所谓艺术。

A. 多样性　B. 科学性　C. 实践性　D. 复杂性

2. 管理的主体是（　　）。

A. 企业家　B. 全体员工　C. 高层管理者　D. 管理者

3. 古典管理理论阶段的代表性理论是（　　）。

A. 科学管理理论　B. 管理科学理论　C. 行为科学理论　D. 权变理论

4. 科学、技巧、艺术和人的属性在实现组织目标过程中有机结合起来的是（　　）。

A. 领导工作　B. 组织工作　C. 控制工作　D. 计划工作

5. 以下各种沟通网络中，最能提高组织成员士气，使大家感到满意的是（　　）。

A. 链式　B. 轮式　C. 环式　D. Y 式

6. 组织规定的汇报制度，定期或不定期的会议制度，上级指示按组织系统逐级下达，以及下级情况逐级上报等属于（　　）。

A．正式沟通　　B．非正式沟通　C．单向沟通　　D．上行沟通

7．基于“复杂人”的假设所引出的管理方式是（　　）。

A．在管理中应更重视职工之间的关系及职工的心理需求满足，培养职工的归属感

B．在管理中强调经济刺激和严格的监督控制

C．在管理中更重视为下属创造机会，发挥潜能，实现自我价值

D．在管理中因人而异，采取不同的管理方法和措施

8．美国心理学家麦克利兰的激励需求理论认为，人的基本需求有三种，即（　　）。

A．成就、荣誉、权力　　　　　B．成就、权力、社交

C．荣誉、权力、经济利益　　　D．成就、权力、经济利益

9．霍桑试验表明（　　）。

A．非正式组织对组织目标的达成是有害的

B．非正式组织对组织目标的达成是有益的

C．企业应采取一切措施来取缔非正式组织

D．企业应该正视非正式组织的存在

10．面对未来可能呈现的多种状态，决策者虽无法事先确定究竟呈现何种状态，但可判断各种状态出现的概率的是（　　）。

A．确定型决策法　　　　　B．风险型决策法

C．非确定型决策法　　　　D．追踪决策法

11．（　　）组织结构的成员存在接受双重领导的问题。

A．直线型　　B．直线职能型　C．事业部制　　D．矩阵型

12．职权在组织内是集中还是分散，不是职权的种类问题，而是职权的大小问题。集权与分权具有（　　）。

A．绝对性　　B．相对性　　C．统一性　　D．可比性

13．组织规模一定时，管理宽度和组织层次成（　　）。

A．正比关系　B．指数关系　C．反比关系　D．相关关系

14．控制活动应该（　　）。

A．与计划工作同时进行　　　B．先于计划工作进行

C．在计划工作之后进行　　　D．与计划工作结合进行

15．美国管理学家卡茨认为，一个主管人员至少应具备的三大基本技能是（　　）。

A．技术技能、人际技能、概念技能 B．技术技能、管理技能、人际技能

C．管理技能、技术技能、概念技能 D．管理技能、人际技能、概念技能

16．管理活动的首要职能是（　　）。

A．计划　　B．组织　　C．领导　　D．控制

17．被西方管理学界称为“科学管理之父”的是（　　）。

A．泰勒　　　　　　B．查尔斯·巴贝奇

C．亚当·斯密　　　D．罗伯特·欧文

18．组织文化的核心是（　　）。

A．人本文化　B．软性管理　C．制度　　D．价值观

19．战略决策、管理决策和业务决策是按（　　）划分的。

A．决策目标的影响程度　　B．决策是否具有重复性
C．决策条件的可控程度　　D．决策权限的制度安排

20．事业部制的特点是（　　）。
A．集权　　B．分权
C．集权与分权的结合　　D．不一定

三、多选题（本大题共10个小题，每小题2分，共20分。在每小题列出的5个选项中有2～5个选项是符合题目要求的，请将正确选项前的字母填在题中的括号内。多选、少选、错选均无分。）

1．以下属于管理者的是（　　）。
A．大学教师　　B．面包师
C．教研室主任　　D．经理　　E．办公室主任

2．明茨伯格通过实证研究发现，管理者在组织中扮演十种角色，这些角色被分为（　　）。
A．人际关系角色　　B．组织角色
C．领导角色　　D．决策角色　　E．教师角色

3．下列选项中，（　　）属于管理者所扮演的决策角色。
A．企业家角色　　B．干扰应对者角色
C．资源分配者角色　　D．谈判者角色　　E．教练角色

4．量本利分析法是（　　）的简称。
A．产量　　B．成本
C．产出　　D．利润　　E．收益

5．网络图是由（　　）组成的。
A．箭线　　B．节点
C．虚箭线　　D．路线　　E．符号

6．非正式组织具有的负面功能有（　　）。
A．组织成员形成非正式组织的心理需要与正式组织目标指向相反或相悖时，会阻碍正式组织目标的实现
B．非正式组织以心理需要和情感为联系纽带，在组织实际运行中，往往会破坏以理性为基础的正式组织的制度和规则
C．非正式组织形成的人际集团，可能造成组织中的成员分裂
D．非正式组织具有过于稳定的内部环境
E．非正式组织的存在会增加组织的成本

7．组织设计中经常运用的部门划分标准有（　　）。
A．职能　　B．产品
C．地区　　D．顾客　　E．综合部门化

8．以下关于事业部制的论述正确的有（　　）。
A．是一种在直线职能型组织结构的基础上演变而成的现代企业组织结构
B．是分级管理、分级核算、自负盈亏的一种形式
C．遵循“集中决策，分散经营”的总原则
D．有助于培养高层管理人员

E．在事业部制组织结构下，高层管理者的控制在一定程度上被削弱

9．内部招聘的优点有（　　）。

A．来源广　　B．带来新思想和新方法

C．选择准确性高　　D．适应更快　　E．费用较低

10．定量标准包括（　　）。

A．实物标准　　B．价值标准

C．时间标准　　D．服务质量标准　　E．顾客满意度

四、简答题（本大题共2个小题，每小题5分，共10分。）

1．目前许多企业的管理人员都认为“计划没有变化快，所以制订计划根本没有用。”这样的说法对不对？为什么？

2．简述选聘人员的来源及其优缺点。

五、论述题（本大题共1个小题，共13分。）

为什么“以人为本”的管理成为管理的发展趋势？如何做到“以人为本”的管理？

六、计算分析题（本大题1个小题，共10分。）

某企业准备生产一种新产品，估计这种产品在市场上的需求量（自然状态）大体有四种情况：需求量较高、需求量一般、需求量较低、需求量很低，无法对每种情况出现的概率进行预测。为了生产这种产品，企业考虑了三种方案：A 方案是自己动手，改造原有设备；B 方案是淘汰原有设备，购进新设备；C 方案是购进一部分关键设备，其余的自己制造。该产品准备生产 5 年，据测算，各个方案在各种自然状态下 5 年内的损益值如表 11.1 所示。

表 11.1　各方案损益值表

单位：万元

自然状态 / 损益值 / 方案	需求量较高	需求量一般	需求量较低	需求量很低
A 方案	190	120	−24	−30
B 方案	140	90	20	−10
C 方案	160	80	30	10

分别用乐观决策法、悲观决策法和折中法选择最佳方案（设置最大值系数为 0.7）。

七、案例分析题（本大题共6个小题，每小题2分，共12分。）

胜利电子公司是一家拥有 200 多名员工的小型电子器件制造企业。除了三个生产车间之外，企业还设有生产技术科、购销科、财务科和办公室四个部门。总经理杨兴华任现职已有四年，此外还有两个副总经理张光和江波，分别负责生产技术、经营及人事。几年来，公司的经营呈稳定增长的势头，职工收入在当地处于遥遥领先的水平。

今天已是年底，杨总经理一上班就平息了两起“火情”。首先是关于张平辞职的问题。张平是一个车间热处理组的组长，也是公司的技术骨干，一向工作积极性挺高。但今天一上班就气呼呼地来到总经理办公室递上了一份辞呈。经过了解，张平并非真的想辞职，而

是觉得受了委屈。原因是昨天因车间主任让他去参加展览中心的热处理新设备展销会而未能完成张副总交办的一批活，受到了张副总的批评。经过杨总说服后，张平解开了疙瘩，撤回了辞呈。张平刚走又来了技术科的刘工。刘工是厂里的技术大拿，也是技术人员中工资最高的一位。刘工向杨总抱怨自己不受重视，声称如果继续如此的话，自己将考虑另谋出路。经过了解，刘工是不满技术科的奖金分配方案。虽然技术科在各科室中奖金总额最高，但科长老许为了省事，决定平均分配，从而使得自认为为企业立下汗马功劳的刘工与刚出校门的小李、小马等人所得一样。结果是小李、小马等欢天喜地，而刘工却感到受到了冷落。杨总对刘工做了安抚，并告诉刘工明年公司将进一步开展和完善目标管理活动，大锅饭现象很快就会克服的。事实上，由于年初定计划时，目标制定得比较模糊和笼统，各车间在年终总结时均出现了一些问题。

送走了张平和刘工后，杨总经理开始翻阅秘书送来的报告和报表，结果上个月的质量情况令他感到不安，不合格品率上升了0～6个百分点。他准备在第二天的生产质量例会上重点解决这个问题。此外，用户的几起投诉也需要格外重视。

处理完报告和报表后，杨总经理决定到车间巡视一下。在二车间的数控机床旁，杨总发现青工小王在操作时，不合乎规格要求，当即给予了纠正。之后又到了由各单位人员协作组成的技术攻关小组，鼓励他们加把劲，争取早日攻克这几个影响产品质量和生产进度的拦路虎。并顺便告知技术员小谭，公司将会尽量帮助解决他妻子的就业问题。此外，杨总又透露了公司已做出的一项决定：今后无论是工人还是技术人员，只要有论文发表，公司将承担其参加学术会议的全部费用。大家感到备受鼓舞。

中午12点，根据预先的安排，杨总同一个重要的客户共进了午餐。下午2点主持了公司领导和各部门主管参加的年终总结会，会上除了生产技术科科长与购销科科长因为先进科室的称号而争得面红耳赤之外，其他基本顺利。散会以后，杨总同一个外商进行了谈判，签下了一份金额颇大但却让两位副总忐忑不安的订单，因为其中的一些产品本公司并没生产过，短时期内也没有能力生产。但杨总经理心中自有主意，因为他知道，有一家生产这类产品的大型企业正在四处找米下锅，而这份订单不仅会使这家大企业愁眉轻展，也将使胜利电子公司轻轻松松地赚一笔。

问题：

1．胜利电子公司最有可能采用以下（　　）组织结构。

A．事业部制　　B．直线职能型　　C．矩阵型　　D．直线型

2．使张平受委屈的原因在于（　　）。

A．张平本人过于斤斤计较　　B．车间主任安排不当

C．张副总经理违反了统一指挥原则　　D．张副总经理与车间主任沟通不充分

3．下列（　　）理论能够解释刘工的心理感受。

A．双因素　　B．需要层次　　C．强化　　D．公平

4．从管理控制角度来看，杨总经理对青工小王的操作方式进行纠正，可以看做（　　）控制类型。

A．现场　　B．反馈　　C．前馈　　D．预防

5．杨总经理通过报告和报表对产品质量的控制属于（　　）控制。

A．现场　　B．反馈　　C．前馈　　D．预防

6．为了使公司的目标管理计划切实有效，以下对目标的要求中，（　　）是最重要的。

A．目标必须具备可考核性　　B．目标必须尽可能先进

C．目标的表述必须清晰易懂　　D．目标应考虑平均水平，不宜太高

综合测试三

一、判断题（本大题共 15 个小题，每小题 1 分，共 15 分。在每小题后的括号中，正确的打“√”，错误的打“×”。）

1．管理是随着人类社会的发展而产生的，在原始社会是不存在管理的。（　　）

2．组织的效率，是指组织活动达到目标的经济效益大小。（　　）

3．决策是管理的首要职能。（　　）

4．经常重复发生，能按原已规定的程序、处理方法和标准进行的决策，就是确定型决策。（　　）

5．从形式上看，目标管理是一种程序和过程。（　　）

6．管理决策又称战术决策或策略决策，它是指为了实现战略目标，而做出的带有局部性的具体决策，它主要由企业高层领导制订。（　　）

7．事关企业兴衰成败、带有全局性和长远性的大政方针所做的决策，如企业方针、目标与计划等，都属于高层决策。（　　）

8．管理幅度、管理层次与组织规模存在着相互制约的关系，也就是说，当组织规模一定时，管理幅度与管理层次成正比关系。（　　）

9．组织规模的大小，也是影响集权与分权的因素之一，规模越大，管理层次和管理部门越多，为了提高管理效率，集权程度就应越高，相反亦然。（　　）

10．小批量生产的产品具有差异化的特点，常常根据顾客的要求进行设计和生产，对企业人员技术水平要求较高，技术权力要求分散，适于采用分权式组织形式。（　　）

11．某企业生产某产品的固定成本为 14 万元，单位售价为 2 200 元，单位可变成本为 1 000 元，若企业目标利润为 10 万元，则企业应完成的经销量为 100 万件。（　　）

12．管理层次增加必将导致管理人员数量急剧增加，管理成本大幅度上升，所以应尽量减少管理层次。（　　）

13．对于规模较小的组织或者必须时刻保持上下一致的组织，一般来说适合采用分层控制的方式。（　　）

14．控制，是组织在动态变化的环境中，为了确保实现既定的组织目标而进行的检查、监督、纠正偏差等管理活动的统称，是一种动态的、适时的信息处理过程。（　　）

15．前馈控制系统实质上也是进行反馈控制。（　　）

二、单选题（本大题共 20 个小题，每小题 1 分，共 20 分。在每小题列出的 4 个选项中只有一个选项是符合题目要求的，请将正确选项前的字母填在题中的括号内。）

1．管理的主体是（　　）。

A．管理者　　B．组织　　C．人　　D．管理机构

2．一个管理者所处的层次越高，面临的问题越复杂，越无先例可循，就越需要具备（　　）。

A．领导技能　　B．组织技能　　C．概念技能　　D．人事技能

3．用数字表示预期结果的报表，被称为“数字化”的计划，这种计划就是（　　）。

A．专题计划　　B．专项计划　　C．预算　　D．数量计划

4．有关领导者向其下属部门或个人下达命令或指示的权力是（　　）。

A．决策权　　B．组织权　　C．指挥权　　D．人事权

5．“凡事预则立，不预则废”强调（　　）的重要性。

A．预防　　B．预测　　C．组织　　D．计划

6．法约尔提出的管理五项职能或要素是（　　）。

A．计划、组织、指挥、协调和控制

B．计划、组织、决策、领导和控制

C．计划、组织、决策、协调和控制

D．计划、组织、激励、协调和控制

7．企业按早、中、晚三班编制进行生产是部门根据（　　）来划分的。

A．人数　　B．时间　　C．职能　　D．产品

8．直线型组织结构的优点是（　　）。

A．结构简单，做出决定比较容易和迅速　　B．部门间协调性佳

C．实行统一指挥　　D．灵活性、适应性强

9．研究表明，管理者通过行使计划、组织、人力资源管理和控制等职能，只能够引发下属（　　）的才能，另外（　　）的才能是管理者通过有效的领导工作才得以发挥出来的。

A．70%，30%　　B．60%，40%　　C．40%，60%　　D．30%，70%

10．命令一致原理又称统一指挥，强调（　　）。

A．一个人只接受一个上级的领导　　B．一个人接受几个上级的领导

C．几个人只接受一个上级的领导　　D．几个人接受几个上级的领导

11．（　　）不属于非正式沟通的缺点。

A．影响组织的凝聚力和人心稳定　　B．传递的信息不确切，容易失真

C．难以提供“内幕新闻”　　D．难以控制

12．期望理论中的激励用公式表示为（　　）。

A．激励力=效价/期望　　B．激励力=效价×期望

C．激励力=效价-期望　　D．激励力=效价+期望

13．法约尔提出管理普遍适用的原则有（　　）。

A．8条　　B．10条　　C．12条　　D．14条

14．领导行为理论主要研究领导者的（　　）。

A．性格　　B．身材　　C．作风　　D．观念

15．提出期望理论的学者是（　　）。

A．孔茨　　B．德鲁克　　C．坦南鲍姆　　D．弗鲁姆

16．根据领导生命周期理论，参与型领导方式适用于（　　）

A．高任务、低关系的情况　　B．高任务、高关系的情况

C．低任务、低关系的情况　　D．低任务、高关系的情况

17．组织中存在着正式组织与非正式组织，正式组织与非正式组织之间的一个重大的区别就是，正式组织以（　　）为重要标准。

A．情感的逻辑　　B．正规的程序
C．效率的逻辑　　D．高度的责任心

18．某公司总经理安排其助手去洽谈一个重要的工程项目合同，结果由于助手工作中的考虑欠周全，致使合同最终被另一家公司接走。由于此合同对公司经营关系重大，董事会在讨论其中失误的责任时，存在以下几种说法，你认为哪一种说法最为合理？（　　）

A．总经理至少应该承担领导用人不当与督促检查的责任
B．总经理助手既然承接了该谈判任务，就应对谈判承担完全的责任失职的责任
C．若总经理助手又进一步将任务委托给其下属，则也可不必承担谈判失败责任
D．公司总经理已将此事委托给助手，所以，对谈判的失败完全没有责任

19．不少人分不清管理和领导这两种概念的差别。其实，领导是指（　　）。

A．对下属进行授权以实现组织既定目标的过程
B．对所拥有的资源进行计划、组织、指挥、监控，以实现组织目标的过程
C．通过沟通，影响组织成员，使他们追随其所指引的方向，努力实现组织目标的过程
D．通过行政性职权的运用，指挥组织成员按既定行动方案去实现组织目标的过程

20．某大学计算机系的系主任王教授对新来系里工作的刘博士说：“下周一上午我们谈谈，我想请你介绍一下你的硕士论文的选题及博士论文的研究情况，还有研究专长和学术兴趣，这样我们可为你安排合适的教学和科研工作。”从王主任的话来判断，他所表现出来的管理风格最接近于下列哪一种？（　　）

A．5.5 中庸型　B．9.9 团队型　C．1.9 乡村俱乐部型　D．9.1 任务型

三、多选题（本大题共 10 个小题，每小题 2 分，共 20 分。在每小题列出的 4 个选项中有 2～4 个选项是符合题目要求的，请将正确选项前的字母填在题中的括号内。多选、少选、错选均无分。）

1．根据管理二重性的原理，管理具有与（　　）相联系的自然属性。

A．生产力　B．生产关系　C．社会化大生产　D．社会制度

2．关于高层、中层和基层管理者三者之间的关系，可以描述为（　　）。

A．他们所履行的管理职能是相同的
B．高层管理者花在计划职能上的时间要比基层管理者多
C．高层管理者花在控制职能上的时间要比基层管理者少
D．高层管理者花在领导职能上的时间要比基层管理者少

3．科学管理思想包括（　　）学派。

A．权变理论　B．科学管理　C．一般管理　D．官僚组织

4．以下属于主观决策法的主要有（　　）。

A．头脑风暴法　B．发散思维法　C．德尔菲法　D．定量决策法

5．计划在管理的各种职能中处于主导地位，主要表现在（　　）方面。

A．计划和控制工作是不可分的
B．计划的确定总是在其他管理职能之前
C．计划工作是一成不变的
D．计划工作始终贯穿于组织、人事等工作中

6．计划工作的起点是机会分析，包括的内容有（　　）。

A．外部环境分析　B．内部因素分析　C．自身能力分析　D．对手能力分析

7．组织内部的职权有三种类型，分别是（　　）。

A．直线职权　B．参谋职权　C．职能职权　D．关系职权

8．管理者能够变革的领域或对象不外乎（　　）。

A．结构　B．技术　C．人员　D．设备

9．激励理论可以归纳为（　　）。

A．激励内容理论　B．激励过程理论

C．激励形式理论　D．行为改造型激励理论

10．麦克莱兰认为人的基本需要有（　　）。

A．权力的需要　B．尊重的需要　C．社交的需要　D．成就的需要

四、简答题（本大题共 2 个小题，每小题 5 分，共 10 分。）

1．简述人员配备的原则。

2．简述控制在管理中的地位和作用。

五、论述题（本大题共 1 个小题，共 10 分。）

领导者的权威是由什么构成的？作为领导者，应如何树立自身的领导权威？

六、计算分析题（本大题共 1 个小题，共 10 分。）

某公司生产某产品的固定成本为 100 万元，单位产品可变成本为 700 元，单位产品售价为 900 元。试用盈亏平衡点法确定其产量。

七、案例分析题（本大题共 1 个小题，共 15 分。）

某地生产传统工艺品的企业，伴随着我国的对外开放政策，逐渐发展壮大起来。销售额和出口额近十年来平均增长在 15%以上。员工也由原来的不足 200 人增加到了 2 000 多人。企业还是采用过去的类似直线型的组织结构，企业一把手王厂长既管销售，又管生产，是一个多面全能型的管理者。最近企业发生了一些事情，让王厂长应接不暇。其一，生产基本按订单进行，基本由厂长传达生产指令。碰到交货紧的情况，往往是厂长带头，和员工一起挑灯夜战。虽然按时交货，但质量不过关，产品被退回，并被要求索赔。其二，以前企业招聘人员人数少，所以王厂长一个人就可以决定了。现在每年要招收大中专学生近 50 人，还要牵涉到人员的培训等，以前的做法就不行了。其三，过去总是王厂长临时抓人去做后勤等工作，现在这方面工作太多，临时抓人去做，已经做不了做不好了。凡此种种，以前有效的管理方法已经失去作用了。

问题：

请从组织工作的角度说明企业存在的问题以及建议措施。

任务 11.2　综 合 案 例

【训练背景】

案例分析是一种通过提供一段企业管理背景资料，模拟或重现现实管理中的一些场景，然后提出问题，在问题中要求考生阅读分析给定的资料，依据一定的理论知识，或做出决策，或做出评价，或提出具体的解决问题的方法或意见等，学生把自己纳入案例情景，通过讨论或研讨来进行学习的一种方法。一直以来，案例分析都是一种培养学生综合管理能

力和团队合作能力的重要的、有效的教学方法。在案例分析的学习中，参与者既可以通过分析、比较，研究各种各样的成功的和失败的管理经验，从中抽象出某些一般性的管理结论或管理原理，也可以让参与者通过自己的思考或他人的思考来提高分析和解决管理问题的能力，同时拓宽个人的管理视野，丰富个人的管理知识。

【训练组织】

1．个人阅读案例材料

考核成绩自行思考与分析，形成个人案例分析报告。

2．以4～5人/组为单位，就所分析的案例开展头脑风暴法讨论会，形成小组案例分析总报告。在讨论时应遵循以下规则。

（1）不允许使用批评性的评语。

（2）欢迎海阔天空式的自由讨论。

（3）要的是尽可能多的想法及建议，注重分析的针对性和深刻性。

（4）寻求观点的结合和深化。

3．根据小组分析组织情况及分析报告制作 PPT 进行课堂汇报，教师及学生评委就所汇报的情况进行提问、点评并打分。

4．教师根据各组的报告成绩及汇报表现成绩进行总成绩评定。

【训练考核】

1．考核成绩构成

考核成绩由个人案例分析报告、小组案例分析总报告和团队 PPT 汇报表现三部分构成，各环节的分值满分均为 100 分。各环节分值占总成绩的比值如下：

总成绩=个人案例分析报告 40%+小组案例分析总报告 30%+团队汇报表现 30%

2．各环节考核标准

（1）案例分析报告考核标准。

90 分以上：思路清晰，切中问题要害，有自己的见解，分析问题深刻透彻，解决方案的可行性和针对性强。

70～90 分：思路较清晰，切中问题要害，分析问题较深刻，解决方案的可行性和针对性较强。

60～70 分：思路尚可，基本切中问题要害，问题分析不够深入，解决方案的可行性和针对性一般。

60 分以下：偏题，思路混乱，语句不通，解决方案的可行性和针对性差。

（2）团队汇报表现。

团队整体精神面貌佳，形象衣装端正，行为大方，队员参与率高、配合默契（20%）。

PPT 展示内容丰富，多种表达方式搭配合理，解说流利，条理清晰，结构合理，观点正确有深度、有新意，时间把握得好（50%）。

评委提问环节反应灵敏，言简意赅，回答问题针对性强，有理有据，准确深刻（30%）。

综合案例一

再就业模范庄妈妈为什么会迅速失败

“庄妈妈”原名是庄卫红，是上海纺织厂的一名女工。1996 年下岗，面对挫折，她自强不息，带领 4 个人，借款 3 万元，创办了“庄妈妈”净菜青年服务社，开辟了上海服务行业的一个新行当。普普通通的女工庄卫红，文化程度不高，又没有管理经验，只能从简单的行业做起。1996 年 5 月 16 日，庄卫红的净菜社正式开张，第一批顾客就是家门口的 6 家邻居，每家每月收 10 元服务费。净菜社的口号是“以妈妈精神为客户服务”。开张后不久，上海媒体竞相报道了庄卫红创业的经过，并亲切地称其为“庄妈妈”。就在当年年底，她被评为“上海十大杰出青年”和“中国青年五四奖章”获得者。当时的庄妈妈顿时被包围在鲜花和闪光灯中间，作为下岗再就业的典范，庄妈妈会议缠身、应酬不断的同时，还在社会方方面面的支持下，迅速将净菜社的规模做大。净菜社起家的时候，资金有限，设备简陋，但在不到一年的时间内，她就得到各种社会扶植资金 70 多万元，前来洽谈合作的机构也络绎不绝。一时间，连庄卫红自己也觉得，除不失时机地做大“蛋糕”之外，净菜社几乎没有别的选择。首先是机构迅速膨胀，员工从 4 人增加到 70 多人，再进一步发展到 100 多人。庄妈妈还成立了董事会，自任董事长，她的丈夫出来当副手，并在净菜社建立了财务、统计、生产一部、生产二部、办公室、运货、仓库、采购等部门。光办公室就有 5 名成员。但是净菜社的经营情况却并不理想，自开业以来未曾赢利，最好的月份每月营业额可达 20 万元，一般月份平均不过 10 万余元，100 余名员工靠这点收入维持，其困难是可想而知的，更何况庄妈妈要出席大会小会，交流演讲，光车费每年就要花去 20 多万元。这样算来，最好的月份也要亏损 4 000 元。开业 4 年来，净菜社的负债已经达到 100 多万元。在这种情况下，员工不断流失。2000 年净菜社的员工又从 100 余人锐减到 4 人，当年 8 月 1 日，“庄妈妈”净菜社因欠房租近 10 万元被迫关门。2000 年 9 月 1 日，当记者在上海静安区石门一路一条普通的小弄堂里找到“庄妈妈”净菜社时，昔日熙熙攘攘，如今已是人去楼空，门缝里夹着一张电话费催账单和几封邮件。透过门缝往里瞧，屋里只有一辆自行车和几个菜盆。据周围的邻居讲，自从净菜社关门后，庄卫红闭门不出，邻居们一直没有再来过。

短短 4 年，净菜社从发展到失败，引起社会各方面的关注和再议论。一位熟悉庄妈妈发展历程的人士说：“庄卫红由于创业心切，步子迈得太快，失败是难免的。”尽管如此，人们还是赞扬庄卫红的创业精神，为她的失败深深惋惜。有人从经营管理上和个人素质上帮助她寻求原因和出谋划策，而庄卫红本人也说：“我在社会上下岗这么多年，政府对我创业如此关心，我很想回报社会，但是当了老板后，才发现市场经济是无情的，我犯的最大的错误就是只想解决就业岗位，却没有考虑这些岗位的持久性，企业不成功，什么岗位都是空的。一个行业能否在市场上立足，才能证明有多少真正的岗位需求。”

问题：

1．庄卫红小小的净菜社得到社会如此关注和媒体炒作，原因是什么？

2．请分析“庄妈妈”净菜社失败的直接原因和深层原因。

综合案例二

为鼎立建筑公司的管理开“药方”

鼎立建筑公司原本是一家小企业，仅有 10 多名员工，主要承揽一些小型建筑项目和室内装修工程。创业之初，大家齐心协力，干劲十足，经过多年的艰苦创业和努力经营，目前已经发展成为员工过百的中型建筑公司，有了比较稳定的顾客，生存已不存在问题，公司走上了比较稳定的发展道路，但仍有许多问题让公司经理胡先生感到头疼。

创业初期，人手少，胡经理和员工不分彼此，大家也没有分工，一个人顶几个人用，拉项目，与工程队谈判，监督工程进展，谁在谁干，大家不分昼夜，不计较报酬，有什么事情饭桌上就可以讨论解决。胡经理为人随和，十分关心和体贴员工。由于胡经理的工作作风以及员工工作具有很大的自由度，大家工作热情高涨，公司因此得到快速发展。然而，随着公司业务的发展，特别是经营规模不断扩大之后，胡经理在管理工作中不时地感觉到不如以前得心应手了。首先，让胡经理感到头痛的是那几位与自己一起创业的“元老”，他们自恃劳苦功高，对后加入公司的员工，不管在公司职位高低，一律不看在眼里。这些“元老”们工作散漫，不听从主管人员的安排。这种散漫的作风很快在公司内部蔓延开来，对新来者产生了不良的示范作用。鼎立建筑公司再也看不到创业初期的那种工作激情了。其次，胡经理感觉到公司内部的沟通经常不顺畅，大家谁也不愿意承担责任，一遇到事情就来向他汇报，但也仅仅是遇事汇报，很少有解决问题的建议，结果导致许多环节只要胡经理不亲自去推动，似乎就要“停摆”。另外，胡经理还感到，公司内部质量意识开始淡化，对工程项目的管理大不如从前，客户的抱怨也正逐渐增多。上述感觉令胡经理焦急万分，他认识到必须进行管理整顿。但如何整顿呢？胡经理想抓纪律，想把“元老”们请出公司，想改变公司激励系统……他想到了许多，觉得有许多事情要做，但一时又不知道从何处入手，因为胡经理本人和其他“元老”们一样，自公司创建以来一直一门心思地埋头苦干，并没有太多地琢磨如何让别人更好地去做事，加上他自己也没有系统地学习管理知识，实际管理经验也不丰富。出于无奈，他请来了管理顾问，并坦诚地向顾问说明了自己遇到的难题。顾问在做了多方面调研之后，首先与胡经理一道分析了公司这些年取得成功和现在遇到困难的原因。

归纳起来，促使鼎立建筑公司取得成功的因素主要如下。

（1）人数少，组织结构简单，行政效率高。

（2）公司经营管理工作富有弹性，能适应市场的快速变化。

（3）胡经理熟悉每个员工的特点，容易做到知人善任，人尽其才。

（4）胡经理对公司的经营活动能够及时了解，并快速做出决策。

对于鼎立建筑公司目前出现问题的原因，管理顾问归纳如下。

（1）公司规模扩大，但管理工作没有及时地跟进。

（2）胡经理需要处理的事务增多，对“元老”们疏于管理。

（3）公司的开销增大，资源运用效率下降。

对管理顾问的以上分析和判断，胡经理表示赞同，并急不可耐地询问解决问题的“药方”。

这里就请你代替这位管理顾问向胡经理提出具体可行的改进建议。

综合案例三

由“杰克·韦尔奇管理经典”引发的管理感悟

目前，通用电气公司（GE）是道·琼斯工业指数1896年创立以来唯一一家至今仍榜上有名的企业。在过去一个世纪的全球企业家中，GE 的杰克·韦尔奇可谓是佼佼者，其许多管理理念和实际管理操作方法对于中国的企业家们将会有很多的启迪。本文作者从 1997 年开始跟踪研究 GE 的管理模式，1999 年访问了 GE 美国总部；随后，在 99《财富》论坛上海年会上，他又现场聆听了韦尔奇先生的一席发言。这一切促使他把自己对 GE 及韦尔奇的许多理解撰写成文，以期对正在走向世界、冲刺“财富 500 强”的中国企业家们有所启示。

杰克·韦尔奇被誉为全美头号经理。自1981年他接任通用电气公司（GE）第8任总裁以来到1998年，GE各项主要指标皆保持着两位数的增长。在此期间，GE的年收益从250亿美元增长到1 005亿美元，净利润从15亿美元上升为93亿美元，而员工则从40万人削减至30万人。到1998年年底，GE的市场价值超过了2 800亿美元，已连续多年名列“Fortune 500”前列。如此赫赫业绩，使通用电气在《财富》杂志第三届“全球最受推崇的公司”的评选中再次名列榜首，并且比位居第二的微软公司得票率高50%。

1998年的上述业绩产生了达100亿美元的自由现金流量，再加上公司AAA级的债务首信度，使它能够在1998年度投资210亿美元收购108家公司，以支持全公司三大措施中的两项：全球化和服务。从所创下的股东收益方面来看，无论是微软公司的比尔·盖茨、英特尔的安德鲁·格罗夫，还是沃伦·巴菲特或沃尔玛零售大王山姆·沃顿，都无法同杰克·韦尔奇相比。GE的股东通过公司的储蓄计划已拥有170亿美元以上的GE股票。1998年，GE股票每股的总回报率高达41%；而在过去的18年中，GE给予股东的年均回报率为24%。

18年来，尽管其他许多公司在严峻的全球经济中像多米诺骨牌一样纷纷倒台，它们的总裁也像走马灯似地频繁变换，可是韦尔奇始终领导着通用电气公司，并创造了收入和收益的一个又一个奇迹。那么，韦尔奇作为一家拥有约3 000亿美元财产、销售额高达1 000多亿美元、30万名员工分布在全球100多个国家的企业王国的最高主管，他有哪些独特的人格魅力？在实践中又是如何操作的？常青藤公司美国通用电气的管理秘诀何在呢？

1. 韦尔奇经营理念总览

在杰克·韦尔奇之前，GE总裁是雷金纳德·琼斯，这个擅长于科学管理的企业家做事总是一丝不苟。琼斯坚持，挑选继任总裁必须经过对每个候选人长期仔细的考察过程，然后再理性地选出最具资格的人选。琼斯花了9年的时间才把当时被认为是“离经叛道”的韦尔奇挑选出来，这真可以说是企业管理史上继承策划的最佳典范。

GE的成功并非因为其处于一个朝阳产业，而在于其适时应变、充分地把握自己的命运；这正如GE改革功臣杰克·韦尔奇改组GE的成功并非由于他赶上了好时机，而在于他的思想和他非凡的经营理念。韦尔奇认为，一个强大的企业必须有持续增长的收益和利润，收益的增加来自源源不断的新主意和产品创新，利润的增长则来自劳动生产率的不断提高。

1989年，美国《财富》杂志介绍杰克·韦尔奇的人格特征和经营理念时，归纳了以下六点：第一，掌握自己的命运，否则将受人掌握；第二，面对现实，不要生活在过去或幻想之中；第三，坦诚待人；第四，不要只是管理，要学会领导；第五，在被迫改革之前就进行改革；第六，若无竞争优势，切勿与之竞争。杰克·韦尔奇的这些内在思想深深影响着GE的经营理念，同时也影响着GE的命运。

目前，GE公司的每位员工都有一张“通用电气价值观”卡。卡中对领导干部的警戒有九点：痛恨官僚主义、开明、讲究速度、自信、高瞻远瞩、精力充沛、果敢地设定目标、视变化为机遇和适应全球化。这些价值观都是GE公司进行培养的主题，也是决定公司职员晋升的最重要的评价标准。对于21世纪的领导人，GE提出了“A级人才标准”并向各个业务部门和全球推广。这种领导人需要具有4E品质，即充沛的精力（Energy），激发别人的能力（Energizer），敢于提出强硬要求——要有棱角（Edge），执行的能力（Execute）——不断将远见变为实绩的能力。

韦尔奇将管理的三个手段 T（技术）、P（政治）、C（文化）视为一条绳子的三股线，三股线交织得越紧密，绳子就越结实。在对 GE 的改革中，韦尔奇同时也充分发挥了三大控制手段——警察、学校与媒体的作用：GE 的“警察”是指专门吹毛求疵的专业干部，以及策略规划和财务审计人员；“学校”是指培训干部的克罗顿维尔学校；“媒体”则包括各种印刷品及广播电视。正因为知道他们的重要性，韦尔奇从上任第一天起就抓紧了这些重要手段并加以有效的应用。

为了使企业更具有竞争力，在“硬件”上韦尔奇通过他著名的“数一数二”原则来裁减规模，进而构建扁平化结构，重组通用电气的产业；在“软件”上，韦尔奇则尽力试图改变整个企业的文化及员工的思考模式。从 20 世纪 90 年代以来，公司年复一年的增长源于一直在全公司范围内推行的三大增长措施——全球化、服务和六个西格玛质量标准。

2. 数一数二市场原则

按照韦尔奇的理念，在全球竞争激烈的市场中，只有在市场上领先对手的企业，才能立于不败之地。任何事业部门存在的条件都是在市场上“数一数二”，否则就要被砍掉——整顿、关闭或出售。这一阶段，GE 共出售了价值 110 亿美元的企业，解雇了 17 万名员工，韦尔奇因此得了“中子弹约翰”的绰号。在关停的同时，GE 也买进了价值 260 亿美元的新企业。GE 现有企业中表现最佳的企业都符合以下四点要求：第一，在行业内数一数二；第二，具有远高于一般水准的投资报酬率；第三，具有明显的竞争优势；第四，能充分利用 GE 特定的杠杆优势。

GE 有 40%的员工隶属于生产企业，这些生产企业共占 GE 营业收入的 30%。这些似乎并不耀眼的企业却创造了 GE 引擎运转所需的燃料——现金流入。另外来自类似金融服务等热门行业的营业收入占 GE 总收入的 30%，但员工仅占 GE 的 10%，这些高推动力的企业增长快速，其所需投入远超过本身的流入现金。对于整个 GE 王国而言，一方面有增长缓慢的生产企业提供燃料，另一方面有增长快速的热门事业提供动力。

到了 20 世纪 90 年代初期，韦尔奇认识到服务导向比产品导向重要。于是他决定将通用电气的重点从卖产品转变为向用户提供解决方案（solution）。1981 年，制造业的收入占 GE 总收入的一半以上，而到了 1997 年，GE 三分之二的收入来自服务业。对于目前的 GE 来说，服务是为其取得持续性增长所采取的重要措施。这一措施已在很大程度上将 GE 的首要任务从提供产品并辅之以提供服务转变为除继续提供高质量的产品外还要提供那些以客户为中心、以信息技术为基础、旨在提高生产率的各种高价值的解决方案。预计今后服务业更将是 GE 高速发展的主要发动机，GE 称：“21 世纪的蓝图是，GE 不仅将是一个销售高质量产品的公司，还是一个提供全球性服务的公司。”

3. 精简、速度和自信原则

“成功属于精简敏捷的组织。”GE 人非常讲究速度、简洁和自信。韦尔奇相信，自信可以使复杂的问题简单化，而简单的程序可以保证快速的应变。用他一贯主张的速度原则表述便是，最少的监督，最少的决策拖延，最灵活的竞争。

韦尔奇认为，“精简”的内涵首先在于内心思维的集中。韦尔奇要求所有经理人员必须用书面形式回答他设定的 5 个策略性问题。扼要的问题使你明白自己真正该花时间去思考的到底是什么；而书面的形式则强迫你必须把自己的思绪整理得更清晰、更有条理。

其次是外部流程的明晰。韦尔奇要求为各项工作勾画出“流程图”，从而能清楚地揭示每一个细微步骤的次序与关系。对于速度，韦尔奇常用“光速”和“子弹列车”来描绘。他坚信：只有速度足够快的企业才能继续生存下去。迅捷源于精简，精简的基础则是自信。对于自信，韦尔奇给予了极大的重视，他甚至把“永远自信”列入了美国能够领先于世界的一大法宝。

而培养企业员工自信心的办法就是放权与尊重。为了达到上述目的，韦尔奇对组织结构也进行了设计。目前GE的组织结构就像一个车轮，轮轴是韦尔奇和三名副总裁组成的总裁办公室，轮辐是GE的13个主要事业部。这种结构的最大优点是简洁。它使GE长久不消的官僚习性除去一大半，创造出满足市场需要而非官僚制度需要的组织结构。同时，从1985年开始改组高层及一些重要职位，GE成立了企业主管委员会（简称CEC）。CEC由GE的13个企业最高负责人和一些高级幕僚参谋人员组成，每人皆可直接向总裁报告，每季度召开例会一次。CEC会议的唯一议题是，身为GE公司13项业务的主管，如何配合总裁、副总裁和其他的企业主管，共同将GE发展成为全球最具竞争力的企业。会议的目的是分享最佳的营运方式，促成GE多样化经营的企业之间能够有更好的协调。在CEC会议中，每个成员都知道其他所有成员每季度财务绩效细节并加以讨论，如果其中有一个企业主管遇到困难，其他人会帮助其提出解决方案。CEC虽然缺乏正式的权力，但它却成为影响GE这样的大企业的最有效方式。现在GE的每一个企业单位，都有了自己的CEC会议。

4. 无界限行为 无边界企业

GE是个规模庞大的企业，而市场要求组织必须简洁，于是GE开始进行新的变革，提出21世纪的企业理想：21世纪的企业特色就在于不分界限。无边界企业能够克服公司规模和效率的矛盾，具有大型企业的力量，同时又具有小型公司的效率、灵活性和自信。企业必须在自由和控制之间取得平衡，但是必须拥有以前想象不到的自由。韦尔奇非常强调看似矛盾的正反两面：企业的制胜之道需要具备庞大的力量与资源，同时也要有初创企业的灵敏。

目前企业界都已认识到响应速度对于企业在信息时代生存的重要性，而响应速度的高低在很大程度上取决于企业有无畅通的沟通机制。没有顺畅的沟通就谈不上敏锐的应变。韦尔奇说：“我们希望人们勇于表达反对的意见，呈现出所有的事实面，并尊重不同的观点。这是我们化解矛盾的方法。良好的沟通就是让每个人对事实都有相同的意见，进而能够为他们的组织制订计划。真实的沟通是一种态度与环境，它是所有过程中最具互动性的，其目的在于创造一致性。”“无界限行为”的目的就是拆毁所有阻碍沟通、阻碍找出好想法的“高墙”。它是以这些理念本身的价值，而非依照提出这些理念的人所在的层级来对其进行评价的。

韦尔奇决心要做的，正是铲除所有阻碍沟通的障壁。他有一个形象的比喻：“一栋建筑物有墙壁和地板；墙壁分开了职务，地板则区分了层级，而我要将所有的人全都聚在一个打通的大房间里。”GE一直通过群策群力的方法大规模清除企业的界限。这一做法被称为Workout计划。从各个企业、各个层次来的员工济济一堂，发泄他们的不满，提出各种建议，清除一个又一个不具有生产能力的工作，员工不必担心因为发表意见而受批评。群策群力方法开放了GE的企业文化，使之能够接受来自每一个人和每一个地方的创意。

韦尔奇认为，开放、坦诚、建设性冲突、不分彼此是唯一的管理规则。企业必须反对盲目的服从，每一位员工都应有表达反对意见的自由和自信，将事实摆在桌上进行讨论，尊重不同的意见。韦尔奇称此为建设性冲突的开放式辩论风格。领导的作用是要表达出对未来远景的眼光，取得公司同人的支持并加以执行。这需要与每一位员工保持开放、坦诚、不分彼此的关系，以及面对面的沟通。

韦尔奇还比大多数人更懂得“突然”一词的价值。他每周都突然视察工厂和办公室，匆匆安排与比他低好几级的经理共进午餐，无数次突然向公司员工传真手写的告示，不时展示他醒目而又整洁的手写体便条。所有这一切都意味着他在领导、引导并对一个无所不包的公司的行为施加影响。

GE 为使这一运动取得最佳效果，改变了管理评价和奖励制度。新的全方位管理评价制度使领导注重发现和奖励那些表现出这样一种能力的人：他们能够使公司内的每一个人每天都不懈地寻找新创意——寻找更好的方法。同时 GE 提出扩展性目标的考核法，韦尔奇认为：“年终时，我们所衡量的并非是否实现了目标，而是与前一年的成绩相比，在排除环境变化因素的情况下，是否有显著的成长与进步。当员工遭受挫败时，我会以正面的酬赏来鼓舞他们，因为他们至少已经开始改变。若是因为失败而受到处罚，大家就不敢尝试和行动了。”

5. 营造企业价值观

韦尔奇认为任何企业都有两类问题：硬性问题和软性问题。硬性问题包括财务、营销、技术和生产等，软性问题包括价值观、士气和沟通等。硬性问题通常会影响到企业的底线——利润线；而软性问题则会影响企业的上线——营业收入总额。韦尔奇认为每个组织都需要有价值观，精干的组织尤其必要，你必须在众人面前挺身而出，坚持不懈地传达你的价值观，因为价值观的形成是长远的挑战。韦尔奇从 1985 年开始，在公司年报中增加了价值观的声明一项。

企业文化与价值观是企业管理中最模糊的领域，也是迄今为止最具挑战性的一环。它关系到如何指导组织行为，有难以言传的价值和意义。主管的权力在这方面不太使得上力，部属的合作才是关键所在。这项工作的艰巨，使得即使是革命性的领导者，通常也会将改革文化放在最后阶段。但是文化一日未变，改革转型便一日未完成。甚至当最剧烈的技术和政治改革已经被人遗忘时，企业文化可能还在指导组织行为模式。在改革企业文化方面，韦尔奇是从指挥全企业的理念对话着手的。他能够让员工思考大组织理念，让他们习惯有关自己工作的革命性思考理念。韦尔奇推行公司全面的辩论，探讨 GE 的价值观应该是什么，并始终坚信最好的主意经得起公开的讨论。这些方法合起来足以使理念转变成可以接受的习惯；当习惯养成时，文化也已经改变了。

上文提及的群策群力方法开放了 GE 的企业文化，使之能够接受来自每个人和每个地方的创意；消除了官僚主义；并且使无边界行为成为公司文化中固有的一部分。所有这一切创造了一种乐于学习的文化，而这种文化又导致了下文要提到的六个西格玛质量标准的产生。

韦尔奇期望 GE 人能够清清白白地获胜，要求每个 GE 人接受所谓的清白测试（Mirror test）：你能每天面对镜子反省自己的所作所为后，还感到骄傲吗？即使是将公司的文具偶尔带回家使用之类的小事。韦尔奇利用所有可用媒体来传达他的思想，他说：“你无法将清白的监督建立在制度上，要通过坚持不懈、强有力的领导，不容许放纵部属、曲解法令或走旁门左道，以此来改变文化。”杰克·韦尔奇相信：“卓越和竞争力与诚实和清白是可以完全相容的；一个全球化的企业，不靠贿赂也能获胜……不论在任何情况下，只要同时拥有质量、价格和技术优势，便能赢得胜利。”

6. 全面实施六个西格玛质量标准

在 20 世纪 80 年代，GE 通过群策群力规定了员工应如何行事。今天，六个西格玛又规定了 GE 员工应如何工作。从 1995 年下半年开始，一项被称为“六个西格玛”的活动像熊熊烈火一样燃遍整个通用电气公司。如今六个西格玛已经成为这家大公司一切理想和愿望的中心环节，成为一种规范化的工作方法。

GE 把“六个西格玛”应用于公司所经营的一切活动，如债务记账、信用卡处理系统、卫星时间租赁、法律合同设计等，GE 借此活动基本消灭了公司每天在全球从事生产的每一种产品、每一道工序和每一笔交易的缺陷和不足。今后 GE 的每一种新产品和新服务项目都将是按“六个西格玛标准”设计（DFSS）的。

当前企业面临的挑战是，如何使公司的眼光从“由里向外”转变成“由外向里”。要以客户需要和工序为标准，并且在为他们服务时努力做到使偏差降低为零。实施六个西格玛，GE 靠的是经过严格培训的称为“黑带大师”和“黑带”的员工来带领和指导，他们时刻活跃于各种项目中，努力消除一切误差。到 1998 年年底，已经有 5 000 多名这类特殊员工。这些人现在已完成了他们作为“黑带大师”的轮职期，并已被提拔到各个业务部门的领导岗位上。在 GE 公司里，还有一支“绿带”队伍，他们业余时间参加质量控制项目，工作时间做好各自的本职工作。

现在六个西格玛质量标准给 GE 在全球的每一个层次和每一种经营都深深地打上了质量意识和工序意识的印记。当 1995 年六个西格玛质量标准刚刚出现时，GE 的营业利润率为 13.6%，营运资本周转次数为 5.8 左右。到 1998 年年底，通过这项活动，GE 的营业利润率已上升为 16.7%，营运资本周转次数已提高到 9.2。从 1995 年到 1997 年，六个西格玛活动使 GE 从与质量相关的节约中得到了大约 7 亿美元的收益。到 1998 年，它已为 GE 的营业收入提供了 13 多亿美元的回报。

尽管许多华尔街分析家和通用电气公司的投资者都把韦尔奇自身的素质看做经营这家从股市看世界上最有价值公司的重要因素，但韦尔奇本人则认为他一生中最伟大的成就莫过于培育人才。韦尔奇不无感慨地说：“这是一家由众多杰出人物管理的公司。我最大的功劳莫过于物色这些杰出人物，而且是成批的杰出人物。他们比大多数公司的总裁要来得精明。他们非常杰出，这些一流的人物在这里成长起来，他们在 GE 如鱼得水。”韦尔奇的主要工作就是寻找合适的经理人员并激发他们的工作动机。“有想法的人就是英雄。我主要的工作就是去发掘出一些很棒的想法，扩张它们，并且以光速般的迅捷将它们扩展到企业的每个角落。我坚信自己的工作是一手拿着水罐，一手带着化肥，让所有的地方变得枝繁叶茂。”韦尔奇说。

GE 成立了经营开发研究所，也是一所商业学校，位于克罗顿维尔。公司每年拨款约 10 亿美元，每年在此接受培训者多达 1 万人，从高级干部到新任经理。韦尔奇直接听取研究所的汇报，并同研究所一起制订研修计划。在过去的 18 年中，韦尔奇曾 250 多次出现在克罗顿维尔学校的教室里，向通用电气公司大约 18 000 名经理和行政管理人员授过课，这是不同寻常的。学员们在这里看到了韦尔奇身上的一切：管理学理论家、战略思想家、商学老师和公司偶像。虽然他出生于工人家庭，但仍然成功地攀上了公司管理的顶峰。

要求：

结合所学的管理学知识，写一篇不少于 1 200 字的读书笔记，分析内容必须涉及但不限于对管理四大职能（计划、组织、领导与控制）的认识与体会。

任务 11.3　综合实践——企业管理系统调查与访问

【训练目标】

1．使学生结合实际，加深对企业管理系统的感性认识与理解。

2．初步培养学生认知与自觉养成现代管理者素质的能力。

【训练组织】

1．由学生自愿组成小组，每组 4～6 人。利用课余时间，选择 1～2 个中小企业进行调查与访问。

2．在调查访问之前，每组需根据课程所学知识，经过讨论后做好调查工作分工、制订调查计划和访问提纲。调查内容应包括但不限于以下方面。

（1）该企业总体情况及发展历程。

（2）该企业组织结构图及分析。

（3）该企业的管理者分类，并重点访问一位管理者，向他了解他的职位、工作职责、胜任该职务所必需的管理技能，以及所采用的管理方法等情况。

（4）该企业管理制度的调查与分析。

（5）该企业的管理激励机制的调查与分析。

（6）该企业的管理控制机制及手段的调查与分析。

（7）对该企业的总体管理情况进行分析与评价。

（8）还有哪些你感兴趣的管理机制（不少于 1 项）？

（9）找出该企业存在的问题并进行分析。

（10）提升企业项目管理水平的对策分析（不少于 3 项）。

3．按照调查计划开展调查。调查访问结束后，每人应按照分工提交一份简要的调查访问报告，由小组组长组织开展调查访问的交流、讨论与总报告撰写，最终形成小组调查报告。

4．根据小组调查情况及报告内容制作 PPT 进行课堂汇报，教师及学生评委就所汇报的情况进行提问、点评并打分。

5．教师根据各组的报告成绩及汇报表现成绩进行总成绩评定。

【训练成果】

所提交的训练成果应包括如下内容。

（1）小组调查计划一份。

（2）个人调查报告及小组调查总报告各一份。

（3）个人调查访问照片 2～3 张，小组讨论会照片 1～2 张。

【训练考核】

1．考核形式

（1）以小组为单位，分别由组长和每个成员根据各成员在调研与讨论中的表现进行评估打分。

（2）由教师根据各成员的调研报告、小组调查总报告与汇报表现进行综合评估打分。

2．考核成绩构成

考核成绩由个人案例分析报告、小组案例分析总报告和团队 PPT 汇报表现三部分构成，各环节的分值满分均为 100 分。各环节分值占总成绩的比值如下：

总成绩=个人案例分析报告 40%+小组案例分析总报告 30%+团队汇报表现 30%

3．各环节考核标准

（1）调查报告考核标准。

90 分以上：思路清晰，切中问题要害，有自己的见解，分析问题深刻透彻，解决方案的可行性和针对性强。

70～90 分：思路较清晰，切中问题要害，分析问题较深刻，解决方案的可行性和针对性较强。

60～70 分：思路尚可，基本切中问题要害，问题分析不够深入，解决方案的可行性和针对性一般。

60 分以下：偏题，思路混乱，语句不通，解决方案的可行性和针对性差。

（2）团队汇报表现。

团队整体精神面貌佳，形象衣装端正，行为大方，队员参与率高、配合默契（20%）。

PPT 展示内容丰富，多种表达方式搭配合理，解说流利，条理清晰，结构合理，观点正确有深度，有新意，时间把握得好（50%）。

评委提问环节反应灵敏，言简意赅，回答问题针对性强，有理有据，准确深刻（30%）。

附录A 重点概念

（1）管理学。管理学是一门系统地研究管理活动的基本规律和一般方法的科学。

（2）管理。管理是在特定的环境和条件下，对组织资源进行计划、组织、领导和控制，实现组织目标的社会实践活动和过程。

（3）管理者。管理者是履行管理职能，对实现组织目标负有领导责任和影响力的人。

（4）概念技能。概念技能是管理者对复杂情况进行抽象和概括的能力。

（5）人际技能。人际技能是指与处理人际关系有关的技能，或者说是理解、激励他人并与他人打交道的能力。

（6）技术技能。技术技能是指使用某一专业领域内有关的工作程序、技术和知识，完成组织任务的能力。

（7）科学管理理论。被称为“科学管理之父”的美国的弗雷德里克·泰勒通过一系列试验和长期的管理实践，在其代表作《科学管理原理》等书中，系统地提出了科学管理思想。科学管理理论明确了科学管理的中心问题是提高效率。其内容概括起来有工作定额、能力与工作相适应、实行标准化、按差别计件付酬制、计划职能与执行职能相分离和例外原则六个方面。

（8）一般管理理论。法国的亨利·法约尔在其1916年出版的《工业管理和一般管理》著作中指出了6项管理活动、明确了管理的五大基本职能并归纳了管理的14项原则，标志着一般管理理论的形成。

（9）行政组织理论。被称为“组织理论之父”的马克斯·韦伯在《社会和经济组织的理论》中提出了理想行政组织体系理论，该理论认为官僚集权组织是理想的组织形式，这种组织形式以“合理—合法”的权力为基础。

（10）霍桑试验。1924—1932年，美国管理学家、哈佛大学副教授乔治·埃尔顿·梅奥等人应邀参加并指导在芝加哥西方电气公司的霍桑工厂进行有关科学管理的试验，研究工作环境、物质条件与劳动生产率的关系，通常称之为霍桑试验。该试验标志着人际关系学说的产生。

（11）人际关系学说。人际关系行为学派认为，管理必须以人与人之间的关系为中心来研究。该学派重点研究个人、个人动机、人际关系，认为处理好人际关系是管理者应该掌握的一种技巧。

（12）管理理论丛林。“二战”后，在古典管理理论学派和行为科学学派的基础上，出现了许多新的管理理论和方法，形成了许多新的学术派别。美国管理学家孔茨把这种管理理论学派林立的情况比喻成“管理理论丛林”。

（13）战略管理。战略管理是指企业高层管理者为保证企业的持续生存和发展，通过对企业外部环境与内部条件的分析，对企业全部经营活动所进行的根本性和长远性的规划与指导。

（14）企业文化。企业文化是指强调管理以人为中心，充分尊重员工的价值，重视人的需求的多样性，运用共同的价值观、信念、和谐的人际关系、积极进取的企业精神等文化观念。

（15）企业再造。企业再造是指为了飞越性地改善成本、质量、服务、速度等重大的现代企业的营运基准，对工作流程进行根本性的重新思考并彻底改革。

（16）学习型组织。学习型组织是指面临变化剧烈的外在环境，应力求精简、扁平化、终生学习、不断自我组织再造，以维持竞争力的组织。

（17）决策。决策是指组织或个人为了达到某一目标、目的或企图，在众多方案中选择一个最满意的方案或策略，并加以实施的过程。

（18）战略决策。战略决策又称经营决策，是对事关组织未来生存发展的全局性、长期性、决定性的大政方针方面的决策。

（19）管理决策。管理决策又称战术决策，是对组织中人、财、物等有限资源进行调动或改变其结构的决策，是为了实现战略决策而做出的带有局部性的具体决策。

（20）程序化决策。程序化决策又称结构良好决策或常规决策，是指对经常重复出现的问题，运用一定的程序、模式及标准来处理的决策。

（21）非程序化决策。非程序化决策是指不经常出现的偶然性决策或非重复出现的新决策，没有既定的程序及模式为依据。

（22）确定型决策。确定型决策是指各种可选的方案和条件都是已知的和肯定的，而且各种方案未来的预期结果也是非常明确的。

（23）风险型决策。风险型决策是在不肯定情况下的决策，即各种备选方案都存在着两种以上的自然状态，决策者不知道哪些自然状态会发生，但可以测定每种自然状态发生的概率。

（24）不确定型决策。不确定型决策是指各种备选方案都存在两种以上的自然状态，决策者不能知道哪些自然状态会发生，也不能测定各种自然状态发生的概率。

（25）定性决策法。定性决策法又称软方法，是指决策者通过各种有效的组织形式、方法、步骤和环境气氛，运用社会科学原理，充分依靠决策者的知识、经验、能力，来探索事物的规律性，在把握事物内在本质联系的基础上进行决策的方法，也称为主观决策法。

（26）定量决策法。定量决策法又称硬方法，是利用数学模型进行优选决策方案的决策方法。它是建立在数学工具基础上的决策方法，核心是把决策的变量与变量、变量与目标之间的关系用数学式表示出来，即建立数学模型，然后根据决策条件，通过计算求得答案。

（27）计划。狭义的计划是指根据实际情况，通过科学地预测，权衡客观的需要和主观的可能，提出在未来一定时期内要达到的目标，以及实现目标的途径。

（28）战略计划。战略计划是由高层管理者负责制定的计划，它体现了组织在未来一段时间内总的战略构想和总的发展目标，以及实施的途径，具有长远性、全局性和指导性，一般周期较长，通常为长期计划。

（29）行动计划。行动计划也称为作业计划，是在战略计划所规定的方向、方针、政策框架内，确保战略目标的落实和实现，确保资源的取得与有效运用的具体计划，具有一次性、局部性和指令性。

（30）SWOT 分析法。SWOT 分析法是对企业内部条件的优势（strengths）、劣势

（weaknesses）和外部环境的机会（opportunities）、威胁（threats）进行分析，目的是要找出企业的优势（强项）与劣势（弱项），并依据企业的优势与劣势情况，充分利用其优势把握环境中的机会、避开环境中的威胁，或利用环境中的机会强化企业的优势、弥补企业的劣势。

（31）滚动计划法。滚动计划法又称连续性计划法或滑动计划法，就是按照“远粗近细”的原则制订一定时期内的计划，然后根据计划的执行情况和环境情况的变化，调整和修订未来的计划，并逐期向前移动，使计划不断向前延伸，形成一个连续过程，把短期计划与中期计划有机结合起来的一种方法。

（32）甘特图法。甘特图法又称横道图或条形图，是由泰勒的追随者美国学者亨利·劳伦斯·甘特发明的一种使用条形图编制项目工期计划的方法，是一种比较简便的日程工作计划、工期计划和进度安排方法。

（33）目标管理。目标管理是组织的最高领导层根据组织面临的形势和社会需要，确定一定时期内组织的总目标，通过上下结合分解为层次目标、形成目标体系，按规定要求和措施组织实施、分级考核、检查结果的一种管理方法。

（34）组织。组织是动态的组织活动过程和相对静态的社会构造实体的统一。从静态来讲，组织代表一个实体，是指人们按照一定目的、任务和形式编制起来的有一定结构和功能的社会团体，是为了达成一定目标而有意识地建立起来的人群体系。从动态来讲，组织是指人们为了达到目标而创造组织结构，为适应环境的变化而维持和变革组织结构，并使组织结构发挥作用的活动过程。

（35）组织设计。组织设计是管理者为实现组织的目标而对组织活动和组织结构进行设计的活动，是在特定环境中，把组织的任务与组织的职能、职权和规范进行有效的结构性配合的过程。其基本功能是协调组织中的人员与任务间的关系，使组织保持灵活性和适应性，从而有效地实现组织目标。

（36）组织结构。组织结构是指组织实体的结构，又称组织职位结构、组织体系，它是一个组织实体内部设置的部门种类、层次和各部门之间相互关系的反映。

（37）组织部门化。组织部门化是指把工作和人员组织成若干管理的单元。

（38）管理层级。管理层级又称管理层次，是指组织内部从最高一级管理组织到最低一级管理组织的各个组织等级的数目。

（39）管理幅度。管理幅度又称管理跨度或管理宽度，是指一个管理者直接管理下级人员的数目。

（40）直线职能型组织结构。直线职能型组织结构又称U型组织结构，是目前组织结构中采用最多的一种组织形式。它在组织中既保持了纵向的直线指挥系统，又设置了横向的职能管理系统。这种结构的优点在于既能确保组织集中领导、统一指挥，也有利于强化专业管理职能。其缺点是各职能单位自成体系，不重视工作中横向信息的沟通和交流；同时各个部门只重视本部门局部利益，容易引发各种矛盾；缺乏灵活性，对外界环境变化的反应比较迟钝，而且过细的职能分工不利于培养综合型的人才。

（41）事业部制组织结构。事业部制组织结构又称M型组织结构，是一种分权运作的形式，最初是由美国通用汽车的斯隆创立的，因此又称为“斯隆模式”。这种结构是把企业按产品、地区和经营部门分成若干事业部，即分公司，从产品设计、原料采购、生产制造、产品销售直至顾客服务，完全由各事业部负责。各事业部实行独立经营，单独核算。企业总部掌握人事决策、财务控制等大政方针和长期计划的安排，运用利润指标对事业部进行目标控制。这种组织结构最突出的特点是“集中决策，分散经营”，即总公司集中决策，事业部独立经营。

（42）职权配置。职权配置是指为有效履行职责，实现工作目标，而将组织运作的全部职权在组织机构中的各职位、各部门，以及同一部门的不同层次间进行配置与分授的活动。

（43）直线职权。直线职权即指挥权、决策权，它是直线人员所拥有的指挥和命令的权力，包括发布命令及执行决策等方面的权力。

（44）参谋职权。参谋职权又称辅助性职权，它是参谋人员所拥有的咨询服务和专业指导的权力，包括思考、筹划和建议的权力。

（45）职能职权。职能职权是指直线主管授予参谋人员的决策与指挥的权力。

（46）集权。集权是指决策权在组织系统中较高层次的一定程度的集中。

（47）分权。分权是指决策权在组织系统中较低管理层次的一定程度上的分散。

（48）授权。授权是指上级将部分解决问题、处理业务的权力委任给某个或某些下属，使下属在一定的监督下，拥有相当的自主权。

（49）人员配备。人员配备是指对组织中全体工作人员的配备。具体地说，人员配备是指在确定组织结构及职位之后，依其需要，选择、配备适当人员的工作过程，包括管理人员的配备和非管理人员的配备。

（50）人员选聘。人员选聘是指组织为了发展的需要，根据配备人员的要求，寻找、吸引那些有能力又有兴趣到组织任职的人员，并从中选出适宜人员予以录用的过程。

（51）人员组合。人员组合是指组织内按管理或作业需要所进行的人员配置与合作，主要解决人与人的配合问题。

（52）人员考评。人员考评是指对人员工作绩效的考核，具体地讲，就是对照工作岗位职责说明书和工作任务，对员工的业务能力、工作表现及工作态度等进行评价的过程。

（53）人员培训。人员培训是指组织通过各种措施和方法，促进内部成员学习的活动。人员培训主要解决人的素质提高问题。

（54）组织协调联系。组织协调联系是指为使组织平衡、有效地运行和稳定地发展，所设置各层次、各部门之间各种纵向、横向的协调联系。

（55）组织管理规范。组织管理规范是指对组织内的各个职位、部门和层次经常进行的、重复性的工作，在目标、要求、程序和方法等方面所做的统一规定。

（56）组织变革。组织变革是指组织系统为了适应内外环境的发展与变化，对组织系统的结构与功能进行调整，以维系组织的生存和发展，并借此提高组织效能的一个过程或行为。

（57）领导。领导是指领导者依靠影响力，指挥、带领、引导和鼓励被领导者或追随者活动，努力地实现既定的组织目标。

（58）领导权威。领导权威也就是领导的影响力，是指一个人在与他人的交往中，影响和改变他人的心理和行为的能力，包括职权和威信。

（59）职权影响力。职权影响力是由领导者在组织中所处的地位赋予的，并由法律、制度明文规定的影响力。这种影响力是由外界附加的，与职位有关，职位地位的高低决定其大小以及拥有与丧失，包括法定权、强制权和奖赏权。

（60）非职权影响力。非职权影响力是指由于领导者的个人经历、地位、人格、特殊品质和才能而产生的影响力。它不是外界附加的，而是产生于个人的自身因素，与职位没有关系。这种影响力对下属的影响比职位权力更具有持久性，包括专长权、表率权和亲和权。

（61）领导特质理论。领导特质理论着重研究领导的品行、素质、修养，目的是要说明好的领导者应具备怎样的素质。该理论认为领导者的品质是天生的、超人的，是由遗传因素决定的。

（62）领导行为理论。领导行为理论侧重于研究领导者的行为及其对下属的影响，以期寻求最佳的领导行为。主要成果包括领导风格理论、四分图理论和管理方格模式。

（63）领导权变理论。领导权变理论又称领导情境理论或领导处境理论，主要是探讨各种情境因素怎样影响领导者素质和行为与领导成效的关系。该理论认为，没有一种领导方式对所有的情况都是有效的，没有一成不变的、普遍适用的“最好的”领导方式，领导者应在不同的情境下采取与情景相适应的行为，才能达到有效地领导。主要成果包括领导行为的连续统一体理论、菲德勒权变理论、途径—目标理论、领导生命周期理论等。

（64）激励。激励是指为了特定目的而去影响人们的内在需要或动机，从而强化、引导或改变人们行为的过程。

（65）“经济人”。“经济人”又称“实利人”或“唯利人”，它认为人的一切行为都是为了最大限度地满足自己的私利，人都要争取最大的经济利益，工作只是为了获取经济报酬。

（66）“社会人”。“社会人”又称为“社交人”，它认为人是受社会需要所激励的，集体伙伴的社会力量要比上级主管的控制力量更加重要。

（67）“自动人”。“自动人”又称“自我实现人”，它认为人是能够自我激励、自我指导和自我控制的，要求提高和发展自己的能力并充分发挥个人潜能，人才会有最大的满足。

（68）“复杂人”。“复杂人”认为人是复杂的，一个人本身在不同的年龄、地点、时期会有不同的表现。

（69）需要层次理论。需要层次理论是由美国心理学家马斯洛提出的，该理论把人的需要归纳为五大类，并按照它们发生的先后由低到高分成五个阶层：生理需要、安全需要、社交需要、尊重需要和自我实现需要。

（70）双因素理论。双因素理论是美国的心理学家弗雷德里克·赫茨伯格提出来的，又称激励因素—保健因素理论，该理论认为激发动机的因素有两类：一类称为保健因素，是指防止人们产生不满的因素；另一类称为激励因素，是指使员工感到满意的因素。

（71）公平理论。公平理论是由美国行为科学家亚当斯于 1976 年提出的一种激励理论。该理论侧重于研究工资报酬分配的合理性、公平性及其对职工生产积极性的影响，该理论认为当一个人做出了成绩并取得了报酬以后，他不仅关心自己所得报酬的绝对量，而且关心自己所得报酬的相对量。

（72）期望理论。期望理论是美国心理学家弗鲁姆于 1964 年在《工作与激励》一书中提出来的，该理论认为一种行为倾向的强度取决于个体对于这种行为可能带来的结果的期望强度，以及这种期望对行为者的吸引力。

（73）强化理论。强化理论是指对一种行为的肯定或否定的后果（报酬或惩罚），它至少在一定程度上会决定这种行为在今后是否会重复发生的理论。

（74）挫折理论。挫折理论是指在通向目标的道路上的个体行为，遇到障碍或干扰不能克服，致使动机不能获得满足时的情绪状态的理论。

（75）沟通。沟通是指人与人之间传达思想感情和交流情报信息的过程。

（76）正式沟通。正式沟通是指按组织内规章制度所规定的沟通方式，经由组织结构而形成的途径的沟通。

（77）非正式沟通。非正式沟通是指在正式渠道之外进行信息的传递与交流。这种沟通具有很强的随意性和自发性，途径繁多且无定式。

（78）沟通网络。沟通网络是信息流动的通道，包括正式沟通网络和非正式沟通网络。

（79）Y 式沟通网络。Y 式沟通网络是正式沟通网络之一，表示两个主管均通过第二级（如秘书）与三个下级发生联系。

（80）全通道式沟通网络。全通道式是正式沟通网络之一，表示组织内每个人都可与其他四个人直接地自由沟通，并无中心人物，所有成员都处于平等地位，一般适用于委员会之类的组织结构。

（81）控制。控制就是“纠偏”，即按照计划标准衡量所取得的成果，并纠正所发生的偏差，以确保计划目标的实现。

（82）前馈控制。前馈控制也称为事前控制，是指在工作正式开始前对工作中可能产生的偏差进行预测和估计，并采取防范措施，将潜在的偏差消除在产生之前。

（83）现场控制。现场控制也称为同步控制，是指计划执行过程中所实施的控制，即通过对计划执行过程的直接检查和监督，随时检查和纠正实际与计划的偏差。

（84）反馈控制。反馈控制也称为事后控制，是指从已经执行的计划或已经发生的事件中获得信息，运用这些信息来评价、指导和纠正今后的活动。

（85）预算。预算就是用数字，特别是用财务数字的形式来陈述的组织中的短期活动计划，它预估了在未来特定时期内的收入，也规定了各部门支出的额度。

（86）预算控制。预算控制是将实际和计划相比较，确认预算完成情况，找出差距并进行弥补，以实现对组织资源充分合理地利用。

（87）生产控制。生产控制是在执行生产计划过程中，按既定的政策、目标、计划、标准和经济的原则，落实任务，检查生产条件，掌握运行情况，分析差异并及时采取措施的一种方法。

（88）比率控制。比率控制是指对组织经营活动中各种不同度量进行比率分析的一种控制技术或方法。

（89）审计。审计是对反映企业资金运动过程及其结果的会计记录及财务报表进行审核、鉴定，以判断其真实性和可靠性，从而为控制和决策提供依据的过程。

（90）管理审计。管理审计是一种对企业所有管理工作及其绩效进行全面系统的评价和鉴定的方法。管理审计既可以由内部的有关部门进行，也可以聘请外部的专家来进行。

参 考 文 献

[1] 罗宾斯．管理学．7 版．北京：中国人民大学出版社，2004.

[2] 王建民．管理学原理．北京：北京大学出版社，2006.

[3] 段从清．管理学．北京：人民出版社，2005.

[4] 夏书章．公共管理硕士专业学位联考考试大纲及考试指南（管理学）.北京：中国人民大学出版社，2002.

[5] 侯书森．MBA 工商管理学．北京：民主与建设出版社，2001.

[6] 哈罗德·孔茨，海茵茨·韦里克．管理学．9 版．北京：经济科学出版社，1993.

[7] 赵洪宾．管理学原理．北京：人民日报出版社，2004.

[8] 周三多，陈传明，鲁明宏，等．管理学．4 版．上海：复旦大学出版社，2003.

[9] 李宗红，朱洙．企业文化．北京：中国纺织出版社，2003.

[10] 王凤彬．领导者和现代企业组织．北京：经济管理出版社，1997.

[11] 章健．管理学．北京：经济科学出版社，2002.

[12] 刘俊生．管理学．北京：中国政法大学出版社，2001.

[13] 黄侍楚．管理学基础．北京：国防大学出版社，2005.

[14] 刘汴生．管理学．北京：科学出版社，2006.

[15] 徐国良，王进．企业管理案例精选精析．北京：经济管理出版社，2006.

[16] 李皖．现代企业管理．北京：人民交通出版社，2005.

[17] 邬适融．现代企业管理——理念、方法、技术．北京：清华大学出版社，2005.

[18] 里奇·格里芬．管理学．刘伟，译．北京：中国市场出版社，2006.

[19] 秦海金，等．管理学原理．北京：中国物资出版社，2004.

[20] 王志平．管理学概论．上海：复旦大学出版社，2003.

[21] 刘兴倍．管理学原理．北京：清华大学出版社，2004.

[22] 郭咸纲．西方管理学说史．北京：中国经济出版社，2003.

[23] 周志伟，孙玮林．管理学．杭州：浙江大学出版社，2004.

[24] 韩晓虎，等．新编管理概论．北京：清华大学出版社，2005.

[25] 杨凤敏．管理学基础与应用．北京：中国农业出版社，2005.

[26] 陈传明，等．管理学原理——原理与方法．4 版．上海：复旦大学出版社，2004.

[27] 周毕文，余俊生．MBA 联考 300 分奇迹——管理分册．3 版．上海：复旦大学出版社，2002.

[28] 张雁．管理学原理．北京：中国人民大学出版社，2000.

[29] 单凤儒．管理学基础．北京：高等教育出版社，2001.

[30] 芮明杰．管理学．北京：高等教育出版社，2001.

[31] 斯蒂芬·P.罗宾斯．管理学．4 版．北京：中国人民大学出版社，2003.